Program
Programming
Programmer

05

The Psychology of Computer Programming

PSYCHOLOGY OF COMPUTER PROGRAMMING, THE:
Silver Anniversary Edition

by Gerald M. Weinberg

Copyright ⓒ 2008 by Gerald M. Weinberg

All rights reserved.

Korean translation copyright ⓒ 2021 Insight Press

This Korean edition was published by arrangement with DORSET HOUSE PUBLISHING CO., Inc. (www.dorsethouse.com) through Agency-One, Seoul.

이 책의 한국어판 저작권은 에이전시 원을 통해 저작권자와의 독점 계약으로 인사이트에 있습니다. 저작권법에 의해 한국 내에서 보호를 받는 저작물이므로 무단전재와 무단복제를 금합니다.

프로그래밍 심리학

초판 1쇄 발행 2008년 1월 2일 **신판 1쇄 발행** 2014년 1월 2일 **신판 2쇄 발행** 2021년 10월 20일 **지은이** 제럴드 와인버그 **옮긴이** 조상민 **펴낸이** 한기성 **펴낸곳** (주)도서출판인사이트 **제작·관리** 박미경, 이유현 **용지** 에이페이퍼 **출력·인쇄** 에스제이피앤비 **후가공** 이레금박 **제본** 서정바인텍 **등록번호** 제2002-000049호 **등록일자** 2002년 2월 19일 **주소** 서울시 마포구 연남로5길 19-5 **전화** 02-322-5143 **팩스** 02-3143-5579 **블로그** http://blog.insightbook.co.kr **이메일** insight@insightbook.co.kr **ISBN** 978-89-6626-098-0 **ISBN(세트)** 978-89-6626-101-7 책값은 뒤표지에 있습니다. 잘못 만들어진 책은 바꾸어 드립니다. 이 책의 정오표는 http://blog.insightbook.co.kr에서 확인하실 수 있습니다.

The Psychology of
Computer Programming

프로그래밍 심리학
제럴드 와인버그 지음 | 조상민 옮김

옮긴이의 글

전 지금 이 책에 실을 옮긴이의 글을 어떤 말로 시작해야 할지 고민하고 있습니다. 소프트웨어 분야에서 가장 위대한 명작 중 하나인 『The Psychology of Computer Programming』(이하 POCP)을 우리말로 번역한 이 책 말입니다. 어제 오늘만 고민한 게 아닙니다. 번역을 맡은 바로 그 날부터 걱정이었습니다. 책 번역을 처음 하는 것도 아닌데, 옮긴이의 글을 쓰기가 이렇게 어려운 이유는 POCP가 너무 위대하기 때문입니다. 역자로서 이렇게 부담되는 책은 없었습니다.

POCP는 우리 분야에서 고전 중의 고전입니다. 1971년에 초판이 출간되었으니 거의 40년이 지났습니다. 그러나 아직도 많은 사람들이 POCP를 기꺼이 구매하고 있습니다. 왜일까요? 지금도 읽을 만한 가치가 있기 때문이겠죠. 고전이란 그런 것입니다. 오래 됐지만, 여전히 내용이 살아있는.

말이 40년이지, 다른 어떤 분야보다도 빠르게 변화하는 소프트웨어 세상에서 40년 전은 고구려-백제-신라의 삼국시대라고 봐도 큰 억지는 아닐 겁니다. POCP에는 메인프레임이나 천공카드 얘기가 많이 나옵니다. 코드도 가끔 나오는데, 모두 PL/1 코드입니다. 여러분은 메인프레임을 직접 다뤄 보신 경험이 있으신가요? PL/1이라는 언어는 사용해 보셨나요? 천공카드로 프로그래밍해 본 적은요? 저는 어느 하나 없습니다. 저와 같은 세대의 독자시라면, 당연히 그럴 겁니다. 제가 대학생일 때에는 그런 시절의 경험을 들려주시는 교수님도 가끔 있기는 했습니다만, 요즘에는 천공카드란 말도 듣기 힘들겠죠. 그런데, 그렇게 옛날에 쓰여진 책의 내용이 오늘날까지도 유효하다? 참 의심스럽지 않을 수 없습니다. 그러나 실제로 그러합니다. POCP는 "메인프레임, 일주일만 하면 IBM 직원만큼 한다"도 "PL/1 30일 완성"도 아닌 컴퓨터 프로그래밍의 심리학이기 때문입니다. 심리학. 마음의 이치를 밝히는 학문. POCP는 바로 사람의 심리를 다룬 책입니다. 특히 소프트웨어 개발에 관련된 사람들의 심리를 말입니다. 그런데 세상에 사람의 심리만큼 잘 바뀌지 않는 것이 있을까요? 바로 이것이 POCP가 여전히 살아있는 이유입니다.

우리들끼리 흔히 하는 말로 "컴퓨터는 거짓말을 하지 않는다."가 있습니다. 프로그램에 어떤 문제가 있다면, 결국 사람이 컴퓨터에게 뭔가 잘못된 일을 시켰다는 뜻임은 분명합니다. 그렇다면 컴퓨터가 할 일을 정확하게만 지시하면, 다시 말해서 능력이 뛰어난 프로그래머들만 모아 놓고 프로젝트를 하면 반드시 성공하리라 확신할 수 있을까요? 우리는 모두 경험에서 알 수 있습니다. 전혀 그렇지 않음을. 당연하겠지요. 프로그래밍도 다 사람이 하는 일인걸요. 사람이 하는 모든 일이 그렇듯 프로그래밍도 끝날 때까지 알 수 없습니다. "사람이니까 실수할 수 있지." 이런 차원의 얘기가 아닙니다. 소프트웨어 프로젝트에 사람을 투입하면, 사람과 사람 사이에 관계가 생깁니다. 프로그래머를 기준으로 보면, 동료 프로그래머들과의 관계, 바로 윗 관리자와의 관계, 더 윗 관리자와 관계 등이 있겠죠. 그리고 프로젝트는 그렇게 형성된 관계들에 의해 돌아갑니다. 서로 나쁜 관계에 있다면 그 프로젝트가 잘 되겠습니까? 그런데 모두 알다시피, 사람 사이의 관계에서는 당사자들의 마음이 중요하지요. 따라서 그 관계들을 잘 관리해서 프로젝트를 성공시키려면, 사람들의 마음 즉, 나의 마음, 동료의 마음, 직속 상사의 마음, 사장님의 마음을 잘 알아야 하지 않겠습니까.

그러나 우리 프로그래머의 현실은 어떤가요? 과연 스스로 마음을 가진 존재로서 정당한 대우를 받고 있습니까? 과격하게 표현하자면, 프로그래머는 기계(컴퓨터)를 조종하는 기계로 취급됩니다. 네, 맞습니다. 제가 프로그래머의 현실을 너무 심하게 과장하고 일반화했지요? 그러나 누구나 때때로 그런 느낌이 들 때가 있을 또는 있었을 겁니다. 다시 말해서, 프로그래밍도 사람이 하는 일임을 제대로 인정받지 못하고 있습니다. 그리고 실은 우리 스스로도 이 사실을 제대로 이해하고 있는지 자신이 없습니다. POCP는 바로 이 문제를 인식함에서 출발했습니다.

위에서 사람 사이의 관계만 얘기했습니다만, POCP는 그뿐 아니라 코드와의 관계, 도구(프로그래밍 언어, 운영체제)와의 관계에 있는 마음의 이치도 다룹니다. 그리고 프로그래밍 학습, 교육 등의 문제도 조명합니다. 사실상 프로그래밍의 모든 측면을 다룬다고 볼 수 있습니다. 차근차근 읽다 보면, 무릎을 치거나 헛웃음을 짓게 만드는 내용이 많을 겁니다. 그리고 마음의 이치를 깨닫게 될 겁니다. 그러나 미리 말씀 드립니다. 이 책을 읽는다고 해서, 소프트웨어 개발에 관련된 사람들의 모든 심리를 완벽하게 알게 되지는 않을 겁니다. POCP에는 "심리가 이러하므로 우리는 이래야 한다"는 식의 명확한 결론을 내지 않은 주제가 많습니다. 아니, 대부분이 그렇습니다. 책 제목은 하나의 학문을 다룬 완성된 교과서 같은 느낌이지만, 저자인 와인버그도 밝혔듯이 POCP는 **컴퓨터 프로그래밍 심리학**의 시작일 뿐이기 때문입니다.

저자는 POCP를 계기로 프로그래밍에 관련된 사람의 마음에 대한 연구가 활성화되길 기대했고, 어느 정도 성과가 있었노라 자평했습니다. 그러나 물론 이 책을 읽는 독자 여러분이 심리학 연구가가 되어야 하는 것은 아닙니다. 저나 여러분 모두 POCP를 통해서 마음이 중요함을 깨달아 항상 마음을(자신의 것이든 남의 것이든) 이해하고 그를 통해 문제를 해결하려는 자세를 가지게 되길 바랄 뿐입니다. 그리고 이는 프로그래머에게만 중요한 것이 아닙니다. 관리자 여러분! 여러분도 이 책을 읽어 보시기 바랍니다. 프로그래머의 마음을 이해하고 행동하면 여러분의 프로젝트가 훨씬 매끄럽게 돌아갈 것입니다.

혹시 이 책을 선뜻 펼치기가 망설여지는 분이 계시다면, 그 이유는 제가 이 책의 번역을 맡을까 말까 망설였던 이유와 같을 것입니다. 첫째, 너무 오래 됐기 때문에 요즘에는 맞지 않는 내용이지 않을까 생각할 수 있습니다. 그러나 앞에서도 얘기했듯이, 시간이 지나도 잘 변하지 않을 사람의 심리가 주제입니다. 그리고 이 한국어판은 POCP의 25주년 기념판을 번역한 것입니다. 저자는 기념판을 내기 위해 원본을 검토하면서 여러 가지 이유에서(기념판 서문에서 확인할 수 있습니다) 본문을 전혀 수정하지 않았습니다. 다만 각 장의 끝에 최근의 얘기를 보태었을 뿐입니다. 저자가 그렇게 한 결정적인 이유는 원래의 내용이 여전히 유효하다고 판단했기 때문입니다. 둘째, 중심 내용은 여전히 유효하다 해도 PL/1이나 천공카드 등의 구시대 기술이 너무 많이 등장하기 때문에 내용을 이해하기 어렵지 않을까 걱정할 수 있습니다. 그러나 직접 경험해 보지 못한 기술에 대한 얘기라도 충분히 상상하거나 요즘의 기술에 비추어 이해할 수 있는 수준입니다. PL/1으로 작성된 예제 코드는 조금 다른 경우입니다. 번역 과정에서 검토를 도와주신 분 중에서 PL/1의 문법에 대한 간략한 소개를 부록으로 넣을 것을 제안하신 분도 있습니다. 저도 계속 고민했던 일이지만, 하지 않기로 결론을 내렸습니다. 스스로도 모르는 언어의 문법을 잘 설명할 자신도 없거니와, 그런 부록을 넣을 경우 PL/1을 모르면 이 책을 볼 수 없다는 인상을 줄 것이라 판단했기 때문입니다. 이 책에는 코드가 아닌 우리말로 쓰여진 중요한 얘기가 훨씬 많습니다. 그리고 PL/1 예제 코드도 그 자체를 완벽히 알지 못하더라도 관련 내용을 충분히 이해할 수 있다고 확신합니다. 걱정하지 말고, 본문을 펼치세요.

처음에는 무슨 말을 써야 할지 정말 막막했는데, 어느덧 꽤 길어졌네요. 마무리하는 의미에서 감사의 말씀을 전하겠습니다. 저를 믿고 이런 명작의 번역을 맡겨 주신 인사이트 출판사 한기성 사장님, 감사합니다. 애초에 약속 드렸던 기한을 열 배 정도 넘겼음에도 묵묵히 기다려 주셨습니다. 그리고 언제나 좋은 책을 발굴하여 용감하게 출판하시는 모습에 박수를 보냅니다. 꼼꼼하고 열성적으로 교정을 해주신 박선희 님, 감사합니다. 마침 심리학을 전공하신 덕분에, 심리학에 문외한인 제가 그나마 안심하고 번역에 임할 수 있었습니다. 여러모로 부족한 초벌 원고를 검토하고 많은 좋은 의견을 주신 박웅주 님, 유상민 님, 장회수 님, 최재훈 님, 이제야 감사하다는 말씀을 드립니다. 직접 뵙지는 못했지만, 정말 큰 도움이 됐습니다. 바쁜 와중에도 원고를 검토하고 때때로 "언제 끝나냐?"라며 출판사도 주지 않는 압박감을 선물해 주신 성준이 형, 고맙습니다. 마지막으로, 이 책을 읽어 주실 여러분께도 미리 감사 드립니다. 재미있게 읽으시고 많은 것을 얻으시길 바랍니다.

2007년 11월
조상민

옮긴이의 글	5
25주년 기념판 서문	12
초판 서문	20
초판 서문에 보태는 글	23
강의 교재로 활용하는 방법	24

1부 인간 행위로 보는 프로그래밍 ─── 27

1부에 보태는 글	31
1장 프로그램 읽기	33
1장에 보태는 글	47
2장 좋은 프로그램이란 무엇인가?	49
2장에 보태는 글	67
3장 프로그래밍이란 행위를 연구할 방법은 무엇인가?	71
3장에 보태는 글	98

2부 사회 활동으로 보는 프로그래밍 ─── 103

2부에 보태는 글	106
4장 프로그래밍 그룹	109
4장에 보태는 글	140
5장 프로그래밍 팀	145
5장에 보태는 글	189
6장 프로그래밍 프로젝트	195
6장에 보태는 글	229

차례

3부 개인 행위로 보는 프로그래밍 ——— 233
    3부에 보태는 글   237
  7장 프로그래밍 작업의 다양성   239
    7장에 보태는 글   268
  8장 개인의 성격   269
    8장에 보태는 글   296
  9장 지능 또는 문제해결력   299
    9장에 보태는 글   327
  10장 동기 부여와 훈련, 경험   329
    10장에 보태는 글   360

4부 프로그래밍 도구 ——— 363
    4부에 보태는 글   367
  11장 프로그래밍 언어   371
    11장에 보태는 글   390
  12장 프로그래밍 언어 설계에 필요한 원칙   393
    12장에 보태는 글   444
  13장 그 외의 프로그래밍 도구들   447
    13장에 보태는 글   494

5부 에필로그 ——— 499
    5부에 보태는 글   505
  찾아보기   506

25주년 기념판 서문

『프로그래밍 심리학(원제: The Psychology of Computer Programming)』은 실로 놀라운 책이다. 어떤 사람이 125살까지 살았다고 한다면 매우 놀랍지 않겠는가? 이 책도 마찬가지 의미다. 컴퓨터 분야는 변화가 매우 빠르다. 그래서인지 내가 아는 한 우리 분야에서 초판이 25년 동안이나 살아남았고 그 후에도 계속 팔리는 책은 거의 없다.

더욱 놀라운 건 내가 이 책을 쓸 당시에는 그렇게 대단하리라 생각하지 않았다는 점이다. 나는 15년 동안 코드를 작성하고, 프로그래머 그룹을 이끌고, 프로그래머를 위해 교육과 컨설팅을 해왔다. 처음에는 그 경험을 바탕으로 컴퓨터 프로그래밍 업무를 소재로 한 소설을 쓸 생각이었지만(당시에는 외부적으로 잘 알려지지 않은 주제였다), 그럴듯한 이야기를 지어낼 재능이 없음을 깨달았다. 그러다가 1969년에 이탈리아에서 8주 간 휴가를 보내던 중에 어떤 영감이 떠올라 『프로그래밍 심리학』의 초안을 썼다.

그 전에도 프로그래밍에 대한 책을 몇 권 써서 베스트셀러에 올려놓은 경험이 있었지만, 심리학 을 쓰는 것은 완전히 새로운 모험이었다. 이전에 책을 출판할 때와 달리 걸림돌도 많았다. 당시까지 내 책을 출판해 왔던 McGraw-Hill은 이 책의 초고에 대해 호평하긴 했지만, 이런 책을 누가 사겠느냐는 반응을 보였다. 그래서 Prentice-Hall과 접촉했는데, 기존의 내 책들 중 돈벌이가 될 만한 몇 권의 판권을 자기네에게 맡기면 『프로그래밍 심리학』을 출판하겠노라고 했다. 그러나 나는 이 책에 대해 출판사가 좀 더 열의를 보이기 바랐기 때문에, 다른 출판사 네 곳에 원고를 보내 놓고 답변을 기다리기로 했다. 그때가 초고를 완성하고 이미 2년이 지난 시기여서, 아무나 제일 먼저 수락하는 출판사에게 맡길 작정이었다. 출판사 네 곳이 모두 결국에는 출판 의사를 밝혀왔지만, 제일 먼저 연락해 온 Van Nostrand Reinhold를 통해 『프로그래밍 심리학』이 드디어 세상에 나왔다. 그것이 1971년이었는데, 역설적이게도 이 책을 선택했던 편집자가 출간 바로 다음 날에 "컴퓨터 서적 분야에 대한 이해가 부족하다"는 이유로 해고당했다.

그러나 Van Nostrand의 그런 혹평에도 불구하고, 『프로그래밍 심리학』은 빠른 속도로 베스트셀러 목록에 이름을 올렸고 이후 25년 동안 20쇄나 찍게 됐다. 그런데 Van Nostrand가 소유한 모든 컴퓨터 서적의 판권이 다른 대형 출판사에게 넘어가는 사태가 발생했고, 그 과정에서 이 책은 발행이 정지되어 수개월 동안 품절 상태가 됐다. 그래서 나는 긴 협상을 거쳐 판권을 되찾아야 했고, Dorset House를 통해 이렇게 25주년 기념판을 선보이게 됐다.

내가 25주년 기념판을 펴내고자 하는 데는 몇 가지 이유가 있다.

1. 이 책의 원본을 소프트웨어 분야의 새로운 세대에게 보이고 싶었다.
2. 아직 발전의 초기 단계에 있는 우리 분야에는 역사적 관점이 부족한데, 그것을 제공하고 싶었다.
3. 일생에 한 번뿐인 기회라고 생각했다. 우리 분야의 발전에 대한 내 견해를 제시하고 내가 옛날에 생각했던 바를 되돌아볼 기회 말이다.

25주년 기념판에 소프트웨어 심리학에 관한 최신의 내용을 담으려 한 것은 아니다. 그에 관해서라면 벤 슈나이더만[1]과 같은 사람이 쓰는 편이 더 낫다. 그리고 벤도 말한 적이 있지만, 사실 이 책은 소프트웨어 **심리학**보다는 **인류학**에 더 가깝다(이 두 가지는 내가 이후에 쓴 책에서 계속 다룬 주제다).

나는 초판을 검토하고 느낀 점을 써내려가면서 내 자신과 소프트웨어 산업이 지난 25년 동안 얼마나 발전했는지를 확인하고자 했다. 이 책의 초판이 소프트웨어 산업의 전환점은 못되었을지 모르지만, 내 개인에게는 분명히 하나의 전환점이었다. 초판을 펴낸 이후, 나는 코드를 작성하거나 프로그래머 그룹을 관리하는 일은 거의 하지 않았다. 대신 프로그래머나 팀 리더를 교육시키고 소프트웨어 프로젝트에 대한 컨설팅을 많이 하게 됐다. 그리고 코드 검토, 설계 수행과 검토, 요구사항 개발과 검토도 많이 했다. 특히, 소프트웨어 관리자가 될 사람들에 대한 교육과 컨설팅이 주된 업무였다. 그러나 내심 코드만 작성하면 되는 좀 더 단순한 삶으로 되돌아가고 싶은 생각도 있었다. 이 분야에 종사하는 모든 사람이 이와 같은 생각을 하겠지만, 실제로 그렇게 하는 사람은 거의 없다.

이제 와서 보니, 『프로그래밍 심리학』의 초판은 팀과 리더십, 문제 해결, 문제 정의에 관해 내가 진행할 연구의 방향을 기술한 책이었다. 이후 20년 이상 나는 그 주제를 더 깊이 연구했다. 이후에 내가 쓴 책들을 보면, 『프로그래밍 심리학』 초판에 살을 붙이는 작업이었음을 알 수 있다. 그 책들을 연대순으로 나열하면 다음과 같다.

---

[1] (옮긴이) 벤 슈나이더만(Ben Shneiderman, 1947~) - 미국의 컴퓨터 공학자로, 인간-컴퓨터 인터페이스(Human - Computer Interface) 분야의 권위자다.

- 1973년 - 『Structured Programming in PL/C: An Abecedarian』[2]
  프로그래밍을 가르치거나 교재를 쓰는 새로운 방식에 대한 실험 결과였다.

- 1975년 - 『An Introduction to General Systems Thinking』[3]
  시스템에 대해 생각할 때의 사고 과정을 직접 탐구한 결과였다.

- 1975년 - 『Structured Programming』[4]
  데니스 겔러(Dennis Geller), 톰 플럼(Tom Plum)과 함께 제작한 일종의 동영상 강좌다. 프로그래밍에 대해 생각하거나 가르치는 새로운 방식을 다뤘다.

- 1976년 - 『High-Level COBOL Programming』[5]
  COBOL 프로그래머의 사고방식을 새롭게 바꾸려는 시도였는데, 성공하지는 못했다.

- 1977년 - 『The Ethnotechnical Review Handbook』
  다니엘 프리드만과 함께 자비를 들여 출판한 책으로, 소프트웨어 프로젝트의 모든 단계에서 프로그램을 읽어 보도록 가르치고 동기를 부여하려는 시도로 진행했다. 당시에는 어떤 출판사도 '기술 검토'에 관한

---

2 제랄드 와인버그, 노리에 야수카와 프리드만(Norie Yasukawa Freedman), 로버트 마르커스(Robert Marcus) 공저, 『Strructured Programming in PL/C: An Abecedarian』 (New York: John Wiley& Sons, 1973)
3 제랄드 와인버그 지음 『An Introduction to General Systems Thinking』 (New York: Wiley-Interscience, 1975)
4 데니스 겔러(Dennis P. Geller), 나오미 클레이드(Naomi Kleid), 토마스 플럼(Thomas W-S. Plum), 제랄드 와인버그 공저, 『Structured Programming: A Film Series and Workbook』 (Kansas City, Mo.: Edutronics Systems, 1975)
5 제랄드 와인버그 편저, 『High Level COBOL Programming』 (Cambridge, Mass.: Winthrop, 1977)

책을 출판하려 하지 않았다(이 책의 최신판은 아직도 발매된다)[6].

- 1977년 - 『Humanized Input: Techniques for Reliable Keyed Input』[7]
  인간-컴퓨터 인터페이스 설계 분야의 초기 연구에 해당한다.

- 1979년 - 『The Ethnotechnical Review Handbook』
  프로그램을 읽고 분석하는 방법에 대해 우리가 새롭게 알게 된 내용을 추가하고자 개정판을 냈다.

- 1979년 - 『The Principles of Specification Design: Film Series and Workbook』[8]
  문제 정의를 향상시키기 위한 첫 시도로, 밥 마르커스(Bob Marcus)와 함께 만들었다.

- 1979년 - 『On the Design of Stable Systems』
  오래도록 살아남는 시스템을 설계할 수 있는 사고방식을 제시한 책으로, 아내인 대니(Dani)와 함께 썼다(지금은 이 책의 2판이 『General Principles of Systems Design』이란 제목으로 발매 중이다).[9]

- 1982년 - 『Are Your Lights On? How to Figure Out What the Problem Really Is』[10, 11]

---

6 다니엘 프리드만(Daniel P. Freedman), 제랄드 와인버그 공저, 『Handbook of Walkthroughs, Inspections, and Technical Reviews, 3rd ed.』 (New York: Dorset House Publishing, 1990)
7 톰 길드(Tom Gild), 제랄드 와인버그 공저, 『Humanized Input: Techniques for Reliable Keyed Input』 (Cambridge, Mass.: Winthrop Publishers, Inc., 1977)
8 로버트 마르커스, 제랄드 와인버그 지음 『The Principles of Specification Design: Film Series and Workbook』 (Bowie, Md.: Brady Publishers, 1979)
9 제랄드 와인버그, 다니엘라 와인버그(Daniela Weinberg) 공저, 『General Principles of Systems Design』 (New York: Dorset House Publishing, 1988)

나는 돈 고즈(Don Gause)와 함께 문제 정의에 관련된 작업을 계속했다. 이 책은 여전히 문제 정의에 대한 입문서로 인기가 있다.

- 1982년 - 『Rethinking Systems Analysis & Design』[12]
시스템 분석가는 어떻게 생각하고, 또 어떻게 생각해야 하는지를 다뤘다.

- 1982년 - 『Understanding the Professional Programmer』[13]
프로그래머는 어떻게 생각하고, 또 어떻게 생각해야 하는지를 다뤘다.

- 1985년 - 『Computer Information Systems: An Introduction to Data Processing』[14]
나는 데니스 겔러와 함께 소프트웨어 업무에 대한 교육 방법과 사고방식을 계속 연구했다.

- 1985년 - 『The Secrets of Consulting』[15, 16]
소프트웨어 개발자(및 소프트웨어 개발과 관련된 사람들)와 그들의 고객 사이에 존재하는 컨설팅적인 관계를 조명했다. 컨설팅에도 어떤 원리가 있음을 보여 주는 이 책은 오늘날까지도 높은 판매고를 올리고 있다.

---

10 도널드 고즈(Donald C. Gause), 제랄드 와인버그 지음 『Are Your Lights On?: How to Figure Out What the Problem Really Is』 (New York: Dorset House Publishing, 1990)
11 (옮긴이) 이 책의 한국어판은 『대체 뭐가 문제야? 문제 해결에 관한 창의적 사고를 길러주는 6가지 질문』(인사이트, 2006)이다.
12 제랄드 와인버그 지음 『Rethinking Systems Analysis and Design』 (New York: Dorset House Publishing, 1988)
13 제랄드 와인버그 지음 『Understanding the Professional Programmer』 (New York: Dorset House Publishing, 1988)
14 제랄드 와인버그, 데니스 겔러 지음 『Computer Information Systems: An Introduction to Data Processing』 (Boston: Little, Brown, 1985)
15 제랄드 와인버그 지음 『The Secrets of Consulting』 (New York: Dorset House Publishing, 1988)
16 (옮긴이) 이 책의 한국어판은 『컨설팅의 비밀』(인사이트, 2004)이다.

- 1986년 - 『Becoming a Technical Leader』[17]
  리더십과 팀이란 주제를 확장해서 설명한 책인데, 이 책도 여전히 수요가 많다.

- 1989년 - 『Exploring Requirements: Quality Before Design』[18]
  문제 정의를 좀 더 깊게 탐구한 서적으로, 돈 고즈와 함께 작업했다.

- 1991년 - 『What Did You Say? The Art of Giving and Receiving Feedback』[19]
  에디 시쇼어, 찰리 시쇼어와 함께 쓴 책이다. 정보를 주고받는 사람들 사이의 상호작용에 대한 내용을 요약했다.

- 1991-1997년 - 『Quality Software Management』 시리즈[20]
  총 4권으로 이루진 연작으로, 소프트웨어 개발과 인력 관리에 대해 내가 알고 있는 모든 것을 망라했다. 시스템에 대한 사고방식과 측정, 행동 및 변화에 관한 주제들을 심리학적으로 고찰했다.

『Quality Software Management』 시리즈를 통해 25년 전에 시작한 여정을 마무리지었다는 느낌이 들었다. 그 세월을 돌이켜 보면, 특히 『프로그

---

17 제랄드 와인버그 지음 『Becoming a Technical Leader』 (New York: Dorset House Publishing, 1986)
18 도널드 고즈, 제랄드 와인버그 지음 공저, 『Exploring Requirements: Quality Before Design』 (New York: Dorset House publishing, 1989)
19 찰리 시쇼어(Charles N. Seashore), 에디스 윗필드 시쇼어(Edith Whitfield Seashore), 제랄드 와인버그 공저, 『What Did You Say? The Art of Giving and Receiving Feedback』 (Columbia, Md.: Bingham House Books, 1991). 이 책이 필요하다면 Bingham House at 1001 Windstream Drive, Suite 900, Columbia, MD 21044로 연락하길 바란다.
20 제랄드 와인버그 지음 Quality Software Management, 1권: 『Systems Thinking』 (New York: Dorset House Publishing, 1992), 2권: 『First-Order Measurement』 (New York: Dorset House Publishing, 1993), 3권: 『Congruent Action』 (New York: Dorset House Publishing, 1994), 4권: 『Anticipating Change』 (New York: Dorset House Publishing, 1997)

래밍 심리학』 초판을 보고 있노라면, 새삼 내가 형편없는 예언자였음을 알게 된다. 그나마 다행은, 그보다 더 형편없을 수 있다고 내가 생각했었다는 점이다. 사실 이 책은 여타 기술 검토서와 별반 다르지 않다. 즉, 기대보다는 못하지만 걱정했던 만큼 나쁘지는 않다.

이번 25주년 기념판을 내면서, 나는 내 기술적 검토의 대상이 되었던 사람들에게 했던 조언을 스스로도 받아들이기로 했다. 즉, 내 실수가 다른 사람에게 가장 좋은 배움의 근원이 될 수 있으므로 그 실수를 숨기지 않기로 했다. 따라서 초판의 원문에는 전혀 손을 대지 않고(너무 옛날 일이 되어버려 현실과 관련 없는 내용일지라도), 보태는 형태로 '뒤늦은 깨달음'을 덧붙였다. 일종의 타임캡슐 같은 구성이 주는 명백한 대비를 통해 내가 깨우친 것처럼 독자 여러분에게도 도움이 되길 바란다.

초판 서문

이 책의 주된 목적은 단 하나, 바로 새로운 연구 분야의 태동을 돕는 것이다. 그 새로운 분야란 컴퓨터 프로그래밍을 인간의 행위로서 연구하는 것이다. 요컨대, 컴퓨터 프로그래밍의 심리학이다. 나머지 목적은 부차적이다. 예를 들어, 나는 이 책을 최대한 재미있게 그리고 너무 기술적이지 않게 쓰려고 노력했다. 프로그래머만이 아니라 프로그래밍 관리자, 그리고 어떤 식으로든 프로그래밍에 관련된 모든 사람이 이 책을 읽기를 바라기 때문이다. 또, 독자가 이 책을 다 읽은 후에 이렇게 말한다면 금상첨화겠다. "그래. 프로그램은 단지 하드웨어와 소프트웨어만의 문제는 아니야. 지금부터라도 프로그래밍을 새로운 관점에서 봐야겠어."

새로운 분야(친숙한 사물에 대한 새로운 관점)에 대해 다루고 있기 때문에 모든 내용을 과학적 증거로 뒷받침할 수는 없었다. 사실, 이 책에 담긴 내용 중 상당 부분은 단지 내 의견에 불과하다. 기껏해야 내 개인적인 경험이나 관찰 결과에 기반했을 뿐이다. 따라서 완전히 틀린 의견도 있을 터이고, 완벽하게 증명하기 위해서는 좀 더 많은 증거가 필요한 부분도 있을 것이다. 그러나 틀린 것과 무익한 것은 전혀 다르다. 이 책을 통해 개진한 내 의견을 누군가가 문제 삼고자 한다면, 실험을 통해 그것이 틀렸음을 증명해 주길 바란다.

프로그래밍 세계에는 미신과 반쯤만 옳은 진실이 너무 많다. 그중 상당수는 나와 내 학생들이 아주 간단한 실험만으로도 타파할 수 있었던 것들이다. 그러나 우리가 모두 해결하기에 문제는 너무도 거대하다. 통계에 따르면, 현재 프로그래머로 일하는 사람이 수십만에 이른다고 한다. 그들의 경험이 쌓이고 모이면 언젠가는 광명의 날이 올 것이다. 그리고 만약에 프로그래머 자신과 관리자들이 프로그래머를 기계가 아닌 인간으로 본다면, 그 날은 더 빨리 찾아올 것이다.

나는 우리가 심리학적인 접근법을 적극적으로 활용한다면 하드웨어와 소프트웨어 설계가 크게 발전할 수 있다고 생각한다. 그리고 이 책이 설계자들의 철학에 새로운 차원을 추가하는 데 공헌하길 바란다. 물론 그들이 필요한 모든 정보를 이 책에서 얻지는 못하겠지만, 새로운 정보의 원천을 스스로 찾아낼 영감은 얻을 수 있을 것이다. 지금 프로그래밍은 공학 또는 수학적으로는 매우 세련되어 있지만, 심리학적으로는 전혀 그렇지 못하다. 그러므로 심리학적 통찰을 약간만 곁들여도 크게 진보할 수 있는 상태다. 나와 내 학생들의 경험이, 심리학적인 문제를 전제로 가르치고 배우고 프로그래밍했던 그 경험들이 이런 내 생각을 뒷받침한다. 독자 여러분도 스스로 경험해 보기를 바란다.

이 책은 여러 사람의 아이디어를 조합해 내용을 만들었는데, 대부분은 뉴욕과 제네바에 위치한 IBM 시스템 연구소(IBM Systems Research Institute)와 빙엄턴의 뉴욕 주립대(The State University of New York)에서 내가 가르쳤던 학생들이었다. 내 학생들 중에는 현업 프로그래머도 많았기 때문에, 내가 생각한 바를 상상 이상으로 다양한 프로그래밍 상황에 대입해 볼 수 있었다. 그리고 쓸데없는 말이 되겠지만, 그 결과 중 일부는 잘못을 저지른 사람 또는 억울한 사람을 보호하는 차원에서 익명으로 처리하거나 각색한 후에 이 책에 담을 수밖에 없었다.

내 학생들은 여러 시간에 걸쳐 토론하고 재치 있는 실험을 수행해 이 책을 탄생시키는 데에 공헌했다. 그들이 없었다면 이 책은 세상에 나오지 못했을 것이다. 그러나 뭔가 실수가 있다면 모두 내 탓이라는 거짓 겸손을 떨 생각은 없다. 나는 그들과 함께한 활동으로 얻은 직간접 경험들을 내 주장에 대한 근거로 삼는 과정에서 취사선택을 한 것이다. 따라서 나에게는 독자 여러분이 이 책에 담긴 내용들을 각자의 경험과 필요에 비추어 따져 보아야 마땅한 것과 같은 정도의 책임이 있을 뿐이다. 내가 두려워하는 것이 있다면, 이 책을 무슨 경전처럼 떠받드는 일이다. 그런 태도는 바로 우리가 타파해야 할 대상이다. 이 책을 통해 여러분이 더 많이 생각하도록 돕고자 함이지, "이대로 믿고 따르라. 더 생각할 필요는 없다."고 말하려는 게 아니다.

　이 책의 집필에 많은 도움을 준 모든 학생에게 감사의 말씀을 전하고 싶다. 내 선생님들과 친구들에게도 감사한다. 사실은, 그들 모두 나에게 선생님인 동시에 친구이며 학생이었다. 그들도 나를 그렇게 생각해 주면 좋겠다. 단지 감사의 글에서만이 아니라 본문에 있는 모든 문장과 모든 문단을 통해 그들에게 이 책을 바치고자 한다. 그리고 내 삶의 동반자이며 인류학자의 관점에서 모든 내용을 꼼꼼하게 검토해 준 아내에게는 이 책을 바치겠다는 말로는 턱없이 모자랄 정도의 정도로 많은 빚을 지고 있다.

- 제랄드 M. 와인버그(Gerald M. Weinberg)

초판 서문에 보태는 글

이 책의 주된 목적은 단 하나, 바로 새로운 연구 분야의 태동을 돕는 것이다. 그 새로운 분야란 컴퓨터 프로그래밍을 인간의 행위로서 연구하는 것이다. 요컨대, 컴퓨터 프로그래밍의 심리학이다.(20쪽)

25년 전에 서문의 첫 머리에 이렇게 썼다. 그렇다면 무엇이 변했는가? 그렇게 소리 높여 외치던 목적은 달성했는가?

글쎄. 나는 이제 25살이나 나이를 더 먹었고, 더 현명해지지는 못했을지라도 더 겸손해지기는 했다. 오늘날에는 많은 사람이 컴퓨터 프로그래밍을 인간 행위의 관점에서 연구하고 있다. 그러나 그 새로운 분야가 이 책 때문에 시작되었다고는 말하지 않겠다(그리고 진정한 '분야'라고 볼 수 있는지도 모르겠다).

강의 교재로 활용하는 방법

오스카 와일드(Oscar Wilde)[1]는 파티에서 어떤 주제에 대해서든 미리 준비하지 않고도 30분 이상 떠들 수 있다고 말하곤 했다. 그러자 어떤 사람이 여왕에 대해 말해 보라고 했는데, 와일드는 거드름을 피우며 이렇게 말했다. "여왕님은 주제가 아니십니다."

이와 같이 와일드 같은 재담꾼도 주제가 아닌 것에 대해 이야기하는 건 어려워한다. 하물며 아직도 많은 사람들이 주제로 여기지 않는 컴퓨터 프로그래밍 심리학을 강의하기는 쉽지 않을 것이다. 교과 과정에 그런 과목이 있는 대학은 거의 없으므로, 프로그래밍 심리학을 강의하려는 선구자는 그 누구라도 고난을 겪을 것이 뻔하다. 따라서 당연히 이 책은 그런 선구자들에게 도움을 주어야 한다. 특히, 최초로 이 책을 교재로 택하는 사람에게는 아무리 많은 조언도 과하지 않을 것이다.

이 책은 『프로그래밍 심리학』이라는 이름의 강좌와 연계하여 쓰였다. 그 강좌는 컴퓨터 공학 과정을 이수하는 대학원생이 대상이었는데, 그중에서도 대학원 교육을 1년 이상 받았으며 프로그래밍 경험도 어느 정도 있는 학생을 대상으로 했다. 프로그램을 직접 작성할 수 없거나 컴퓨터 공학을 전공하기 시작한 지 얼마 안 되는 학생들에게는 적절하지 않은 강좌다.

강좌는 전체적으로 세미나 형식을 취했다. 그리고 각 2학점씩 두 학기

---

1 (옮긴이) 오스카 와일드(Oscar Fingal O' Flahertie Wills Wilde, 1854~1900) - 영국의 빅토리아 시대에 활동했던 유명한 희곡 작가이자 소설가, 시인. 기상천외한 언행으로도 유명했다.

에 걸쳐 진행했는데, 학생들에게 스스로 직접 경험해 볼 여유를 되도록 많이 주기 위해서였다. 수강생들은 각자 소규모로 실험을 하나씩 계획해서 수행했는데, 몇몇은 꽤 의미 있는 보고서를 제출했다(그리고 대부분 이 책에 포함됐다). 수업은 일주일에 한 번씩 두 시간 정도 진행하면서 정해진 논제를 하나씩 다뤘는데, 학생들에게 수업 전마다 책과 참고자료를 미리 읽어 오도록 시켰다.

학생들을 예습시킬 때는 조언해 줄 것이 있다. 대부분 자료가 무명 서적이나 기술 보고서에 들어 있기 때문에, 나는 자료를 미리 복사해서 학생들에게 나눠 주곤 했다. 그렇게 하면 학생들이 좀더 열심히 예습하는 것 같다.

심리학 실험은 말할 것도 없고, 심리학 자체에도 배경지식이 있는 학생은 거의 없었기 때문에 **프로그래밍을 연구하는 방법**을 생각보다 이른 시기에 가르쳐야 했다. 그것을 가르친 후에 학생들은 나름대로 자신의 실험을 시작했고 수업은 수업대로 진행할 수 있었다. 모든 학생에게 과제로 각자 실험을 수행하도록 하라는 뜻은 아니지만, 어떤 학생이 실험을 계획하고 있다면 잘 할 수 있도록 미리 그 방법을 알려 줘야 한다.

실험을 과제로 할 필요가 없거나 바람직하지 않다면, 수업은 한 학기 과정으로도 충분할 것이다. 형식은 세미나도 좋고 강의도 좋지만, 적어도 1주일에 한 번은 토론 시간을 마련하기를 강력하게 추천한다. 이 책의 각 장 마지막에 있는 질문들을 토론의 주제로 삼을 수 있다.

이 책은 계절 학기나 워크샵에서 1~2주의 집중훈련 과정으로도 사용할 수 있다. 그 경우에는 기간이 짧아 수강생들에게 스스로 실험하도록 시킬 수는 없겠지만, 수강생들을 대상으로 간단한 실험을 진행하면 맛보기로 좋을 것이다. 이 책에 나오는 실험들을 따라 하는 것도 좋다. 그러나 시간에 제약이 있다면 사전에 철저히 준비해야 한다. 마찬가지로, 학생마다 별도의 자료를 주고 발표를 시키는 방식으로 수업할 때에도 시간 제약의 문제를 고려해야 한다. 마지막으로, 수업 시간이 길어서 중간에 휴식 시간을 둬야 한다면, 휴식 시간 전과 수업 종료 전에 모두 토론 시간을 가져야 한다. 경험 많은 프로그래머나 프로그래밍 관리자를 대상으로 할 때에는 토론이 더더욱 중요하다. 그들의 경험이 강사나 이 책보다 더 도움이 될 수 있기 때문이다. 그들에게는 토론의 주제가 피부에 더 많이 와 닿을 테니, 강사가 조금만 노력하여 토론을 활성화시키면 그 강좌는 분명 성공할 것이다.

1부

인간 행위로 보는 프로그래밍

중요한 것은 질문을 멈추지 않는 것이다.
호기심에는 그 나름의 존재 이유가 있다.
영원과 인생 그리고 신비한 현실의 구조가 주는 불가사의를
생각해 보면 우리는 경외심을 느낄 수밖에 없다.
이러한 불가사의를 매일 조금씩 이해하려고 노력하는 것만으로 충분하다.
절대로 신성한 호기심을 잃지 말라.

— 아인슈타인(Albert Einstein)[1]

---

1 『Death of a Genius』 윌리엄 밀러(William Miller) 지음, LIFE 매거진, 1955년 5월 2일.

컴퓨터 프로그래밍은 인간의 행위다. 누구도 이에 반론을 제기할 수는 없을 것이다. 그러나 지금까지 프로그래밍에서는 기계적인 측면만이 강조되어 왔기 때문에 대부분의 사람들(프로그래머)은 프로그래밍을 인간 행위의 하나로 보려 하지 않았다. 프로그래머들에게는 미신적인 통념이 하나 있어서, 누군가가 프로그래밍이 어떤 과정으로 이루어지는가를 규명하려 하면 손사래를 치며 프로그래밍은 특정한 과정을 거쳐 수행하는 것이 아니라 그냥 이뤄지는 것이라 말한다. 프로그래밍을 할 수 있거나 없거나 둘 중의 하나라는 것이다. 즉, 프로그래밍은 애초에 그럴 능력을 가진 사람만이 할 수 있다고 믿는다.

이런 통념으로 인해 생긴 결과 중 하나는 **능력을 지닌** 프로그래머들이 받는 높은 급료다. 심지어 능력을 갖지 못한 사람도 능력이 있을 가능성 때문에 높은 급료를 받는다. 높은 급료 때문인지 아니면 자신이 이해하지 못하는 미신에 의해 휘둘리는 것을 참을 수 없어서인지 모르겠지만, 컴퓨터 관련 기업의 경영자들은 프로그래밍에서 인간이라는 요소를 항상 인식하고 있었다. 그러나 그들의 관심은 인간이라는 요소를 이해하는 것이 아니라 제거하는 데 있었다.

수년에 걸쳐 경영자들은 자신의 사업에서 프로그래머라는 요소를 배제하기 위해 막대한 자금을 쏟아 부었다. 그들은 프로그래머의 손을 거치지 않고 제안서의 내용을 자동으로 구현하는 (꿈같은) 시스템에 대한 계획안에 갈채를 보내며 산더미 같은 돈을 투자했다. 이런 계획안은 수십 개도 넘게 존재했지만, 그 약속이 실현된 적은 없다. 그러나 우리는 그런 허무맹랑한 기술을 믿은 경영자들의 순진함을 비난해서는 안 된다. 오히려 우리가 겪고 있는 수많은 문제점의 근원을 알아차린 그 세련된 감각에 경의를 표해야 한다. 매일 프로그래머라는 부담감에 시달리는 우리는 기술의 전지

전능함을 맹신한 그들에게서 어떤 영감을 얻어야 한다. 경영자들의 소망은(물론 그 소망이 이루어지지는 않겠지만) 우리에게 잠깐 일을 멈추고 프로그래밍을 인간 행위라는 관점에서 다시 생각하도록 하는 계기가 될 것이다.

1부에 보태는 **글 :**

인간 행위로 보는 **프로그래밍**

수년에 걸쳐 경영자들은 자신의 사업에서 프로그래머라는 요소를 배제하기 위해 막대한 자금을 쏟아 부었다. (29쪽)

25년 사이에 변한 것이라고는 경영자들이 급료 명부에서 프로그래머를 없애고자 투자하는 자금이 당시 내가 상상했던 것보다 훨씬 많아졌다는 사실뿐이다. 이제야 나는 그런 소망이 너무나 강력하고 감정적이어서 경영자들이 두 가지 사실을 간과해 왔다는 것을 알게 됐다.

1. 그런 계획안 중 어느 하나도 프로그래머를 없애는 데 성공하지 못했다(지금은 당시보다 최소 열 배는 많은 프로그래머가 존재한다).
2. 계획안은 모두, 경영자들이 그렇게도 없애고 싶어하던 바로 그 프로그래머라는 존재들이 작성한 것이다.

프로그래머에게는 의사소통 능력이 부족하다는 일반적인 통념과 달리, 설득의 대가로 유명한 고(故) 바넘(P.T. Barnum)[2]을 능가하는 설득의 기술이 있는 것이 아닐까?

2 (옮긴이) 피니어스 테일러 바넘(Phineas Taylor Barnum, 1810~1891) - 짓궂은 장난기와 Ringling Brothers and Barnum and Bailey Circus라는 서커스단을 창립한 것으로 유명한 미국의 흥행사. "고객은 매분 태어난다(There is a customer born every minute)."고 자신할 정도로 흥행의 귀재였다. 세상에는 '고객'이 아닌 "매분 멍청한 놈이 태어난다(There's a sucker born every minute)."라는 말을 했다고 알려져 있지만, 이는 그를 시기한 경쟁자가 왜곡해 퍼트린 것이라 한다.

1장
프로그램 읽기

몇 해 전 COBOL이 프로그래밍의 희망이었던 시절, 사람들은 경영자들이 프로그램을 읽을 수 있는 가능성에 대해 많은 이야기를 했다. 시간이 조금 흐른 지금에 와서 우리는 그런 담론이 프로그래머에게 얽매이기 싫어하는 경영자들의 주머니를 노린 것에 불과함을 알게 됐다. 아무도 경영자가 프로그램을 읽게 될 수 있으리라 믿지 않는다. 왜 경영자가 프로그램을 읽을 수 있어야 하는가? 심지어 프로그래머조차도 프로그램을 읽지 않는데 말이다.

그렇다면 프로그램을 읽는 것은 컴퓨터만의 몫일까? 프로그램이란 원래 컴퓨터를 위한 것이 아니었던가? 그렇기도 하고 아니기도 하다. 설사 자기가 맡은 업무와 관련이 없는 프로그램이더라도 프로그램을 읽는 것은 프로그래밍을 배운다는 의미에서 그다지 나쁜 일은 아니다.

프로그래밍은 작문의 일종이라 할 수 있다. 작문을 배우는 가장 직접적인 방법은 써 보는 것이지만, 읽어 보는 것도 방법이다. 이는 모든 종류의 작문에 적용되는 명제다. 좋은 예든 아니든 간에 예제를 많이 읽으면 도움이 된다. 그렇다면 얼마나 많은 프로그래머가 프로그램을 읽으면서 프로그래밍을 배울까? 있기야 하겠지만 그다지 많지는 않을 것이다. 게다가 단말기(terminal)가 출현하면서 상황은 더욱 악화되었다. 단말기 화면은 프로그램을 읽기에 좋은 형태가 아니기 때문이다. 예전에는(이 분야에서는 그다지 옛날 얘기가 아니지만) 컴퓨터에 접근하기가 쉽지 않았고 프로그램 실행을 의뢰한 후 결과를 받기까지 많은 시간이 걸렸기 때문에, 실습만으로 프로그래밍을 배우는 것은 어려운 일이었다. 프로그래머들은 실행 결과를 기다리는 동안 다른 사람이 작성한 프로그램을 읽으며 시간을 보냈다. 일부는 프로그램 라이브러리에 수록된 프로그램까지도 읽었다. 당시의 프로그램 라이브러리란 사전적 의미의 도서관에 더 가까운 것이었다.

그러나 불행하게도 시대가 변했다. 텔레비전의 등장으로 젊은이들이 독서를 즐기는 일을 구식으로 여겨 외면하게 된 것처럼, 단말기가 출현하고 컴퓨터의 처리 능력이 향상되면서 프로그램을 읽는 일은 전형적인 구시대 프로그래머를 상징하는 것처럼 되어 버렸다. 늦은 밤에 반백의 프로그래머가 현란한 서브루틴이나 신비한 매크로 코드를 보며 침대 위에 웅크려 있는 동안, 젊은 멋쟁이들은 단말기를 통해 컴퓨터와 대화하느라 여념이 없다. 물론 단순히 다른 사람이 작성한 프로그램을 감상하는 것보다는 거대한 컴퓨터와 일대일로 씨름하는 것이 더 흥분되는 일임은 분명하다. 그러나 그것이 프로그래밍 능력을 키우는 데 더 도움이 되는 것일까?

최근에 한 젊은 소설가가 "가장 좋아하는 작가가 누구인가"라는 질문을 받았다. 그는 마치 자신의 발상이 다른 사람의 발상보다 훨씬 신선하고

월등해서 그런 일은 시간 낭비일 뿐이라는 듯이 다른 사람의 소설은 절대 읽지 않는다고 대답했다. 물론 그의 작품은 자신이 생각하는 정도의 수준에는 못 미쳤다. 우리의 급진적인 젊은 프로그래머들도 같은 경우일 수 있다. 다른 사람의 프로그램을 읽어서 뭔가 얻을 수도 있다. 나쁜 예제라면 반면교사로 삼으면 된다. 프로그래머들의 미신적인 통념을 깨고 싶다면 즉, 프로그래밍이 어떤 과정으로 이루어지는가를 밝히고 싶다면, 프로그램을 읽어서 무엇을 배울 수 있는지를 아는 것이 그 출발점이 될 것이다.

예제

프로그램을 읽는 즐거움과 효과를 보여 주기 위해 예제를 하나 제시하겠다. 그림 1-1은 간단한 PL/1[3] 프로그램으로, 내가 일을 하며 읽었던 수천 개의 프로그램 중 하나다. 자, 이 프로그램을 어떻게 읽어 볼까?

```
XXX: PROCEDURE OPTIONS(MAIN);
     DECLARE B(1000) FIXED(7,2),
             C FIXED(11,2),
             (I, J) FIXED BINARY;
     C = 0;
     DO I = 1 TO 10;
        GET LIST((B(J) DO J = 1 TO 1000));
        DO J = 1 TO 1000;
           C = C + B(J);
           END;
        END;
     PUT LIST('SUM IS ', C);
     END XXX;
```

그림 1-1 읽어볼 프로그램

---

3 (옮긴이) PL/1(Programming Language One, '피 엘 원'이라 발음)- 1960년 대 IBM이 메인프레임의 새 모델인 System/360을 위해 개발한 프로그래밍 언어. 산업용인 COBOL이나 과학용인 FORTRAN과는 달리 두 분야에서 모두 사용할 수 있게 설계되었으며, 구조적 프로그래밍(structured programming)과 재귀(recursion)를 지원한다.

프로그램 읽기에도 그에 맞는 접근법이 필요하다. 소설과 달리 프로그램은 처음부터 끝까지 차례대로 읽는 방식이 항상 최선은 아니다. 그렇다고 해서 추리 소설처럼 클라이맥스 바로 앞 부분으로 건너뛸 수는 없다. 또는 외설 잡지처럼 사람들이 접어 놓은 곳이 그중 가장 볼 만한 부분이라 생각할 수도 없다. 프로그램에서 어느 부분이 재미있을 것인지는 예상할 수 없다. 나중에 디버깅이나 최적화 등을 할 때 관련된 핵심부분을 찾아내는 방법을 알게 될 테지만 말이다. 대신 우리는 프로그램 각 부분의 발단으로 구성된 개념적인 프레임워크를 토대로 프로그램을 읽어야 한다. 즉, 코드를 한 줄 만날 때마다 "이 코드가 왜 여기에 있을까?"를 생각하는 것이다.

기계의 한계

프로그램을 실행할 기계는 해당 문제를 해결할 이상적인 기계에 비해 여러모로 한계가 있다. 바로 그렇기 때문에 코드 한 줄 한 줄의 동기를 밝혀야 한다. 앞의 예제는 숫자 데이터를 10,000개 읽어 들여 그 총합을 구하는 프로그램으로서, 숫자를 1,000개씩 묶어 10번 읽도록 되어 있다. 데이터는 천공카드에 PL/1 LIST 형식으로 입력하는데, 만약 기계에 10,000개의 데이터를 동시에 저장할 수 있었다면 1,000개씩 나눠 읽도록 프로그램을 작성할 필요가 없었을 것이다. 다시 말해, 가용 메모리의 양이 40,000 바이트가 안 됐기 때문에 프로그래머는 데이터를 분할하고 반복문을 이용할 수밖에 없었던 것이다. 데이터 10,000개를 저장할 만한 공간이 있었다면 프로그램이 그림 1-2와 같이 되었을지도 모른다.

```
XXX:    PROCEDURE OPTIONS(MAIN);
        DECLARE A(10000) FIXED(7,2),
                C FIXED(11,2),
                J FIXED BINARY;
        C = 0;
        GET LIST((A(J) DO J = 1 TO 10000));
        DO J = 1 TO 10000;
            C = C + A(J);
            END;
        PUT LIST('SUM IS ', C);
        END XXX;
```

그림 1-2 저장 공간에 한계가 없을 경우

물론 어떤 부분이 기계의 한계를 극복하기 위한 것이더라도, 프로그래머가 그것에 특별한 표식을 남겨 두는 일은 거의 없다. 그런 코드는 프로그램을 읽기 어렵게 만들 뿐 아니라 그 프로그램의 단점이 된다. 예를 들어, 다른 기계로 포팅하는 경우처럼 말이다. 게다가 프로그래머 자신도 일부 코드가 기계의 한계를 보완하려고 추가한 것이라는 사실을 기억하지 못할 수 있다. 그렇다면 당연히 특별한 표식을 남길 수가 없다. 예를 들어, 기계는 실수가 아닌 제한된 유리수만 계산할 수 있기 때문에 그 한계를 극복하려면 많은 프로그래밍 작업을 해야 한다. 그러나 프로그래머들은 그런 상황을 **한계**로 인식하기보다는 무의식중에 엄연한 **사실**로 인정해버리는 경향이 있다. 그리고 그럴수록 프로그래밍의 어려움은 더 커지며, 프로그래머를 골치 아프게 만드는 기계의 한계를 기계 설계자들이 인지할 가능성은 더 적어진다.

기계의 한계가 두드러지는 또 다른 부분은 바로 보조 기억장치다. 애초에 주 기억장치를 싼 값에 필요한 만큼 구비할 수 있었다면 보조 기억장치는 전혀 필요하지 않았을 것이다. 그러나 이는 꿈일 뿐이고, 실제로는 드럼, 디스크, 테이프 등의 다양한 보조 기억장치가 넘쳐 난다. 덕분에 필요한 코드의 양도 훨씬 늘어난다. 게다가 각 장치는 종류에 따라 고유한 시간 특성이 있고, 저마다 주소지정(addressing) 방식이 다르며, 용량 또한 제각각이다. 결국 그 수많은 경우를 모두 제대로 처리하는 일은 프로그래머의 몫이 된다.

언어의 한계

그러나 우리는 프로그래밍에서 인간이라는 요소를 탐구하고 있으므로, 기계의 한계가 주된 관심사는 아니다. 인간에 좀 더 가까운 분야는 프로그래밍 언어다(기계어는 제외하고 생각하자). 기계어보다 높은 수준의 언어를 사용할 때 생기는 문제점 중 하나는 하드웨어의 특정 기능을 사용할 수 없게 된다는 것이다. 예를 들어, FORTRAN으로 파일 끝(end-of-file)을 처리하는 방법을 살펴보자. 기계는 파일의 끝을 인지하고 제어권을 프로그램의 다른 부분으로 넘길 수 있지만, FORTRAN 언어는 그런 기능을 제공하지 않는다. 따라서 프로그래머는 임의로 정한 특수 데이터를 파일 끝으로 인식하는 방식을 사용할 수밖에 없다. 이는 언어의 한계가 프로그램과 데이터 모두에 영향을 주는 예다.

앞의 예제 프로그램에는 좀 더 미묘한 언어의 한계가 반영되어 있다. PL/1은 배열 내의 값을 합산하는 SUM이라는 내장 함수를 제공하는데, 이 프로그램이 작성될 당시에 SUM은 **산술**(arithmetic) 함수가 아닌 수학(mathematical) 함수였다. 즉, 함수 내부에서 데이터를 부동소수점수로 간주하고 필요하다면 입력값을 부동소수점수로 변환한다는 뜻이다. 그 과정의 효율성 문제는 차치하더라도, 예제처럼 입력값이 소수점 이하의 값을 포함한 고정된 자리수의 10진수라면 부동소수점수로 변환하면서 정밀도에 손실이 생길 수 있다. 많은 프로그래머가 SUM 함수를 이용하여 은행 계좌의 잔고를 계산하는데 결과가 부정확하게 나와 고생했다. 몇 원씩 모자랐던 것이다. 그로 인해 나중에 SUM의 정의가 산술 함수로 바뀌게 되었다. 그러나 그동안은 예제 프로그램과 같은 문제를 풀기 위해서는 SUM 함수를 사용할 수 없었다. 이런 제약이 없었더라면 예제 프로그램은 그림 1-3과 같이 간단해졌을 것이다.

```
XXX:    PROCEDURE;
        DECLARE A(10000) FIXED(7,2),
                J FIXED BINARY;
        GET LIST((A(J) DO J = 1 TO 10000));
        PUT LIST('SUM IS ', SUM(A));
        END XXX;
```

그림 1-3 SUM이 산술 함수일 경우

그림 1-3의 코드에서는 PROCEDURE 구문에 OPTIONS(MAIN)이라는 속성도 없어졌다. 사실 이 속성은 언어가 지닌 또 다른 형태의 한계(언어의 특정 구현 버전이 지닌 한계)에 해당하는 것으로, 운영체제와 연동할 때 메인 루틴과 서브루틴을 구별해야 하는 일부 시스템에만 필요하다.

물론 PL/1에는 다른 여러 언어처럼 사소하지만 프로그래밍하기 어렵게 만드는 제약이 별로 없다고 알려져 있다. 대표적인 예로 FORTRAN을 생각해 보자. FORTRAN에는 DO 반복문을 역순으로 실행시킬 수 없다거나 (반복 제어 수식을 증분이나 경계값으로 표현할 수 없기 때문에), 배열 첨자는 반드시 1부터 시작해야 한다거나, 배열 첨자로 수식을 사용할 때에는 몇 가지 정해진 형식만 가능하다는 등의 제약 때문에 코드가 필요 이상으로 커진다. 그러나 이런 제약은 사라지기 전까지 제약으로 인식되지 못할 수도 있다. 교외에 나가서야 도시의 공기가 혼탁했다는 사실을 깨닫게 되는 것처럼 말이다. 따라서 향후에 새로운 프로그래밍 언어가 등장했을 때 현재는 인식하지 못하는 PL/1의 한계가 드러날 수도 있다고 보는 것이 옳다. 사실 이는 심리학적인 문제다(이 주제는 나중에 다시 다룰 것이다).

프로그래머의 한계

심리학과 좀 더 밀접한 주제는 사용하는 컴퓨터와 언어, 그리고 프로그래머 자신에 대한 지식이나 이해가 부족함으로 인해 얼마나 많은 코드를 쓸데없이 추가하느냐다. 예를 들어, 앞의 예제 프로그램을 작성한 프로그래머는 PL/1의 배열 사용법을 완전히 숙지하지는 못한 상태였을 것이다. 사실 PL/1에서는 첨자 없이 배열 이름만 사용해도 배열에 데이터를 읽어 들일 수 있다. 이 기능을 프로그래머가 알았더라면 프로그램을 그림 1-4와 같이 작성했을 것이다.

```
XXX:    PROCEDURE;
        DECLARE A(10000) FIXED(7,2);
        GET LIST(A); PUT LIST('SUM IS ', SUM(A));
        END XXX;
```

그림 1-4 프로그래머가 PL/1을 좀 더 잘 알았을 경우

물론 프로그래머의 한계에는 언어에 대한 지식 부족(이른바 어휘력 부족) 외에도 여러 종류가 있다. 예를 들어, 특정 알고리즘을 모를 수도 있고, 문제를 충분히 이해할 능력이 안 될 수도 있다. 이 주제는 확실히 프로그래밍 심리학의 영역에 해당하므로, 앞으로 위에 언급한 것을 포함해 여러 가지 한계에 대해 논할 것이다.

역사의 흔적

우리는 어떤 프로그램에서 앞서 다룬 범주 중 하나에 속하지만 실질적으로는 그 프로그램의 개발 역사 때문에 여전히 존재하는 문제점들을 발견하는 경우가 있다. 예를 들어, SUM 함수가 산술 함수로 바뀐 뒤, 더는 그림 1-2와 같은 프로그램이 존재할 이유가 없다. 그러나 SUM 함수의 정의가 변했다고 해서 실행 중인 프로그램을 모두 조사하여 새로운 SUM 함수를 바로 반영할 프로그래머가 얼마나 있겠는가? 우리 산업의 현실이 그렇다. 따라서 몇 년 후에 신입 프로그래머가 그런 프로그램을 발견하고 수정하면서 원작자보다 자신이 PL/1에 대해 더 많이 안다는 사실에 기뻐하는 일이 생길 수도 있다. 그러고는 상급자인 원작자를 깔볼 것이다. 넋두리 같지만, 이런 상황은 프로그래머의 인생에서 언젠가는 겪게 될 또 다른 심리학적 현실이다.

역사가 긴 프로그램에는 기상천외한 동기로 작성한 코드도 있을 수 있다. 그런 일화를 하나 소개하자면, 미연방 사회 보장국(Social Security Administration)의 두 프로그래머가 어떤 프로그램을 점검하던 중 이상한 코드를 발견했다. 입력 카드의 특정 위치에 'A'라는 문자가 있으면 '1'로 치환하는 것이었는데, 해당 위치는 원래 숫자 값만 들어갈 수 있고 그것을 보장하기 위해 전처리 프로그램까지 사용하고 있다는 점에서 볼 때 정말 의심스러운 코드였다. 그러나 그들은 동기를 확실히 알지 못하는 코드를 마음대로 수정하는 것이 꺼려져서 조사를 시작했고 결국에는 밝혀냈다.

몇 년 전에 즉, 프로그래머의 세대가 몇 번 바뀔 정도로 오래 전에(이것도 프로그래밍 심리학에서 다룰 만한 주제다!) 어떤 지역 사무소에서 사용하는 천공기에서 '1'을 표시해야 하는 자리에 'A'를 표시하는 문제가 있음이 발견됐다. 당시에는 전처리도 하지 않았기 때문에 그렇게 잘못된 표시가 처리 프로그램 실행에 문제를 일으켰던 것이다. 그러나 잘못 표시된 카드가 이미 얼마나 많이 입력기에 걸려 있는지를 알 수 없었다. 그래서 상황을 가장 간단하게 해결할 수 있는 미봉책을 택했다. 프로그램을 수정한 것이다. 그리고 상황이 해결되자 모두 그 사실을 잊어버렸고(역시 심리학적인 현상이다!) 수년 후 고고학자 기질이 있는 두 프로그래머가 발굴하기 전까지 그 사실은 지하에 묻혀 있었다.

이 예처럼 코드에 남아 있는 역사의 흔적을 항상 간단히 알아볼 수 있는 것은 아니다. 특히, 프로그램의 규모가 클수록 과거의 선택이 더 큰 영향을 끼친다. 프로그램 구조 자체도 그것을 작성한 프로그래밍 그룹의 규모나 인원 구성에 따라 결정될 수 있다. 프로그래밍 작업은 그룹 내에 있는 구성원들이 분담했을 텐데, 구성원마다 강점과 약점이 달랐을 것이기 때문이다. 사실 프로그래밍 그룹의 사회적 구조는 프로그래밍 심리학을 연구하는 우리의 주된 관심사다.

명세

그림 1-1과 그림 1-4에 나온 두 프로그램의 차이를 보면, 코드 가운데 프로그램이 풀어낼 문제와 직접 관련이 있는 부분은 극히 일부에 불과할 수도 있음을 알 수 있다. 명세된 작업 외의 다른 조건도 모두 고려하다 보면 그렇게 될 수 있다. 그렇다고 해서 각종 한계(앞서 설명한 것과 같은)를 극복하기 위한 코드는 무시하고 실질적인 작업을 하는 핵심 코드만으로 그 프로그램의 명세를 밝힐 수 있다고 생각하는 것은 오산이다. 원작자도 잘 모르고 작성한 어떤 코드를 보고 그 의도를 파악하거나 컴퓨터에 대한 일말의 이해도 없이 작성된 명세만 보고 효율적인 코드를 만들어 내기는 어렵기 때문이다. 그러나 더 큰 원인은 주어진 문제를 해결하고자 프로그래밍을

시작하기 전까지는 그 문제 자체를 정확히 이해할 수 없다는 데 있다.

명세는 프로그램, 프로그래머와 함께 진화한다. 프로그램을 작성한다는 것은 일종의 학습(프로그래머와 프로그램 사용자 모두에 대한)이다. 게다가 이 학습 과정은 특정 기계와 특정 프로그래밍 언어, 특정 작업 환경에서 일하는 특정 프로그래머 또는 팀 그리고 코드의 모양새뿐만 아니라 코드가 하는 일까지도 좌지우지하는 일련의 역사적인 사건들로 이뤄진 문맥 내에서 일어난다.

우리가 프로그램 작성 과정을 연구하는 가장 중요한 목적은 좀 더 효율적이고 치밀하며 저렴하고 이해하기 쉬운 프로그램을 만들기 위함이 아니다. 그보다는 프로그램이 하는 일이 우리가 그 프로그램에게 원했던 바로 그것이길 바란다. 이러고 저러다 보니 그렇게 된 프로그램 말고 말이다.

요약

어떤 프로그램이 현재의 모습을 갖게 된 데에는 다 이유가 있다. 우리는 코드를 세심히 읽기보다는 그저 훑기만 하기 때문에 그 이유를 모두 알아차릴 수는 없겠지만 말이다. 코드를 읽어 보면, 어떤 부분은 기계나 언어 또는 프로그래머의 한계 때문에 그런 모습이 되었고, 또 어떤 부분은 당시 존재했던 외부 조건(사건) 때문에 혹은 주어진 명세(핵심적이든 아니든) 때문에 그렇게 작성되었음을 알 수 있다. 최종 산출물에 포함된 코드에는 각각 나름의 이유가 있고, 그 이유들에는 심리적인 면이 있다. 따라서 프로그래밍을 인간의 행위로 연구하다 보면 수많은, 때로는 예상치 못한 소득을 얻게 될 것이라 믿는다.

질문

관리자에게

1. 당신이 일선 관리자라면, 당신이 담당하는 프로그래머가 작성한 프로그램을 읽을 능력이 있는가? 혹시 구세대 프로그래밍 언어까지만 가능하지는 않은가? 읽을 능력이 있다면 프로그램을 실제로 읽어 보는가? 읽어 보지 않는다면 왜 그런가?

2. 당신이 고위 관리자라면, 당신의 일선 관리자들에게 프로그래머가 작성한 프로그램을 읽을 능력이 있는가? 확신하는가? 프로그래머들에게 직접 물어보고 이 질문에 다시 답하라. 그리고 일선 관리자들에게 그런 능력이 있더라도 실제로 프로그램을 읽어 보는지 확인하라. 우리의 조사에 따르면 일선 관리자 중 열에 아홉은 이런저런 이유로 프로그램을 읽지 않는다. 당신은 그런 일선 관리자가 어떤 프로그래머가 얼마나 유능하고 일을 잘 하고 있는지를 판단할 수 있다고 생각하는가?

프로그래머에게

1. 마지막으로 다른 사람이 작성한 프로그램을 읽어 본 적이 언제였는가? 왜 그 사이에는 그렇게 하지 않았는가? 마지막으로 다른 사람이 당신의 프로그램을 읽고 당신과 함께 토론한 것은 언제였는가? 그는 상사였는가?

2. 프로그램 라이브러리나 동료에게서 프로그램을 하나 구하라. 그리고 코드 한 줄 한 줄이 그렇게 작성된 이유를 밝혀 보라(본문에서 설명한 것처럼). 이 연습을 하면서 당신이 배운 것은 무엇인가?

3. 한 달 이상 전에 당신이 직접 작성했던 프로그램을 대상으로 2번과 같은 연습을 하라. 이 연습으로 당신은 무엇을 배웠는가?

참고문헌

- Werner Bucholz 편저 『Planning a Computer System : Project Stretch』 New York, McGraw-Hill, 1962년.
  컴퓨터를 구성하는 부품에도 각각 이유가 있다. 컴퓨터 하드웨어가 왜 지금과 같은 모습이 되었는지를 설명한 글 가운데 이 책을 능가하는 글은 아직 없다. 게다가 프로그래밍에 있는 기계의 한계라는 문제에 대해 많은 통찰을 제공한다. 스트레치(Stretch)는 기계 설계에서 보통 당연하게 여겨지는 여러 한계를 제거한 **프로그래머의 기계**를 목표로 했기 때문이다.

- 「PL/1 Language Log」 IBM 내부 문건
  이 문건은 구하기 힘들겠지만, 지금은 IBM이 더는 PL/1을 독점하려 하지 않기 때문에 사본을 구할 수도 있을 것이다. 이는 PL/1이 현재 모습이 되기까지 있었던 수많은 논쟁과 그 결과가 반영된 변화 등을 정리한 총체적인 기록이다. 따라서 한 프로그래밍 언어가 어떻게 제 모습을 갖춰 가는지를 알아보는 훌륭한 교육 자료가 될 것이다. 누군가가 이 문건을 정리하여 책으로 출간했으면 하는 바람도 있다.

- 사용자 그룹이나 컴퓨터 제조사가 보유한 프로그램 라이브러리

여러분의 손에 있는 프로그램 라이브러리는 정보의 보물창고다. 자주 들춰 보라.

- Gerald M. Weinberg 지음 『PL/1 Programming : A Manual of Style』 New York, McGraw-Hill, 1970년.
프로그램이 어떻게 현재와 같은 모습이 되었는지에 관한 내 생각을 좀 더 자세히 알고 싶다면 이 책을 읽기 바란다.

- Fred Gruenberger 편저 『Fourth Generation Computers : User Requirements and Transition』 Englewood Cliffs, N.J., Prentice-Hall, 1970년.
이 책의 저자들은 처음 세 세대를 거치며 축적된 지혜를 바탕으로 제 4세대를 예측하면서 컴퓨터 사용자의 심리적 요구라는 문제에 부딪힌 것 같다. 머레이 레이버(Murray Laver)는 과거와 달리 설계자와 판매사원, 제조사가 고객보다 더 큰 영향력을 지니게 된 이유를 밝힌다. 자크 부바르(Jacques Bouvard)는 소프트웨어 차원의 시스템 설계에서 사용자가 좀 더 중시되어야 할 필요성에 대해 논한다.

1장에 보태는 글:

프로그램 읽기

이 주제에 대해서는 그다지 많이 변하지 않았다. 프로그램 읽기는 여전히 프로그래밍의 과정을 이해하는 중요한 열쇠다. 연구할 라이브러리(클래스 라이브러리 등)가 더 많아졌다는 사실은 긍정적이다. 라이브러리에 주석이 잘 달려 있지 않아 학습 자료로 가치가 조금 훼손된다는 점이 아쉽지만 말이다. 그러나 그 부족분은 패턴 운동이 보완하고 있다. 물론 아직도 갈 길은 멀다. 기업들이 신기술로 옮겨가는 것을 꺼리는 이유 중 하나가 새 개발 환경이 제공하는 클래스 라이브러리를 이해하는 데 많은 노력이 필요하기 때문이다.

한 가지 변화가 있다면 바로 코드에 반영된 역사의 흔적이 더 늘어났다는 점이다. 25년이라는 시간이 있었으니 당연한 결과다. 물론 유지보수를 하는 처지에서 프로그램에 역사의 흔적이 많다는 것은 환영할 만한 일이 아니다. 그러나 그 흔적을 인지하고 코드가 현재 모습이 된 이유를 설명하는 자료를 얻을 수 있다면 프로그래밍을 인간 행위로 연구하는 데는 좋은 재료가 될 것이다.

그러나 유지보수 작업에서 가장 많이 읽히는 코드는 좋은 예제가 아닌 경우가 많다. 좋은 예제였다면 그렇게 자주 유지보수할 대상이 되지도 않았으리라. 그리고 프로그램을 아무리 많이 읽더라도, 읽는 사람에게 어떤 코드가 좋고 어떤 코드가 나쁜지를 판단할 능력이 없다면 별 도움이 안 될 것이다. 25년 전이나 지금이나 이 사실은 변하지 않았다.

그런데 프로그래머들은 자신의 코드를 다른 사람에게 검토해 달라고 요청하거나 다른 사람의 코드를 보며 자신의 능력을 키우는 것에 왜 그렇게 인색할까? 또 이상한 점은 자칭 똑똑이들보다 정말 유능한 프로그래머들이 그런 일을 더 중요시한다는 것이다. 따라서 항상 그렇듯이, 부익부 빈익빈 현상이 발생한다.

2장
좋은 프로그램이란 무엇인가?

프로그래밍을 인간의 행위로 연구하다 보면 프로그래밍 능률을 측정할 방법이 필요하게 된다. 다시 말해, 어떤 프로그래머가 다른 프로그래머보다 우수한지 아닌지 또는 어떤 프로그램이 다른 프로그램보다 좋은지 아닌지에 대한 기준이 있어야 한다. 우리는 모두 이에 대한 답을 나름대로 갖고 있지만, 그 답은 의외로 간단하지 않다. 프로그래밍은 그냥 인간 행위가 아니라 **복잡한 인간 행위**이기 때문이다.

1장에 나온 예제 프로그램을 다시 보자. 우리는 그림 1-1의 프로그램을 분석한 결과, 그중 2할도 채 되지 않는 코드만 실제 주어진 문제와 직접적인 관련이 있음을 알게 됐다. 나머지 8할의 코드 중 많은 부분은(대부분은 아니더라도) 심리적인 변화를 주면 제거할 수 있는 것들이다. 사실, 저장 용량과 같은 문제도 적절한 가상머신(virtual machine)을 도입하면 해결할 수 있다. 기계의 한계마저도 심리학적인 기법을 써서 극복할 수 있는 것이다.

그림 1-1의 프로그램은(너무 작은 프로그램이기는 하지만) 전체 코드 중 실제 주어진 문제와 직접 관련된 코드의 비율이라는 측면에서 평균적이다. 그런 상황이 일반적이라는 뜻이다. 보통 프로그램을 잘 읽지 않기 때문에 이 사실을 인지하고 있는 사람이 많지는 않겠지만 말이다. 이를 거꾸로 생각하면 우리의 프로그래밍 작업에 그만큼 향상시킬 여지가 많다는 뜻이 된다. 그러나 핵심에서 벗어난 코드의 비율이 작다고 해서 곧바로 좋은 프로그램이 되지는 않는다. 사실 프로그램을 평가할 때 코드 자체만으로는 좋다 나쁘다 판단할 수 없다.

대부분의 프로그래머는 좋은 프로그래밍이라는 것이 존재한다고 느낀다. 그다지 틀린 생각은 아닐 것이다. 그러나 그것이 사실이라고 해도, 좋은 프로그램 역시 존재할 것이라는 결론을 끌어낼 수는 없다. 적어도 프로그램을 개발하는 동안 일어난 주변 상황과 실행 환경을 전혀 고려하지 않은 채 "이 프로그램은 83.72점짜리야."라고 단정할 수는 없다.

그림 1-1의 프로그램은 좋은 프로그램인가? 이 프로그램은 촌스럽다. 그러나 이는 하나의 기준으로만 평가한 결과다. 우리는 이 프로그램을 면밀히 읽어 보았기 때문에 촌스럽다고 평할 수 있지만, 보통 프로그램이 좋은지 나쁜지를 평가할 때 세련미는 절대적인 기준이 되기 어렵다(아무도 그 프로그램을 읽지 않을 것이므로). 프로그램의 평가에서는 그 프로그램이 실행될 기계와 컴파일러, 비용 환경 등을 고려하지 않을 수 없다. 프로그램 개발은 계획한 기간 안에 끝났는가? 개발 비용은 얼마나 들었는가? 주어진 명세를 만족시키는가? 단지 코드만 보고서는 이런 요소를 알 수 없다.

프로그래밍 심리학 연구에서 프로그램의 우수성을 평가할 절대적인 척도가 없다는 사실은 큰 골칫거리다. 그러나 상대적인 척도는 사용할 수 있지 않을까? 즉, 프로그램 A가 프로그램 B보다 낫다라고 말할 수는 있지 않을까? 그러나 불행하게도 이 역시 불가능하다. 몇 가지 이유가 있다. 우선, 항상 비교 대상이 될 다른 프로그램이 존재할 것인가라는 문제가 있다. 비교 대상이 있다고 해도 프로그램이 지닌 여러 속성 사이의 상대적인 중요성을 어떻게 정할 것인가? FORTRAN 컴파일러를 예로 들어 보자. 컴파일 속도는 빠르지만 실행 속도가 느린 바이너리 코드를 만드는 컴파일러와 컴파일 속도는 느리지만 실행 속도가 빠른 바이너리 코드를 만드는 컴파일러 중 어느 쪽이 더 우수한가?

그러나 상대적인 우수성을 논할 수 있는 경우가 있기는 하다. 컴파일 속도도 빠르면서 실행 속도가 빠른 바이너리 코드를 만드는 컴파일러가 그 반대인 경우보다 더 우수하다고 할 수 있지 않겠는가? 따라서 가끔은 상대적인 비교가 가능하다고 볼 수 있다. 그러나 그런 결론도 너무 성급하게 내려서는 안 된다. 컴파일러의 성능을 나타내는 지표에는 속도 외에도 여러 가지가 있다. 진단 기능, 처리할 수 있는 언어의 범위, 생성된 바이너리 코드의 신뢰성, 실행 시 모니터링 기능 등 모두 열거하기 버거울 정도다. 컴파일러 두 개를 비교하는데 모든 면에서 한쪽이 우수한 경우를 찾기는 극히 어렵다.

따라서 우리는 어떤 프로그램을 다른 프로그램과 비교해 상대적으로 평가하기보다는 개발에 관련된 모든 상황에 비추어 그 프로그램을 평가해야 한다. 그리고 솔직히 말해서, 우리가 원하는 것은 최고의 프로그램이 아니다. 사실 우수한 프로그램조차도 아니다. 우리가 원하는 것은 요구 명세에 부합하는 프로그램이다.

요구 명세

어떤 프로그램에 요구하는 조건 가운데 항상 맨 처음 꼽는 동시에 가장 중요한 것은 정확성이다. 다시 말해, 예상되는 범위 내의 입력을 주면 정확한 출력을 내야 한다는 것이다. 그제야 비로소 우리는 그 프로그램이 '작동한다' 고 말할 수 있다. 오죽하면 "작동하는 프로그램이 그렇지 않은 프로그램보다 무조건 낫다."고까지 하겠는가.

 정확성에 비하면 효율성 등의 다른 조건은 부차적이라는 주장에 선뜻 동의하기가 어렵다면, 여기 알맞은 일화가 있다. 한 프로그래머가 어떤 자동차 회사에서 사용할 새 프로그램의 디버깅을 의뢰 받아 디트로이트로 출장을 가게 되었다. 그 프로그램의 목적은 주문 요청서를 기록한 천공카드로부터 고객이 선택한 옵션을 입력 받아 그에 맞는 자동차를 만드는 데 필요한 부품 목록을 도출하는 것이었다. 즉, 다양한 옵션과 필요한 부품 간의 관계를 나타낸 명세를 구현한 프로그램이었다. 예를 들어, 뒷좌석 커버는 디럭스냐 가죽이냐는 옵션과 함께 차체의 색상과 스타일 그리고 에어컨 옵션 등에 따라 결정될 것이다. 에어컨 옵션이 뒷좌석 커버와 무슨 상관인가 싶겠지만, 관계가 있다. 에어컨을 설치하려면 배관 공간이 더 필요할 수도 있기 때문이다. 이는 이 문제에 내재된 복잡성을 보여 주는 좋은 예다. 부품 한 가지를 결정하는 일에도 여러 옵션의 영향을 받는다. 따라서 주문형 생산에 필요한 부품 목록을 도출하는 작업은 딱 컴퓨터가 해야 할 일이었다.

 그런데 이 프로그래머가 투입됐을 때는 이미 문제를 다룰 기본적인 접근법이 결정되어 있었다(형편없게). 각 옵션을 개별적인 조건 분기문으로 구현했고, 따라서 프로그램은 부품 선택을 할 수 있도록 5000개의 가지가 달린 거대한 의사결정 나무(decision tree)가 되었다. 이런 구조인데다가 프로그래머 16명이 동시에 작업하고 있었기 때문에, 디버깅은 거의 불가능에 가까웠고 모든 경우의 수를 따로따로 테스트해야 했다. 특정 카드를 입력해 원하는 결과가 나오는지 확인하는 것이 유일한 테스트 방법이었던 것이다. 우리의 주인공이 도착했을 때 프로그램의 상태는 이미 걷잡을 수 없게 되어 평범한 입력에 대해 "타이어 8개, 좌석 3개 그리고 엔진은 없다."라는 결과가 나오고 있었다. 한마디로 말해서 완전히 실패작이었다.

그러나 (항상 그렇듯이) 아무도 이 상황을 실패로 인식하지 않았다. 대신, 전 직원을 2교대로 나누어 강도 높은 디버깅 작업에 착수했고 프로그래머도 증원했다(우리의 영웅도 이 과정에서 투입된 것이다). 당연히 상황은 더욱 혼란스러워졌고, 우리 주인공은 며칠 만에 프로젝트에 가망이 없으며 그런 일에 매달려 밤낮으로 시달리느라 가족들과 떨어져 있을 필요는 없겠다고 판단했다. 그래서 태도가 비협조적이라는 비난도 감수하며 일을 그만두었다.

돌아가는 비행기에서 그는 일주일 만에 처음으로 조용히 사색할 여유를 가질 수 있었다. 그러자 문득 지금의 접근법이 지닌 근본적인 문제점이 떠올랐고, 작업을 두 단계로 나누는 편이 훨씬 더 좋은 방법임을 직감했다. 모든 경우의 옵션 조합에 대해 원하는 결과를 미리 표로 만들어 두고(1단계), 카드로부터 옵션을 입력 받으면 해당 경우를 그 표에서 찾아 그 내용을 출력하는 것이다(2단계). 이런 식으로 하면 최소한 "타이어 8개, 좌석 3개 그리고 엔진은 없다."는 식의 황당한 결과는 나오지 않는다. 그리고 표는 자동차 엔지니어들이 특정 형식으로 명세해 놓은 것을 가공해 메모리에 적재하면 된다. 따라서 엔지니어들이 프로그래머에게 부탁하지 않고도 기존 명세서를 점검하고, 필요할 경우 내용을 간편하게 고칠 수도 있을 터였다.

비행기에서 내릴 즈음에 그는 이미 두 프로그램의 코드 작성을 마친 상태였다. 그 코드를 확인하는 데 하루가 걸렸고, 평소 알고 지내던 자동차 엔지니어들에게 부탁하여 원하는 형식으로 작성된 명세서를 받는 데 이틀이 더 걸렸다. 일주일 후, 프로그램의 테스트를 마치고 디트로이트로 돌아가려던 참에 전보를 한 통 받았다. 기존 프로그램을 더는 어떻게 해볼 수가 없어서 프로젝트를 중지한다는 내용이었다.

우리의 주인공은 급히 전화를 걸어 자신이 해결책을 찾았음을 알리고 디트로이트로 곧장 날아갔다. 새 프로그램의 시연을 본 경영자들은 프로젝트가 계속될 수 있음을 확신했고, 다른 프로그래머들도 참석하는 설명회를 열도록 했다. 다른 프로그래머들은 냉담한 분위기를 풍기긴 했지만(이런 현상도 나중에 다룰 것이다) 조용히 앉아 그의 설명을 끝까지 들었다. 질문 하나 없이 설명이 끝나갈 즈음에 기존 프로그램의 원작자가 손을 들었다.

"당신 프로그램은 실행 시간이 얼마나 걸리나요?" 당신 프로그램이란 말을 강조하며 질문했다.

"입력에 따라 다르겠지만, 카드당 평균 10초 정도입니다." 주인공이 대답했다.

"아하! 내 프로그램은 카드당 1초밖에 안 걸리는데요." 원작자가 의기양양하게 말했다.

그때까지 뭔가 불만스러운 표정을 짓던 다른 프로그래머들(모두 1초밖에 안 걸리는 프로그램 작성에 관여했던 사람들이다)이 그 대화를 듣고 안도하는 듯했다. 그러나 아직 젊고 순진한 우리 영웅은 기죽지 않고 차분하게 응수했다. "하지만 그 프로그램은 작동하지 않잖아요. 프로그램이 작동하지 않아도 괜찮다면, 난 1000분의 1초에 카드 한 장을 처리할 수 있는 프로그램도 만들 수 있어요. 1000분의 1초면 카드 판독기가 카드를 읽는 속도보다도 빠른 겁니다."

그렇게 말함으로써 우리 영웅은 자기편을 얻는 데 실패했지만, 그 말에는 모든 프로그램을 평가할 때 토대로 삼아야 할 근본적인 진실이 담겨 있다. 프로그램이 작동하지 않는 상황에서 효율성이나 적응성, 개발 비용 등의 다른 척도는 전혀 의미가 없다. 현실적으로 생각하자. 세상에 완벽한 프로그램이란 없다. 따라서 프로그램을 평가할 때는 결함이 어떤 종류인가를 반드시 고려해야 한다. 결국에는 프로그램이 주어진 요구 명세를 얼마나 만족시키느냐 즉, 얼마나 잘 작동하느냐가 문제가 되는 것이다.

예를 들어, 모든 컴파일러에는 정확히 컴파일하지 못하는 코드가 적어도 하나씩 있다. 그러나 그것이 얼마나 큰 문제인지는 사용자에 따라 다르다. 여러분의 프로그램에 그런 코드가 있다면 심각한 문제가 아닐 수 없다. 다른 수천의 사용자는 그런 문제를 겪지 않더라도 말이다. 따라서 컴파일러 개발자는 어떤 결점의 중요성을 평가할 때 그로 인해 곤란을 겪을 사용자 수가 얼마나 될지 그리고 그것을 극복하려면 얼마나 많은 노력이 필요할지 고려해야 한다. 사실 이런 평가는 과학적으로 내리기 어렵다. 불만이 있는 사용자가 얼마나 큰 목소리로 항의하느냐 또는 최고 책임자에게 직접 압력을 가하느냐 마느냐에 그 중요성이 좌우되는 경우가 많기 때문이다. 그러나 어떤 평가 방법을 동원하든, 해결하지 못한 결함은 있기 마련이고 사용자 수천 명 중 일부는 불만을 품게 될 것이다.

따라서 사용자 한 명을 위한 프로그램과 진정한 **소프트웨어** 사이에는 엄연한 차이가 있다. 사용자가 여럿이면 요구 명세도 여러 벌이 된다. 요구 명세가 여러 벌이면 그 프로그램의 작동에 대한 정의도 여러 개가 된다. 개발 방법론을 논의할 때 우리는 한 명의 사용자를 대상으로 개발된 프로그램과 여러 사용자를 대상으로 개발된 프로그램의 차이를 염두에 두어야 한다. 그 둘을 평가하는 방법은 서로 달라야 하고, 개발 방법도 달라야 한다.

일정

요구 명세를 만족시키는가의 문제를 차치한다 해도 효율성이 최우선의 문제가 되지는 않는다. 프로그래밍에서 계속 반복되는 문제는 일정을 맞추는 일이다. 심지어 납기가 지나 완성된 프로그램은 전혀 쓸모가 없을 수도 있다. 적어도 프로그램을 사용하지 못해서 추가되는 비용과 그 프로그램을 좀 더 효율적으로 만들었을 때 아낄 수 있는 비용을 비교해 봐야 한다. 예를 들어, 어떤 정유 회사는 소프트웨어 전문 회사에 의뢰한 프로그램이 납기가 완료된 시점에서도 아직 그다지 효율적이지는 않지만 일단 현업에 투입하면 한 달에 백만 불을 아낄 수 있다고 판단했다. 좀 더 효율적인 프로그램을 기다리다가 일정을 한 달 늦추면, 이후 10년 동안 그 프로그램을 공짜로 사용한다 해도 메울 수 없는 손실을 보게 되는 것이었다.

프로그램의 납기 지연 때문에 발생하는 손실이 항상 그렇게 큰 것은 아니다. 그러나 손실이 무시할 수 있을 만큼 작다고 해도, 일정이 지연되면 성가신 일들이 무척 많이 생긴다(적어도 미국에서는). 사실, 보통 프로젝트 관리자들은 6개월 일정인 프로젝트에 9개월이 소요되는 것보다는 12개월 일정인 프로젝트에 12개월이 소요되는 편을 더 좋아한다. 이 현상도 심리학적으로 연구해 볼 가치가 있는데, 이와 비슷한 연구 결과가 이미 나와 있다. 사람들은 어떤 일에 드는 시간의 평균보다 편차를 더 중요하게 생각한다는 것이다. 그래서 사람들이 출근 버스를 보통 1분씩 기다리다가 5일 중 하루는 26분을 기다리는 것보다 매일 10분씩 일정하게 기다리는 쪽을 더 좋아한다. 전자의 평균 대기 시간은 6분으로 10분인 후자보다 더 작지만, 단 한 번의 원치 않는 긴 기다림이 평균 4분의 차이를 상쇄할 만큼 싫은 것이다.

이 연구 결과가 프로그래밍에도 적용된다면, 특정 개발 방법론을 연구할 때 개발 기간이 변하는 데 얼마나 영향을 끼치는지 측정해야 한다. 지금처럼 평균 시간만 재서는 안 된다. 우리는 앞으로 그런 영향에 대해 알아볼 것이다.

적응성

프로그램 평가에서 요구 명세와 일정을 논했으니 드디어 효율성 차례라고 생각할지도 모르겠다. 그러나 효율성보다는 프로그램의 적응성 문제를 먼저 다루는 게 유익할 것 같다. 두 문제 사이의 상대적 중요성은 차치하고 말이다. 작성된 이후 딱 한 번만 실행되고 버려지는 프로그램도 물론 있다. 심지어 실행 한번 못해 볼 수도 있다. 그러나 대다수의 프로그램 특히, 직업 프로그래머가 작성한 프로그램들은 일정 기간 동안 생명을 유지한다. 그리고 그 생명 주기 동안 대부분의 프로그램은 **수정**을 겪는다.

조금이라도 경험이 있는 프로그래머라면 프로그램 대부분이 언젠가 한 번쯤 수정된다는 사실을 부정할 수 없을 것이다. 그렇다면 프로그램을 수정해야 할 때가 되었을 때 그 일이 헤라클래스 같은 초인이 아니고서는 도저히 불가능한 일이라고 판단하여 코드를 버리고 처음부터 몽땅 새로 작성해야겠다고 결정하는 상황이 많은 것은 왜일까? 처음부터 나중에 수정될 것을 대비하여 작성된 프로그램은 좀처럼 만나기 어렵다. 프로그램 수정은 피할 수 없는 일임을 잘 아는 프로그래머들이 그에 대한 대비는 왜 하지 않을까? 심지어 어떤 프로그램들은 마치 파라오 무덤에 침입한 도굴

꾼들을 경계하듯이 일부러 수정하기 어렵게 작성한 것처럼 보이기도 한다. 이유가 무엇일까?

이런 의문들에 대한 답은 심리학적인 연구를 통해 찾을 수 있다. 그러나 당장은 그 답을 얻기보다, 좋은 프로그램이란 무엇인가를 논의하는 데에 이런 문제 인식이 중요한 요소임을 아는 것이 우선이다. 다음 문제를 한번 생각해 보자. 프로그램을 좀 더 쉽게 수정할 수 있도록 도울 목적이 아니라면 프로그램에 대한 문서는 왜 쓸까? 문서의 질과 프로그램 수정의 용이성(계획된 것이든 아니든)이 프로그램 또는 그 프로그래머를 평가하는 데 중요한 잣대임은 모두 인정할 것이다. 그렇다면 이 문제에 대한 심리학적인 연구를 통해 꽤 의미 있는 성과를 얻을 가능성 역시 인정할 수 있을 것이다.

그러나 효율성에 대한 논의로 넘어가기 전에 꼭 해두고 싶은 말이 있다. 적응성은 거저 생기지 않는다. 때로는 다른 모든 면도 만족할 만한 동시에 적응성도 뛰어나게 프로그램을 만들 수 있겠지만, 보통 그만한 대가를 지불해야 한다. 그리고 가끔은 지불한 만큼 성과를 얻지 못할 수도 있다. 유전자 시스템에 대한 수학적 연구에서 피셔(R. A. Fisher)는 **피셔의 기본정리**(Fisher's Fundamental Theorem)라는 법칙을 만들었다(피셔가 만든 다른 이론들의 토대가 되는 매우 중요한 법칙이다). 이 법칙에 따르면, 한 유전자 시스템이 특정 환경에 많이 적응되어 있을수록 다른 새로운 환경에 적응하기는 더 어렵다. 상상력을 조금만 발휘하면 이 법칙을 달팽이나 초파리, 거북이뿐 아니라 컴퓨터 프로그램에도 적용할 수 있을 것이다.

프로그램을 효율적으로 동작하게 만들려면 주어진 문제와 프로그램을 실행할 기계의 특성을 잘 활용해야 한다. 기계의 구조를 무시하면 프로그램은 잠재적으로 성능 면에서 큰 손해를 보게 되고, 문제의 특성을 잘 활용하면 프로그램을 더 빠르고 작게 만들 수 있다. 그런 프로그램의 예를 하나 들자면(전형적인 것은 아니지만), 기계어로 변환하는 데 특별한 기교를 부린 어셈블리 프로그램이 있었다. 프로그래머는 각 OP 코드(operation code)의 비트 패턴을 숫자로 해석하여 특정 숫자를 곱하면 값이 겹치지 않고 빈틈도 없는 메모리 번지수 목록이 나옴을 발견(또는 이해)했고, 그 공식을 구현하여 어셈블리어로 작성된 코드를 기계어로 변환하는 과정을 효율적으로 만들었다.

그 프로그래머가 선보인 독창성은 많은 칭송을 받았다. 완성된 프로그램은 수년 동안 프로그래머가 지향해야 할 본보기로 여겨지기도 했다. 그러나 그 코드는 생명이 그리 길지 않았다. 당연하게도, 기계에 새로운 OP 코드가 추가되었기 때문이다. OP 코드가 수십 개나 더 늘어나자 이전의 공식이 더는 들어맞지 않았고 새로운 공식도 찾아낼 수 없었다.

새로운 공식을 찾지 못하자 그 기교는 좀 더 일반적인 해시 테이블 탐색(중복값을 허용하는)에게 자리를 내주었다. 그러나 그 과정에는 상당한 노력이 필요했고, 그 노력은 시간 낭비였다. 돌이켜 보면 그 특별한 기교를 통해 얻은 이득은 이후의 새 환경에 적응하고자 낭비한 노력에 비하면 극히 미미했다. 처음부터 일반적인 해시 테이블 탐색을 이용했더라면, 새 환경에도 약간의 노력만으로 적응할 수 있었을 것이다(당시에는 효율성이 조금 떨어졌을지 몰라도). 해시 테이블에 새 OP 코드에 대한 항목만 추가하면 되었을 테니까 말이다.

이런 예는 수백 가지도 더 들 수 있겠지만, 요점은 하나다. 효율성을 추구하면 보통은 코드가 **빡빡해져서** 수정하기 어렵게 된다. 고수준(high level) 언어로 작업하다가 프로그램을 좀 더 효율적으로 만들려고 기계어로 내려가는 일도 가끔 있다. 이는 프로그램을 고수준 언어로 작성하는 이점 중 적어도 하나(다른 기계로의 이식성)를 포기하는 것이다. 그리고 그렇게 하면 특정 기계에 얽매일 뿐 아니라, 당시의 만족스럽지 못한 프로그램 구현 상태에도 종속되는 것이다.[1]

그러나 효율성을 외치는 관리자들은 나중에 수정 비용 얘기를 들으면 머리를 쥐어뜯을 사람들이다. 거꾸로, 일반적이고 수정하기 쉬운 프로그램을 요구하는 관리자들도 나중에는 프로그램이 느리거나 너무 크다고 불평하곤 한다. 우리는 이런 문제를 어른스럽게 처리해야 한다. 두 가지 상반되는 목표를 동시에 달성하는 데는 심리학도 마법도 소용없다. 한 프로그램을 만드는 데 효율성과 적응성을 동시에 요구하는 것은 예쁜데다 성격까지 좋은 아내감을 찾는 것과 같다. 물론 어떤 여성이 아름다운 동시에 성격도 좋을 수 있겠지만, 보통은 그중 한 가지만 바라야 한다. 적어도 둘 다 아닌 쪽보다는 낫지 않은가.

효율성

프로그램의 진정한 효율성은 언뜻 생각하기와 달리 쉽게 측정할 수 없다. 일단, 컴퓨터에서 실행시키는 데 필요한 시간만이 효율성의 전부가 아니다. 실행 전후에 드는 시간이 컴퓨터의 실행 시간에 영향을 미칠 수 있다. 예를 들어, 컴파일러의 속도를 측정하는 척도 중 하나가 1분에 처리하는 천공카드 개수다. 이 척도로 어셈블러와 FORTRAN 컴파일러를 비교하면, 어셈블러가 더 효율적이다. 어셈블리로 작성된 천공카드에는 FORTRAN과 비교해 담긴 정보가 적기 때문이다. 컴파일러의 효율성은 분당 생산해 내는 기계어 명령(instruction)의 개수를 기준으로 측정하기도 한다. 그러나

---

[1] (옮긴이) 좋지 않은 효율성에는 언어의 문제보다는 부적절한 알고리즘 선택 등 다른 문제가 더 큰 영향을 미칠 가능성이 많다. 그런 문제는 고수준 언어에서 더 쉽게 발견하고 수정할 수 있으므로, 그 상태에서 바로 저수준 언어로 내려가면 개선할 가능성이 오히려 줄어든다는 뜻이다.

이 척도를 사용하면 바이너리 코드를 필요 이상으로 크게 만들어 내는 컴파일러가 가장 효율적이라는 결론이 나올 수도 있다.

물론 컴파일러는 그 자체의 실행뿐만 아니라 생성한 바이너리 코드의 효율성도 염두에 두어야 하기 때문에 매우 특수한 경우에 해당한다. 그러나 컴파일러의 효율성에는 수많은 척도가 있으므로 효율성 문제로 인해 우리가 범할 수 있는 실수를 설명하는 데 좋은 예가 된다. 예를 들어, 같은 언어의 컴파일러 두 개를 비교할 때 **분당 처리하는 카드 개수**를 척도로 삼는다고 하자. 첫 번째 함정은 **같은 언어**에 있다. 정말로 동일한 언어를 지원하는 두 개의 컴파일러는 거의 없고, 지원하는 언어 사이에 약간이라도 차이가 있다면 실험 결과로 얻은 **분당 처리하는 카드 개수**를 그 차이만큼 보정해야 할 것이다.

언어의 사소한 차이로도 컴파일러의 효율성은 크게 달라질 수 있다. 일반적으로 말하면, 컴파일러 개발자가 언어의 기능 중 10%를 포기하면 컴파일러의 속도를 두 배로 빠르게 만들 수 있다. 그러나 불행하게도 기계나 컴파일 기교에 따라 그 10%가 달라지므로, 언어 설계자는 언어의 **좀 더 효율적인 부분 집합**을 제시할 수 없다.

다른 분야에서도 요구 명세를 일부 줄이는 방법으로 위와 비슷한 효율성 향상을 꾀할 수 있다. 어떤 프로그램을 만드는 데 최우선인 관심사가 효율성이라면, 요구 명세 가운데 삭제하면 사용 편의성이 줄더라도 컴퓨터의 효율성은 높일 수 있는 항목을 찾으면 된다. 물론 보통 상황에서 컴퓨터가 소비하는 시간만이 비용의 모든 요소인 것은 아니다. 사람이 소비하는 시간도 비용이다. 예를 들어 프로그램이 작성한 보고서에 수치의 총합 항목을 채우지 않으면, 컴퓨터 시간은 절약되겠지만 그 대가로 그 보고서를 받은 경영자가 종이와 펜, 시간을 추가로 소비해야 한다. 이런 결정을 내릴 때 프로그래머는 최대한 논리적이고 이성적으로 판단하겠지만, 경영자의 의견을 묻지 않고 결정하는 경우가 자주 있다.

　요구 명세를 줄이는 효과는 기대했던 것과 반대로 나타날 수도 있다. 예를 들어, 컴퓨터의 실행 시간을 줄이기 위해 입력 데이터의 상당 부분을 수동으로 처리한다면, 잘못된 결과 때문에 전체 과정을 몇 번이고 되풀이하게 될지도 모른다. 동일한 언어를 지원하지만 진단 기능과 실행 시 모니터링 기능에서 차이가 있는 컴파일러들을 비교해 생각하면 더 확실히 알 수 있을 것이다. 오류 검사 기능이 없거나 약한 컴파일러를 사용함으로써 컴파일 시간을 20% 절약한다면, 그때 검출하지 못한 오류를 프로그래머가 직접 찾아내느라 테스트 시간을 40% 더 소비하게 된다고 봐야 한다.

　기계 하나와 단순한 스케줄러로 구성된 환경에서도 효율성 측정은 어려운 일이지만, 다중프로세스(multiprocessing) 또는 다중프로그램(multi-programming) 환경일 경우에 비하면 아이들 장난 수준이다. 예를 들어, 메모리 40K를 한 시간 동안 점유하는 것과 80K를 30분 동안 점유하는 것 중 어느 편이 더 나을까? 답은 프로그램 실행 시점에 컴퓨터 상황이 어떤지에 따라 달라진다. 그리고 그 상황은 매번 다를 것이다. 메모리를 40K 더 사용해도 다른 프로그램의 실행 성능에 전혀 영향이 없는 날도 있지만, 그 40K로 인해 다른 프로그램의 실행이 한 시간 동안 지연되는 날도 있다.

　동적 부하 조절 기능이 있는 시스템에서는 다중프로그램으로 인해 발생하는 성능의 불안정성이 조금은 줄어들 수도 있다. 프로그래밍 프로젝트의 일정 문제와 마찬가지로, 사용자가 프로그램에 원하는 것은 빠른 평균 실행 시간이 아니라 편차가 작은 실행 시간일 수도 있다. 그래야만 자신의 작업에 계획성을 꾀할 수 있기 때문이다. 만약 이것이 사실이라면, 그 작업의 시작부터 끝까지의 전체 일정을 고려해야 한다. 단순히 **컴퓨터**

상의 실행 시간만 줄인다고 능사는 아닌 것이다.

미래의 컴퓨팅 환경에서는 다양한 크기의 메모리를 가진 다양한 종류의 기계에서 실행될 수 있는 프로그램을 최고로 칠지도 모른다. 그런 프로그램은 여러 실행 환경 중 어느 하나에도 최적화된 것은 아니겠지만(피셔의 기본 정리를 뒤집어 생각해 보라), 전체적인 성능은 어느 정도 일정할 것이다. 특별히 강하거나 약한 환경이 따로 없기 때문이다. 가상 메모리 시스템에서는 특수한 코딩 없이도 이런 유연성을 얻을 수 있다. 물론 가상 메모리 환경에서도 그 특성을 이용하여 성능 향상을 꾀할 수 있다.

예를 들어, 현재 시스템의 메모리 페이지 크기를 알고 있다면, 프로그램이 한 페이지에 쏙 들어가는 크기의 덩어리로 나눠질 수 있도록 작성하여 과도한 페이징 때문에 발생하는 성능 저하를 피할 수 있다. 그러나 그런 프로그램은 페이지 크기가 다른 시스템에는 잘 적응할 수 없을 것이다. 이와 비슷하게, 정확히 현재 시스템의 페이지 크기만큼 메모리를 사용하는 알고리즘을 선택한다고 해보자. 페이지 크기가 더 큰 시스템에서는 그 이점을 살리지 못할 것이고 메모리가 더 적은 시스템에서는 성능이 최악일 것이다.

결론적으로 말해서, 컴퓨팅에서 효율성의 문제는 점점 더 애매해지고 있다. 게다가 매년 기계 가격은 내려가는 반면에 프로그래머의 인건비는 올라가고 있기 때문에, 이미 오래 전부터 시스템의 운영비보다 개발비가 더 큰 것이 보통이다. 그리고 디버깅 비용까지 운영비로 계산해서 그렇지, 그것을 개발비에 포함시킨다면 그 불균형은 더 심각해진다. 물론 비용 계산을 어떻게 하든 불균형은 있을 것이고, 앞으로도 계속 커질 것이다. 따라서 시간이 지날수록 **효율성**보다는 **효용성**이 더 중시될 것이다.

요약

좋은 프로그램이란 무엇인가라는 물음은 간단하지 않거니와 적절하지도 않을 수 있다. 모든 프로그램에는 나름대로 제 가치가 있으며, 그 가치도 주변 환경과 연관지어 평가해야 한다. 중요한 고려 사항을 몇 가지 추려 보면 다음과 같다.

1. 프로그램이 요구 명세에 부합하는가? 또는 요구 명세에 얼마나 많이 부합하는가?

2. 일정에 맞춰 개발하였는가? 그리고 특정 개발 방법론이 일정의 어떤 요소에 영향을 줄 수 있겠는가?

3. 환경이 변한다면 그에 맞춰 프로그램을 수정할 수 있는가? 그렇게 수정하는 데는 얼마나 많은 비용이 들 것인가?

4. 프로그램이 얼마나 효율적인가? 그리고 그 효율적이라 함은 무엇을 의미하는가? 한 부분에서 효율성을 얻고자 다른 부분에서 비효율성을 감수하고 있지는 않은가?

앞으로 우리는, 특히 이 책에서는 **좋은 프로그램** 혹은 **좋은 프로그래머**라는 개념을 마치 모두가 동의하는 것 또는 동의할 수 있는 것 또는 동의해야만 하는 것처럼 쓰지 말아야 할 것이다.

질문

관리자에게

1. 어떤 기준으로 프로그래머를 포상하는가? 당신의 판단 기준 중 일부가 서로 상반되지는 않는가? 효율적인 동시에 일반적이기까지 한 프로그램을 요구하는 경우처럼 말이다. 프로그래머에게 어떤 프로그램을 원하는지 얼마나 명확히 말해 주는가? 빠르고, 작고, 깔끔하고, 수정하기 쉽고, 에러도 없는 프로그램을 일주일 내에 만들어 내라고 하지는 않는가?

2. 운영 중인 프로그램들의 적응성은 어떤가? 프로그램을 수정하는 데 드는 비용이 시스템 운영비의 주된 요소인가? 만약 그렇다면, 수정을 어렵게 만들 요인을 개발 과정에서 미리 발견할 수 있겠는가?

3. 당신의 직장은 일정 준수를 얼마나 중요하게 여기는가? 조금도 오차를 허용하지 않는 편인가? 아니면 어쩌다가 운 좋게 일정을 맞추기보다는 매번 일관된 결과를 보이는 것을 좀 더 좋게 평가하는가? 프로그래머가 일정에 맞추겠다는 일념으로 프로그램을 완전히 망쳐버릴지도 모르는 도박 같은 작업을 시도하는 이유를 이해할 수 있는가?

프로그래머에게

1. 프로젝트를 시작할 때 어떤 명확한 기준이 있는가? 그 기준들은 당신 스스로 중요하다고 생각한 것인가, 아니면 관리자가 정한 것인가? 프로젝트가 진행되면서 그 기준들이 바뀌는가? 또는 기준들을 마음속에 확고히 새기는 **나만의 방법**이 있는가?

2. 프로그램을 작성할 때 나중에 그것을 수정하게 될 사람에 대해 얼마나 걱정하는가? 당신이 수정해야 하는 프로그램의 원작자를 원망한 적이 얼마나 있는가?

3. 효율성을 추구하다가 일을 망쳐본 적이 있는가? 일을 제대로 하기보다는 그저 데드라인(deadline)을 지키는 것에만 신경 쓴 적이 있는가?

참고문헌

- Ronald A. Fisher 지음 『The Genetical Theory of Natural Selection』 New York, Dover Publications, 1958년.
  본문에서 언급한 피셔의 기본정리에 대해서는 이 책의 2장을 참고하기 바란다.

- G. M. Weinberg 지음 『PL/1 Programming』의 「A Manual of Style」에서, New York, McGraw-Hill, 1970년.
  이 책의 4장에서는 **좋은 프로그램**을 선별하는 수많은 기준 간의 절충에 대해 논의한다.

2장에 보태는 **글:**

좋은 프로그램이란 무엇인가?

코드의 품질을 평가하는 방법을 결정하는 새로운 요소 가운데 가장 큰 것은 경제적 요소다. 많이 팔리고 큰 수익을 내는 프로그램이 그렇지 못한 프로그램보다 나은 것은 명백하다. 나는 프로그래머가 아닌 몇몇 사람에게서 빌 게이츠(Bill Gates)가 세상에서 가장 훌륭한 프로그래머라는 말도 들었다. 내가 프로그래머로 일하면서 작성했던 운영체제 코드는 대부분 무상으로 배포됐기 때문에, 그런 경제적 평가가 개인적으로는 미심쩍다. 그러나 솔직히 말해서 프로그램을 만드는 목적이 돈이라면 가장 큰 돈을 버는 프로그램을 만든 사람이 확실히 최고의 프로그래머다. 요구사항을 가장 잘 구현했으므로.

본문에서 효율성과 효용성을 논하면서 예로 든 천공카드 판독기는 너무 옛날이야기다. 그러나 입력 장치가 어떻게 발전했든 핵심은 여전히 유효하다. 나는 수년 간 연구하면서 이런 상황을 일반화한 품질의 정의를 도출해냈다. 품질은 특정 사람을 기준으로 판단되는 것이다. 그 시대의 프로그래머에게는 기능의 적합성보다 속도가 훨씬 더 중요한 가치였다. 가치 판단을 심리학적으로 연구해 보면 소프트웨어 개발자들이 왜 그런 선택을 했는지 즉, 왜 코드를 그렇게 작성했는지 설명할 수 있을 것이다. 그렇지 않고서는 이해할 수 없는 고대의 불가사의로 남고 만다.

과거에도 그랬지만 품질 관리에서 편차는 여전히 중요하다. 예전보다 평균적으로는 훨씬 잘하고 있지만, 품질의 편차는 변함없이 존재하며 혹은 더 커지고 있고 고객들은 여전히 불만족스러워 한다.

이 책을 쓴 것이 25년 전이 아니라 10년 전이었다면 60쪽 같은 성차별적인 표현(예쁜 데다 성격까지 좋은 아내감 또는 그녀를 써도 될 자리에 항상 그를 사용한 것[2])을 쓰지는 않았을 것이다. 10년 전 즈음에는 그런 표현이 고의가 아님에도 성차별로 해석될 수 있다는 의식이 있었으므로 의도적으로 그런 요소를 문장에서 배제하고자 노력했을 것이다. 이제 와서 25년 전 원고를 다시 읽어 보니, 이런 변화를 통해 내 개인뿐 아니라 우리 사회의 성장을 가늠해 볼 수도 있다는 생각이 든다. 70년대만 해도 그런 표현이 성차별로 비춰질 수 있으리라고 생각하는 사람은 아무도 없었다.

많은 관리자가 아직도 모든 것을 원하는 것 같다. 보유한 능력 범위 안에서 최선의 제품을 만들려면 무언가를 얻는 대신에 다른 무언가를 희생해야 하는 즉, 적절한 트레이드오프(trade-off)가 필요함을 여전히 모른다. 마치 뉴욕 양키스 감독이 할 일이라곤 타자에게 매 타석 홈런을, 투수에게 매 이닝 3자 삼진 아웃을 요구하는 것뿐이라는 식이다.

컴퓨터가 소비하는 시간과 사람이 소비하는 시간이 지닌 상대 가치는 25년 전에 예견한 바와 같이 변했다. "시간이 지날수록 효율성보다는 효용성이 더 중시될 것이다(63쪽)." 물론 효율성이 전부는 아니지만 필수인 경우는 있다

2장에 국한된 얘기는 아니지만, 각 장의 끝에 제시한 질문들이 짧지 않

---

[2] (옮긴이) 원문에는 사람을 표현한 대명사로 him, his가 쓰이고 있다. her, hers는 찾아볼 수 없다. 그러나 문장을 매끄럽게 하고자 번역 과정에서 대명사를 사용하는 걸 지양했으므로, 번역문에서는 그런 느낌을 받을 수 없을 것이다.

은 시간이 지난 지금도 여전히 유효하다는 사실이 놀랍다(이제 더는 유효하지 않아서 기분 좋은 예외가 몇몇 있기는 하지만). 컴퓨터 분야에만 국한된 자료를 제외하면 참고문헌도 마찬가지다. 기술은 아닐지도 모르지만, 인간의 행동에는 좀처럼 변하지 않는 어떤 일관성이 있는 것 같다.

3장
프로그래밍이란 행위를 연구할 방법은 무엇인가?

앞의 1, 2장은 프로그래밍을 인간 행위로 보며 연구할 무대를 마련한 것이다. 이미 지적한 바와 같이, 프로그래밍은 엄연히 인간 행위(복잡한)의 한 형태임에도 그런 관점에서 프로그래밍을 연구한 사람은 거의 없다. 그렇다면 프로그래밍을 인간 행위로 조명하지 않은 이유가 있었던 건 아닐까? 아마도 프로그래밍은 연구 대상으로 삼기에 너무나 복잡한 행위이기 때문에 커다란 불가사의로 남을 수밖에 없었을 것이다.

인간의 지식은 필연적으로 불완전하다. 우리는 앞으로 무엇을 알게 될지 그리고 무엇을 절대 알 수 없을지를 미리 알지 못한다. 그러나 이것 하나는 확실하다. 알려고 시도하지 않는다면 절대 알 수 없을 것이다. 어떤 지식을 얻기 위해 노력하다가 실패하여 낙담해 있는 사람에게는 1부의 시작에서 인용한 아인슈타인의 말을 다시 한 번 들려줄 수밖에 없다. "중요한 것은 질문을 멈추지 않는 것이다."

그렇다면 우리의 질문은 어떻게 시작해 볼까? 프로그래밍은 인간 행위이므로 인간행동학[1]을 참고하는 것이 현명해 보인다. 인간행동학에서 얻을 수 있는 것에는 두 종류가 있다. 하나는 결과물로, 프로그래밍에 직접 적용해 볼 수 있을 것이다. 다른 하나는 연구 방법으로, 인간행동학의 결과물로부터 직접 얻을 수 없는 정보를 얻기 위해 사용할 수 있을 것이다. 물론 인간행동학의 연구 방법들이 프로그래밍을 연구하는 데는 딱히 적합하지 않을 수도 있다. 그런 경우에는 새로운 방법을 고안해야 한다(사회 과학자라면 항상 하는 일이다). 그러나 인간행동학의 기존 연구 방법 중에 우리가 활용할 수 있는 것이 없는지 먼저 살펴보자.

내성법

현대 인간행동학에서는 내성법을 비과학적인 것으로 취급하지만, 내성법은 인간행동 연구에서 항상 기초가 되어 왔다. 예를 들어, 지그문트 프로이트는 이렇게 말했다.

> 정신분석은 자신의 성격을 연구하는 것에서 출발한다. 이것이 **내성**(內省, introspection)이란 말의 정확한 의미는 아니지만 이보다 더 나은 용어도 없다. 방법만 약간 습득하고 나면, 자신을 대상으로 삼아 연구해 볼 수 있는 매우 일반적이고 잘 알려진 정신 현상들이 꽤 많다.[2]

---

[1] (옮긴이) 심리학, 인류학, 인성학과 같이 인간 행동의 일반 원리를 탐구하는 사회과학을 통칭하는 말로, 이 책에서는 대체로 심리학 정도로 이해해도 무방하다.
[2] 지그문트 프로이트(Sigmund Freud) 지음 『A General Introduction to Psychoanalysis』 London England, Sigmund Freud Copyrights 사의 허락 하에 인용함.

또, 미국 심리학의 재창자인 윌리엄 제임스는 이렇게 말했다.

정리하자면, 인간의 정신 상태에 대한 우리의 지식은 정신 상태에 따른 대뇌의 상태에 관한 지식을 훌쩍 뛰어넘는 그 이상의 것이다. 말하기의 정신적인 요소를 내성법을 활용해 분석하지 않았더라면, 생리심리학의 가장 중요한 성과물인 실어증 학설과 같은 것들은 애초에 나올 수도 없었을 것이다.[3]

위의 인용문들이 심리학(또는 정신분석학)의 초창기 시절 것이기는 하다. 그러나 인간행동학 연구에서 새로운 분야를 개척하려 할 때 내성법이 무시할 수 없는 연구 방법 중 하나임을 배울 수 있다. 물론 내성법만으로 연구를 끝내서는 안 된다(그랬더라면 프로이트나 제임스가 이렇게 유명해질 수 없었을 것이다). 그러나 새로운 분야의 초창기에는 정교한 사전 대책이나 실험 방법이 없어도 사람의 정신으로부터 얻을 수 있는 정보가 많다. 초기에 필요한 것은 연구 전체에 대한 논리적인 상세 계획이 아니라 방향을 대략 어떻게 잡을지에 대한 착상이다.

내성법을 써서 얻을 수 있는 정보는 어떤 종류일까? 심리학 교과서에 여러 예가 실려 있겠지만 이 시점에서는 내성법의 효과뿐만 아니라 한계도 배울 수 있는 사례가 필요하다. 몇 년 전 수업 중에 학생들에게 PL/1 프로그램을 작성하도록 시켰는데, 한 학생이 그림 3-1과 같은 문장을 작성하는 데 남들보다 특별히 더 어려워했다. 나는 프로그래밍을 다 마친 그를 따로 불러 그 문장을 작성하는 동안의 사고 과정 즉, 어떤 점이 어려웠는지를 물었다.

---

3 윌리엄 제임스(William James) 지음 『Psychology』 Cleveland, The Living Library, 1948년.

```
ANGLES(I)=2*ATAND(SQRT((S-A(IND(I,1)))*(S-A(IND(I,2))))/
    (S*(S-A(IND(I,3))))));
```

그림 3-1 매우 긴 PL/1 문장

그 학생의 대답은 다음과 같았다.

1. 괄호가 너무 많아 그 짝을 맞추는 데 애를 먹었다.
2. ANGLES(I)가 원래는 배열이 아니라 구조체였기 때문에, 컴파일러가 **잘못된 첨자 사용**이라는 에러를 냈다. 그러나 첨자를 사용하는 다른 코드가 너무 많았기 때문에 이 문장이 잘못되었다는 생각을 쉽게 하지 못했다.[4]
3. 가까스로 컴파일에 성공한 후 프로그램을 실행시키자 더 많은 문제가 속출했다.
    a. 행렬 IND가 다른 천공카드에 정의되어 있었기 때문에 찾기 어려웠다.
    b. 괄호의 짝을 맞추긴 했으나 한 짝의 위치가 잘못됐고, 그 문제를 찾아내기가 가장 어려웠다.
    c. 마지막까지 그를 괴롭힌 문제는 결국, 사용된 변수들의 자료형(data type) 불일치와 나눗셈으로(인자가 두 개인 ATAND 함수를 이용했다면 필요 없는 계산이었다) 인한 계산 정밀도(precision)의 문제로 밝혀졌다.

---

[4] (옮긴이) 컴파일 중 에러가 발생하면 몇 번째 줄에 어떤 에러까지 알려 주는 요즘의 컴파일러와 달리, 당시에 저자가 수업에 이용한 컴파일러는 에러에 대한 위치 정보를 알려 주지 않았기 때문에 생긴 상황으로 이해하면 된다.

위의 예 하나만으로도 프로그래밍의 수많은 문제를 통찰할 수 있다. 한 문장의 적절한 길이, 자료 구조의 선택, 프로그램 내 코드의 배치, 괄호의 사용, 컴파일러와 실행 모니터링 기능의 설계, 프로그래밍 교수법 또는 학습 기술 등등. 모두 내성법이 아니고서는 인지하기 힘든 문제다. 그러나 대다수의 프로그래머는 매일 부딪히는 이런 문제를 단순히 버그라고 생각한다. 내성법을 실천하지 않는다면 그 버그는 결국 그들을 잡아먹을 것이다.

그러나 내성법이 시작은 될 수 있지만 끝은 아니다. 우리가 하고 있는 것은 마법이나 종교가 아닌 과학이기 때문이다. 예를 들어, 위의 예에서 다음과 같은 일반 법칙을 이끌어 낼 수는 없다.

1. 사람의 정신은 중첩된 괄호가 다섯 단계를 넘으면 다룰 수 없다.
2. 컴파일러의 진단 기능이 좀 더 명확해져야 한다.
3. PL/1의 정밀도 규칙은 너무 복잡해서 사용하기 어렵다.

이 명제들이 나중에는 프로그래밍 심리학의 연구 결과 **법칙**이 될지도 모를 일이다. 그러나 내성법을 통해 얻은 단 하나의 결과를 근거로 이런 명제들을 써 봤자 법칙이 될 리 없다. 어떤 명제가 법칙이 되기 위해서는 그 적용 한계가 어디인지까지 밝혀야 한다. 모든 법칙에는 한계가 있기 때문이다. 사실 보통 그 한계가 법칙 자체보다 더 중요하다. 그리고 법칙의 적용 한계는 다양한 경우를 **조사**(investigation)해야 알 수 있다. 따라서 내성법 없이 조사한 결과는 빈약하겠지만, 조사가 뒷받침되지 않은 내성법의 결과는 그 가치를 의심받을 것이다.

관찰

내성법의 결과를 검증하는 방법 가운데 사람들이 자신이 어떻게 행동할 것이라 생각하느냐가 아닌 그들의 실제 행동을 관찰하는 방법이 있다. 예를 들어, 중첩 괄호 문제를 연구한다면 다른 사람들이 괄호를 몇 단계까지 중첩해서 사용하는지 그리고 중첩 괄호로 인해 어떤 어려움을 겪는지 관찰할 수 있을 것이다. 다만, 관찰로 사람들이 무엇을 하는지는 알 수 있지만 무엇을 절대 할 수 없는지를 알 수 없다는 문제점이 있다. 따라서 프로그래머를 수천 명 관찰하여 아무도 다섯 단계를 넘는 중첩 괄호를 사용하지는 않았다는 결과를 얻었다 해도, 사람은 중첩 괄호를 여섯 단계까지 사용할 수 없다는 결론을 내릴 수 없다. 반대로 사람이 무엇을 할 수 없는지에 대한 어떤 추측을 잠재울 수 있는 경우도 있다. 예를 들어, 중첩 괄호를 여섯 단계 이상 쓰는 사람을 발견한다면 사람이 중첩 괄호를 여섯 단계까지 사용할 수 없다는 추측에 대한 반례가 된다.

또는, 관찰의 결과로 새로운 논제가 생겨날 수도 있다. 관찰의 두 번째 문제점은 관찰은 관찰일 뿐이라는 것이다. 예를 들어, 어떤 프로그래머를 관찰하는데 한 번도 중첩 괄호를 여섯 단계까지 사용하지 않다가 어느 날 갑자기 여섯 단계를 사용했다고 하자. 연구는 그제야 시작이나 다름없다. 그런 행동이 나타나는 환경과 그렇지 않은 환경의 경계를 정해야 하기 때문이다. 예를 들어, 프로그래밍 언어를 설계하고 있고 컴파일 효율성을 위해 중첩 괄호를 다섯 단계까지로 제한하고 싶다면, 프로그래머들이 그 제한을 얼마나 불편하게 느끼는지를 측정하고 싶을 것이다. 어떤 프로그래머가 왜 괄호를 여섯 단계나 중첩해서 사용하는지는 전혀 알 필요가 없다.

그러나 이와 같은 관찰을 할 때에는 매우 신중해야 한다. 프로그래밍은 극도로 복잡한 행위이기 때문이다. 예를 들어, 배열을 3차원까지만 지원하는 언어가 많은데, 이는 심리학적 연구를 근거로 한 것이 아니다. 아무도 배열을 4차원 이상 사용하지 않는다는 얄팍한 관찰 결과를 근거로 했을 뿐이다. 이런 관찰은 마구잡이일 뿐만 아니라 여러 가지 이유에서 잘못된 것이다. 첫째, 프로그래머가 3차원까지만 지원하는 언어로 작업하고 있다면 당연히 배열을 4차원 이상 사용할 수 없다. 둘째, 언어가 지닌 다른 어떤 특징 때문에 배열을 4차원 이상까지는 효과적으로 사용할 수 없었을지도 모른다(언어가 4차원 이상을 지원한다 해도). 고차원 배열을 출력할 적절한 형식을 찾기 어려웠을 수도 있고, 배열 첨자를 표현하는 형식이 조악하여 3차가 넘으면 알아보기 힘들었을 수도 있다. 따라서 특정 상황에서 관찰한 결과를 다른 상황에 적용하려 할 때에는 매우 조심해야 한다. 각 상황은 여러 가지 면에서 차이가 있기 때문이다.

관찰의 세 번째 문제점은 관찰자와 피관찰자 사이에 생기는 간섭 현상이다(불확정성 원리의 일종이다). 사회과학에서는 이미 오랫동안 이 문제에 관심을 갖고 있었기 때문에 참고할 것이 많다. 특히 그런 현상을 설명하는 **호손 효과**(Hawthorne Effect)[5]라는 이론이 있는데, 이 이론의 이름은 연구자 이름이 아니라 노동생산성을 연구하고자 산업심리학 실험(1924년~1927년)이 행해졌던 공장(Hawthorne Works of the Western Electric Company)의 이름을 땄다. 그 실험은 실패했는데, 노동자들의 작업 환경을 어떻게 바꾸더라도 생산성이 계속 향상되기만 했기 때문이다. 결국, 연구자들은 노동자의 자긍심이란 요소를 간과하고 있었다는 사실을 깨달았다. 그런 현상을 만드는 원인은 관찰 행위 그 자체였던 것이다.

---

5 (옮긴이) 호손 효과는 피험자들이 실험에 참가하고 있다는 사실을 의식해서 평소와는 다른 행동을 함으로써 결과에 영향을 미치는 현상을 말한다. 또는 협의로 해석하여, 산업 현장에서 타인이 관심을 갖고 지켜본다는 생각으로 인해 생산성이 향상되는 현상을 말하기도 한다.

관찰자와 피관찰자 사이의 간섭 현상이 비단 산업심리학에서만 일어나는 것은 물론 아니다. 인간의 행동을 연구하는 모든 과학에서 문제가 된다. 인류학자들은 현장조사를 하면서 관찰된 행동이 그곳을 방문한 인류학자를 의식한 결과로 나온 것일지도 모른다는 두려움을 언제나 갖고 있다. 그래서 인류학자들은 **투명인간**이 되려고 노력한다. 외부인이 아닌 척 대상 집단에 섞여 들어 평소 문화를 관찰하는 것이다. 이런 방법을 **참여 관찰법**이라 한다. 참여 관찰법은 프로그래밍 심리학 연구에서 활용할 수 있는 방법임이 확실하다. 이 책에 제시된 자료 중 일부는 현역 프로그래머가 대부분인 내 학생들이 참여 관찰법을 통해 얻은 결과다.

관찰자가 투명인간이 되는 또 다른 방법은 피관찰자가 관찰 사실을 인식할 수 없는 방식을 취하는 것이다. 이를 **은밀 관찰**이라 하며, 방법은 매우 다양하다. 은밀 관찰의 방법과 윤리적 문제를 다루는 수많은 책과 글이 있지만 여기서 더 깊이 들어갈 필요는 없다. 다만 컴퓨터 분야에서만 사용할 수 있는 독특한 은밀 관찰법 한 가지는 짚고 넘어가야 한다. 바로, 사용자의 행동을 컴퓨터를 통해 직접 기록하는 것이다.

어떤 의미에서 로그인을 요구하는 컴퓨터 시스템은 모두 이미 은밀 관찰을 하고 있는 것과 다름없다. 특히 시분할(time-sharing) 시스템에서는 사용자 행동 양식에 대한 많은 연구가 명시적으로 이뤄졌다(이 장의 참고문헌에 제시한 새크만(Sackman)의 제2장을 참고하기 바란다). 컴퓨터의 로그는 매우 자세한 수준까지 기록되기 때문에 그 자료를 통해 사용자 개개인까지도 연구할 수 있다. 관찰 기간을 매우 길게 잡더라도 말이다. 사실, 컴퓨터 시스템 로그가 워낙 방대하여 대부분 연구에서 그 자료를 통계적으로 처리하게 된다. 또한 로그를 이용할 예비 관찰자가 직면하는 주요 문제점 중 하나는 어느 것을 버릴 것인가다. 사용자 한 명이 한 시간 동안 만들어 낼 수 있는 자료의 양은 심리학자가 한 시간 동안 제대로 분석할 수 있는 자료의 양보다 훨씬 많다. 그리고 사용자 50명이 한 시스템을 공유한다 해도 상황은 별로 나아지지 않는다.

게다가 자료가 방대하다 하여 우리가 원하는 정보가 꼭 들어있으리라 안심해서도 안 된다. 시스템의 일반적인 로그를 이용하면 편하기는 하지만, 보통은 원하는 연구를 위해 특별한 하드웨어 장치나 소프트웨어를 도입할 필요가 있다. 예를 들어, 일반적으로 로그에 기록된 시간 정보는 심리학 연구를 하는 데는 충분치 못하다. 우선 시간의 단위가 우리의 연구에 맞지 않은 단위일 수 있고, 모든 트랜잭션의 발생 시각을 기록하는 시스템은 거의 없다. 둘째, 일반적인 로그의 목적을 위해서는 1초 간격이 적당할 수 있겠지만 심리학 연구에서는 대부분 100분의 1초 간격으로 자료가 필요할지도 모른다.

실험

관찰해서 생긴 자료가 지나치게 방대하기 때문에 소요되는 비용을 줄이는 방법 가운데 실험 설계가 있다. 실험을 이용하면 더 적은 자료로도 연구하려는 행동에 관한 더 많은 정보를 얻을 수 있다. 그러나 실험에 내재하는 가장 큰 문제점은 실험이 지나치게 정제되어 가장 흥미로운 자료를 얻는 데 실패할 수도 있다는 점이다. 실험 상황이 너무 제약되어 피험자가 자연스러운 상황에서는 절대 하지 않을 행동을 할 수도 있다.

피험자의 행동에 영향을 미치는 제약 사항은 계획된 것일 수도 우발적인 것일 수도 있다. 예를 하나 들자면 새크만이 온라인 시스템과 배치(batch) 시스템을 비교하는 연구를 인용했는데, 그 실험에서 배치 시스템은 온라인 시스템에서 들어온 요청을 일정 시간 동안 지체하다가 응답을 보내는 것으로 시뮬레이션했다. 이렇게 시뮬레이션한 이유는 두 집단(각각 온라인 시스템과 배치 시스템을 위한)의 프로그래머를 언어와 성능이 동일한 시스템에서 실험하기 위함이었다.

그러나 이렇게 시뮬레이션된 배치 시스템은 실제 배치 시스템과 다를 수도 있다. 예를 들어, 그 시스템의 언어는 애초에 온라인 시스템용이다. 단말기(terminal) 환경에 특화된 몇몇 시스템 명령어는 사용할 수 없게 할 수도 있겠지만, 그렇다고 배치 시스템에 특화된 명령어로 대체할 수는 없다. 진단 기능도 단말기 위주로 되어 있고, 배치 시스템에서 제공하는 오류 수정 기능은 아예 없을 수도 있다. 단말기 환경에서는 오류를 직접 수정하는 편이 더 쉽기 때문이다. 마지막으로, 응답에 걸리는 시간이 너무 일정해서 좀 더 미묘한 영향이 생길 수도 있다. 실제의 배치 시스템에서는 요청 후 응답을 받는 데까지 항상 정확히 두 시간이 걸리지는 않는다. 응답 시간의 편차는 사용자의 행동을 결정하는 주된 요인이다. 그 편차를 제거함으로써 실험은 특정 방향으로 편향될지도 모른다. 그리고 그 사실은 오직 또 다른 연구를 통해서만 규명할 수 있다.

또 다른 연구! 말은 쉽지만 실제로 큰 문제가 있다. 연구에는 돈이 든다. 특히 프로그래밍을 연구하는 데는 인간의 다른 행동을 연구할 때보다 많은 돈이 필요하다. 예를 들어, 어떤 연구에서 나는 숙련 프로그래머 9명을 석 달 동안 하루에 두 시간씩 섭외했는데 그들의 평균 연봉은 20,000달러였기 때문에 그 기간 동안 1인당 1,250달러씩 지불해야 했다. 여기에 연구원들 월급과 컴퓨터 사용료, 여러 가지 잡비 등도 있었으므로 연구비는 30,000달러를 훌쩍 넘겼다. 피험자가 겨우 9명이었는데 말이다.

보통의 심리학 연구에서는 비용이 그렇게 많이 들지 않는다. 우선 컴퓨터를 사용하지 않는다(물론 요즘에는 컴퓨터를 사용하는 것이 유행이다). 그러나 더 큰 이유는 피험자들을 대부분 공짜로 섭외할 수 있다는 점이다. "심리학은 18살 대학 새내기들의 심리를 연구하는 학문이다."라는 우스갯소리도 있다. 심리학 실험의 주된 대상이 대학에서 심리학을 수강하는 새내기들이라는 뜻이다. 학점을 따려면 적어도 실험 하나에는 참여해야 하니까. 이런 피험자들에게는 당연하게도 비용을 전혀 지불하지 않는다. 그런데 피험자 한 명당 1,250달러라니!

피험자를 선별하는 과정에서 실험에 의도하지 않은 제약이 더해질 수도 있다. 심리학이 대학 새내기의 심리학일 수 있다면, 프로그래밍 심리학은 예비 프로그래머의 심리학이 되기 쉽다. 이 역시 비용 때문이다. 예비 프로그래머들에게는 상대적으로 적은 돈만 지급해도 된다. 그러나 더 중요한 것은 그들에게는 현역 프로그래머처럼 매우 시급한 업무가 없다는 점이다. 따라서 실험에 섭외하기가 훨씬 쉽다. 특정 실험을 위한 피험자로 적합한지의 여부와 상관없이 말이다. 나중에 전문 프로그래머와 아마추어 프로그래머의 문제도 언급하겠지만, 이런 제약이 그동안 프로그래밍에 대한 논의들을 어떻게 주도하고 혼란스럽게 만들어 왔는지 알아야 한다. 프로그래밍 심리학 연구에서 비용이나 편리함 때문에 예비 프로그래머를 피험자로 삼아야 한다고 주장한다면, 그런 혼란을 더 심화시키고 과학적 증거로 인정하는 꼴이 될 뿐이다.

물론 어떤 실험은 예비 프로그래머만 대상으로 해도 문제가 없을 수 있지만, 그것을 증명하는 것은 실험자의 몫이다. 그러나 예비 프로그래머를 대상으로 실험한 결과는 보통 그 적용이 제한될 수밖에 없다. 교육 과정 기획에만 유용할지 모른다. 한 연구에서 우리는 OS/360[6] 작업제어 언어

---

6 (옮긴이) OS/360 - IBM이 System/360 메인프레임 컴퓨터를 위해 개발한 배치 처리 운영체제로, 1964년에 발표됐다.

(Job Control Language, 이하 JCL)가 얼마나 사용하기 어려운지를 측정하려 했다(지금도 그렇듯이 사용자들은 그 언어에 불만이 많았다). 그래서 OS/360 초보자반 수강생들을 대상으로 실험을 했는데, 학생들은 실제로 작업제어 언어를 어려워했다. 그러나 세심하게 계획된 실습 덕분에 그 수업 과정이 끝날 무렵에는 모두들 그 어려움을 어느 정도 극복했다. 우리가 초보자만을 대상으로 실험한 후에 연구를 바로 마무리했다면 JCL은 사용하기가 매우 어렵다는 결론을 내렸을 것이다. 배우기가 어렵다는 것이 좀 더 적절한 결론이었을 텐데 말이다. JCL은 일단 배우고 나면(교육을 통해서든 혹독한 경험을 통해서든) 다른 프로그래밍 언어보다 특별히 어렵지는 않았다. 언어를 개선할 필요는 있었지만, 교육 방법을 재고하는 편이 더 효과적이었다. 만약 우리가 숙련된 프로그래머를 대상으로 실험했더라면 사람들이 왜 그렇게 JCL에 불만이 많은지 알 수 없다는 결과를 얻었을지도 모른다. 숙련된 프로그래머와 초보 프로그래머를 모두 실험하거나 또는 초보자가 숙련될 때까지 추적 실험해야지만(우리가 했듯이) JCL의 문제를 올바로 풀 수 있었던 것이다.

그러나 피험자를 숙련 프로그래머로 하든 초보 프로그래머로 하든, 숙련 또는 초보라는 형용어가 감추고 있는 또 다른 어려움에 항상 직면하게 된다. JCL 연구에서 실험 대상이었던 초보자들은 프로그래밍 자체에 대한 숙련도에 서로 차이가 있었다. 그러나 그들은 모두 JCL에 초보자였음이 확실했다. 따라서 우리가 단순히 "프로그래밍을 몇 년이나 했는가"를 프로그래밍 숙련을 측정하는 척도로 사용했다면 아무 결과도 얻지 못했을 것이다. 수업 과정 초기에 검사했을 때 프로그래밍 숙련자나 초보자 모두 JCL을 잘 사용하지 못했다. 그러나 과정 말기에는 모두 동등한 수준으로 잘 사용했다. 즉, 이 문제에서 중요한 것은 일반적인 의미의 숙련이 아닌

JCL에 한정된 숙련이었다.

숙련도를 간단히 측정하기 어려움은 새크만이 숙련 프로그래머를 대상으로 한 실험을 통해 알 수 있다. 그 실험에서는 숙련을 측정하는 척도 중 하나로 경력 기간을 사용했고, 피험자들이 지닌 경력은 2년부터 11년까지 다양했다. 그런데 어떤 항목에서 최고점과 최저점 기록이 모두 경력 11년인 프로그래머 그룹에서 나왔다. 분명히 숙련도를 결정하는 데는 프로그래밍을 경험한 기간 외에 다른 요소들이 있다. 프로그래밍 경험이란 게 워낙 다양하여 총 기간에 별 의미가 없을 수도 있고, 사람들이 같은 경험에서 항상 같은 것을 배우지는 않을 수도 있다.

경험과 실험이라는 주제를 마무리하기 전에 다른 문제를 하나 짚고 넘어가야겠다(이 문제는 잘 제기되지 않기 때문에 중요하며 이 책에서 계속 다루는 문제다). 보통 프로그래밍을 사회적 행위가 아닌 개인 행위로 취급한다. 이렇게 믿는 실험자는 프로그래머 개인(숙련자든 초보자든)을 대상으로 실험할 것이다. 그러나 프로그래밍에 관한 연구는 프로그래머 그룹 차원에서 행하는 것이 적절하다는 증거가 여럿 있다. 개인 차원이 중요하지 않다는 뜻은 아니지만, 일반적인 프로그래머는 작업 시간 중 3분의 2를 다른 사람과 협업하는 데 소비한다. 그런데도 왜 99%의 연구에서는 프로그래머 개인을 대상으로 실험하는가?

물론 프로그래머 한 명도 비싼데 프로그래머 그룹 전체를 섭외하려면 더욱 큰 비용이 필요하다는 것이 한 가지 답이 될 수 있다. 게다가 프로그래머 그룹이라 해도 모두 적절한 실험 대상이 되지는 않는다. 예를 들어, 초보자가 대상인 수업에서 편의상 짜놓은 팀을 생각해 보라. 사람들 한 무리를 같은 문제를 풀라고 모아 놓았다 해서 팀이 되는 것은 아니다. 올스타전의 느슨한 경기를 보면 알 수 있다. 그리고 마치 오늘 구성된 팀으로 취급하여 연구하는 것도 무리다. 그 팀은 프로그래밍이 개성의 마지막 보루라는 미신이 팽배한 환경에서 진화해 왔을 것이기 때문이다.

사회 효과를 무시한 채 이루어진 개인에 대한 연구는 의심할 수밖에 없다. 그 결과는 개인을 평소 작업 환경으로부터 유리시킨 상태에서 얻은 것이기 때문이다. 한 실험에서 피험자 중 한 명이 지시 받은 코딩을 끝내고 내게 와 누가 자기 코드를 검토할 것인지 물었다. 그가 원래 일하던 팀에서는 코딩 후 다른 사람에게 검토 받는 일이 관례였던 것이다. 그러나 실험에서는 그런 과정을 허락할 수 없었다(실험 결과에 영향을 주면 안 되니까). 돌이켜 보면, 프로그래머들을 그런 고립 상태에서 작업하도록 강제하는 것은 개구리의 수영 동작을 연구하려고 개구리 다리만 잘라 물에 넣고 어떻게 수영하는지 관찰하는 꼴이었다. 개구리가 다리를 이용해 수영한다는 것은 모두 아는 사실인데, 왜 굳이 다리가 아닌 다른 부위까지 고려하여 실험을 복잡하게 만드는가?

심리학의 측정법

"프로그래밍을 몇 년이나 했는지"를 경험을 측정하는 척도로 삼는 것은 프로그래밍 심리학을 연구할 때 부딪히는 많은 측정 문제 중 하나에 불과하다. 인간의 행동을 관찰하거나 연구하는 과정에서 측정해야 할지도 모르는 항목이 수백만까지는 아니더라도 족히 수천 개는 된다. 나이, 민첩성, 눈을 깜빡이는 빈도, 출생 순서, 두개골의 용적, 교회 선호도, 연역적 사고력, 수여 받은 학위, 심전도, 초등 수학 능력, 불쾌감을 느끼는 빈도, 아버지의 직업, 몸짓, 평점, 키, 혐오하는 것들, 사고방식, 이상(理想), 신경과민, 전문 용어, 친절함, 지식, 왼손잡이, 잠재적 동성애 성향, 어머니의 단정함, 근력, 모국어, 신경 경련, 갖고 있는 의견, 만져 본 사물, 좋아하는 음식, 안구 운동, 물어 본 질문, 답해 본 질문, 반응 시간, 도움 요청, 지지하는 이유, 말실수, 현재 시각, 걷는 소리, 대학 학위, 관습에 따르지 않는 자유로운 행동, 어휘력, 투표 기록, 몸무게, 급료, X-레이 사진, 외국인을 싫어하는 정도, 하품, 대학에서 보낸 기간, 접합자의 구조(zygosity), 탄생별자리 등. 모든 과학자 중에서 심리학자가 이것저것 캐묻는 데 일등이다.

그러나 바로 그것이 문제다. 심리학은 다른 어떤 과학보다도 측정이 필요할 수도 있는 항목이 많다(이성적인 사람이 이해할 수 있는 선을 넘을 만큼). 그렇다면 이런 과잉이 심리학에만 해당하는 얘기일까? 꼭 그렇지는 않다. 다만, 심리학을 비롯한 인간행동학이 아직 충분히 성숙하지 못했을 뿐이다. 위대한 물리학자였던 맥스웰[7]은 언젠가 이렇게 말했다. "측정하는 것이 아는 것이다." 그리고 이 말은 다른 과학에서도 자주 표어로 등장한다. 맥스웰이 의미하고자 한 바는 "어떻게 측정할 것인지를 아는 것이 아는 것이다." 또는 좀 더 나아가서 "무엇을 측정할 것인지 아는 것이 아는 것이다."일 것이다. 물리학에서는 측정할 만한 항목이 심리학에 비해 적어 보인다. 물리학자들은 오랜 경험을 통해 어떤 것이 측정할 가치가 있고 또 어떤 것은 그렇지 않은지 배워 왔기 때문이다. 측정할 가치가 있는 것이 무엇인지 알기 때문에 물리학자들은 연구의 범위를 그만큼 한정시킬 수 있다. 어떤 면에서 물리학이란 물리학자가 측정할 수 있는 것에 대한 과학이다.

그러나 불행하게도, 인간의 행동을 연구할 때는 그렇게 단순하게 할 수가 없다. 심리학의 주제는 측정할 수 있는 것으로 정하는 게 아니라 알고 싶은 것으로 정한다. 따라서 가능한 한 많은 요소를 측정한다. 그중 한두

---

[7] (옮긴이) 제임스 클럭 맥스웰(James Clerk Maxwell, 1831~1879) - 19세기의 유명한 이론 물리학자로, 전자기의 기본 법칙 중 하나인 맥스웰 방정식(Maxwell's Equation)의 주인공이다.

개만이라도 주어진 문제를 꿰뚫는 통찰을 얻는 데 도움이 되길 바라면서 말이다. 이런 연구에서는 아무리 작은 실마리라도 무시할 수 없고 어떤 제안이라도 미리 판단하여 비웃을 수 없다. 앞에서 언급한 **탄생별자리**를 생각해 보자. 처음에 목록을 보고 "탄생별자리도 심리와 상관이 있나." 며 고개를 갸웃거리지는 않았는가? 그러나 그것을 어떻게 확신하는가? 점성학에 대해 따져 보자는 말이 아니다. 그러나 의학자들이 민간요법을 완전히 무시할 수는 없음을 깨달았듯이 인간의 행동을 연구할 때에는 겸손해야 한다.

실제로, 최근에는 태어난 달이나 계절이 어떤 심리적 또는 물리적 변수와 상관관계가 있다는 취지로 시작한 연구가 몇 건 있었다. 그 연구들이 실제 관찰을 바탕으로 했는가 아니면 날조에 지나지 않는가는 현재 우리의 논점에서 중요하지 않다. 중요한 것은 연구에서 어떤 변수를 미리 제거하여 단순하게 만들려면 오류의 위험을 감수해야 한다는 사실이다. 그리고 우리는 이렇게 무지의 상태에 있기 때문에 연구 주제에 관련된 민간 지식도 완전히 무시할 수 없다. 설사 나중에 그 민간 지식이 마땅한 근거가 없거나 완전히 틀렸다고 밝혀지더라도 말이다.

민간 지식은 통찰을 얻는 한 방편이 될 수 있다. 또 다른 방편이 있다면, 현재 다른 목적을 위해 사용되는 수단을 빌리는 것이다. 수단이 존재하고 그 수단의 쓰임새를 조금이라도 안다면 우리의 연구에 적용해 보려고 노력해야 한다. 예를 들어 IQ 검사라는 수단이 있다면, 우리가 제일 처음 시도해 볼 것은 프로그래머들의 IQ를 검사하여 측정치(지능)와 연구 주제(우수한 프로그래밍) 사이의 관계를 찾는 일이다. 운이 좋다면 상관관계를 규명할 수 있을지도 모른다.

그러나 가장 표준적인 과정은 역시 그 반대 방향이다(문제에서 수단으로). 새크만의 작업이 한 예가 될 것이다. 그는 시분할 시스템의 효용성을 알고 싶었기 때문에 많은 연구를 진행하고 수많은 변수를 측정했다. 다른 예로는 ACM[8]의 한 SIG[9]에서 수행한 개인에 대한 연구다. 이 느슨한 연구 조직의 주된 관심사는 관리, 좀 더 정확히 말하면 개인 관리 차원에서 보는 프로그래밍이었다. 따라서 연구는 각 프로그래머의 선발과 교육에 초점을 맞췄고, 그들이 측정한 변수에도 그런 관심이 반영됐다. 우리가 프로그래밍 언어의 설계에 관심 있다면, 그에 맞춰 어떤 변수를 측정할지 결정할 것이다.

그러나 연구 대상을 잘 알지 못한다면 무엇을 측정해야 할지 미리 알 수 없는 노릇이다. 따라서 연구의 초기 단계에는 본격적인 작업(무엇인가를 측정하는)을 할 수가 없고, 대신에 무엇을 측정할 수 있는지 또 무엇이 측정할 가치가 있는지 파악해야 한다. 연구 대상을 미리 잘 알고 있는가 아닌가의 차이는 인류학과 사회학에서 사용하는 연구 방법의 차이로 예증할 수 있다. 사회학자는 이미 충분히 알고 있는 자신의 문화 안에서 연구를 하기 때문에 무슨 질문을 던져야 할지 즉, 무엇을 측정해야 할지 미리 결정할 수 있다. 반면에 인류학자는 자신의 문화에서 유용한 질문이 다른 문화에서도 통할지를 모르기 때문에 그럴 수가 없다. 조금 비약하면 사회학자는 답을 찾지만 인류학자는 질문을 찾는다고도 말할 수 있다.

프로그래밍 심리학의 현재 수준에서는 질문을 찾는 것이 주된 작업이다. 기존 심리학의 측정 수단들(표본 조사, 검사 등등)을 이용할 수 있다지

---

8 (옮긴이) ACM(Association for Computing Machinery) - 컴퓨터 분야 연구를 위해 1947년에 설립된 국제 학회. IEEE(Institute of Electrical and Electronics Engineers)와 더불어 정보통신 분야 연구를 이끌어가는 세계 최고 권위의 학회다. 컴퓨터 분야의 노벨상이라 할 수 있는 튜링상(Turing Award)도 ACM이 주관한다.
9 (옮긴이) ACM SIG(Special Interest Group) - 특정 분야를 위한 ACM 하위의 연구회. 현재 ACM에는 분야별로 SIG가 34개 있다.

만, 그렇다 해도 아직 그 수단들을 시험하는 것이지 주제를 직접 다루는 수준은 되지 않는다. 그러므로 "시험 점수와 경험의 상관 계수는 0.72였다"는 식의 측정 결과를 함부로 발표할 수가 없다. 시험 점수는 소수점 이하까지 원하는 만큼 정밀하게 정의할 수 있겠지만, 경험은 소수점 이하는커녕 10을 단위로 삼아 대강 측정할 방법도 없다. 따라서 0.72의 2는 근본적으로 정확성이 보장되지 않고, 7도 역시 마찬가지다.

여기에서 심리학의 모든 측정법과 통계를 다루기에는 지면이 부족했기 때문에 참고해야 할 중요한 사항들만 설명했다. 인간의 행동을 연구한 선배 과학자들이 이미 경험했던 함정을 인지하지 못한 상태에서 얻은 측정치를 가지고 성급하게 결론을 이끌어 내는 것은 누구나 지양해야 할 일이다. 나중에 그런 잘못의 예를 들겠다.

인간행동학의 기존 연구 자료 이용

앞에서도 말했지만, 기존의 인간행동학 연구에서 우리가 배울 부분은 주로 그 방법론이다. 프로그래밍은 매우 특수하므로, 그 결과를 프로그래밍 심리학에 그대로 적용하길 바라기는 어렵다. 기존 연구의 결과는 답을 얻기보다는 통찰을 얻는 데 이용해야 한다.

어떤 연구 결과들에서 통찰을 얻을 가능성이 가장 높을 것인가? 그리고 어떻게 얻을 수 있을 것인가? 너무 특화된 이론에는 현혹되지 않는 것이 좋다. 프로그래밍에 해당하지 않는 상황을 전제로 한 이론이기 쉽기 때문이다. 예를 들어, 기존에 많이 있었던 문제 해결에 대한 연구들에서 도출된 세부 결과는 프로그래밍에 적용할 수 없다. 연구에 사용된 문제가 너무 단순했기 때문이다. 이는 모든 문제에는 하나의 정답이 있다는(그리고 연구자는 정답을 알고 있다는) 생각을 바탕으로 한 결과다.

그러나 프로그래밍에는 **올바른 해답**이 없다(이것만은 우리가 확신할 수 있다). 설사 있다 해도 우리가 피험자보다 더 올바른 해답을 알고 있다는 보장은 없다. 학생이나 초보자가 선생이나 베테랑보다 더 나은 답을 찾는 경우도 적지 않다. 그러므로 문제 해결에 대한 기존 연구 결과는 그대로 적용할 수 없다. 그러나 그로부터 어떤 통찰을 얻을 수 있을지 모른다.

쓸모 있는 통찰을 얻을 수 있는 분야는 너무 많으므로 어느 정도 조직화할 필요가 있다. 그렇게 하면 중요한 착상들을 기억하고 도움이 될지도 모를 다른 분야를 찾기가 쉬워질 것이다. 그러나 그렇게 조직화한 결과를 산꼭대기에서 석판에 새겨 받은 십계명을 대하듯 너무 심각하게 받아들이면 안 된다. 그것은 단지 편의를 위한 도구일 뿐이다.

컴퓨터 프로그래밍에 대한 가장 유용하고 포괄적인 모델을 제시하는 사회 과학은 인류학이다. 예술가다운 자유와 상상력을 약간만 동원하면, 컴퓨터 프로그래머들이 공유하는 일종의 문화(일상 행동을 형성하는 공유된 믿음과 활동의 집합)가 있다고 상상할 수 있다. 인류학을 프로그래밍 연구에 활용할 수 있는 첫 번째 주제는 그 문화의 **사회적 구조**(프로그래머와 다른 프로그래머 또는 프로그래머가 아닌 다른 사람들의 관계)다. 그럼으로써 우리의 연구에도 극적인 발전 가능성이 있음을 발견하게 될 것이다. 두 번째는 프로그래밍을 개인 행위로 연구하는 것이다. 다시 말해서, 우리의 연구는 인류학에서 개성과 문화를 연구하는 것과 유사하다. 이 책의 3부에서는 프로그래머가 자신이 작성한 프로그램에 어떤 영향을 주는지 그리고 프로그래밍이 프로그래머에게 어떤 영향을 주는지를 논한다. 여기에서는 개인심리학(특히 문제 해결과 개성에 관한)에서 나온 기존 연구 결과를 많이 참고한다. 반면에 프로그래밍의 사회적 구조를 다루는 2부에서는 사회심리학을 참고한다.

프로그래밍이 지닌 개인적인 측면과 사회적인 측면을 살핀 후에는, 프로그래머의 도구(프로그래밍 언어, 운영체제 등)를 심리학적 관점에서 검토해야 한다. 도구는 프로그래밍 세계의 물질문화에 해당한다. 즉, 프로그래밍 고고학자가 잃어버린 프로그래밍 문명을 이해하기 위해 발굴하고 연구해야 할 유물인 것이다. 그리고 어떤 프로그래머도 처음부터 그 문화에 속했던 것은 아니므로, 프로그래머들이 어떻게 그 문화에 편입되고(또는 되어야 하고) 또 어떻게 그 복잡한 생활 방식을 습득하게 되는지를 연구해야 한다. 여기에는 학습심리학(특히, 언어 학습)의 힘을 빌릴 것이다.

마지막으로 이런 논의를 모두 성공적으로 마치고 나면, 프로그래밍에 대한 신화적인 사회 통념과 신조를 충분히 객관적인 관점에서 고찰할 수 있을 것이다. 신조란 버트런드 러셀[10]이 지적했듯이, 무엇인가에 대한 근거 없는 믿음이다. 그리고 신화란 엠브로즈 비어스[11]가 정의했듯이, 타인들의 신성한 믿음이다. 그런 믿음들을 모두 없애지는 못하겠지만, 그중 하나라도 불식시키는 데 이 책이 도움이 된다면 이제껏 쏟은 노력에 대한 충분한 대가가 될 것이다.

요약

프로그래밍은 복잡다단한 행위이기 때문에 우리는 인간행동학에서 가능한 많은 방법론과 연구 결과를 차용할 필요가 있다. 그러나 그 과정에서 함정에 빠질 우려가 있으므로, 프로그래밍 심리학을 직접 연구하려 할 때

---

10 (옮긴이) 버트런드 러셀(Bertrand Russell, 1872~1970) - 20세기의 저명한 논리학자이자 철학자. 철학, 수학, 과학, 윤리학, 사회학, 교육, 역사, 정치학 등 다양한 분야에서 40권 이상 책을 쓰는 왕성한 저술 활동을 펼쳤다. 20세기 지식인 가운데 가장 널리 그리고 지속적으로 영향을 미친 인물이라 평가 받는다.
11 (옮긴이) 엠브로즈 비어스(Ambrose Bierce, 1842~1913 또는 1914) - 미국의 풍자작가, 평론가, 시인, 단편작가. 감정을 배제한 간결한 문체가 특징이었으며, 『악마의 사전』(The Devil's Dictionary, 1906)이 그의 최고 걸작으로 꼽힌다.

에는 통상적인 함정에 미리 대비해야 한다. 주요 문제점을 나열하면 다음과 같다.

1. 검증 없이 내성법을 사용하는 것
2. 지나치게 한정된 대상을 관찰하는 것
3. 잘못된 변수를 측정하는 것 또는 옳은 변수를 측정하지 못하는 것
4. 관찰 대상의 행동에 개입하는 것
5. 자료는 과도하게 모으고도 정보는 충분히 얻지 못하는 것
6. 실험에 지나치게 많은 제약을 가하는 것
7. 과도하게 초보 프로그래머들만 연구 대상으로 삼는 것
8. 집단 효과와 집단 행동을 연구하지 못하는 것
9. 측정하기 쉬워서 측정하는 것
10. 검증 되지 않은 정밀도를 사용하는 것
11. 기존 연구의 결과를 적절치 못한 대상에 적용하는 것

그러나 아직 미숙한 분야에서 일어나는 최대 실수는 바로 지나친 신중함이다. 실험을 전혀 하지 않는 것보다 실험을 한 후에 실패하는 편이 더 낫다.

질문

관리자에게

1. 당신의 시스템이 기록하는 로그는 어떤 형태인가? 프로그래머의 성과를 평가하는 데 그 자료를 이용하는가? 원래 그런 용도로 쓰려던 자료라면, 그에 더 적합하도록 로그 방식을 향상시킬 방법은 무엇인가?

2. 당신에게 소속된 고참 프로그래머를 심리학 실험을 위해 차출하는 것을 허락하겠는가? 신참의 경우는 어떤가? 한 프로그래머가 실험에 꼭 참여해야겠다고 우기면 어찌겠는가? 실험자에게 어떤 안전장치를 요구하겠는가?

3. 『Harvard Business Review』, 『Reader's Digest』, 『Playboy』, 『Think』, 『Psychology Today』와 같은 잡지에 실린 심리학에 관련된 기사를 읽어 보는가? 그런 기사에서 배운 바를 실무에 적용하려 노력한 적이 있는가? 다른 분야에서 보고된 자료를 프로그래머를 관리하는 데 차용한 경험이 있는가?

프로그래머에게

1. 버그를 발견하자마자 의자에 등을 기댄 채 당신의 생각이 지나온 경로를 추적하려 노력하는가? 다음번에 버그를 발견하면 그렇게 한번 해보고, 그 결과를 간략하게 기록해 보라.

2. 당신의 성과를 계속 기록하는가? 그때 어떤 종류의 것들을 기록하며 또 얼마나 정확한가? 단순히 당신이 하는 일만 생각해서는 얻지 못할 깨달음을 그 기록을 통해 얻고 있는가? 시스템 로그로부터 당신의 행동 또는 동료 프로그래머들의 행동에 관한 통찰을 얻고 있는가?

3. 프로그래밍을 연구하는 심리학 실험에 참여하는 데 반감이 있는가? 그 반감을 없애려면, 무엇이 보장되어야 하겠는가? 심리학 실험에 참여한 적이 있다면, 그 경험에 대해 당신이 기억하고 있는 가장 의미 있는 내용을 간략히 적어 보라. 그 연구의 결과가 프로그래밍에 대해 유효할 또는 유효하지 않을 어떤 이유를 알겠는가? 그 연구의 결과를 보았는가? 혹은 당신이 그 연구에 대한 설명을 들을 이유가 있었는가?

참고문헌

- Sigmund Freud 지음 『A General Introduction to Psychoanalysis』 Garden City, N.Y., Doubleday, 1953년.
  주제는 물론 그 자체도 매우 흥미로운 이 책은 인간 행위에 대한 새로운 연구를 시작하는 방식이 담긴 역사적인 문서다. 현대적인 관점에서 특히 흥미로운 부분은 프로이트가 독자에게 이 책의 주제가 실제로 존재하고 있음을 확신시키는 방법이다. 그중 하나로 실수(말실수와 같은)를 논한 부분이 있는데, 이는 프로그래밍을 하는 사람들에게 특히 흥미로울 것이다.

- William James 지음 『Psychology』 Cleveland, The Living Library, 1948년.
  현대 과학의 방법론과 사조를 인간의 정신으로까지 확장시킨 최초의 인물이 저술한 이 고전은 일부가 이미 진부해졌지만 아직도 쓸모 있는 내용이 많다. 프로이트도 그렇지만, 제임스의 연구에는 프로그래밍 심리학을 공부하는 현대 학생들에게 도움이 될 성과가 많다. 따라서 이 책 두 권은 역사적인 시각을 잃지 않기 위해 프로그래밍 심리학 연구의 초석으로 삼아야 한다.

- J. A. C. Brown 지음 『The Social Psychology of Industry』 Baltimore, Penguin Books, 1954년.
  산업 노동자를 집단 차원에서 연구한 사례들을 읽기 좋게 모아 놓은 책으로, 호손 효과와 같은 역사적인 심리학 이론을 공부하는 데 도움이 된다. 산업심리학도에게는 입문서로 손색이 없고, 프로그래밍 심리학 연구에서도 중요한 참고 자료로 삼아야 한다(프로그래밍과 같은 복잡한 행위에 적용하는 데에는 한계가 있겠지만). 적어도 브라운의 논평은 우리가 연구를 할 때 범하기 쉬운 과도함을 경고해 줄 것이다.

- Buford H. Junker 지음 『Field Work- An Introduction to the Social Sciences』 Chicago, University of Chicago Press, 1960년.
  저자는 현장조사를 직접 경험하지 않고서는 적절히 이해할 수 없다고 주장한다(아마도 진심으로). 이렇게 한계를 인정하면서도 이 책에서는 현장조사를 최선을 다해 설명했다. 독자는 이 책을 통해 사회학과 인류학에서 활용할 다양한 현장조사법을 배울 수 있다.

- Peggy Golde 편저 『Women in the Field』 Chicago, Aldine, 1970년.
  책 제목에서 Women(여성)이란 단어가 약간 오해를 불러일으킬 수도 있지만, 이 책은 현장조사를 할 때 조사자의 성별이 별 차이를 만들지 않음을 증명하고 있다. 독자는 이 책을 여러 가지 차원으로 대할 수 있다. 흥미로운 현장조사 일화들을 엮어 놓은 책으로 볼 수도 있고, 인류학의 현장조사법에 대한 종합적인 개괄로 볼 수도 있다.

- Phillip E. Hammond 지음 『Sociologists at Work』 New York, Basic Books, 1964년.
  앞서 나온 『Women in the Field』처럼 현장조사 일화들을 묶어 놓은 책으로 인류학보다 사회학을 중심으로 한다. 몇몇 장은 프로그래밍 심리학자들에게 특히 흥미로운 주제를 다루고 있는데, 관료주의 역학(The Dynamics of Bureaucracy), 관리자(Men Who Manage), 연방 민주제(Union Democracy)가 그에 해당한다.

- Eugine J. Webb 편저 『Unobtrusive Measures: Nonreactive Research in the Social Sciences』 Chicago, Rand McNally, 1966년.
  전문적인 심리학 연구 기법들을 조사한 것이다.

- Harold Sackman 지음 『Man-Computer Problem Solving』 Princeton: Auerbach Publishers, 1970년.
  부제가 시분할과 배치 처리에 대한 실험적 평가(Experimental Evaluation of Time-Sharing and Batch Processing)이기는 하지만, 이 책은 최초로 심리학적인 기법을 이용해 프로그래밍을 연구하려 시도했다. 따라서 프로그래밍 심리학을 공부하는 학생들에게는 필수 자료다.

- H.H.Hyman 지음 『Survey Design and Analysis』 New York, Free Press, 1955년.
설문 조사에 대한 이론과 실전 지침을 다룬 최고의 책이라 할 수 있다.

- L. J. Cronbach 지음 『Essentials of Psychological Testing』 3판, New York, Harper and Row, 1970년.
다양한 종류의 심리 검사를 고안하고 적용하는 것을 다룬 유용한 기초 입문서.

- K. R. Hammond, J. E. Householder 공저, 『Introduction to the Statistical Method』 New York, Knopf, 1962년.
심리학적 통계를 다룬 수백 가지 책 중에서도 우수한 축에 속하며, 입문서로도 손색이 없다. 수학을 잘 모르는 독자가 대상인 다른 책들은 수학 지향적인 프로그래머들에게 별 감흥을 불러일으키기 어렵겠지만, 이 책만은 꽤 재미있다. 어떤 경우든 심리학자가 양적 자료를 다루는 방법을 아는 것은 중요하다.

- Oskar Morgenstern 지음 『On the Accuracy of Economic Observations』 Princeton, Princeton University Press, 1963년.
경제학은 행동학의 일종이다. 프로그래밍 심리학과 직접 관련된 부분이 많지 않지만, 방법론의 측면에서 배울 것이 좀 있다. 존 폰 노이만(John von Neumann)과 함께 게임 이론(Game Theory)의 창안자인 모르겐

슈테른(Morgenstern)은 이 책에서 경제학적 수치들이 과연 얼마나 정확한가라는 문제를 날카롭게 파헤친다. 이 책의 전반부는 꼭 경제학에만 해당하는 내용이 아니며 모든 행동학자가 읽어야 한다.

- 「컴퓨터 개인 연구 컨퍼런스의 N차 연 회보(Proceedings of the Nth Annual Computer Personnel Research Conference)」 ACM, New York.

  N이 커지면서 컨퍼런스의 규모와 범위도 커졌다. 더불어 그 활용가능성도 커졌으므로, 이 분야에서 활동하는 모든 연구자가 참고해야 한다. 오래된 논제는 자료를 찾기 힘들겠지만, 아직도 완벽하게 해결되지 않은 문제들을 해결하고자 가장 초기에 쏟은 노력에 관련된 자료이므로 최근 논제들보다 더 가치 있다고 볼 수 있다. 물론 그 문제들에 대해서는 현재의 우리가 좀 더 앞서 있겠지만.

- Henry M. Parsons 지음 「The Scope of Human Factors in Computer-Based Data Processing Systems」 Human Factors, 12, 2 (1970년), 165-175쪽.

  Human Factors에 이 기사가 실린 것은 프로그래밍의 인적 요소에 대한 새로운 관심이 촉발되었다는 신호다. 이 기사는 대부분 컴퓨터의 비프로그래밍적 측면에 할애되어 있기는 하지만 말이다. 비프로그래밍적 측면이 중요하지 않다는 뜻은 아니지만(사실은 매우 중요하다), 그에 대한 논의는 이 책의 범위를 넘어설 뿐 아니라 책을 서너 권 더 참고해야 한다. 이 기사에는 새로운 자료가 들어있지 않고 몇몇 참고할 만한 기존 연구 자료가 제시되어 있다.

3장에 보태는 글 :

프로그래밍이란 행위를 연구할 방법은 무엇인가?

아마도 프로그래밍은 연구 대상으로 삼기에 너무나 복잡한 행위이기 때문에 커다란 불가사의로 남을 수밖에 없었을 것이다. (71쪽)

25년 동안 더 공부하고 보니 프로그래밍이 연구하기에 너무 복잡한 행위는 아니라는 생각이 든다. 그러나 연구실에서 연구하기에는 너무 복잡할지도 모르겠다. 프로그래밍을 어떻게 연구할 것인가(좀 더 정확히 말해서 내가 어떻게 프로그래밍을 연구할 것인가)에 관한 내 생각이 바뀐 것 같다. 학문으로 발전시키는 것도 물론 필요하지만, 나의 정신적 신진대사를 뒷받침하기에는 그 속도가 너무 느리다. 과학적인 생각보다 확고하고 실용적인 생각에 흥미가 있는 현재의 내 고객들을 만족시키기도 힘들다.

수년에 걸쳐 관찰하면서 최고의 프로그래머는 가장 내성(內省, introspective)적인 사람이라는 걸 알게 됐다. 그들은 자신이 만들어 낸 오류를 발견하면 문제를 야기한 정신적 과정(혹은 물리적 과정)을 검토한다. 그리고 그 과정을 바꾸려 시도한다. 이것이 Weinberg&Weinberg 워크샵에서 근본원인 분석(root-cause analysis)이라는 이름으로 가르치는 내용인데, 사람들은 대부분 아직도 이 접근법을 그리 좋아하지 않는다. 사람들은 아직도 근본원인을 숨기도록 행동하게 만드는 책임 분석(blame analysis) 같은 접근법을 더 좋아한다.

워크샵과 책을 통해 알 수 있듯, 나의 주된 관심사는 행동을 관찰하는 것이었다. 예를 들어, 문제해결 리더십 워크샵(Problem-Solving Leadership Workshop)에서 내가 참가자들에게 전에는 보지 못했던 것을 보거나 혹은 익숙한 것을 다른 방식으로 보는 것을 가르치기만 했다고 비난하는 사람들이 있다. 그러나 나는 똑똑한 사람들이 일단 새로운 시각으로 보게 되면 자신이 관찰한 것에서 잘못된 부분은 바꾸고 올바른 부분은 유지할 능력이 있다고 생각한다.

호손 효과(피관찰자가 좀더 분발하여 좋은 성과를 내게 되는 현상)는 과학적인 관찰에서 재앙이 될 수 있다. 그러나 그동안 나는 컨설팅을 하면서 호손 효과를 활용하여 실질적으로 큰 이득을 취하는 방법을 배웠다. 놀랄 만한 예를 하나 들어보겠다. 몇 년 전에 나는 프로그래머들이 개발 과정에서 일어난 오류를 파악할 수 있도록 돕고자 고객의 기술 검토서를 관찰했다. 그 검토서는 매우 뛰어났지만, 고객들은 검토서가 평소와 다르다고 입을 모았다. 그렇게 된 이유를 물었더니 내가 지켜보고 있었기 때문인 듯 하다고 답했다. 내가 보고 있었기 때문에 일을 대충할 수 없었던 것이다. 그래서 그들은 내 사진을 마분지에 확대 출력해 사무실에 붙여 놓았는데, 효과가 있는 듯하다.

위의 예를 포함한 이런저런 관찰을 통해 나는 관리의 심리학에 대한 기본 원리를 배웠다. 직원들에게 신경을 쓰는 관리자는 좋은 결과를 얻는다. 많은 관리자(특히, 프로그래머 출신인 관리자)는 프로그래머가 코드 모듈처럼 행동하길 바란다. 이런 관리자는 프로그래머를 임무를 입력 받아 결과를 출력하는, 관찰이 필요 없고 특히, 상호작용이라고는 전혀 없는[12] 블랙

박스처럼 취급한다. 소프트웨어 개발 관리자들은 대부분 직원들과 함께 일하기를 싫어하기만 하는데, 같이 일하는 방법을 교육받은 적이 한 번도 없었던 탓이 크다.

나는 관찰만으로도 주위에 널려 있던 정보에 대한 새롭고 풍부한 자료를 얻을 수 있었다. 예를 들어, 몇몇 소프트웨어 회사의 고객 상담 창구로 걸려온 통화 기록을 보고 약간은 낯선 새로운 행동 패턴을 확인한 적도 있다. 또한 나는 컴퓨터에 관련된 인간 행동이 내가 25년 전에 상상했던 것보다 훨씬 다양하다는 사실도 알게 됐다.

그러나 내가 예견했듯이, 인간 행동을 실험하는 데는 비용도 많이 들고 어려움도 크다는 것이 증명되었다. 대부분 연구는 대학에서 수행되었고, 그 결과가 흥미롭더라도 실제 프로그래밍 현업에는 느리게 반영되거나 작은 영향만 끼쳤다. 어떤 연구가 매우 중요하고 알아야 할 가치가 있다면 연구자는 그 결과를 쉽게 이해할 수 있는 형태로 만들어야 한다. 그러나 대학에서는 오히려 그 반대의 성향을 학생들에게 알게 모르게 심어주는 것처럼 보인다. 대학 정규 과정을 거친 프로그래머들은 프로젝트를 기말 과제로 생각하는 경향이 있다. 그들은 프로젝트를 한동안 접어 두었다가 학점을 따기는 해야 하지 않겠냐는 듯 어느 순간 갑자기 키보드를 두드리기 시작한다. 대학에서 과제로 하는 프로젝트에서는 소프트웨어를 다른 사람이 유지보수하기 쉽거나, 사용 또는 테스트하기 좋게 만들 필요가 없다. 상용 소프트웨어는 개발자가 컴퓨터 공학의 개념들을 이해하는 것 이상의 뭔가를 보여 줘야 한다. 따라서 나는 대학 교수님들이 과제 프로젝트

---

12 내가 쓴 논문 「Overstructured Management of Software Engineering」을 참고하기 바란다. 이 논문은 톰 디마르코(Tom DeMarco)와 티모시 리스터(Timothy Lister)가 출간한 논문집 『Software State-of-the-Art: Selected Papers』(New York: Dorset House Publishing, 1990)의 4-13쪽에 나와 있다.

에서 그 뭔가를 요구해야 한다고 생각한다.

25년 전에도 그랬지만, 개인차는 프로젝트의 예측 가능성에서 커다란 위험요소다. 팀 프로그래밍의 사회적 특성을 이용해 이런 편차를 평준화할 수도 있지만, 그렇게 하면 프로그래머 개인에 대한 실험 정보는 얻을 수 없다. 실제 프로젝트에서는 개인차로 인해 막대한 비용이 발생하는데 이는 혼자 일하는 프로그래머 개인이 연구의 적절한 단위도 아니려니와 프로그래밍 프로젝트의 생산 요소도 될 수 없다는 내 예견을 뒷받침해 준다.

본문의 85쪽에서 나는 맥스웰의 말을 인용했다. "측정하는 것이 아는 것이다." 요즘 사람들은 이 말을 켈빈 경[13]의 말로 돌리려는 것 같다. 경의 명성을 더 올리려는 것일까? 어쨌든 이런 현상으로 나는 꽤 당황스럽다. 켈빈 경은 비행기가 절대 날 수 없을 거라고 확언하기도 했기 때문이다.

여러 측정법이 많은 관심 속에 태어났지만, 프로그래밍이 어떻게 이루어지는가를 이해하고자 고안된 측정법은 별로 없다. 측정법은 대부분 프로그래머 사이의 상호 작용을 억누르려고 고안된 듯하다. 즉, 프로그래머를 다른 누군가가 올바른 프로그래밍 방법이라고 생각하는 방식에 맞춰 일하도록 강제하는 것이다. 그렇게 하는 것이 항상 좋은 생각은 아니다.

그런 생각은 아마도 주어진 프로그래밍 문제에 유일한 정답이 있다는 (그리고 선생님은 정답을 알고 있다는) 믿음에 집착한 결과일 것이다. 아직도 대부분의 교육이 이런 잘못된 믿음을 기반으로 하는 것이 현실이지만, 개선될 기미가 조금씩 보이기는 한다.

"예술가다운 자유와 상상력을 약간만 동원하면, 컴퓨터 프로그래머들

---

13 (옮긴이) 바론 켈빈(Baron Kelvin) 1세(1824~1907) - 본명은 윌리엄 톰슨(William Thomson)으로 영국의 수리 물리학자이자 공학자다. 1866년에 황실에게서 작위를 받았다. 19세기 물리학을 대표하는 학자이며, 전기와 열역학의 수리적 분석에 큰 공헌을 했다. 절대 온도(K)라는 개념을 도입한 것도 켈빈 경이다.

이 공유하는 일종의 문화(일상 행동을 형성하는 공유된 믿음과 활동의 집합)가 있다고 상상할 수 있다."(89쪽) 1971년에 나는 이렇게 썼고, 지금 우리 의식 속에서는 물론이고 실제로도 그런 문화 패턴이 출현했다. 나는 소프트웨어 문화라는 착상을 내 『Quality Software Management』 시리즈[14]를 통해 더 발전시켰는데, 이 문화가 다음 25년을 위해 중요하다고 생각하기 때문이다.

---

14 (옮긴이) 『Systems Thinking』(1편), 『First-order Measurement』(2편), 『Congruent Action』(3편), 『Anticipating Change』(4편)로 이뤄진 제랄드 와인버그의 연작물.

2부

사회 활동으로 보는 프로그래밍

농노를 부리는 지주 집안 출신인 나는, 당시 다른 젊은이들처럼,
지시와 명령, 힐책, 처벌 등이 필요하다고 확신하는 상태에서 사회인이 되었다.
그러나 사회인이 된 지 얼마 안 되어서부터 기업의 대표로 사람들을 관리하게
되었는데, 그런 확신에서 비롯된 내 행동들로 인해 큰 문제가 계속해서 일어났다.
그 과정에서 나는 지시와 규율에 따른 행동과 상호 이해에 따른
행동의 차이를 점차 깨닫게 됐다. 전자는 군대 행렬에서나 경이적인 효과가
있을 뿐 실생활에서는 생각할 가치도 없다.
목표는 수많은 의지가 모여 만드는 모진 노력으로만 성취할 수 있다.

― 피터 크로포트킨(Peter Kropotkin)[1,2]

---

1 피터 크로포트킨 지음, 『Memoirs of a Revolutionist』 1968년 재판본. New York의 Horizon Press 출판사의 허락 하에 인용했다.
2 (옮긴이) 피터 크로포트킨(Peter Alexeevich Kropotkin, 1842~1921) - 러시아 최초의 무정부주의자 중 한 명. 대표작으로는 『프랑스 대 혁명사(The Great French Revolution)』가 있고, 권력의 전제적 집중을 의미하는 보나파르티즘을 저지할 유일한 동력은 민중의 혁명적 의지라는 점을 강조하면서 이를 기반으로 한 직접 민주제의 길을 역설했다.

프로그래머는 보통 고립된 상태에서 일하지 않는다. 프로그래머 한 명이 전체 프로그램을 맡을 수도 있지만, 보통은 도움을 청할 친구 프로그래머가 있다(친구 프로그래머가 거꾸로 도움을 청할 수도 있다). 사실, 혼자 일하는 프로그래머는 심각하게 곤란한 상황에서 일한다고 봐야 한다. 그러나 다른 프로그래머와 함께 일할 때에도 그들 간에는 다양한 관계가 존재할 수 있다. 그 관계를 연구하고자 우리는 프로그래머의 집단을 그룹과 팀, 프로젝트, 이렇게 세 가지로 구별할 것이다. 간략하게 정의하면, 그룹은 같은 장소에서 일하는 프로그래머 집단이다. 한 그룹에 속한 프로그래머들은 같은 기계와 시스템을 공유하겠지만, 몇 개의 프로그램을 나눠 맡고 있을 것이다(일부 프로그램은 서로 어떤 연관성이 있을 수도 있다). 전형적인 프로그래밍 그룹은 대학 전산 센터나 엔지니어링 회사 등에서 쉽게 볼 수 있다.

반면에 프로그래밍 팀은 한 프로그램을 개발하기 위해 함께 일하는 프로그래머 집단이다. 팀의 구성원은 2명이 될 수도 있고 12명이 될 수도 있다(숫자가 커지면 팀이 2~3개로 나뉘기 시작하겠지만). 팀은 한 프로그래밍 그룹에 속할 수도 있고, 프로그래밍 프로젝트를 구성하는 여러 팀 중 하나일 수도 있다. 프로젝트는 프로그래머 그룹에 하나로 통합된 시스템(또는 적어도 긴밀하게 짜인 프로그램들)을 만들어 내는 지원 활동을 더한 것이다. 프로젝트에는 보통 전용 기계가 있고, 더불어 시스템 작업, 표준화, 문서화 등의 부차 기능을 담당하는 특별 팀들이 포함된다. 그리고 보통 프로젝트 관리자와 관료주의적인 정규 조직도(흡사 군대 같은) 추가된다.

2부에 보태는 글 :

사회 활동으로 보는 프로그래밍

우리는 프로그래머 집단을 그룹과 팀, 프로젝트, 이렇게 세 가지로 구별할 것이다. 간략하게 정의하면, 그룹은 같은 장소에서 일하는 프로그래머 집단이다. 한 그룹에 속한 프로그래머들은 같은 기계와 시스템을 공유하겠지만, 몇 개의 프로그램을 나눠 맡고 있을 것이다(일부 프로그램은 서로 어떤 연관성이 있을 수도 있다). . . . 반면에 프로그래밍 팀은 한 프로그램을 개발하기 위해 함께 일하는 프로그래머 집단이다. (105쪽)

25년 동안 프로그래머 집단들을 더 관찰하다 보니 나는 팀에 대한 정의를 바꿔 생각하게 됐다. 이제는 프로그래밍 팀이란 더 나은 제품들을 만들기 위해 함께 일하는 프로그래머들의 모임이라 하겠다.

달리 말하자면, 팀은 제품을 만들기 위해 구성원들이 함께 일한다는 점에서 그룹과 차별된다(이때 제품이란 프로그래머가 각자 따로 일해서는 만들 수 없거나 또는 팀을 이룰 때만큼 효율적으로 만들 수 없는 수준의 것을 의미한다). 어떤 그룹이 제품 하나를 개발하는 데 참여한다고 해서 팀이라 볼 수 있는 것은 아니다. 또, 구성원 각자가 별도의 제품을 만든다 해도(흔한 경우는 아니지만) 팀은 팀인 반면에, 그룹은 같은 장소에서 일하며 같은 관리자 밑에 있다는 점만 제외하고는 구성원들이 서로 공유하는 바가 없다. 지금은 하드웨어 가격이 떨어지고 노동력 가격은 훨씬 올랐기 때문에, 옛날처럼 그룹의 구성원들이 하나의 기계와 시스템을 공유해 사용할 일도 거의 없다.

그러나 결국 팀과 그룹의 차별성은 구성원들의 배우는 방식에 있다. 내가 25년 전에 팀과 그룹의 구별에 혼란을 겪은 것은 어떤 공통의 목표 덕분에 그룹의 구성원들도 함께 배우게 되는 일이 종종 있었기 때문이다. 더 많은 실례를 접한 지금에 와서 나는 그 공통의 목표가 제품이라면 상호 배움으로 연결되지 않는다는 사실을 알게 됐다. 반면에 팀에게는 항상 공통의 목표 즉, 구성원이 서로 가르치고 배워 각자 더 나은 능력을 가질 수 있도록 한다는 목표가 있다. 제품과는 상관없이 말이다.

내가 해마다 하나씩 창단하는 소프트웨어 엔지니어링 관리 개발 그룹(Software Engineering Management Development Group)은 정확히 이런 것을 목표로 삼는 팀이다. 1998년 팀의 구성원인 브라이언 피오렉(Brian Pioreck)은 이 목표에 대해 다음과 같이 말했다.

"그렇다면 기업에서 제품 개발을 위해 그룹보다는 팀을 만들도록 돕는 데 이 기준이 쓰일 수 있을까요? 그리고 무엇을 배우게 될까요? 더 나은 프로그램을 만드는 방법? 더 잘 듣는 방법? 의사소통을 더 잘하는 방법? 자신에 대해 더 좋은 감정을 느끼는 방법? 저는 이 질문들에 관한 답이 모두 '네'라고 생각합니다.

제가 고객들에게 팀의 일원으로 가장 좋았던 경험을 물을 때 가장 자주 듣는 대답은 가족 같았다는 말입니다. 추수감사절 즈음의 가족 말이죠. 모두 뭔가를 만들어 식탁에 내어 놓습니다. 그리고 서로 나누며 축하하죠. 저는 건전한 팀에게 있는 또 하나의 특징은 스스로 영속시키는 데 있다고 봅니다. 그런 팀의 구성원 중 하나가 또 다른 팀을 만들어 원래 팀에서 배웠던 가치와 관습을 이어가는 것이죠."

4장
프로그래밍 그룹

프로그래밍 그룹을 연구하는 것은 다른 형태의 프로그래밍 조직을 이해하는 데 중요하다. 프로그래머들을 공식적인 팀 또는 프로젝트로 조직화한다 해도, 그 내부에서는 비공식적인 관계들이 비구조적인 그룹에 있는 만큼이나 많이 생겨난다. 사실, 우리가 사회심리학에서 가장 먼저 배워야 할 것은 공식 그룹과 비공식 그룹의 차이점이다.

공식 조직과 비공식 조직

관리자에게는 조직도가 재미있는 장난감이겠지만, 프로그래머 간의 상호관계가 조직도를 있는 그대로 따라 그 좁고 단선적인 통로를 통해서만 형성된다면 프로그래밍 작업에 진척이 있을 리 없다. 조직도가 흐름도와 매우 비슷하게 생겨서인지, 단계적으로 승진하여 올라온 프로그래밍 관리자들은 조직도를 너무 많이 믿는 것 같다. 관리자가 되기 이전에는 스스로 성공리에 써먹었던 다소 공식적이지 않은 방법들은 잊어버린 채 말이다. 그러나 사람 사이의 상호관계는 결코 좁지도 단선적이지도 않다. 그리고 조직도에 나와 있는 방향대로만 이뤄지지도 않는다. 공식적인 구조만이 어떤 조직 내의 유일한 구조라는 생각이 수많은 커다란 실수들을 빚어왔다.

물론 프로젝트에서 비공식 구조는 대부분 작업의 구조에 영향을 받아 결정된다. 그 프로젝트가 얼마나 잘 조직화되었느냐에 따라 조직도에 가까운 모습이 될 수도 있다. 그러나 비공식 구조는 항상 기존 공식 구조의 기능을 정정하고 보완하는 방향으로 자라난다(그것이 순전히 프로그래머 개개인이 노력한 결과일지라도). 상위의 결정권자가 꽤나 현명하다면, 가끔 그런 개혁적인 비공식 구조가 공식화되기도 한다(고스란히 옮겨지지는 않을지라도).

그런 예가 어떤 엔지니어링 컨설팅 회사의 전산실에서 생긴 적이 있다. 전산 처리 작업은 원격에서 배치 시스템으로 입력하는데, 프로그래머 대부분이 고객사에 파견 나가 있었다(고객사는 모두 본사 건물 근처에 있었다). 그런데 작업 처리 시간이 불규칙했기 때문에 작업이 완료될 시점을 미리 결정할 수 있는 방법이 없었다. 완료된 작업의 번호를 전산실 입구 근처에 마련된 게시판에 써 붙여 놓기는 했지만, 프로그래머가 본사로 뛰어와 그 게시판을 보고 자신의 작업이 아직 처리되지 않았음을 알아내기까지 30분을 낭비하는 건 예삿일이었다.

그러던 어느 날 자신이 입력한 작업이 끝나기를 기다리던 프로그래머 한 명이 평소 눈여겨 뒀던 매력적인 여비서에게 데이트를 신청하려 전화했다. 그러나 용건을 바로 꺼내지는 못하고 잠시 딴소리를 하자 여비서는 일하러 가봐야 하지 않느냐고 물었다. 그래서 어차피 전산 처리가 끝날 때까지 기다려야 한다고 대답하자, 그녀가 담담하게 말했다. "아, 그래요? 번호가 몇 번인데요? 제 자리에서 게시판이 보이거든요." 그 여비서의 자리는 움직이지 않고도 게시판의 내용을 확인할 수 있는 위치였던 것이다. 이 소문이 점점 퍼져서 파견 나가 있는 모든 프로그래머가 알게 되었다. 결국 그 여비서는 프로그래머들의 전화를 받고 일일이 게시판을 확인해 주느라 본래 업무를 하지 못할 지경에 이르렀다. 그리고 마침내 이 비공식 서비스를 관리부가 주목하게 되었다.

그제야 그런 서비스가 필요함을 깨달은 관리부는 처리가 완료된 번호를 테이프에 녹음하고 특정 전화번호로 전화를 걸면 그 내용을 들려 주는 서비스를 개시했다. 게다가 영리하게도 그 전화번호는 그 여비서가 쓰던 내선번호였다(이렇게 만드는 데 전화 회사가 약간 반발하기도 했지만). 다소 비효율적이고 비공식적이지만 유용한 서비스를 공식 서비스로 대체하는 작업을 순조롭게 이루어 낸 것이다. 더불어 여비서는 본래의 업무에 충실할 수 있게 되었다.

이때 공식적인 새 시스템이 비공식적인 기존 시스템을 완전히 대체한 것은 아니라는 점에 주목할 필요가 있다. 약 30분 간격으로 테이프의 녹음 내용을 갱신했기 때문에, 최대 30분 전에 게시판에 올라온 내용이 테이프에는 반영되지 않을 수도 있었다. 보통은 이 정도로도 충분했지만 전산실에서는 언제나 특이한 요구사항이 생기기 마련이다. 따라서 프로그래머가 정말 급한 작업을 기다리고 있다면, 예전의 비공식 시스템으로 돌아가 여비서에게 직접 전화했다. 그러나 그 빈도가 높지 않았으므로 그녀의 본래 업무에는 별다른 지장이 없었고, 이 시스템은 현재까지도 그대로 사용되고 있다. 게다가 그녀는 이따금 걸려 오는 젊고 영리한 프로그래머들과의 대화를 즐겼다(프로그래머들도 그녀와 나누는 대화가 목적이었는지도 모를 일이다).

공식적인 것과 비공식적인 것 사이에 일어나는 충돌이 항상 이렇게 행복한 결말로 끝나는 건 아니다. 이 일화에서 전산실 관리부는 비공식 서비스의 기능을 인지했지만, 그런 기능의 존재 자체를 모르고 지나치는 경우도 많다. 예를 들어, 어떤 종합대학의 전산실에서 이런 일이 있었다. 그곳의 프로그래머는 대부분 사무실이 없는 학생들이었기 때문에, 큰 공용실을 마련하여 학생들을 비롯한 사용자들이 프로그래밍을 할 수 있도록 했다. 더불어 전산실 차원에서 어려운 문제에 대한 컨설팅 서비스도 제공했는데 석사 조교 두 명이 컨설팅 담당이었다.

공용실의 한쪽 모퉁이에는 커피나 콜라, 사탕 등을 파는 자판기들을 모아 두었는데, 공용실이 꽤 크긴 했지만 자판기 앞에 모여 이것저것 뽑아 먹는 사람들이 내는 소음은 다른 사람들이 참기 힘든 수준이었다. 마침내 학생 두 명이 스스로 위원단을 만들고 전산실 관리자를 찾아가 이 문제를 호소했다. 공용실에 와본 적이 없었던 관리자는 실상을 확인하고자 직접 와 보고 한쪽 모퉁이에서 일어나는 상황에 질겁했다. 바로 결론을 내린 관리자는 사무실로 돌아와 자판기를 공용실과 떨어진 다른 곳으로 옮기라고 지시했다.

자판기를 옮긴 지 일주일 후에(공용실 벽 곳곳에 조용히 하자는 표어가 붙어 있었다) 또 다른 위원단이 관리자를 방문했다. 이번에는 좀 더 크고 조직적인 위원단이었다. 그들의 불만은 컨설팅 서비스가 부족하다는 것이었다. 관리자가 살펴보니 사람들이 컨설팅실에서 공용실까지 두 줄로 길게 늘어서 기다리고 있었다. 그래서 조교들에게 왜 그렇게 일 처리가 느리냐고 물었더니, 더 빠르지는 않더라도 예전 속도대로 일하고 있노라고 대답했다. 단지 무슨 이유인지 컨설팅을 요구하는 사람이 늘어났을 뿐이라는 것이다.

관리자는 컨설팅 수요가 증가한 원인을 찾기 위해 2주나 보냈지만, 모든 게 정상이었다. 그러나 컨설팅 수요는 여전히 많은 상태였고, 학생들은 과제를 제때에 마칠 수 없다고 불평했다. 관리자는 사회학 석사 학생을 초빙하여 컨설팅을 받으러 줄을 서 있는 사람들을 대상으로 설문을 했다. 그리고 마침내 문제의 원인을 밝혀 냈다. 그것은 자판기였다!

자판기가 공용실에 있을 당시 그 앞에 모여 사람들이 웅성거리던 내용은 관리자가 성급하게 판단했던 것처럼 단순히 잡담만은 아니었다. 커피를 마시며 자신들이 작성한 프로그램에 대해 대화를 나누었던 것이다. 학생들은 전산실에 도착하면 자신의 결과물을 들고 자판기 앞으로 향하는 것이 일상적인 수순이었다. 커피를 마시는 동안 자기 프로그램을 처음으로 들여다보게 되고 그것을 주위 친구들에게 보여 주기도 했다. 학생들은 대부분 비슷비슷한 과제를 하고 있었기 때문에 자판기 앞에서 자기 프로그램의 오류를 깨달을 가능성이 매우 높았다. 이런 비공식적인 조직 덕분에 공식적인 컨설팅 서비스를 이용하지 않아도 되었고, 따라서 컨설팅 서비스의 수요가 원활하게 처리할 수 있는 수준으로 줄었던 것이다.

그러나 자판기가 없어지자 구심점이 사라진 이 비공식 조직의 부하가 고스란히 공식 컨설팅 서비스로 전가되었다. 불행하게도 관리자는 이 문제를 직시하지 못하고 자판기를 원위치시키는 대신에 컨설팅을 담당할 조교를 늘리려 했다. 그러나 조교들은 학생들이 들고 오는 문제가 자신이 보기에는 너무나 사소해서 지겹고 재미없다는 이유로 컨설팅을 담당하기를 꺼렸다. 결국 조교를 늘리기는커녕 컨설팅 서비스 자체가 중단됐다. 나중에 이 전산실을 다시 관찰했을 때 비공식 경로를 이용한 컨설팅만이 행해지고 있었다. 학생들은 여기저기로 허둥대며 자신의 **사소한 질문에 답**

해 줄 전산실 직원 프로그래머를 찾아 헤매고 있었다. 그 상황이 어떻게 마무리될지는 말하기 어렵다. 학생들은 어떻게든 질문에 대한 답을 얻어 내겠지만 말이다.

이 일화의 요점은 비공식적인 조직은 항상 존재하며 그것을 깊이 이해 하지 않은 상태에서 바꿔 버리면 위험하다는 것이다. 그렇게 하면 원활하 게 돌아가던 전체 시스템을 교란시키는 꼴이 되기 때문이다. 또한 깊이 이 해하지 못했으므로 그 비공식적인 조직을 비슷한 비용의 공식적인 조직 으로 대체할 수도 없을 것이다. 그런 교란 가운데 많은 경우가 물리적인 배치를 변경하여 발생한다. 전산실에서는 매우 흔히 일어나는 일이므로, 물리적 구조와 사회적 조직의 관계에 대해 살펴볼 필요가 있다.

물리적 환경과 사회적 조직

우리는 물리적 환경이 프로그래밍 작업의 양과 질에 영향을 끼침을 모두 알고 있다. 그러나 산업심리학에서와 달리 이때의 물리적 환경은 소음이 나 빛, 온도 등의 요소를 말하는 것이 아니다. 작업 공간의 배치를 말한다. 프로그래머들의 자리를 한군데로 모아 놓으면 분명 중요한 이점이 생긴 다(사무실에 일반적으로 설치하는 파티션이 프로그래머의 생산성에 미치는 악영 향은 누군가가 연구해 봐야 할 주제다. 파티션은 방해가 되는 소음이나 움직임은 그대로 놔두고 효율적인 의사소통만 방해한다). 그러나 우리가 관심을 가져야 할 부분은 작업 공간의 배치가 사회적인 상호작용에 미치는 영향이다. 그 상호작용이 다시 작업 결과에 영향을 주기 때문이다.

간단한 예를 들면, 기사가 따로 있어 수동으로 조종하는 구식 승강기를 신식 자동 승강기로 교체한 경우를 생각해 보자. 이는 특히 프로그래머에 게 불운한 상황이었다. 구식 승강기의 기사가 프로그래밍 작업실이 있는

8층부터 전산실이 있는 지하실까지의 비공식적인 배달 서비스를 하고 있었기 때문이다. 8층과 지하실 사이를 왔다 갔다 할 연락책을 따로 고용하는 것을 정당화할 수 있는 사람은 아무도 없었기 때문에, 프로그래머들은 많은 업무 시간을 낭비하게 됐다. 게다가 승강기 기사는 사라진 프로그래머가 현재 어디에 있는지를 파악하는 데도 도움을 줬었다. 전산실은 지하에 있지만 천공기는 다른 층에 있고, 프로그래머의 사무실은 3층에, 작업실은 8층에 있었으므로, 어떤 프로그래머를 첫 번째로 찾아간 곳에서 발견할 확률은 50%가 안 됐다. 그러나 승강기 기사는 어디서 그 사람을 찾아야 할지를 금방 알 수 있는 경우가 많았다. 이런 두 가지 측면의 손실(사실 이에 덧붙여, 잘못 배달된 우편이나 전보를 제자리로 찾아 주는 역할도 했다) 때문에 새로 도입한 자동 승강기는 순손실임이 증명됐다. 비록 승강서비스 자체는 조금 나아졌지만 말이다.

 승강기 교체는 자주 있는 일이 아니지만, 일부 소프트웨어 기업에서는 프로그래머들이 이 사무실에서 저 사무실로 옮겨 다니는 일이 매우 많다. 프로그래머들이 모두 함께 이사한다면 서로의 존재를 알게 되는 기회가 되기도 한다. 예전에는 전산실의 대기실이 그런 기능을 하는 경우가 종종 있었다. 프로그래머들은 대기실에서 각자 할당된 디버깅 시간 15분을 기다리며 줄을 서 있었고, 전형적으로 다음과 같은 대화가 오갔다(약 1956년 경의 얘기다[3]).

 "저 앞사람은 뭘 저렇게 오래 하고 있죠? 전 정말 중요한 일을 맡고 있는데, 버그 딱 하나만 더 고치면 된단 말입니다."

 "저 사람, 포트란(FORTRAN)을 디버깅하고 있어요."

---

[3] (옮긴이) FORTRAN은 1950년대 중반부터 개발되기 시작했다. 따라서 1956년에는 FORTRAN을 알지 못하는 프로그래머가 많은 시기임을 참고하여 다음 대화를 보기 바란다.

"포~ 머요?"

"포트란. 공식변환(Formula Translation)이란 뜻이에요. 수학 공식을 포트란으로 코딩하면, 기계어로 자동 변환된다고 하더군요."

"에이, 설마!"

"사람들 얘기가 그래요. 제 개인적인 생각으로는 그런 게 가능하다 해도 손으로 직접 기계어를 쓰는 게 더 효율적일 것 같아요. 포트란은 그다지 널리 퍼지지 못할 겁니다."

"제가 보기에는 컴퓨터 시간도 많이 잡아먹는 것 같군요. 저 사람을 보세요. 무슨 오르간 연주하는 것 같잖아요? 키보드를 정신없이 두드리는군요. 더 나은 방법이 있어야겠네요."

"그런 방법이 있죠."

"그래요? 그게 뭔데요?"

"제가 지금 작업하고 있는 게 바로 그거에요. 작업장은 웨스트코스트에 있지만, 유일한 컴퓨터가 여기에 있기 때문에 디버깅하러 할 수 없이 온 참입니다. 모니터 시스템이란 건데요."

"모니터 시스템?"

"예, 일종의 자동 조작기에요. 프로그래머를 컴퓨터로부터 멀리 떨어지게 만드는 거죠. 예를 들어, 저는 지금 15분 내에 처리하려고 서른 가지 일을 들고 왔어요."

"서른 가지요? 농담이 과하시군요."

"농담이 아니에요. 사람이 수동으로 조작하지 않아도 되니까 처리 속도가 비약적으로 빨라져요. 게다가 준비 시간과 정리 시간도 필요 없어지거든요."

"그래요, 행운을 빌어요. 그런데 콘솔(console) 앞에 직접 앉지 않고서 디버깅할 방법이 뭔지는 잘 모르겠네요. 아무튼 저 사람, 머였더라, 포트란 디버깅한다는 저 사람 기다리다가 돌아가시겠네요. 나중에 또 봅시다. 전 그냥 올라갈랍니다."

놀라울 정도로 많은 유용한 정보들이 이런 방식으로 전달됐다. 승강기가 자동화되면서 잃은 것이 있듯이 운영체제가 나타나면서 이런 사회적 구조가 사라졌다. 전산실 옆에 대기실이라도 있다면 같은 효과를 기대할 수 있을 것이다. 그러나 개인에게 결과를 통보해 주는 서비스가 생기자 프로그래머가 고립되어 점점 더 이와 같은 상호작용을 할 수 없게 되어 버렸다. 그리고 단말기 시스템으로 원격에서 작업을 할 수 있게 되었으니 고립이 더 심해질 것이다. 단말기 시스템의 이런 측면은 아마도 축복이 아니라 저주가 될 것이다.

프로그램의 오류와 프로그래머의 자아

여기까지 읽은 독자 대부분이 프로그래머들 사이의 사회적 상호작용을 강조함에 놀랐을 것이다. 프로그래밍은 개인의 행위다(아마 다른 어떤 직업보다도 더). 프로그래밍은 다른 사람이 아닌, 프로그래머 자신의 능력에 좌우된다. 하루 동안 다른 프로그래머와 얼마나 많이 교류하느냐는 것이 무슨 의미가 있을까? 이렇게 물어본다면, 아마도 대부분의 프로그래머는 고정된 장소에서 다른 사람의 방해를 받지 않고 혼자 일하는 편이 더 좋다고 대답할 것이다.

그런 생각이 프로그래밍을 향상시키는 데에 가장 무서운 장벽이다. 우선, 실제로 사람들이 프로그래밍에 대해 갖고 있는 일반적인 인상이 그러하다면, 사람들은 다른 사람과 함께 일하는 것을 얼마나 선호하느냐에 따라 프로그래밍을 업으로 삼을지 말지를 결정하게 될 것이다. 사회심리학에 따르면 개인의 성격에는 여러 가지 유형이 있다고 한다(우리 모두 아는 얘기겠지만 그 학술적 권위를 빌리는 것이 좋겠다). 개인의 성격 유형은 세 가지 차원으로 측정할 수 있다. 어떤 사람이 고분고분한가, 공격적인가, 고립적인가? **고분고분함**이란 다른 사람과 함께 일하고 도움이 되기를 좋아하는 것이고, **공격적**이란 부와 특권을 얻기를 바라는 것이며, **고립적**이란 창의성을 발휘할 수 있도록 홀로 일하기를 바라는 것이다.

모든 사람에게는 이 세 가지 성향이 모두 존재한다. 그러나 대부분의 사람은 그중 한 성향이 두드러지게 발현된다. 프로그래머는 대다수 **고립적**인 성향이 강하다. 이는 개인적인 선택 때문이기도 하지만 그런 성향인 프로그래머를 원하는 고용 방침 때문이기도 하다. 물론 프로그래밍 업무에서 상당 부분이 **홀로** 그리고 **창조적으로** 해야 하는 것이므로 그런 프로그래머를 선택하는 편이 어느 정도는 좋다.

그러나 다른 좋은 점들과 마찬가지로, 프로그래머의 **고립성**은 종종 너무 지나칠 때가 있다. 프로그래머는 사람들에게서 고립되는 대신에 자신의 프로그램에 애착을 둔다. 프로그램을 자신의 외연으로 여기기까지 한다. Algol의 줄 버전(Jules' Own Version of Algol, 줄여서 JOVIAL)과 같이, 프로그램에 자신의 이름을 붙이는 낯 뜨거운 일도 있을 정도다. 그러나 공식적으로 프로그램에 창작자 이름의 가호를 내리지 않더라도, 프로그래머들은 어떤 프로그램이 누구의 것인지 안다.

자신이 작성한 프로그램을 **자신의 것으로 여기는** 데 무슨 문제가 있는가? 화가는 그림을 자신의 것으로 여긴다. 작가는 책을 자신의 것으로 여긴다. 건축가는 건축물을 자신의 것으로 여긴다. 그렇게 귀속시킴으로써 훌륭한 프로그래머, 화가, 작가, 건축가는 사람들에게서 존경을 받고 실력이 조금 떨어지는 사람들은 그 훌륭한 작품을 모방해 발전하지 않는가? 책에 작자의 이름을 표시해서 독자가 어떤 내용일지 조금이라도 더 잘 알 수 있도록 하는 것이 유용하지 않은가? 그렇다면 프로그램에 대해서도 동일하지 않을까? 아마도 그럴 것이다. 사람들이 프로그램을 읽는다면 말이다. 그러나 사람들이 프로그램을 읽지 않음을 우리는 이미 알고 있다. 따라서 어떤 프로그래머를 흠모한다고 해서 그 프로그래머의 작품을 모방하게 되지는 않는다. 단지 매너리즘을 부추길 뿐이다. 이는 예술계에서 흔히 나타나는 현상과 같다. 모두 어떤 화가처럼 보이는 방법은 알고 있지만, 그 화가처럼 그리는 방법을 아는 사람은 거의 없다.

누구의 것이냐를 중시하는 프로그래밍에서 나타나는 실질적인 문제점에는 또 다른 원인이 있다. 우리가 어떤 그림이나 소설, 건물이 열등하다는 생각은 취향의 문제다. 그러나 어떤 프로그램이 열등하다는 생각은 적어도 잠재적으로 객관적인 증명 또는 반증이 가능하다(**좋은 프로그램**을 정의하기가 어렵다는 사실은 차치하고). 최소한 우리는 프로그램을 컴퓨터에서 실행해 나오는 결과를 볼 수 있다. 화가는 경우에 따라 비판을 수용하지 않을 수도 있다. 그러나 프로그래머가 컴퓨터의 판단을 무시할 수 있을까?

표면상 컴퓨터의 판단에는 의심할 여지가 없다. 그렇다면 자기 프로그램에 대한 프로그래머의 애착은 자화상에 심각한 손상을 남길 수 있다. 컴퓨터가 자신의 프로그램에 오류가 있다는 결과를 내면, 프로그래머는 이렇게 생각할 것이다.

"이 프로그램에는 결함이 있어. 그런데 이 프로그램은 내 일부야. 나의 외연이란 말이지. 심지어 내 이름도 물려받았어. 그러니까 결함은 나에게 있어."

물론 자신을 이 정도로 가혹하게 평가하는 건 프로그램이 완전히 엉망인 경우에나 있을 법한 일이다.

사회심리학자인 페스팅거(Festinger)를 필두로 해서 **인지부조화**(cognitive dissonance)라는 심리 현상의 실체를 규명하고자 수많은 실험이 행해졌다. 전형적인 인지부조화 실험은 다음과 같은 식이었다.

피험자들에게 자신이 강하게 부정하는 논제를 긍정하는 방향으로 논증하는 글을 쓰도록 한다. 피험자들을 두 그룹으로 나누고 한 그룹에는 답례로 1달러를, 다른 그룹에는 20달러를 주기로 한다. 실험 후에 피험자들의 의견을 다시 조사한다. 상식적으로는 20달러(의견을 바꾸는 대가)를 받는 사람들이 자신의 의견을 바꿀 가능성이 더 높아 보인다. 그러나 인지부조화 이론에 따르면 1달러를 받은 사람들이 더 많이 자신의 의견을 바꿀 것이다. 이는 여러 실험을 통해서 사실로 확인됐다.

인지부조화 이론의 배경에 있는 요지는 매우 간단하다. 이 실험에서 피험자들은 평소에는 절대 하지 않을 행동을 해야 했다(자신의 의견에 반하는 글을 쓴다). 자신이 믿지 않는 것을 주장하는 행동을 **위선**이라 한다. 위선은 사회적으로 좋게 평가되지 않는다. 따라서 **부조화** 상황이 발생한다. 정직한 사람이라는 피험자의 자화상과 그에 반하는 글을 썼다는 객관적인 사실이 충돌하는 것이다. 이론에 따르면, 사람은 이런 부조화 상태에서 매우 불편하고 불안함을 느낀다. 따라서 어떤 식으로든 빨리 해소해야 한다. 부조화를 해소하려면 그것을 이루는 요소 중 하나 이상을 포기해야 한다. 어떤 요소가 희생될지는 상황에 따라 다르겠지만, 일반적으로 볼 때 개인의 자화상만은 절대로 포기하지 않는다. 자화상은 기적적인 과정을 통해 살아남는다.

앞의 실험에서 20달러를 받은 사람들은 자신의 부조화 상황을 쉽게 해소한다. 그들은 자신이나 다른 사람들에게 이렇게 말할 수 있다. "물론, 내가 쓴 글의 내용을 정말로 믿는 건 아냐. 단지 돈을 벌려고 그랬을 뿐이야." 돈을 받기 위해 자신의 의견에 반하는 글을 쓰는 일도 그다지 바람직하지는 않지만, 자신의 믿음을 스스로 의심하게 되는 것보다는 훨씬 낫다. 반면에 1달러를 받는 사람들은 사정이 다르다. 가난한 대학생들(심리학 실험의 피험자는 거의 대부분 가난한 대학생이다)에게도 1달러는 그리 의미 있는 돈이 아니다. 따라서 20달러를 받은 사람들과 같은 자기 위안은 소용이 없다. 그들은 부조화를 다른 방법으로 해소해야 한다. 그들 대다수에게 가장 쉬운 방법은 자신이 반대하는 의견에도 어느 정도 타당성이 있음을 인정하는 것이다. 그래서 그런 글을 쓴 건 위선이 아니라, 양쪽 의견을 모두 살핌으로써 공평하고 정직한 마음을 기르려는 훈련이었다고 주장한다.

인지부조화 이론을 적용하면 사람들이 자동차 구입과 같이 큰돈을 지출한 후의 심리를 예측할 수 있다. 방금 포드(Ford)를 한 대 구입한 사람에게 자동차 광고 한 뭉치를 읽으라고 주면, 그 사람은 거의 포드 광고만 보려고 한다. 시보레(Chevrolet)를 산 사람은 시보레 광고만 보려고 할 것이다. 이는 부조화에 빠질 가능성이 있을 경우 그 원인이 될 수 있는 정보를 일부러 피하는 예다. 방금 포드를 구입한 사람은 시보레가 더 좋은 차라는 내용을 보고 싶어하지 않는다. 그러기 위한 가장 좋은 방법은 시보레의 광고를 피하고 포드 광고만 보는 것이다. 포드 광고에는 포드를 구입한 자신이 가장 현명한 소비자였다고 확신할 수 있는 내용으로만 가득할 테니 말이다.

이제 인지부조화와 프로그래머가 겪는 모순에 어떤 관계가 있는지 분명해졌다. 자신의 프로그램이 자아의 외연이라고 진심으로 믿는 프로그래머는 프로그램에 있는 모든 오류를 찾아내려 하지는 않을 것이다. 오히려 그 프로그램의 정확성을 증명하려 노력할 것이다. 다른 사람의 눈에는 심각해 보이는 오류도 지나칠 정도로 말이다. 모든 프로그래머는 이런 부조화에 매우 익숙하다. 예를 들어, 프로그램이 전혀 동작하지 않았다고 하자. 그 사실을 숨길 수 없을 때 프로그래머는 이런 식으로 발뺌한다.

"천공기 기사가 또 실수를 했어."

또는,

"컴퓨터 관리자가 내 카드들의 순서를 엉망으로 만들어 놨어."

또는,

"도대체 언제쯤 천공기를 수리할 건지, 원."

이런 식의 변명은 수천 가지도 넘게 변형할 수 있다. 그러나 다음과 같은 말은 절대 들을 수 없다.

"내가 또 바보짓 했어."

물론, 좀 더 작은 오류(결과를 얻는 데 완전히 실패한 것은 아니지만 무시할 수도 없는)의 경우는 더 간단하게 부조화를 해소할 수 있다. 그 오류의 존재를 못 보고 지나가는 것이다. 그렇다고 그게 실수인 것도 아니다. 사람의 눈은 보고 싶지 않은 것을 보지 않는 데 거의 무한한 재능을 지녔다. 다른 사람이 작성한 프로그램을 전문적으로 디버깅하는 사람이라면 그런 예를 수천 개도 넘게 떠올릴 수 있을 것이다. 프로그래머 자신의 눈에만 의존하도록 내버려 둔다면, 다른 사람에게는 대번 눈에 띄는 심각한 오류도 모르고 지나갈 수 있다. 따라서 좋은 프로그램을 만들기 위해서는(또는 요구 명세에 부응하는 기본적인 수준만 원한다 해도) 확실한 반증이 있음에도 자신의 프로그램은 정확하다고 믿으려는 **완전히 정상적인 사람의 성향**에 대해 뭔가 조치를 취해야 한다.

비자아적 프로그래밍

프로그래밍에서는 자아 문제에 대해 어떻게 대처해야 할까? 전형적인 관리자 매뉴얼에는 오류를 찾는 데 더 적극적인 자세로 임하도록 프로그래머들을 훈계해야 한다고 나와 있을 것이다. 그 지침에 충실한 관리자는 프로그래머들에게 찾은 오류를 보여 달라며 돌아다닐 것이다. 그러나 이는 우리의 심리학 지식을 거스르는 방법으로, 실패할 게 뻔하다. 사람들은 그렇게 조사하는 것을 개인적인 심판으로 간주하기 일쑤기 때문이다. 게다가 모든 프로그래머에게 관리자가 존재하는 것도 아니다(혹은 관리자가 있더라도 뻔한 오류조차 인식하지 못하는 사람일 수도 있다).

그러나 그렇게 하면 안 된다. 직접적인 공격이 이 문제에 대한 해결책이 될 수는 없다. 공격은 언제나 방어를 부르고, 그런 방어 자세는 우리가 없애려 노력해야 할 대상이기 때문이다. 자아의 문제는 사회적 환경과 더불어 프로그래머들의 가치 체계를 재구성함으로 극복해야 한다. 그렇게 재구성하는 방법을 논하기에 앞서, 그렇게 됐을 경우의 결과 즉, 프로그래머와 프로그램에 어떤 영향을 주는지를 보여주는 일화를 몇 개 소개하겠다.

우선 그런 재구성이 상아탑 안에서 사회이론가가 꿈꾸는 미망은 아니라는 사실을 말해 둔다. 자아의 문제를 해결한 프로그래밍 그룹은 컴퓨터의 초창기 시대부터 존재했고 지금도 존재한다. 폰 노이만(John von Neumann)은 자신의 작업을 스스로 검토하는 것이 적절치 않음을 제일 처음 인식한 프로그래머 중 한 명일 것이다. 그를 아는 사람들의 증언에 따르면, 그는 자신을 정말 형편없는 프로그래머라고 생각했고 자신의 프로그램을 사람들에 보이며 오류나 서툰 부분을 알려 달라고 끊임없이 부탁했다고 한다. 오늘날 폰 노이만은 모든 업적에 전혀 결점이 없는 컴퓨터 천재로 평가 받는다. 사실 폰 노이만의 천재성에는 의심할 여지가 없고, 그 천재성은 다름 아닌 인간으로서 자신이 지닌 한계를 인식하는 바로 그 능력에서 출발했다.

보통 사람도 훈련을 하면, 자신에게 인간으로서 한계(기계처럼 일할 수 없다는)가 있음을 인정하고 존중할 수 있다. 그렇게 되면, 동료와 협력하여 그 한계를 극복하고 프로그래밍을 성공적으로 수행할 수 있다. 초기 우주 추적 시스템을 만들던 빌의 경우를 보자. 그의 업무는 전 세계에 퍼져 있는 추적국의 전체 네트워크와 실시간 데이터 입력을 위한 시뮬레이터를 개발하는 일이었는데, 전 세계 네트워크에 연결하지 않고 전체 시스템을 실시간으로 점검하려는 것이었다. 그 시뮬레이터의 핵심 코드는 딱 13개의 기계 명령어로 구성된 매우 작고 함축적인 루프였다. 빌은 그 루프 코드 작성에 매진하다가 마침내 어느 정도 자신이 생겼을 때, 자신의 작업을 비판해 줄 동료를 찾아 나섰다(이는 그의 프로그래밍 그룹에서 표준 절차였다).

빌은 매럴린에게 부탁했고, 그녀는 거꾸로 빌이 나중에 자신의 코드를 호의적으로 검토해 줄 것이라 기대하며 기꺼이 응했다. 이런 **거래**는 이 그룹에서 통상적인 일이었다. 사실 다른 사람을 통한 코드 검토가 꼭 필요한 일임은 모두 인정했지만 왠지 비난을 받는 기분이었는데, 거래를 하면 비난받는 느낌 없이 코드를 검토 받을 수 있었다. 그러나 제대로 훈련 받은 프로그래머인 빌에게는 그런 **거래의 보호**가 필요하지 않았다. 그의 프로그래밍 가치 체계에서 비밀스럽고 독점적인 프로그래밍은 나쁜 축에 속했고 공개적이고 공유된 프로그래밍이 좋은 축이었다. 그가 작성한 코드(그의 코드가 아니다. 그곳에서는 그런 표현을 사용하지 않았다)에서 남이 오류를 찾는 것은 그에 대한 개인적인 공격이 아니라 코드를 개선하기 위함이었다.

그때가 마침 빌의 컨디션이 과히 좋지 못해 프로그래밍이 잘 안 되는 시기였던 듯, 매럴린은 빌의 코드에서 버그를 하나둘 씩 찾아내기 시작했다. 그러나 빌은 보통의 프로그래머처럼 방어하는 자세를 취하는 대신에 많은 버그가 발견될수록 더 즐거워했다. 마침내 그는 회의 시간에 매럴린이 겨우 13줄짜리 코드에서 버그를 17개나 찾아냈다는 놀라운 사실을 떳떳이 밝혔다. 그리고 어떻게 그런 일이 있을 수 있는지 모든 사람에게 알려야겠다고 생각했다. 그래서 오늘은 내가 코딩이 잘 안 되는 날이라며 자기의 짧은 코드에서 그렇게 많은 버그가 발견되었다는 얘기를 되풀이해 자세하게 떠들고 다니는 것으로 그날의 남은 업무 시간을 보냈다.

한편 매럴린은 그 상황에서도 자만하지 않았다. 버그가 17개나 있다면 다른 버그가 또 있을지도 모르겠다고 생각했다(그녀의 판단은 옳았다). 그러나 빌의 코드를 검토한 지 얼마간의 시간이 지나자 그녀는 원작자인 빌만큼이나 그 코드에 익숙해져 버렸음을 깨달았다. 그래서 그녀는 또 다른 동료에게 코드 검토를 부탁했다. 그리고 빌이 다른 동료들에게 웃음을 선사하고 있는 동안 매럴린을 비롯한 몇몇은 퇴근 시간 전까지 버그를 3개 더 찾아냈다.

이 일화에서 꼭 언급하고 지나가야 될 부분은 그 코드를 실제로 컴퓨터에서 실행했을 때에는 매우 엄격한 테스트에도 불구하고 오류가 더 이상 발견되지 않았다는 사실이다. 여담이지만, 그 시뮬레이터는 십여 곳에 설치해 사용되었고 이후 9년 동안 아무도 새로운 오류를 발견하지 못했다. 만약 다른 사람이 오류를 찾아낼 때마다 빌이 자존심에 상처를 받았다면 (멍청함을 광고하는 꼴이다) 이야기가 어떻게 달라졌을까.

이 일화가 동료들과 협력해서 인간의 한계를 극복한 유일한 사례는 아니다. 그리고 이 프로그래밍 그룹이 너무 특이했던 것도 아니다. 그렇다면 이런 그룹이 그다지 눈에 띄지 않는 것은 왜일까? 비자아적 프로그래밍

(egoless programming)이 더 널리 실천되지 않는 건 또 왜일까? 이런 그룹이 희귀하게 여겨지는 데에는 몇 가지 이유가 있다. 우선, 성공적인 소프트웨어 회사는 대부분 이런 형태의 협업을 근간으로 한다. 그리고 이것이 성공적이라는 지식 자체를, 가치 있고 마치 그들만의 지적소유권이 있는 정보라고 생각한다(물론 그들에게 직접 물어보면 굳이 숨기려 들지는 않겠지만). 둘째, 이런 방식으로 일하는 그룹의 구성원들은 스스로 매우 만족하며 안정감을 느끼는 경향이 있기 때문에 일자리를 잘 옮기지 않는다. 이 회사에서 저 회사로 전전하는 프로그래머들이 그런 그룹의 출신일 가능성은 거의 없다. 게다가 그런 집시 프로그래머 처지에서는 최고의 프로그래밍이란 오직 천재성을 통해서만 이룰 수 있다는 미신을 더욱 조장해야 한다(아마도 연봉의 대폭 상승을 노리는 전략일 테지만).

이 방법이 더 널리 알려지지 않은 또 다른 이유는 이 방법으로 작업한 결과와 개인 프로그래머가 고립된 상태에서 작업한 결과의 질적 차이를 연구한 적이 없었기 때문이다. 프로그래머의 생산성에 영향을 미치는 요소에 대한 연구가 몇 건 있기는 했지만, 프로그래밍의 기계적인 측면에만 치중했을 뿐 사회적인 측면은 고려하지 않았다는 문제가 있다. 예를 들어, 시분할 시스템이나 언어 B를 위한 컴파일러를 개발할 필요성이 있음을 증명하고자 시분할 시스템과 배치 처리 시스템 또는 언어 A와 언어 B를 비교하는 연구를 하려 한다고 가정하자. 이런 실험을 수행할 사람들은 프로그래밍에는 당연히 개인적인 특성이 있다고 인정하는 듯 보인다(그들이 그런 식으로 일하기 때문일 것이다). 게다가 개인을 대상으로 실험하는 것만 해도 충분히 복잡하다. 시스템 X와 시스템 Y를 비교할 때 실험 변수에서 90%가 프로그래머 간의 개인차로부터 나오는데, 누가 굳이 그룹 특성까지 고려하여 실험을 더 복잡하게 만들겠는가? 비용도 더 많이 드는데 말이다.

프로그래머마다 이뤄야 할 목표에 대한 조금씩 다른 인상(효율적인 코딩 또는 신속한 작업 완료)을 심어 줬을 경우 프로그래밍 결과에 어떤 차이가 있는지를 연구하던 중 흥미로운 일이 있었다(앞의 다른 장에서도 잠깐 언급한 적이 있다). 피험자 대부분은 평범하고 독립적인 프로그래머들이었는데(3개월 특수 교육 과정을 듣는 수강생들이었다), 유독 한 명만이 비자아적 프로그래밍을 실천하는 그룹 출신이었다. 실험을 진행하던 중 어떤 시점이 되자 그는 내게 와서 자신의 작업이 어느 정도 완료되었으므로 그것을 검토해 줄 사람이 필요하다고 말했다. 그 실험의 목적은 그룹 작업과 개인 작업의 차이를 연구하는 것이 아니었으므로, 그냥 계속 진행하도록 억지로 시켰다(평소 내 신념에 반하는 행동이었지만). 다른 사람이 검토해 준다면 실험에 또 다른 변수가 끼어들 여지가 있었기 때문이다.

그런데 나중에 그 프로그래머의 코드는 다른 사람들의 코드보다 구성이나 실행 면에서 더 좋은 평가를 받았다. 그 사실을 알려 주자 그는 자신이 일하고 있는 그룹에서 하던 대로 했을 뿐이라고 답했다. 자신의 코드를 읽어야 하는 모든 사람을 위해 프로그램을 명확하고 이해하기 쉽게 만들려고 항상 노력했던 것이다. 이 일화를 통해 우리는 비자아적 프로그래밍의 이점이 오류를 찾는 데에만 있지 않음을 알 수 있다(물론 그것이 최초의, 그리고 가장 강한 동기이기는 하지만). 사실, 비자아적 프로그래밍의 효과는 좋은 프로그래밍의 네 가지 요소와 관련 지어 살펴보는 편이 유용하다.

요구 명세 충족이라는 문제에서는 그 가치가 분명하다. 일정에 있어서는, 작업을 완료하는 평균 시간에 미치는 효과는 분명치 않지만 변동에 미치는 효과는 앞의 시뮬레이터 일화에서 보듯 명확하다. 프로그래머의 컨디션이 좋지 않을 때에 작성한 코드는 디버깅에 예상보다 더 많은 시간이 필요하게 만든다. 빌의 프로그램을 그 일화에서 했던 방법으로 검증하지 않았더라면 버그 20개를 찾아 고치기 위해 몇 주가 더 필요했을지 모른다. 게다가 코드에 버그가 남아 있는 상태에서 다른 프로그램과 통합했다면, 다른 프로그램의 개발 일정에도 예측할 수 없는 차질이 생겼을 것이다.

이렇게 디버깅 시간의 변동 폭이 줄어들 뿐만 아니라, 그 프로그램에 익숙한 사람이 여러 명이 되기 때문에 작업의 진척도를 실질적으로 측정하기도 더 쉬워진다. 더는 어떤 한 사람이 내린 판단(아마도 가장 편향되지 않은 사람을 택하겠지만)에만 의존하지 않아도 되는 것이다. 프로그램의 적응성 역시 향상된다. 적어도 두 명이 그 프로그램을 이해하고 있음이 확실하기 때문이다. 이는 상황에 따라 매우 큰 장점이 되기도 한다. 프로그래머 중 한 명이 아프거나 출산을 하는 등의 이유로 자리를 비워도 전체 작업에는 큰 지장이 없으므로(아마도 자리를 비운 프로그래머는 지장이 있기를 내심 바라겠지만) 일정상의 변수가 줄어들고, 나중에 코드를 수정해야 할 때에는 그 부분을 잘 알고 있는 사람을 찾기가 더 쉬울 것이기 때문이다.

효율성의 문제는 성급하게 확언할 수 없다. 그러나 비자아적 프로그래밍 방식으로 개발된 프로그램이 그렇지 않은 프로그램보다 효율성에서 뒤쳐질 이유가 없음은 확실하다. 프로그램의 전체 효율성은 원작자가 고안한 구조에 주된 영향을 받겠지만, 다른 사람의 검토를 거치면 적어도 너무 뚜렷하게 비효율적인 부분은 미리 없어지기 때문이다.

비자아적 프로그래밍의 마지막 이점은 다른 사람이 작성한 프로그램을 읽는 사람에게 미치는 효과다. 우리가 프로그램 읽기에 내포된 가치를 제대로 평가했다면, 비자아적 프로그래밍 방식으로 작성된 프로그램을 읽는 사람은 더 나은 프로그래머가 되지 않을 수 없다. 이에 대해서는 나중에 프로그래머 훈련이라는 제목으로 더 자세히 다룰 셈이다. 여기서 한 가지만 언급하자면, 비자아적 프로그래밍을 실천하는 그룹의 능력 수준은 특별한 교육 없이도 저절로 높아지는 듯하다.

프로그래밍 환경의 조성과 유지

앞서 묘사했듯이 바람직한 환경을 조성하는 문제와 일단 조성된 환경을 유지하는 문제는 별개다. 이미 조성된 환경을 그냥 유지하기는 비교적 쉽다. 그러나 기존의 그룹을 새로운 환경으로 이끌려면 사회적 구조의 정착화 또는 고착화 현상이라는 난관에 부딪힌다. 고착화는 어떤 상황이 자신을 유지하기에 더 적합한 환경을 만들어 내는 것을 말한다. 예를 들어, FM 튜너는 설정된 주파수 근처에서 가장 강한 신호에 맞춰지도록 설계되는데, 일단 어떤 신호에 맞춰진 후에는 아주 강한 변화 외에는 모두 무시한다. 작은 변화는 튜너의 보정 기능을 통해 무효로 처리되기 때문이다. 이와 같은 고착화는 심리적, 전기적, 생물학적 시스템은 물론이고 우리가 다루고 있는 주제인 사회적 시스템을 비롯한 모든 종류의 시스템에서 발생하는 현상이다.

한 회사에서 프로그래밍 언어를 한 가지만 사용하는 것은 프로그래밍 환경에 관련된 사회적 고착화 현상의 전형적인 예다. 일단 한 언어만 사용하기 시작하면, 다른 언어가 새로 들어설 자리는 없어진다. 기존 언어를 쓰는 사람들이 다음과 같은 식의 이득을 계속 보고 있을 것이기 때문이다. 조언이 필요할 경우 조언해 줄 사람을 좀 더 쉽게 찾을 수 있다. 어떤 서브루틴이 필요하다면 그 또한 찾게 될 가능성이 좀 더 크다. 컴퓨터의 일정도 많은 사람이 사용하는 언어에 더 많이 할당될 터이고, 천공기도 익숙한 코드를 처리할 때 오류가 더 적을 것이다. 그리고 사용 절차도 기존 언어에 더 적합하도록 개발되어 있다.

한 회사가 한 가지 프로그래밍 언어에 고착되는 과정과 마찬가지로, 사회적 환경은 비자아적 프로그래밍을 장려하거나 또는 억제하는 방향으로 조성될 수 있다. 새로 들어온 프로그래머의 마음가짐은 기존 구성원들이 어떻게 반응하느냐에 따라 다르게 형성되기 때문이다. 다른 사람에게 조언을 부탁했는데 그것도 모르냐는 식의 조롱이 돌아온다면, 다시는 남에게 도움을 청하지 않게 될 것이다. 반대로 동료가 먼저 부탁을 해오고 또 자신이 잘 도와주어 감사를 받게 된다면, 이후에 자신이 부탁을 해야 할 때에 그다지 거리낌이 없을 것이다. 우리가 취하는 행동에서 상당 부분은 주위 사람의 행동에 영향을 받는다. 따라서 어떤 프로그래밍 그룹에 새로 합류한 사람은 그 그룹의 철학에 맞춰 사회화된다.

때때로 그룹의 철학은 구성원이 한두 명 새로 들어오는 것보다 더 큰 위기에 직면하기도 한다. 고위 관리자가 비자아적 프로그래밍 철학을 위협하는 일이 자주 있다. 관리자들은 사회에서 비교적 **공격적인** 축에 속하는 경우가 많고, 자신과 달리 돈과 명예를 그다지 추구하지 않는 사람들을 이해하기 어려워하는 경향이 있다. 특히, 개인의 소질을 상호 존중하고 공동 목표를 달성하고자 협력하는 프로그래밍 그룹이 원만하게 돌아가는 걸 이해하지 못한다. 대신, 다른 사람들도 자신처럼 돈을 위해서나 또는 위협을 받아 일을 한다고 생각하곤 한다.

공격적인 경영진과 유순한 프로그래밍 그룹 사이에 발생하는 충돌의 적절한 예가 한 컴퓨터 제조회사의 소프트웨어 부서에서 발생한 적이 있다. 그 부서 내의 한 그룹(거의 팀으로 볼 수 있는)이 엄청난 시장 잠재력을 지닌 완전히 새로운 시스템을 개발하는 데 대성공을 거두었다. 그 성과가 너무 뛰어났기 때문에 경영진은 현금으로 보너스를 지급하기로 결정했는데, 누가 경영진 아니랄까 봐 그룹에서 대표격인 사람 한 명에게만 주려 했다. 그런데 그 사람은 모든 사람에게 보너스가 지급되는 게 아니면 자기도 받을 수 없다고 고집했다.

그의 반응은 그룹 전체가 함께 일궈낸 성과라는 점에서 매우 옳았다. 그러나 경영진은 그런 사고방식을 이해할 수 없었다. 경영진 중에는 그가 돈을 더 받으려고 수를 쓰고 있거나 자신의 그룹을 프리마돈나로 만들려는 속셈이라고 생각하는 사람도 있었다. 어쨌든 대표자에게 강제로 보너스를 주고 그룹을 해체하기로 최종 결론을 내렸다. 그러나 결과는 경영진의 뜻대로 되지는 않았다. 대표로 뽑힌 사람은 보너스를 받자마자 그룹의 모든 구성원에게 균등하게 분배했고, 나중에는 그룹이 통째로 다른 회사로 옮겨가 버렸던 것이다.

이 그룹은 커다란 외부 위협에 맞서는 방법으로 떠나는 길을 택했다. 경영진이 이 그룹이 큰 성과를 거둘 수 있었던 이유를 잘 알았거나 좀 더 유연하게 대처했다면, 결말은 달라져서 이 그룹이 그대로 유지됨은 물론이고 다른 그룹들에게도 귀감이 되었을 것이다. 그러나 관리자가 그렇게 행동하기는 쉽지 않다. 관리자는 성과란 탁월한 능력을 지닌 리더가 직접 낳은 산물이라고 생각하는 경향이 있기 때문이다. 심지어 어떤 그룹의 성과를 인정하더라도 마음속으로는 그 생산성을 각 구성원이 제공한 노력의 합이 아닌 그룹 차원의 특성으로 생각한다.

또 다른 흥미로운 일화가 있다. 프로그래머 열 명으로 구성된 그룹이 대형 항공기 제조사의 프로그래밍 부서에서 일하게 됐다. 그들은 다른 회사에서 2년 동안 함께 일한 사이였다. 그 회사가 갑자기 모든 전산 관련 인력을 나라 반대편으로 배치하기로 결정했는데, 이사하기가 싫었던 그들은 모두 함께 다른 회사로 옮겼다. 각자 여러 회사로부터 매력적인 영입 제안이 있었음에도 불구하고, 열 명을 모두 한꺼번에 고용할 회사를 선택한 것이다. 이런 식으로 그룹이 통째로 자리를 옮기는 경우는 희귀한 일이 아니다. 경영진은 그런 사람들을 모종의 음모 세력으로 보는 경향이 있지만, 사실 그들이 원하는 바는 커다란 물질적 이득이 아니다. 함께 일함으로써 얻는 성취감을 계속 맛보려는 것일 뿐이다(이것이 진정 올바른 업무 환경이 지닌 강력한 영향력이다).

이 그룹이 항공기 회사로 옮긴 지 몇 개월이 지났을 무렵, 그룹의 관리자가 한 컴퓨터 컨퍼런스에서 전 회사에서 그 그룹을 관리했던 사람을 우연히 만나게 되었다. 현 관리자는 그 그룹 같은 사람들이 또 있는지 물었다. 옛 관리자가 그 그룹뿐이었다고 답하자 그는 그런 사람들을 모을 수 있었던 비결을 알려달라고 했다. 그러나 옛 관리자는 아무런 특별한 점도 생각나지 않았다. 이탈리아어를 전공하고 대학을 갓 졸업한 사람, 7년 동안 고등학교 수학 교사였던 사람, 직업 기술자였던 사람, 경영 대학원을 졸업하고 몇 년 동안 임원 비서와 경리로 일했던 사람, 별로 특별할 것이 없었다. 옛 관리자는 그가 왜 그런 비결을 묻는지 궁금했다.

그렇지만 옛 관리자는 솔직하게 대답했다. "비결 같은 것은 잘 모르겠네요. 단지, 그 사람들이 제 밑에 온 이후로 꼭 정해진 시간 안에 제대로 처리해야 할 업무가 있으면 그들 중 한 명에게 줬습니다. 프로그래머라면 300명이나 더 있었지만, 믿음직스러운 이는 그들뿐이었죠. 모두 천재인 것 같아요." 그런 인식은 자신이 보려는 것에만 치중한 결과였다. 그룹 중 한 명에게 업무를 주었을 때에도 그룹 전체가 협동해서 처리한다는 사실을 이해하지 못했던 것이다. 그 그룹이 그에게 자신들의 방식을 설명하려 해봤지만, 그는 몇몇만이 일을 했다는 사실은 숨긴 채 일을 안 한 구성원들도 보듬으려는 의도라고 이해할 뿐이었다. 다행스러운 점은 그가 스스로 이해할 수 없다는 이유로 유일하게 믿음직스러운 그룹을 공중분해시킬 만큼 융통성이 없지는 않았다는 것이다. 그러나 안타깝게도 그 그룹의 성공적인 업무 방식이 다른 그룹으로 전파될 수는 없었다. 그 그룹은 자신들을 더 잘 이해해 주는 환경으로 모두 함께 옮겨가기 전까지는 그저 특이한 집단일 뿐이었다.

물론, 개인주의적인 그룹에게도 스스로 보호할 방법이 있다(앞서 언급한 항공기 회사의 프로그래밍 부서가 그러했다). 한 명이 새로 들어왔을 경우 그가 기존의 사회적 시스템을 바꿀 수 있는 가능성은 거의 없다(이 점에서는 한 그룹이 새로 들어와도 마찬가지다). 새로 온 사람이 자신의 방식이 우월하다고 아무리 확신하더라도 말이다. 이미 정립되어 있는 그룹에 새로 들어온 사람은 심리적으로 여러 어려움을 겪다가 결국에는 자신의 방식을 기존 시스템에 맞춰 바꾸게 된다. 그러나 구성원들을 모두 따로따로 충원하여 새로 조직하는 그룹이라면(프로그래밍 그룹이 보통 그렇다) 자신의 의도대로 사회적 시스템을 만들려 노력하다가 잘 안 될 경우 떠나 버릴지도 모른다.

그런 예로 짐이라는 사람이 있었는데, 뉴욕의 한 전산실에 있다가 새로 시작하는 프로젝트에 투입되어 시카고로 왔다. 짐이 속하게 된 그룹에는 리더 격인 사람이 둘 있었는데, 그들은 모두 비자아적 프로그래밍의 전통이 있는 환경에서 일해 왔고 이번 프로젝트에서도 그 전통을 전파시키려 결심하고 있었다. 그룹은 이 두 명과 짐 그리고 신입 네 명으로 구성되어 있었다. 첫 회의에서 리더들은 비자아적 프로그래밍을 설교했고, 그룹 내의 누구라도 자신의 프로그램을 컴퓨터에 입력하기 전에 다른 동료의 검토와 서명을 받기로 결정했다. 이렇게 약간 공식적인 장치를 통해 그룹 구성원들이 빨리 습관을 들이고, 나중에는 자발적으로 실천하게 되기를 원했던 것이다.

그 회의에서 짐은 아무 말도 없었지만, 신입들이 자리를 뜨자 리더들에게 다가와 말했다. "아주 흥미로운 생각을 갖고 계시군요. 신입들을 가르치기 위해서 그렇게 하는 거죠?"

리더는 그에게 찬찬히 설명했다. "글쎄요, 꼭 신입들만을 위한 건 아닌데요. 우리 모두 나쁜 습관을 들이지 않기 위해서죠."

그러자 짐이 웃었다. "에이, 농담도 잘 하십니다. 이래뵈도 제 경력이 2년이 넘었어요. 제가 한 작업을 남이 검토할 필요는 없는데요. 그리고 저 신입들이 날 가르치다니, 말이나 돼요?"

짐은 말만 그런 게 아니라 동료들의 검토를 전혀 받으려 하지 않았다. 오래지 않아 그의 존재가 그룹의 생산성을 저해하는 요소가 됐다. 그가 보기에는 어려운 일만 있으면 또는 평범한 일도 공동으로 작업하는 신입들이 우스웠다. 항상 혼자 일을 해내는 자신에 비해 자립심과 능력이 떨어진다고 생각했다. 그러나 정작 짐이 만들어내는 프로그램의 질은 그룹의 평균에도 미치지 못했다. 그러던 어느 날 리더가 그의 프로그램 중 하나를 (짐은 이미 디버깅까지 마친 프로그램이라고 말했다) 다 뒤엎고 새로 작성하지 않을 수 없는 상태라 판단하여 신입에게 업무를 넘기자, 짐은 더는 참지 못하고 사직했다.

이 경우, 그룹의 사회적 환경이 신입들의 행동을 제어할 만큼은 강했지만 짐의 2년 경력에 대항할 만큼은 아니었던 셈이다. 그룹을 자신이 옳다고 느끼는 방향으로 이끌 만큼 짐의 성격이 강하지도 않았으므로, 결국에는 서로 참을 수 없는 상황이 되어버렸다. 그룹의 리더들이 좀 더 현명하거나 경험이 많았더라면 짐을 처음부터 그룹에서 배제했을 테지만, 그의 **2년 경력**이 탐나서 일단 넘어갔던 것이리라(전산처럼 경험 많은 인력이 태부족한 분야에서는 어쩔 수 없는 일일지도 모르겠다).

요약

프로그래머의 작업 환경은 복잡다단하며 인간관계와 그 변화 그리고 오해를 불러일으킬 만한 상황들로 가득 차있다. 그 환경을 이해하려면, 공식적 구조와 비공식적 구조의 차이를 이해하고 물리적 환경에서 개인의 자아까지 환경에 영향을 미치는 다양한 요소들도 이해해야 한다. 그리고 프로그래밍 환경에는 외부로부터 발생한 변화에 저항하는 자기보존성이 있다. 특히, 그 변화가 공식적인 것과 비공식적인 것의 차이를 이해하지 못한 상태에서 이루어질 경우에는 더더욱 그렇다. 이런 자기보존성은 모든 차원의 사회에 존재하는 현상이고, 본질적으로 좋지도 나쁘지도 않다. 그저 프로그래밍의 현실일 뿐이다.

질문

관리자에게

1. 당신의 관할 또는 주변 조직을 보여 주는 조직도가 있는가? 그 조직도의 사본에 당신의 조직에서 발생하는 상호 작용을 물결선으로 표시하라. 물결선이 조직도에 원래 있던 직선과 일치하는가? 만약 그렇다면, 책상에서 나와 밖에서 실제로 어떤 일이 벌어지고 있는지를 확인하라.

2. 직원들의 자리 배치를 언제 마지막으로 바꿨나? 그 이후 원래 의도했던 건 아니지만 어떤 변화가 발생했는가? 만약 지금 자리 이동을 다시 계획한다면 어떻게 다르게 하겠는가?

3. 당신과 프로그래머들 사이에 있었던 일들을 되돌아보라. 당신의 언행

중 프로그래머들을 인지부조화 상태에 빠뜨려 그들의 자아가 방어를 해야 하게끔 만든 것은 없는가? 그런 상황에서 항상 당신이 의도한 방향으로 부조화를 해소했는가? 또는 프로그래머가 일정 지연이나 오류를 고치기보다 숨기려 하는 것을 경험한 적이 있는가? 그럴 때 당신의 접근법은 부조화 상태를 완화하는 것이었나 아니면 조직 전체의 목적에 좀 더 도움이 될 방향으로 해소시키는 것이었나?

4. 당신의 회사에 비자아적 프로그래밍을 도입하려면 어떤 일을 해야겠는가? 그 과정에서 어떤 저항에 부딪힐 것이며, 또 저항을 어떻게 해결하겠는가? 시간은 얼마나 걸리고 성공 확률을 얼마나 되겠는가?

5. 승진에도 별 뜻이 없고 현재 업무와 보수에 만족하는 듯한 사람들에 대한 당신의 솔직한 견해는 무엇인가? 그 견해에 당신 자신의 가치관이 얼마나 영향을 끼치는가?

프로그래머에게

1. 전산실의 작업 처리 속도가 완벽히 일정하다면, 어떤 작업의 처리 여부에 관한 정보를 만드는 비공식 조직은 필요치 않을 것이다. 프로그래밍이 복잡하기 때문에 발생하는 변수가 비공식적인 사회 구조를 증가시키는 방식에는 또 어떤 것이 있을까? 당신의 경험을 토대로 예를 들어 보라.

2. 단말기 시스템을 정기적으로 사용하고 있다면, 단말기 시스템의 다른 사용자들과 어떻게 정보를 교환하고 있는가? 다른 사용자와 메시지를

교환하는 기능을 단말기 시스템이 제공하는가? 만약 제공한다면, 그 기능이 다른 수단에 비해 실제 의사소통에 얼마나 가치 있는가?

3. 당신이 한 작업을 내 프로그램이라고 말하는가? 일주일 동안 프로그램을 지칭할 때 개인의 소유격을 사용하지 않아본 후 그 효과를 말해 보라.

4. 너의 프로그램에는 오류가 있다며 다른 사람을 비난한 적이 있는가? 천공기나 자기테이프와 같은 무생물을 비난한 적이 있는가? 다른 사람이나 사물을 비난할 때 당신이 옳았던 경우가 몇 번이나 되는가?

5. 당신의 프로그램에 어떤 오류가 있을 때 불운함을 탓했던 적이 있는가? 얼마나 자주 그랬는가? 다른 프로그래머들도 당신만큼 불운하던가? 아니라면, 왜 운명이 유독 당신만 박대한다고 생각하는가? 그 액운을 떨치려면 어떤 굿판을 벌여야 한다고 생각하는가?

참고문헌

- Kevin Lynch 지음 『The Image of the City』 Cambridge, M.I.T. Press, 1960년. 이 작고 통찰력이 가득한 책에서 린치(Lynch)는 우리를 둘러싼 물리적 환경에 대한 이미지가 우리 삶에 미치는 영향을 탐구한다. 도시 차원의 논의를 담은 책이기는 하지만, 사람이 일하는 환경을 변화시키거나 보존하는 작업과 관련 있는 사람들에게는 정보의 보고다.

- Frank Lloyd Wright 지음 『An Organic Architecture: The Architecture of Democracy』 London, Percy Lund, Humphries & Co., Ltd., 1939년.

  미국의 가장 위대한 건축가인 라이트(Wright)은 이 책을 통해 '형태는 기능을 따른다' 는 자신의 생각을 설파했다. 양복을 입을 사람에게 맞춰 재단하듯이 물리적 환경도 그 안에서 수행될 업무에 맞춰 설계해야 한다는 것이다. 지금은 라이트의 생각이 이미 진부해졌지만, 기성복과 기성복 같은 건물의 시대를 사는 사람 가운데 감수성이 예민한 관리자라면 이 책을 통해 물리적 환경을 재고할 필요가 있다.

- Erving Goffman 지음 『The Presentation of Self in Everyday Life』 Garden City, N.Y., Doubleday, 1959년.

  일하는 사람들은 물리적 환경은 물론이고 사회적 환경에 대한 이미지에도 영향을 받는다. 그러나 거꾸로 그룹이 그런 이미지에 영향을 끼치는 경향도 있다. 그 때문에 관리자가 그 그룹의 진정한 구조를 인식하는데 어려움을 겪는 것이다. 고프만(Goffman)은 외부 또는 새로 들어온 사람들에게 보이는 이미지를 형성하기 위해 개인과 그룹이 벌이는 전쟁 같은 과정을 탐구한다(관리자와 프로그래머 모두 알아 둬야 할 사항이다).

- Edward T. Hall 지음 『The Silent Language』 Garden City, N.Y., Doubleday, 1959년.

  홀(Hall)은 조직의 이미지에 대해 다른 관점을 취하여 우리가 살고 있는 그룹의 공식 또는 비공식적 구조를 바라보는 우리의 시각이 어떻게 얻어지는지를 설명한다. 홀의 이러한 접근법으로부터 프로그래머가 사회화되는 과정과 학교나 책에서는 가르치지 않는 프로그래밍 지침을 우리가 익혀 가는 과정에 대한 많은 통찰을 얻을 수 있다.

- L. A. Festinger 지음 『A Theory of Cognitive Dissonance』 Evanston, Ill., Row, Peterson, 1957년.
  인지부조화에 대한 페스팅거(Festinger)의 업적은 한 집단이 세계 종말이 예언된 날에 다시 해가 뜨고 세상이 계속되는 것을 목격했을 때 무슨 일이 일어나는가에 대한 초기의 연구에서 비롯됐다. 특히 예언이(이번만은 프로그램이 동작한다거나, 방금 것이 마지막 버그였다는 등) 매번 틀리는 환경에서 일하는 사람들에게는 인지부조화 이론이 남의 얘기가 아니다.

- Mason Haire 지음 『Psychology in Management』 2판, New York, McGraw-Hill, 1964년.
  관리자가 아닌 사람들이 어떻게 동기를 부여 받는지를 이해하는 데 어려움을 겪고 있는 관리자라면 이 책이 좋은 출발이 될 것이다.

- R. M. Fano, F. J. Corbato 공저 『Time-Sharing on Computers』 Scientific American, 215 (1966), 128~140쪽.
  매우 유명한 글인데, 저자들은 특정 컴퓨터 시스템을 기반으로 성장할 사용자들의 사회에 대해 암시만 약간 주는 호사를 부렸다. 저자들은 주제가 전문가인 독자층에게 어울리지 않는다고 느꼈던 것 같다. 그리고 나중에 그 주제에 대해 보충하지도 않았다.

4장에 보태는 글 :

프로그래밍 그룹

배치 처리 시스템으로 운용되던 전산실은 이미 역사의 뒤안길로 사라졌지만 물리적인 공용 공간의 사회적 기능은 여전히 존재한다. 예를 들어, 오늘날 우리는 25년 전과 달리(나는 예상하지 못했다) 어디에서나 이메일 등을 사용할 수 있다. 그렇다고 이메일이 공용 공간의 사회적 기능을 모두 대체한 건 아니다. 이메일의 장점 중 한 가지는 상대적인 비가시성이다. 관리자가 아무리 이해가 안 돼 불만이 많다고 해도 이메일을 통한 의사소통 시스템은 한 순간에 무너뜨리기가 어렵다. 물론 일부 관리자가 이메일의 왕래를 감시하는 프로그램을 이용해 의사소통 시스템의 파괴를 획책하기도 한다. 거의 편집증적이라 할 것이다. 그도 아니라면 관음증일지도 모르겠다. 어쨌든 정신이상은 내 전공 분야가 아니니 이에 대해 더 할 말은 없다.

현업 관리자들이 심리학 연구 결과를 무시한다는 증거를 하나 꼽자면, 바로 아직도 사무실 공간을 분할하고자 파티션을 사용한다는 사실이다. 관리자의 심리학을 공부한 덕분에 나는 관리자들이 생산성에 앞서 자신의 사회적 지위를 챙긴다는 사실을 알고 있었다. 그렇기에 디마르코와 리스터가 쓴 『피플웨어(Peopleware)』[4]를 통해 그런 문제가 모두 사라졌을 거라고 생각하지는 않았다. 이에 대해 브라이언 피오렉이 다음과 같은 말을 했다.

나는 그것이 사회적 지위 정도의 문제가 아니라고 본다. 피플웨어가 어떻게 베스트셀러가 됐는지 나로서는 알 수가 없다. (중략) 자기 산업 분야나 관리 이론, 심리학, 현재의 세태 등에 관한 글을 읽는 관리자를 본 적이 없다. 전에는 그들이 업무에 직접 관련된 정보만으로도 벅찰 것이라 생각했지만, 솔직하게 말해서 관리자들은 자신의 업무 수행에 대해 훈련 받지도 않을 뿐더러 스스로 공부하지도 않는다. 사회적 지위에 대해 말하자면, IT 관리자들은 개발자였던 시절부터 조직 내에서 지위가 취약했던 터라 그만큼 권력에 더 집착하는 편이다. 나는 CIO가 사무실 한 구석에 차려 놓은 자신의 왕국에 놀라곤 한다.

어떤 관리자는 마치 옛 왕들처럼 부하 직원들을 분할 정복하는 것을 전술로 삼기도 한다. 그러나 프로그래머들은 다른 프로그래머와 교류할 필요가 있다. 나는 1971년에 원격 시스템이 등장하여 프로그래머의 고립이 더 심화될 것이라 예견했는데, 반만 적중했다. 형편없이 관리되는 일부 조직에서는 그런 현상이 발생했다. 그러나 나는 타인과 접촉하고자 하는 사람들의 욕구를 과소평가했던 것 같다. 프로그래머들은 프로그래머가 아닌 사람들만 많은 회사에서는 오래 머물고 싶어하지 않는다. 그리고 다른 프로그래머와 직접 대면하거나 모여서 일할 갖가지 이유를 계속 만들어 낸다.

지금에 와서 프로그램 오류와 프로그래머의 자아를 심리학적으로 다루는 글을 쓴다면 본문 118쪽에 나온 **고분고분, 공격적, 고립적**과 같은 용어

---

4 톰디마르코(Tom DeMarco), 티모시 리스터(Timothy R. Lister) 공저 『Peopleware: Productive Projects and Teams』 (New York: Dorset House Publishing, 1987년)
 (옮긴이) 한국어판은 『피플웨어 - 정말로 일하고 싶어지는 직장 만들기』라는 제목으로 2003년 매일경제신문사에서 출간함.

를 쓰지는 않을 것이다. 대신 MBTI(Myers-Briggs Type Indicator) 시스템을 차용할 것이다. 25년 전에는 대중적으로 널리 알려지지 않았지만 당시에도 나는 MBTI를 알고 있었다. 나는 프로그래머와 관리자의 행동에서 나타나는 경향성을 이해하는 데 MBTI 시스템이 크게 도움이 된다는 것을 알게 됐고, 『Quality Software Management』 시리즈를 저술할 때 일부 응용했다.

25년 전에 내가 원문을 통해 처음 주창한 **비자아적 프로그래밍**은 이 책의 내용에서 가장 많이 인용되고 더불어 가장 많은 오해와 반박을 받은 개념이다. 나는 그 부분을 좀 더 설득력 있게 쓸 수 있지 않았을까 후회하곤 했다. 만약 **덜 자아적인 프로그래밍**(less-ego programming) 정도의 약한 표현을 썼다면 반론이 적었을지도 모르겠다. 좀 더 많은 또는 좀 더 나은 예제가 필요했을 것이다. 그리고 실험에 의한 증거가 좀 더 있었더라면 좋았을 것이다.

비자아적 프로그래밍에 대해 쓰면서 나는 이렇게 말했다. "이 방법이 더 널리 알려지지 않은 또 다른 이유는 이 방법으로 작업한 결과와 개인 프로그래머가 고립된 상태에서 작업한 결과의 질적 차이를 연구한 적이 없기 때문이다."(126쪽) 이에 대해서는 25년 동안 상황이 크게 나아졌다. 예를 들어, 지금은 상호 검토를 거치면 더 저렴하고 꾸준하게 신뢰성 있는 코드를 만들어 낼 수 있다는 데 대한 증거가 부족하지 않다.[5] 지금은 25년 전보다 훨씬 많은 소프트웨어 업체에서 상호 검토를 어떤 형식으로든 표준 업무 절차에 포함시키고 있다. 물론 전부 그런 것은 아니지만.

그동안 또 배운 것이 있다. 자신의 코드를 다른 사람이 검토하는 것을

---

[5] 예를 들어 다니엘 프리드만과 제랄드 와인버그가 함께 쓴 『Handbook of Walkthroughs, Inspections, and Technical Reviews 3rd ed.』(New York: Dorset House Publishing, 1990년)를 참고하기 바란다.

원치 않는 이유가 논리적이지 않다면, 그런 태도를 바꾸는 데 논리적인 설득 또한 소용없다는 것이다. 그렇게 비논리적인 행동을 하는 사람의 직업 정신은 제한적일 수밖에 없다.

불행하게도, 프로그래밍 환경의 조성과 유지에 대해 내가 쓴 내용은 20년이나 지났어도 아직 전혀 바뀌지 않은 것 같다. 일부 관리자가 일 잘하는 프로그래밍 팀과 충돌을 일으켜 갖가지 말도 안 되는 이유로 팀을 해산시키는 상황은 여전하다. 다른 관리자들도 팀이 무엇을 하는지 의아해하기는 마찬가지지만, 그들을 내버려 둘 만큼의 지혜는 있다. 그리고 소프트웨어 개발에서 팀의 가치를 납득하지 못하는 사람들도 여전히 존재한다.

또는, 납득한다 해도 자기보호본능 때문에 정확히 반대로 행동한다. 아직도 소프트웨어 관리자에 대한 평가는 대부분 결과를 냈는지 여부에 의해 크게 좌우된다. 일 잘하는 팀을 꾸리는 능력이나 산출물의 품질은 큰 문제가 아닌 것이다. 이런 상황에서 관리자는 프로그래머들에게 단기적인 성과만 재촉하게 된다. 일부 프로그래머는 그런 게임의 법칙을 이해하고 역시 같은 방식으로 행동한다. 그리고 품질 좋은 소프트웨어를 개발하는 데에서 팀의 가치를 믿지 않는 또 한 명의 관리자가 되는 기술을 연마한다. 그런 사람이 관리자가 되면 그와 같은 과정이 또 반복될 것이므로, 그렇게 잘못된 관리자가 점점 더 늘어난다.

5장
프로그래밍 팀

개발하려는 시스템의 크기가 클수록 프로그래밍 경험 부족이 더 여실하게 드러나기 마련이다. 이상적으로는 프로그래머들이 사소한 문제라도 결코 혼자 작업하지 않는다고 보았지만, 작은 프로그램과 큰 프로그램은 사회적 측면에서 서로 차이가 있다. 어떤 한 명이 그룹 전체의 작업을 목표와 일반 체계부터 아주 작은 코드의 세부 사항까지 숙지할 수 있다면 프로그래밍 작업을 통합할 필요는 없다. 프로그램을 서로 모두 이해하고 있는 상태에서 함께 개발하는 두 프로그래머의 상호 작용과 한 사람이 맡기엔 너무 커서 프로그램을 둘로 나눠 작업하는 두 프로그래머의 상호 작용은 전혀 다르다. 특히 요구사항의 충돌이 해소되는 방식이 다르다. 전자의 경우에는 한 사람의 사고 과정 즉, 가끔 다른 이의 도움을 받기도 하지만 늘 스스로가 통제하는 사고 과정을 통해 충돌이 해소된다. 반면에 후자는 기술적인 요구사항의 충돌이 대인 관계의 갈등으로 번질 가능성이 있으며, 이 문제를 해결하기 위해서는 사회적인 장치를 갖추어야 한다.

팀을 어떻게 조직할 것인가

한 사람이 감당할 수 없는 업무 요구사항을 만족시키려면 프로그래밍 팀을 조직해야 한다. 그 필요성은 단순히 해야 할 작업의 요구 명세뿐만 아니라 그 일에 필요한 사람들의 능력과 할당될 시간과도 관련되어 있다. 그 2가지 요소 즉, 팀 구성원의 능력과 가용 시간에는 작업을 수행하는 데 요구되는 최소치가 있다. 예를 들어 어떤 프로그래밍 작업은 팀 크기가 아무리 크다 해도 초보자들만으로는 불가능하기 때문에, 경제에서 말하는 인력을 두 배로 늘려도 전혀 소용이 없을 것이다. 일정에도 이와 비슷한 특성이 있는데, 여성을 9명 동원하여 한 달 만에 아이를 낳게 해보려 했다는 우스꽝스러운 실험만 예로 들어도 무슨 뜻인지 이해될 것이다.

개념상, 목적한 시스템을 개발하는 데 필요한 최소의 전문 기술과 최소의 시간이 있다. 그러나 이 수치들은 정확하게 정의하기 어려울 뿐 아니라 프로그래밍에서 추정은 항상 불확실성이 개입되기 때문에, 관리자는 상식적으로 봤을 때 계획된 시간 내에 주어진 업무를 절대 수행할 수 없는 팀을 구성하곤 한다. 십중팔구, 이런 팀은 마감 시한이 닥쳐 현실을 직시**해야만 하는** 상황이 되어서야 일정 연기를 요청한다. 현실을 좀 더 일찍 깨달았더라면, 일정이 길어짐을 고려해 그에 맞춰 작업을 다르게 계획할 수 있었을 테고, 결국 일을 더 빨리 마칠 수 있었을 텐데 말이다.

너무나 흔히 목격되는 이런 상황으로부터 능력과 일정 간의 상호 보완 관계를 알 수 있다. 최단 일정은 오로지 최고의 팀을 프로젝트에 투입할 때에만 달성 가능하며, 팀의 인원을 최소로 투입하려면 프로젝트 일정이

늦어짐을 각오해야 한다. 다시 말해서 프로그래밍 기술이 다소 부족하다 해도 일정을 연장해 줄 여유가 있고 능력이 최저 수준 이하만 아니라면, 어떤 프로그램이든 만들어 낼 수 있다.

또 일정과 작업 진척 간의 중요한 관계도 알 수 있다. 파킨슨의 법칙(주어진 시간을 다 채울 때까지 작업을 지연시킨다)도 경계해야 할 대상이긴 하지만, 너무 빠듯한 일정을 핑계로 위험한 지름길을 택하는 것도 피해야 한다. 지름길을 통해도 시스템을 제 시간 내에 성공적으로 가동시킬 수 있을지 모른다. 그러나 이는 모든 게 차질 없이 제대로 진행될 때에만 가능한 얘기며, 실제로 그런 경우는 거의 없다. 기한을 지키는 데 실패한 수많은 사례들의 원인을 되짚어 보면 최고로 낙관적인 상황, 예를 들어 아파서 일을 못하는 날도 없고 기계 고장이나 컴파일러 문제, **예상치 못한** 버그도 전혀 없는 상황을 가정하고 세운 일정 초안과 작업 계획을 발견할 수 있다. 누구나 6개월 정도는 팀의 모든 사람이 최고의 건강 상태를 유지했거나, 기계 고장이 없었거나, 컴파일러 문제가 없었거나, **예상치 못한** 버그가 없었던 적이 있기 때문에 우리는 이 모든 호조건이 동시에 발생하는 6개월도 있을 수 있다는 상상에 쉽게 빠져 든다.

반면에, 일정에 착오가 생길 가능성에 대비하려 한다면 팀에 정원 외 인력을 충원해야 한다. 그러나 작업을 더 많은 사람이 분담할수록 전체 작업의 통합이 더 어려워진다는 점을 고려해야 한다. 어림잡아, 프로그래머 3명으로 구성된 팀은 작업을 통합하는 데 소요되는 시간 때문에 동등한 능력을 지닌 프로그래머 한 명이 할 일의 2배밖에 하지 못한다. 더 나아가, 각각 프로그래머 3명으로 이뤄진 팀 3개는 마찬가지 이유로 팀 하나가 할 일의 2배, 또는 프로그래머 한 명이 할 일의 4배밖에 할 수 없다. 따라서 프로그래머 한 명이 8달 안에 마칠 수 있는 프로젝트에 3명을 투입하면 4달

만에, 9명을 투입하면 2달 만에 끝낼 수 있다.

주목할 점은, 아마도 2달이 그 정도의 능력을 지닌 프로그래머들이 프로그램을 만들어 낼 수 있는 최단 시간일 것이라는 점이다. 프로그래머들을 9명 조직하는 데 걸리는 시간을 고려하면, 2달보다 짧은 기간 내에 그들이 뭔가 의미 있는 성과를 올릴 수 있으리라 기대할 수 없기 때문이다. 프로그램을 더 빨리 완성해야 한다면, 더 능력이 뛰어난 프로그래머를 고용해야 할 것이다.

최소의 비용으로 최고의 프로그래밍을 원한다면, 가능한 한 최고의 프로그래머들을 구하고 그들에게 최소한의 인원으로도 문제가 없을 만큼 충분한 시간을 주어야 한다. 이것이 프로그래밍 팀의 크기와 구성에 대해 언제나 통용되는 기본 원칙이다. 일을 더 빨리 해야 하거나 덜 숙련된 사람들과 일해야 한다면 비용과 불확실성이 더 증가하게 된다. 어쨌든, 프로그래밍 프로젝트를 수행하는 최악의 방식은 초보자들만 고용한 뒤 스트레스만 많이 주고 감독은 하지 않으면서 일을 시키는 것이다. 불행하게도 오늘날 가장 흔히 볼 수 있는 광경이기는 하지만 말이다.

경험이 전혀 없는 완전 초보들은 그렇게 방치될 경우 프로그래밍 경험을 통해 배울 수 있는 것도 놓쳐 버릴 수 있다. 그리고 현재에서 볼 때 생산성을 최대로 내도록 조직된 팀이 **장기적으로도** 최대의 생산성을 내리라 보장할 수도 없다. 그러기 위해서는 반드시 **훈련**이 필요하다. 따라서 당장은 팀에 거의 아무 도움이 못 될지라도 상대적으로 미숙한 프로그래머를 한 명 이상 포함시키는 것이 좋다. 그런 구성원이 있는 팀에는 목표가 하나 이상 즉, 생산과 훈련이라는 두 가지 목표가 생기게 되고 그에 따라 업무 구조도 달라진다.

프로그래밍 팀을 조직하는 방식을 결정하는 데는 목표 시스템의 구조와 팀의 구성이라는 두 가지 요소가 강력한 영향을 미친다. 시스템의 구조에 접근하는 방식은 다양할 수 있는 데 반해 그 일에 투입할 수 있는 프로그래머들은 한정된 경우가 많기 때문에, 팀 구성원 개개인이 지닌 강점과 약점을 잘 살릴 수 있는 조직 구조로 선택하는 경우가 많다. 물론 이상적으로는 이와 반대 방향으로 즉, 이상적인 프로그램 구조를 먼저 계획하고 나서 그 작업을 가장 잘 수행할 수 있는 사람들을 모으는 것이 옳은 순서다. 그러나 재능 있는 프로그래머가(또는 심지어 인력 자체도) 부족하기 때문에 현실적으로 그렇게 하기 힘들다.

시스템 구조와 팀 조직 간의 관계에 대한 한 예로, 숙련된 프로그래머 한 명과 상대적으로 미숙한 프로그래머 네 명으로 이루어진 팀이 어떻게 시스템을 구축할지 생각해 보자. 그럴 경우 프로그램은 그림 5-1의 첫 번째 도식과 같이 커다란 메인 프로그램과 특정 기능에 대한 작은 서브루틴들로 나뉠 가능성이 많다. 그리고 팀 조직은 두 번째 도식과 같은 모습이 될 것이다. 다시 말해, 숙련된 프로그래머가 팀의 리더가 되어 메인 프로그램을 포함한 주요 부분을 직접 프로그래밍하고 나머지 프로그래머에게는 각자의 능력에 어울리는 경험을 쌓을 수 있도록 세심하게 계산하여 서브루틴 구현 작업을 배분한다.

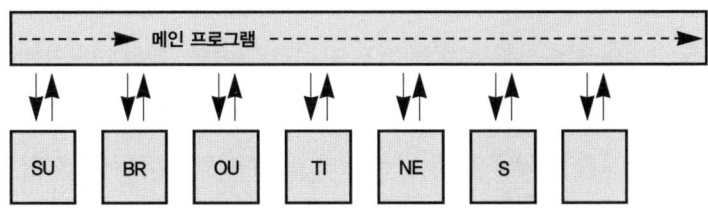

a. 프로그램 구조

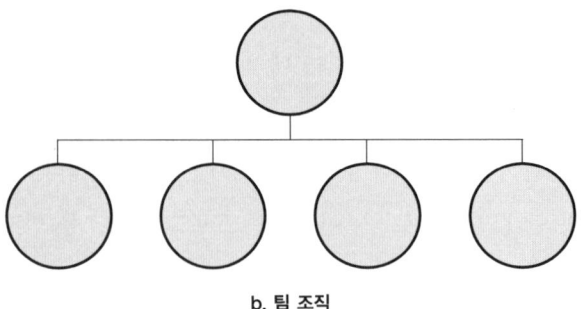

b. 팀 조직

그림 5-1 프로그램 구조 vs. 팀 조직

    그렇다면 경력이 비슷한 프로그래머 세 명으로 팀이 조직된 경우에는 프로그램을 어떻게 다르게 만들까? 그림 5-2의 첫 번째 도식처럼 프로그램을 서브루틴이 아니라 순차적으로 실행되는 단계 몇 개로 나눌 가능성이 많다. 물론, 그림 5-1의 메인 프로그램도 리더의 설계에 따라 여러 단계로 나뉘어 있을 수 있겠지만, 두 번째 프로그램보다는 인터페이스 코딩이 적을 것이다. 첫 번째의 메인 프로그램은 결국 한 프로그래머가 작성하기 때문이다. 또, 두 번째 프로그램에서도 서브루틴을 이용할 수 있겠지만, 인터페이스 코딩이 그렇게 많지는 않을 것이다. 두 번째의 경우에는 서브루틴과 서브루틴을 이용하는 코드의 작성자가 동일한 프로그래머일 가능성이 더 높기 때문이다. 그림 5-2의 도식에서 보듯이 두 번째 팀의 구조는 팀원들 사이의 의사소통 문제와 직접 관련될 것이다. 특히 II번 단계는 나머지 두 단계 사이에 위치하기 때문에 그 구현을 맡은 사람인 II번 팀원은 다른 동료들보다 **팀워크**에 더 많은 공을 들여야 한다. 그리고 이와 같은 상황에서는, 특히 I번과 III번 단계가 각각 시스템의 입력과 출력을 책임진다면, II번 단계의 구현이 상대적으로 가장 쉬운 작업일 수도 있다. 따라서 II번 팀원은 다른 사람들과 긴밀하게 협력하는 능력이 프로그래밍 능력보

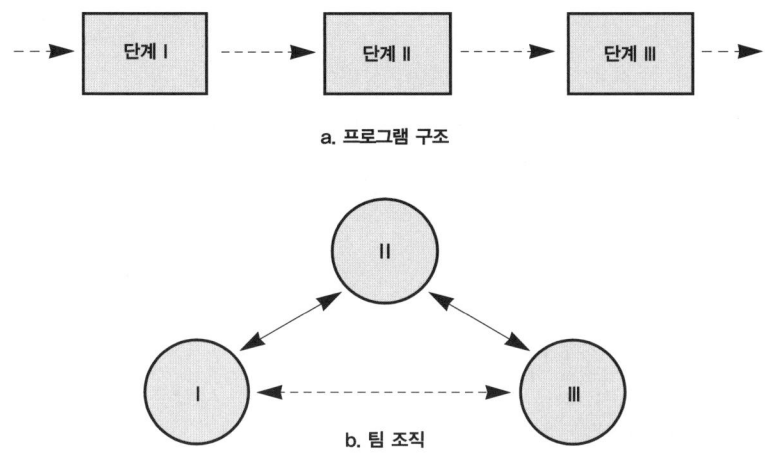

그림 5-2 프로그램 구조 vs. 팀 조직

다 더 중요할 것이고, 그 팀에서 프로그래머로서는 능력이 가장 떨어지는 사람일지도 모른다.

물론, 이런 구조들은 이상적이다. 예를 들어, 이 팀이 속한 상위 조직이 지닌 전반적인 프로그래밍 철학이 내적인 구조에 미칠 영향은 전혀 고려하지 않았다. 그림 5-1의 팀이 비자아적 프로그래밍을 실천하는 환경에 있다면 조직은 훨씬 덜 계층적일 것이다. 반대로, 그림 5-2의 팀이 비자아적 프로그래밍을 실천하지 않는 환경에 있다면 훨씬 덜 평등한 조직이 될 것이다. 팀원 각자의 지위가 확립되는 과정에는 수많은 요인이 영향을 주는데, 가장 중요한 요인 중 하나가 바로 누가 누구의 작업을 비판하는가이다. 따라서 비자아적 프로그래밍을 실천한다면 팀원이 모두 언젠가는 모든 동료의 업무를 자세히 검토할 수 있는 기회를 갖게 되므로 조직의 계층성이 강해지는 것을 막을 수 있다.

프로그래밍에서 팀원의 지위는 대체로 다른 사람들이 그의 능력을 어떻게 평가하는가에 큰 영향을 받는다. 서로 작업을 검토하면서 팀원들에 대한 평가가 전체적으로 공유되면, 실력자가 윗자리로 올라가는 속도가 빨라진다. 반면, 팀원들이 수도사처럼 골방에 틀어박혀 각자 일한다면 예전의 평판을 반영해 팀원의 지위가 결정될 가능성이 높다(이럴 경우 실질 평가가 불가능하기 때문에 다른 대책도 있기 어렵다).

다른 한편으로, 어떤 업무를 맡느냐에 따라 지위를 얻을 수도 혹은 잃을 수도 있다. 프로그래밍 작업에도 사무실의 카펫처럼 상대적인 지위의 높고 낮음이 있으며, 팀을 조직할 때 업무를 분배하는 사람은 팀원들의 감정이 상하지 않도록 아주 조심스럽고 신중해야 한다. 예를 들어, 테스트 데이터 생성기 같은 보조 프로그램은 지위가 매우 낮다. 아마도 최종 시스템에는 실질적으로 포함되지 않는 프로그램이기 때문일 것이다. 서브루틴을 작성하는 일을 맡은 프로그래머는 그 서브루틴을 호출하는 루틴을 작성하는 프로그래머를 보조하는 역할이라고 생각하는 경우가 많다. 사실은 서브루틴을 작성하는 게 더 난이도 높은 작업이라 할지라도 말이다. 서브루틴이 프로그램에서 보조 역할을 하기 때문에 프로그래머까지도 같은 평가를 받는 것이다. 프로그래밍 작업에 스며 있는 이러한 인격화가 업무 분배에 관한 팀의 만족도를 결정하는 중요한 요소로 작용하는 현상을 이성적이라 할 수는 없다. 그러나 오히려 비이성적이기 때문에 그만큼 더 현실을 잘 반영하는 것일 수도 있다.

목표의 수립과 합의

어떤 팀원이 사소한 업무를 할당 받아서 감정이 상한다면 팀 전체에 매우 나쁜 영향을 줄 수 있다. 반면에 비자아적 프로그래밍을 실천하면, 프로그래머 각자가 전체 시스템에 대해 자기 나름의 몫을 하고 있다고 느끼게 되므로 그런 감정이 한층 완화된다. 그렇다 해도, 팀이 프로젝트의 구조와 업무 분배에 대한 완전한 합의를 이끌어내기 전에 너무 성급하게 일을 시작한다면 어떤 형태로든 문제가 발생할 것이다.

사회 심리학자들은 맥락은 좀 다르지만, 한 명 이상의 구성원이 그룹의 목표를 공유하지 못하면 그룹 전체의 업무 효율에 악영향을 미친다는 사실을 증명했다. 목표를 공유하지 못하면 단지 그 구성원 한 사람의 문제로 끝나지 않고, 다른 구성원들이 그룹 내의 분열이나 일부 동료의 무관심한 태도를 피부로 느낄 수밖에 없기 때문에 업무 능률이 떨어지게 된다는 것이다. 구조가 그림 5-3과 같은 시스템을 개발하는 프로젝트에서 피상적인 수준으로만 목표를 합의한 결과, 어떤 손실이 발생하는지에 관한 다소 극단적인 사례가 발생한 적이 있다. 시스템 구조에서 추측할 수 있듯이, 원래 팀은 비교적 평등한 지위의 프로그래머 7명으로 이뤄져 있었다. 그리고 그 중 한 명이 어떤 단계에서 다음 단계로 전달되는 데이터의 공용 인터페이스를 제공하고자 입출력 패키지를 작성하는 임무를 맡고 있었다.

IBM 704용으로 개발해 4년 정도 사용하던 이 시스템을 IBM 709로 포팅해야 했다[1]. 전산실 장비를 704에서 709로 교체하기로 결정되었기 때문이

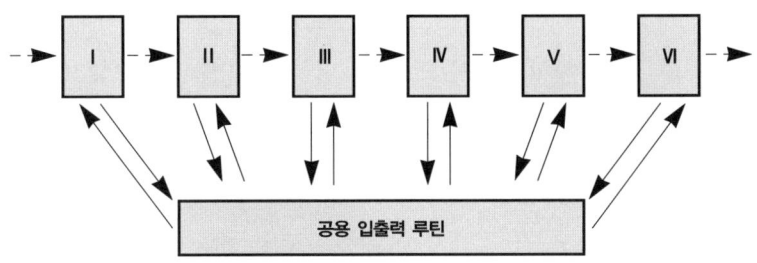

그림 5-3 시스템의 조직도

5장 프로그래밍 팀 153

다. 프로그래밍 관점에서 볼 때 709는 입출력 기능만 제외하면 704와 거의 호환되었고 이 시스템은 입출력 루틴을 한 부분에 집중시켜 놓았기 때문에, 포팅 작업은 간단할 것 같았다. 각 단계 사이의 인터페이스는 그대로 유지하면서 709 시스템을 사용하도록 입출력 루틴을 포팅했다. 새로운 루틴을 테스트하기 시작했을 때 기존 단계들과 짝을 지어 데이터를 주고받으며 아무 문제없이 잘 돌아가는 듯 보였다. 그러나 V 단계에서 문제가 발생했다.

입출력 루틴을 다시 검토했고, 혹시 표준 인터페이스를 위반한 부분이 있는지 V 단계도 점검했다. 다음으로는 IV 단계에서 V 단계로 전달한 데이터가 새 시스템에 의해 손상된 것은 아닌지 살펴보고자 IV 단계를 점검했다. 그러나 IV 단계의 출력은 이전의 테스트 출력 결과와 비트 단위까지 완전히 일치했다. 이 밖에도 여러 가지 가설이 제기되었지만, 원인이 무엇인지 전혀 감을 잡지 못한 채 몇 주가 그냥 흘러갔다. 그동안 컴퓨터 두 대에 대한 대여료를 지불해야 했으므로, 704를 빨리 처분해야 한다는 압박감은 점점 커져갔다.

시스템을 만든 원래 프로그래머들은 전혀 남아 있지 않은 상태였기 때문에, 혹시라도 문제의 실마리를 찾을 수 있지 않을까 하는 마음으로 그중 한 명을 불러들였다. 하루 종일 문제와 씨름했지만 아무런 성과도 얻지 못한 그는, 퇴근하고 나서 새로운 프로그래머들 중 한 명과 맥주를 마시면서 원래 팀원들이 모두 함께했던 옛 시절의 추억을 떠올리고 있었다. 그러다가 그는 입출력 루틴의 작성 업무를 맡은 사람보다 자신이 훨씬 더 유능하

---

1 (옮긴이) IBM 704와 709 - IBM 704는 IBM이 1954년 발표한 메인프레임으로, 부동소수점 연산 장치가 부착된 컴퓨터로서는 최초의 양산 모델이다. 1957년에는 후속 모델인 IBM 709를 발표했는데, CPU의 부하를 줄일 목적으로 입출력을 처리하는 별도의 프로세서를 추가한 것이 704와 가장 큰 차이점이었다.

다고 생각했던 조란 동료가 그 일을 맡지 못해서 매우 속상해 했던 일을 떠올렸다.

그가 회고했다. "조는 거의 일주일이나 퉁퉁 부어 있었어요. 하지만 그 후로는 상처받은 자존심을 회복한 것 같았죠. 결국, 맡은 업무를 아주 훌륭하게 해냈으니까요." 뭔가 미심쩍음을 느낀 젊은 프로그래머가 물었다. "조가 맡은 부분이 어느 쪽이었죠?"

"내 기억에는 II 단계입니다. 그런데 그건 왜요?" 젊은 프로그래머는 짚이는 데가 있다면서 바로 그 자리를 나와 전산실로 돌아갔다. 그는 IV, V 단계와 입출력 루틴에만 주의를 기울이느라 아무도 거들떠보지 않았던 II 단계의 코드를 뽑아 놓고 차근차근 살펴보기 시작했다. 사실 별로 많이 살펴볼 필요도 없었다. 그 프로그램은 바로 도입부에서 전체 실행 시간 동안 코어에 상주하는 입출력 루틴용으로 예약된 메모리 일부를 자신의 코드 중 한 부분으로 분기하는 명령문으로 대체함으로써 입출력 루틴의 흐름을 바꾸고 끝날 때에는 메모리를 원상 복구하도록 구현되어 있었다.

사건의 내막은 드러내 놓고 반대하지 않았을 뿐 팀의 결정을 전혀 받아들이지 않았던 조가 자신이 맡은 단계에서 필요한 자기만의 입출력 루틴을 작성했다는 것이다. 그는 이를 아무에게도 알리지 않았고, 단지 자신이 작성한 부분이 실행될 때 표준 루틴의 일부분을 그냥 뛰어넘도록 만들었던 것이다. 그러나 전에 분기문으로 대체했던 부분이 새로운 입출력 시스템에서는 저장용 테이프의 현재 위치를 나타내는 변수를 저장하는 데 사용되고 있었다. 그런데 이 변수의 값이 II 단계가 실행되면서 엉뚱하게 바뀌었다가 마지막에 다시 원래 값으로 되돌아갔기 때문에 공용 입출력 루틴은 테이프의 현재 위치를 완전히 놓쳐 버릴 수밖에 없었다. 테이프에 저장된 데이터는 V 단계 전에는 다시 사용되지 않기 때문에 V 단계에서야 문제가 드러났다. 이루지 못한 합의가 시간이 한참 지난 후에 피할 수 없는 너무나 혹독한 대가를 요구했던 것이다.

여기서 말하는 합의란 다름 아닌 그룹의 목표와 관련된 것임을 주목해야 한다. 다른 방법으로도 해결할 수 있는 종류의 것이 아니다. 한 예로, 어떤 팀이 은행의 양방향 온라인 시스템 구축을 맡게 됐다. 이 시스템의 최종 인수 시험을 받던 중 양쪽 온라인 프린터가 갑자기 정상 결과물의 정중앙에 아무 의미 없는 쓰레기 값을 한 줄 출력하는 문제가 발생했다. 한쪽에서 생긴 문제가 반대쪽에 영향을 주지 않도록 두 시스템을 서로 완전히 독립적으로 구축했음에도, 양쪽 프린터가 각각 출력한 쓰레기 값은 서로 같았다. 물론, 두 시스템에서 동일한 프로그램이 사용되고 있었으므로 정황으로는 어떤 프로그램에 버그가 있다고 볼 수 있었다. 독립적인 기계 두 개(심지어 전원 장치도 별도였다)가 같은 시각에 같은 결과를 출력하는 문제의 원인을 기계로 보기에는 아무래도 무리가 있었다.

한 팀원이 버그를 잡아내는 임무를 맡았지만, 정황을 조사하며 한 주를 보낸 후에도 문제의 원인에 조금도 근접하지 못한 채 여전히 제자리걸음이었다. 그 다음 주에 다른 팀원이 가세했으나 역시 뾰족한 수가 없었다. 시스템 가동을 시작하기로 한 예정일이 일주일 앞으로 다가오고 시스템이 다른 모든 면에서는 정상 동작하는 듯 보였으므로, 이 구제불능의 버그에 대한 대책 회의가 소집되었다. 팀원 11명이 격렬한 토론을 벌였으나 아무런 결론도 내지 못했다. 그런데 이 문제를 일시적인 이상 현상 즉, 기계 2대에서 같은 오류가 우연히 동시에 발생한 것으로 치부해 버리자는 의견이 많았다! 이 상황과 관련된 어떠한 통계적 수치를 제시해도 그들은 주장을 굽히지 않았다. 물리적으로 보면 터무니없는 생각이었지만 심리적으로는 만족스러웠기 때문이었다. 팀원들은 시스템 준비가 제때에 완료되기를 **원했고**, 두 번째 회의에서는 시스템을 승인하면서 나머지 사람들을 더는 아무 말 않기로 설득하는 데 성공했다.

시스템은 일정에 맞춰 완성되었고 일주일 정도는 문제가 없었다. 그러던 어느 날 이 시스템을 기반으로 은행 업무를 하기 시작할 무렵, 은행 업무 시간 도중에 시스템이 완전히 정지했다. 양쪽 기계가 동시에 멈춰 버린 것이다. 은행 업무가 완전히 마비된 상태로 한 시간 정도 지난 후에야 시스템은 재가동되었다. 얼마나 많은 작업이 소실되었는지 감히 짐작하기도 어려웠다. 시스템이 다운되어 손상되었을지 모르는 파일들을 검사하는 데만 해도 몇 달이 소요된 엄청난 사건이었다. 그동안 모든 프로그래밍 팀원은 다시 문제가 발생하기 전에 버그를 잡아내려 미친 듯이 일해야 했다.

마침내 발견된 버그(일주일에 한 번 정도 우연히 시기가 일치해서 생기는 버그)는 말할 필요도 없이, 전에 쓰레기 값을 출력하던 바로 그 버그였다. 전에는 운 좋게도(또는 나쁘게도) 그 우연의 일치가 시스템에 근본적인 손상을 입히지 않고 계속 동작할 수 있는 수준에 그쳤지만, 두 번째에는 영향이 훨씬 컸던 것이다.

이 사례에서 얻은 교훈은 그릇된 합의 즉, 그릇된 생각에 대한 진지한 합의가 얼마나 위험한가이다. 프로그래밍 분야는 굳이 그런 문제까지 더하지 않아도 상황이 충분히 좋지 않지만, 심리적인 문제에도 직면하게 된다. 우리는 **의견과 사회적 압력**이라는 맥락에서 이 주제에 대해 좀더 이야기해야 할 것이다. 우선, 여기서 얻을 수 있는 가장 큰 교훈은 프로그래밍 작업을 편견 없이 평가하는 데 꼭 필요한 건전한 논쟁을 억누르는 그릇된 합의와 팀의 생산적인 활동을 원활하게 하는 팀의 목표에 관한 합의는 전혀 다르다는 것이다.

그룹의 목표에 대한 진정한 합의를 얻기 위해서는 그 그룹이 목표를 직접 설정하도록 하는 것이 가장 좋은 방법이다. 일단, 목표 설정에 참여하면 목표를 한층 분명하게 이해할 수 있다. 두 번째로, 목표 설정에 참여한 각 구성원은 그룹의 목표를 실현할 것을 공개적으로 약속한 셈이 되고, 그렇게 공개적으로 약속한 사람은 **인지부조화** 현상으로 인해 목표를 더 잘 인정하고 받아들이게 된다고 한다. 그러나 무엇보다도 참여 자체가 다른 요소들과는 완전히 독립적으로, 어떤 개인이 진정으로 팀의 실제 목표를 인정하여 그만큼의 생산성 향상을 보일지 여부를 결정하는 중요한 요인인 것으로 보인다.

물론 모든 프로그래밍 팀이 언제나 원하는 건 무엇이든 목표로 삼을 수 있는 것은 아니다. 일반적으로는 이미 업무가 확정된 상태에서 그 업무를 수행할 팀을 조직한다. 그러나 프로그래밍 업무는 팀이 꾸려진 한참 후까지도 정확한 세부 사항이 결정되지 않는 경우가 많다. 따라서 고위 관리자가 너무 고압적으로 나오지 않는 한, 팀원들이 함께 협력하여 의미도 있고 흥미로운 목표를 설정할 수 있는 여지가 있다. 가장 큰 위협은 꼭대기에 앉아 팀이 문제를 인식하기도 전에 비트 하나, 바이트 하나까지 자기가 정의하려 드는 관리자다. 그만큼 확실하게 팀의 사기를 떨어뜨리고 팀원들이 자신을 **단순 코더**에 불과하다고 느끼게 만드는 것은 없다.

팀원들에게 그렇게 **비트 단위까지 따지는** 업무 지시를 내린다면, 그룹이 성취하려는 바가 분명하지 않다는 이유만으로도 다른 여러 문제들이 발생할 것이다. **정확함과 분명함**은 전혀 다르다. 목표의 분명함은 목표를 인정하고 받아들이는 데 가장 중요한 요소 중 하나로, 목표가 분명하려면 업무 개요를 실제로 수행되는 일들이 지닌 의미 구조 속에서 정의해야 한다. 프로그래머는 단순히 무엇을만이 아니라 **왜**인지도 알고 싶어한다.

프로그래밍 팀이 특정 시스템을 제작하는 일이 아니고 다른 프로그래밍 그룹에게 어떤 서비스 또는 지원 함수를 제공하는 일을 하는 경우, 분명하지 않은 목표의 문제는 한층 더 심각해진다. 적어도 목표로 하는 완성품이 있다면 왜 해야 하는지는 이해하지 못해도 무엇을 해야 하는지에 대해서는 나름대로 관념을 가질 수 있다. 그러나 주 업무가 지원인 그룹은 끊임없이 자신이 맡은 바를 되새기지 않으면 더 구체적이지만 덜 생산적인 방향으로 흘러버릴 위험이 크다.

예를 들어, 많은 회사가 시스템 프로그래밍을 전담하는 별도의 팀을 운영한다. 그런 팀이 수행하는 업무는 상당히 다양하지만, 결국 사내의 다른 사용자에게 서비스를 제공하는 것이다. 그런 팀은 단지 자신들이 하려는 일에 대한 분명하고 일관된 관념이 없기 때문에, 흥미롭지만 쓸모는 전혀 없는 사소한 프로젝트를 일삼는 경향이 큼을 우리는 익히 알고 있다. 사내의 다른 사용자들이 시스템 문제를 다룰 능력이 없어 자신은 시스템 프로그래머의 작업을 평가할 자격이 없다고 여기는 경우 그런 경향이 더욱 심해진다. 한번은 어떤 회사의 시스템 프로그래머 세 사람이 로더(loader)를 개선하는 문제에 푹 빠진 일이 있었다. 로더를 개선하는 작업은 특정 상황에서는 유용할지 몰라도 회사 차원에서는 전혀 쓸모없는 일이었다. 다른 사용자들이 그들에게 새로운 함수나 라이브러리를 개발해 달라는 요청하면, 현재 구현이 불가능하다는 대답만 돌아왔다. 사실은 할 수 있지만 자신들이 현재 목표로 삼고 있는 새 로더의 완성이 우선이라는 뜻이었다.

시스템 프로그래머들이 거짓말을 하지는 않았다. 팀 전체가 로더 개선 작업에 매달려 있으므로, 사실 다른 요청을 처리할 여유가 전혀 없긴 했다. 그러나 로더 자체는 다른 작업에서 좀 더 유익하게 사용될 수 있는 인력을 붙잡아 두고 있었다는 점만 제외하면 그 요청들과 전혀 관련이 없었다. 사용자들은 자신이 시스템에 대해 무지하다는 사실 때문에 너무나 위축되어(그들 중 대부분은 로더가 무엇인지조차 잘 몰랐다) 불만을 표시하지도 못했다. 결국, 한 용기 있는 사람이 외부 전문가를 불러 들여 간단한 시스템 작업을 부탁하면서 파티는 완전히 끝나게 됐다. 그런데 로더는 제대로 돌아가지도 않았다. 그러나 시스템에 약간 변경이 있었다는 사실이 시스템 프로그래밍 팀에게 천금 같은 변명거리였다. 새로운 시스템이라서 로더가 동작할 수 없다고 주장하여 겨우 체면을 지켰던 것이다.

한 회사 내에 어떤 그룹이 본분을 충실히 이행하고 있는지 평가할 만한 능력을 지닌 사람이 없다면, 이런 식으로 본래 목표를 벗어나 헤매는 문제를 해결하고 바로잡을 방법이 없다. 그리고 그룹이 상당히 분명한 목표를 두 개 이상 동시에 갖고 있는 경우에는 더 까다로운 문제가 발생할 것이다. 예를 들어 한 팀이 서로 독립적인 프로그램 두 개를 동시에 만든다면, 앞서 언급한 목표의 설정과 그에 대한 합의 사이에 잠재된 갈등 외에도 또 다른 갈등들이 생겨난다. 어떤 식으로든, 두 프로그램의 상대적인 중요성을 먼저 명확히 정립해야 하고 이후로도 정기적으로 재조명해야 한다. 그렇지 않으면 십중팔구 둘 중 어느 한 쪽으로 치우칠 수밖에 없다.

물론, 각 팀에 분명하게 정의된 단 하나의 목표만 있는 것이 최선이다. 그러나 세상은 그렇게 단순하지가 않다. 목표가 하나의 프로그램 또는 하나의 서브루틴이라 해도 실행 속도, 사용하는 메모리 양 또는 일정 중 어떤 요소에 중점을 두는가에 따라서도 갈등이 생길 가능성이 있다. 팀이 어떤 요소에 중점을 둘지 완벽하게 합의를 이루지 못한 상황에서는 팀원들이 서로 상충되는 목적을 갖고 일한다고 봐도 전혀 이상하지 않다. 어떤 팀원이 큰 공을 들여 속도를 높였다 해도, 나중에 다른 동료가 프로그램을 최대한 작은 메모리에 압축해 넣으려고 시도하다가 그때 번 시간을 다 써

버리고 마는 일이 생길 수 있다. 그런 갈등이 표면으로 드러나면, 특히 직접 관련된 사람들이 각자의 접근 방식으로 상당한 시간과 노력을 투자한 후라면 심각한 상황이 될 것이다.

놀랍게도, 팀 목표에 대해 서로 상충되는 견해들을 해소하는 일은 그 의견의 차이가 미미할수록 더 중요하다. 달걀의 어느 쪽 끝을 깨뜨려야 할지를 놓고 벌어진 전쟁을 수습하기 위해 걸리버가 들인 노력도, 진입점이 2개 있는 서브루틴과 진입점은 1개이되 인자를 하나 더 갖는 서브루틴 중 어느 것을 사용할지 논쟁하는 데 소모되는 노력에 비하면 아무것도 아니다. 팀원들 사이에서 그런 종류의 논쟁이 계속되는 것은 뭔가 더 근본적인 갈등, 아마도 팀의 리더십에 관련된 갈등을 암시한다고 생각해도 무방하다. 따라서 사소한 논쟁이라도 쉽게 무시해서는 안 된다.

팀 리더십과 팀 리더

리더라 하면 많은 사람들이 가느다란 콧수염을 만지작거리며 줄맞춰 행군하는 수백만 명의 군인을 죽음으로 내모는 아돌프 히틀러(Adolph Hitler)를 떠올리곤 한다. 실제로, 히틀러는 수백만 명의 부하에게 **총통 각하** 즉, 절대적인 리더였다. 그러나 히틀러와 같은 현상은 리더십보다는 **팔로워십**[2]의 맥락에서 이해해야 한다. 그런 리더십은 많은 사람들의 마음속 깊은 곳에 자리한 욕망들이 한 사람의 인격으로 구체화되어 발현한 것에 불과하기 때문이다.

프로그래밍에서는 보통 그런 식의 리더십이 필요한 경우가 거의 없을 뿐 아니라 용납되지도 않는다. 채찍을 들고 거만하게 내려다보거나 마치 자기 부하를 이끌고 적군의 포대로 돌격하는 장교처럼 명령을 내리는 관

---

2 (옮긴이) 팔로워십(followership) - 리더를 따르는 사람의 능력 또는 자질.

리자에 대한 일반적인 프로그래밍 팀의 반응을 상상해 보라. 사실, 그보다 훨씬 덜 권위적인 **리더십**이라 해도 반응을 굳이 상상할 필요가 없을 것이다. 지금껏 프로그래머들에게 그런 접근 방식을 시도하려는 무지몽매한 관리자들의 사례를 수없이 보아 왔지 않은가. 전형적인 반응 중 하나는 원칙대로 일하는 것이다. 프로젝트 중간에 관리자가 바뀐 한 프로젝트에서 이런 사례가 있었다. 새로 온 관리자는 몇몇 프로그래머가 10시 30분에 출근하는 모습을 보고 대경실색했다. 관리자는 너무나 경악한 나머지, 그 프로그래머들이 전날 밤 2시까지 기계를 붙잡고 일했다는 사실은 알아보려고 하지도 않았다.

근무 시간은 엄격히 지켜져야 하며 회사의 공식 규정에 따라 출퇴근 카드에 도장 찍기를 실시하겠다는 공지가 발표되었다. 이에 대해 프로그래머들은 정상 근무 시간을 **정확하게** 지키면서 일하는 것 즉, 매일 오후 5시 15분이 되면 곧바로 사무실에서 나와 줄을 서서 출근 카드에 도장을 찍고 **퇴근하는** 것으로 대응했다. 원래 제한된 컴퓨터 사용 시간에 맞추기 위해 기본적으로 시차 교대 근무제[3]를 시행하고 있었기 때문에, 생산성은 즉시 절반으로 떨어졌다. 정시 출퇴근을 하느라 교대 근무가 무산되었으므로 야간에는 컴퓨터를 놀릴 수밖에 없었던 것이다.

어떤 관리자가 회사의 비품 소비량이 예산을 초과하고 있다는 사실을 발견했을 때에도 이와 비슷한 상황이 벌어진 적이 있었다. 그는 비품 보관실에 자물쇠를 설치하라고 지시했고 비품 담당 직원에게만 열쇠를 맡겼다. 그 결과, 비품이 필요해 찾아오는 프로그래머들로 인해 그 직원은 다른 업무를 할 시간이 없어졌다. 결국 관리자는 10시에서 10시 30분 사이, 3시에서 3시 30분 사이에만 비품을 받으러 와야 한다고 공지했다. 그러던

---

3 (옮긴이) 기본 근무 시간은 준수하되 조별로 출퇴근 시간을 달리하는 근무제를 말함.

어느 날, 관리자는 벽을 멍하니 쳐다보고 있는 한 프로그래머를 발견하고 뭐하고 있는 중이냐고 물었다.

프로그래머가 대답했다. "펜을 다 썼거든요. 그래서 코드를 작성하려면 내일 10시까지 기다려야 해요."

관리자는 눈에 띌 정도로 얼굴을 붉히며, "연필로 쓰면 되잖아요?"라고 물었다.

"저는 항상 펜을 사용하거든요. 천공기 기사가 연필로 쓴 건 안 받아줘요. 번지거든요."

"그러면 펜을 빌리면 되지 않겠어요?"

"하지만 그러면 물품 사용 내역이 정확하게 남질 않잖아요?"

더 말할 것도 없이, 이 관리자가 더 높은 자리로 승진하기 전까지 그곳의 생산성은 그다지 높지 못했다. 물론 관리자는 그 프로그래머를 반항했다는 이유나 또는 그와 유사하게 군대 방식으로 책임을 물어 해고할 수도 있었다. 그러나 그는 좋은 프로그래머를 구하기가 어려움을 잘 알고 있었다. 사실 프로그래머의 만성적인 부족으로 인해 이곳만이 아니라 업계 전체에서 프로그래밍 리더십과 관련된 흥미로운 상황이 연출되고 있다.

사회학자들은 업무 집단의 만족도에 영향을 끼치는 요인들을 다음과 같이 크게 4가지로 분류했다.

1. 물질적인 보상과 기회
2. 일 자체가 불러일으키는 의욕과 흥미
3. 조직 전반의 일반적인 조건들. 예를 들어 근로자 복지, 근무 환경, 비슷한 조직들 사이의 상대적인 위치
4. 관리자와 리더의 능력

오늘날의 프로그래밍 분야에서 위의 항목 중 처음 3가지는 충분히 만족되는 것들로, 프로그래머의 만족도에 큰 영향이 없다. 물론, 대체로 높은 임금을 받는 이 직종에서도 임금이 낮거나 업무가 지루하거나 회사가 전반적으로 안 좋을 수도 있다. 그러나 그런 것들은 예외적인 경우인 데 반해, 잘못된 관리와 리더십은 우리가 생각하는 것보다 훨씬 더 흔하고 일반적이다. 따라서 **상사**를 향한 프로그래머의 태도가 불만족과 그에 따른 생산성 저하의 원인일 가능성이 다른 세 가능성을 모두 합친 것보다 더 크다.

사회과학자들이 말하는 리더십이란 사람들에게 영향을 주는 능력이다. 프로그래머는 창조적인 사고와 전문 능력을 중요시하는 사람으로, 자신의 분야인 프로그래밍에 뛰어나다고 판단되는 사람을 신뢰하고 높이 평가하는 경향이 있다. 따라서 세계에서 말을 제일 빨리 하는 세일즈맨보다는 느리고 나긋나긋한 말씨를 쓰는 프로그래밍 귀재가 프로그래머들에게 리더십을 행사하기가 즉, 영향을 주기가 더 쉽다. 프로그래밍을 전공하지는 않았지만, 상부의 결정으로 프로그래밍 팀을 맡게 된 리더는 기술적인 문제에 대한 자신의 무능력을 공개적으로든 아니든 인정하지 않는 한 끊임없이 말썽에 휘말리게 된다. 그가 할 수 있는 최악의 행동은 다른 팀원들과 프로그래밍 지식을 겨루려고 하는 것이다(이는 현장 감각이 무뎌진 전직 프로그래머에게도 똑같이 적용된다). 프로그래밍에 경험이 없음을 공개적으로 인정하는 리더는 팀에서 존중 받을 수 있겠지만, 괜히 아는 척 했다가 허풍이라는 게 발각되면 돌아오는 것은 비웃음뿐이다.

한 가지 사례를 들어 보자. 아놀드는 대형 프로젝트에서 한 팀의 리더가 승진한 후 공석이 된 자리를 맡게 되었다. 아놀드의 능력은 주로 판매 분야에 국한되었지만, 그는 프로그래밍 전문가인 듯한 분위기를 풍기려고 애썼다. 심지어 그는 프로젝트가 직면한 중요한 문제를 해결할 알고리즘을 제시하기까지 했다. 노련한 팀원들에게는 그가 자신이 무슨 얘기를 하는지도 잘 모른다는 것이 뻔히 들여다보였지만 말이다. 아놀드가 비공식적으로 자신의 아이디어를 알렸을 때, 팀원들은 그 아이디어에 어떤 문제가 있는지 지적하는 대신 프로젝트에 관련된 핵심 프로그래머들을 모아놓고 발표하고 싶다는 아놀드의 말에 아주 좋은 생각이라며 맞장구를 쳤다. 회의에서 그들은 아놀드가 스스로 쳐 놓은 덫에 꼼짝없이 걸려 허둥대는 모습을 지켜보았다. 그의 알고리즘을 전체적인 틀뿐 아니라 세부 내용까지 하나하나 박살냈던 것이다. 결국, 아놀드는 회의에 참석한 모든 사람의 비웃음을 한 몸에 받게 되었고, 그로부터 두 달도 지나지 않아 다른 자리로 인사이동을 명령 받았다.

외부의 힘에 의해 임명된 리더는 팀 내부에 걸맞은 영향력을 행사할 능력을 갖추고 있지 못하기 때문에 이런 문제가 빈번하게 발생한다. 그런 공식적인 리더는 팀 외부 세계의 목표를 대변하기 때문에, 특히 단순히 **판매하는 것** 또는 팀에게 **경영진의 입장**을 강요하는 것을 자신의 임무라고 여긴다면 언제나 불안정한 위치에 놓이게 된다. 그 **입장**이 경영자 측과는 어떤 타협도 있을 수 없다고 전제하는 한, 경영자와 팀 간의 갈등에 대한 유일한 해결책은 팀을 굴복시키는 것뿐이다.

팀을 굴복시킬 수 있다 해도 그렇게 무릎 꿇은 프로그래밍 팀이 얼마나 형편없게 업무 처리를 하는지 한 번이라도 본 적이 있다면 그런 식의 결과를 원하지 않을 것이다. 그러나 강제로 이끌어낸 노동은 비록 충분히 먹혀들 정도로 약하게 강제한다고 해도, 다른 가능성을 잘 모르고 있는 상대적으로 어린 프로그래머나 혹은 다른 가능성이 자신에게는 해당하지 않는다는 걸 잘 알고 있는 상대적으로 실력이 없는 프로그래머에게나 먹히는 것이다. 반면에 일반적인 프로그래머는 다른 가능성들에 대해 알고 있으며 자신에게 그런 가능성을 이용할 기회가 있다는 점도 알고 있다. 이러한 자각이 극단으로 치달으면, 아무런 성과도 쌓지 못한 채 끊임없이 직장만 옮겨 다니게 되기도 한다. 그러나 보통, 이러한 자각은 프로그래밍 팀이 다른 많은 분야의 일반적인 팀들에 비해 훨씬 더 민주적으로 운영되도록 이끈다.

민주적인 집단에서 리더십은 한 사람에게 국한되지 않고 당시의 요구에 들어맞는 능력이나 생각을 소유한 구성원에게로 계속 옮겨 다닌다. 그러나 사람이 모두 평등하게 태어날지 몰라도 똑같지는 않다. 따라서 민주적인 팀의 리더십도 절대 균등하게 나눠지지 않으며, 어떤 팀원은 상대적으로 많은 리더십을 행사한다. 민주적인 집단 활동에서 중요한 요소는 모든 구성원이 동등한 리더십을 행사하는 것이 아니라, 외부의 영향을 받지 많고 내부의 현실 상황에 맞춰 리더십이 정해지는 것이다. 예를 들어, 팀이 뭔가 배워야 할 필요가 생기면 그 주제에 대해 가장 잘 아는 팀원이 동료들을 가르치는 형식으로 리더가 될 수 있다. 디버깅 단계에 들어서면 디버깅에 특별히 소질이 있는 사람이 자주 리더가 될 것이다.

진정으로 민주적인 팀은 환경의 변화에 놀라울 정도로 유연하게 적응하므로, 예기치 못한 문제에 직면했을 때 훨씬 더 안정적인 생산 단위라고 볼 수 있다. 그러나 관리자들은 민주적인 팀이 위기 상황에 더 잘 대처한다는 사실을 믿으려 하지 않는다. 관리자들은 그 증거로 중앙 집권적으로 조직된 집단이 리더 한 사람을 중심으로 모였을 때 얼마나 빠르고 결단력 있게 행동하는지 지적한다. 우연히도 리더가 그 상황에 딱 맞는 사람인 경우에는 그들의 지적이 옳다. 예를 들면, 히틀러의 군대는 실제로 중앙집권적 형태의 지배 하에서 큰 성공을 거두었다. 그러나 사실은 그의 적군들도 그와 똑같은 형태로 조직되어 있었다. 아마도 히틀러라는 한 인간이 그 상황에 가장 완벽하게 어울리는 인물이었던 듯하다. 패배하기 전까지는 말이다. 민주적으로 조직된 집단에서는, 물론 충분한 재능과 지성을 갖춘 집단이어야 하겠지만, 매 **상황마다** 가장 적절한 사람을 선택할 수 있다. 예를 들어, 스위스는 전쟁 위험이 있을 때에만 군대를 통솔할 장군을 **선출한다**. 전쟁의 위험이 없을 때에 장군은 없지만, 어떤 리더십이 필요한지에 따라 그에 맞게 선출된 다른 리더들이 있다. 다른 나라와 달리, 스위스는 평화로울 때에도 나라를 통치하려고 드는 장군들이 있을까 걱정할 필요가 없다.

불행하게도, 항상 그 상황에 적절한 리더를 찾을 수 있는가라는 측면에서 보면 어떤 프로그래밍 팀도 완벽하게 민주적일 수는 없다. 우선, 팀 내에 적합한 인물이 없을 수 있다. 두 번째로, 인성의 문제가 당면한 상황에 적절한 리더를 선택하는 데에 걸림돌이 될 수도 있다. 마지막으로, 외부로부터 리더가 임명되어 들어오면 반드시 그 집단은 민주주의에서 멀어지게 된다.

외부에서 임명된 리더는 팀과 팀의 목표를 좌지우지하려는 외부 세력 사이에서 정보를 전달하는 매개자다. 이상적으로는 완벽하게 중립인 전달자여야 하겠지만, 실제로 그런 경우는 찾아보기 어렵다. 그는 외부와 접촉하면서 특별한 경로를 통해 팀원들은 모르는 정보를 얻을 수도 있고, 좀 더 강력한 리더십을 강화하는 수단으로 그 정보를 이용할 수도 있다. 예를 들어, 리더가 상부로부터 10주 내에 어떤 프로그램을 완성했으면 좋겠다는 얘기를 듣고 와서 팀에게는 상부에서 8주를 요구했다고 말할 수 있다. 그런 다음, 일이 12주는 소요된다는 팀의 견해를 받아주는 방향으로 절충안을 이끌어낸 척 하면서 기한을 10주로 바꾸는 데 동의한다. 팀원들의 처지에서는 리더가 자신의 특별한 위치를 이용해 팀을 돕는 척 했다는 사실을 알아낼 방법이 없다. 사실 그는 처음부터 끝까지 **경영진의 충복**에 불과했지만, 팀 내에서는 리더로 더 큰 존경을 받게 될 터이다.

만약에라도 그가 자신에게 유리하도록 외부 정보를 왜곡했음을 팀원들이 알게 된다면 팀 리더로서 실질적인 생명은 끝나는 것이다. 그럼에도 그런 리더는 팀원들을 속이거나 교묘하게 조종하고픈 강렬한 유혹을 자주 느낀다. 이는 리더의 위치가 갖고 있는 비대칭성 때문이다. 그는 주로 팀원들과 함께 일하지만 보상 또는 처벌은 상부에게서 내려온다. 보통, 프로그래머가 팀 리더 자리를 맡는 데에 동의할 때쯤이면 이미 관리자로 경력을 쌓겠다는 생각이 있다고 봐야 한다. 관리자로 출세하는 데는 프로그래밍 능력이 아니라 경영진을 기쁘게 하는 능력에 달려 있다(그가 현재 지위에 오를 수 있었던 건 프로그래밍 능력 덕분이었겠지만).

근시안적인 또는 자신감이 없는 팀 리더는 경영진이 요구하는 바를 무엇이든 해내겠다고 약속하는 것이 그들을 기쁘게 하는 최고의 방법이라고 생각할지 모른다. 그러나 궁극적으로 경영자는 **제대로 지켜지는 약속**을 원하며, 약속은 팀 리더가 팀원들이 그 약속을 목표로 인정하게끔 만들어야만 지킬 수 있다. 팀 리더는 다음을 반드시 명심해야 한다.

1. 경영자가 약속 이행을 아무리 강하게 요구한다 해도, 진정으로 원하는 것은 결과물 자체다.
2. 팀 전체가 참여하여 설정한 목표를 추구한다면 결과물을 훨씬 더 쉽게 얻을 수 있다.

이와 같은 사실을 명심한다면, 외부에서 임명되어온 팀 리더도 그 약점을 극복하고 자신의 능력으로 온전한 대접을 받을 수 있다. 지배력을 지도력(리더십)으로 대체할 수 있는 것이다.

그러나 솔직히 말하면, 경영진도 자신이 원하는 것이 결과물임을 항상 인식하는 건 아니다. 이행이 불가능한 약속은 하지 않겠다고 거부한 팀 리더가 해고되는 일을 자주 볼 수 있다. 그 후 경영자 측은 진정한 성공 가능성을 평가하는 두뇌의 소유자보다 출세하고픈 욕구가 더 강한 후보자를 만날 때까지 대체자를 물색한다. 불행하게도 장기 프로젝트의 경우, 이 후보자는 그의 약속이 지켜지지 않을 것임을 경영자 측이 파악할 수 있는 수준까지 프로젝트가 진행되기도 전에 협조적인 태도를 인정받아 승진해 버릴 수도 있다. 그가 떠난 후 프로젝트가 실패했다는 사실을 경영진이 깨닫는 순간에 책임자의 위치에 있지 않는 것이 유일한 목표인 **폭탄 돌리기** 게임으로 상황을 요약할 수 있다. 계속해서 반복되는 이 게임을 통해 현재 지위를 차지한 프로그래밍 관리자가 꽤 있다.

그러나 외부에서 임명된 리더가 할 수 있는 일은 팀에게 달성할 수 없는 목표를 받아들이라고 가하는 압력에 저항하는 것이 고작이다. 물론 그는 상황을 바꿀 수도 있는 새로운 정보에 계속 귀를 기울여야 한다. 예컨대, 상부가 인력 증원이나 더 많은 컴퓨터 사용 시간을 약속하는 경우다. 그러나 일단 팀의 리더가 수락을 하고 나면 관리자는 약속한 조건들을 쉽게 잊어버리고 만다. 그러니 리더는 그 약속들이 지켜질 가능성을 스스로 판단해야만 한다. 그렇지만 경영자 측의 논지가 자원이나 작업의 요구 명세 외의 다른 요소를 언급하는 경우에는 리더가 반드시 자기 소신을 지켜 나가야 한다. 가장 흔한 경우로 성공하면 특별 보상을 주겠다고 약속하곤 하는데, 이때 팀 리더는 보상의 가치와 보상을 얻을 수 있는 가능성을 혼동해서는 안 된다.

보상 제공의 단계까지 이야기가 진행되면, 리더에게는 저항 외에는 다른 선택의 여지가 없다. 그는 리더의 지위를 걸고서라도 자신이 내린 전문적인 견해의 권위를 지켜낼 준비를 해야 한다. 리더 본인이 우수한 프로그래머라면 이 싸움에서 그의 힘은 두 배로 강할 것이다. 이는 리더가 자신의 판단에 더 큰 확신이 있으며 리더십 자리를 잃는다 해도 먹고 사는 데 아무 지장이 없음을 알고 있기 때문이다. 그러나 자신의 전문성을 의심하고 있다면 덧없는 약속들 가운데 감춰진 온갖 종류의 위협에 쉽게 무너지고 말 것이다.

이번 절의 핵심 내용에 대한 실례로, 뛰어난 프로그래머지만 외부에서 임명되어 리더의 직책을 맡아 곤경에 처했던 해럴드의 경우를 보자. 그는 특정 기일까지 컴파일러를 개발할 팀을 이끄는 리더의 자리를 수락했다. 그런데 갑자기 회사 측에서 일정은 그대로 유지하면서 요구사항을 늘리길 원했다. 해럴드는 팀원들과 이 문제를 상의했고, 기간을 석 달 연장해 주지 않는 한 불가능하다는 결론에 도달했다. 해럴드는 이 결정을 관리자에게 전달했지만 받아들여지지 않았다. 해럴드가 뜻을 굽히지 않고 강력히 주장하자, 그 관리자는 해럴드와 더 높은 관리자가 참석하는 회의를 주선했다.

해럴드는 회의 참석자의 구성을 보고서 회의가 자신을 불구덩이로 몰아넣는 모략임을 알아챘다. 편의상 비공식적으로 마련된 이 회의는, 온갖 위협과 약속이 오가지만 결코 인정은 하지 않는 분위기에서 해럴드 자신이 상당히 중요 인사라는 느낌을 받도록 하려고 마련된 자리였다. 그러나 해럴드는 관리자가 다음에는 어떤 행동을 할지 예측할 수 있을 정도로 비슷한 경험이 많았고, 자신과 팀의 판단에 대한 자신감으로 단단히 무장하고 있었다. 회의는 한동안 큰 문제없이 진행되면서 서로 밀고 당기는 가운데 분위기가 점점 고조되었다. 마침내 회의는 궁극적인 위협의 단계에 이르렀다.

해럴드의 관리자는 악역을 도맡아 하는 역할이었고, 고위 관리자의 임무는 하위 관리자의 거친 위협을 달콤한 약속으로 부드럽게 무마하는 것이었다. 따라서 해럴드의 관리자가 먼저 "해럴드."라고 부르며 말을 꺼냈다. 그는 의미심장하게 의자를 10cm나 앞으로 당겨 앉은 뒤, 다시 "해럴드."라고 불렀다. "당신은 지금 우리에게 협조하지 않고 있어요. 관리자로서 당신은 협조하고 타협하는 법을 배워야 합니다. 어쩌면 당신은 관리자의 소양을 갖추지 못한 듯하군요."

해럴드는 그 말에 숨겨진 뉘앙스를 포착하고, 그냥 넘어가는 대신 아예 드러내 놓고 따지기 시작했다. "당신 말이 맞는 것 같네요. 그러면 이 일을 할 만한 다른 사람, 협조할 줄 아는 사람을 구하면 되지 않겠습니까?"

고위 관리자는 해럴드가 한계에 도달했다는 것을 눈치 채고 그를 다시 긍정적인 방향으로 되돌리려 했다. 그는 "하지만 해럴드, 그럴 만한 다른 사람이 없어요. 당신이 이 일을 할 수 있는 유일한 사람이에요. 우리는 당신을 믿고 있어요."라며 추켜세웠다.

"그렇다면, 내가 그 일을 할 수 있는 유일한 사람이라면 말이죠. 내가 그 정도 기간에는 이 일을 할 수 없다고 얘기하는 데 왜 내 말을 안 믿는 겁니까?"라고 짐짓 의기양양한 척하는 어조로 해럴드가 말했다.

"그건 당신이 문제를 제대로 이해하지 못하고 있으니까 그렇죠."라고 관리자가 쏘아붙였을 때쯤 해럴드는 이미 자리에서 일어나 문 앞으로 걸어가고 있었다.

그는 막다른 길에 다다른 분위기의 회의장을 나서기 전에 이렇게 말했다. "자, 이제 결정을 내리세요. 내가 문제를 이해하는 유일한 사람이라면, 그럼 내가 문제를 제대로 이해하는 유일한 사람인 거고 당신들은 내 식으로 해야 하는 겁니다. 그게 아니라면, 당신들은 아무 거리낌 없이 날 자르고 다른 사람을 고용할 수 있겠죠. 이건 내 문제가 아니라, 당신들 문제입니다. 그러니 괜찮으시다면, 전 그만 일하러 가 봐야겠습니다."

해럴드가 직장을 잃었을까? 그렇지는 않았다. 그러나 그에게 직장 문제는 그다지 중요하지 않았다. 왜냐하면 그는 최소한 동일한 수준의 직장을 그리 어렵지 않게 다시 얻을 수 있다는 사실을 잘 알고 있었기 때문이다. 만약 직장이 중요했다면 그렇게까지 할 수는 없었을 것이다. 리더십이 지닌 역설 중 하나가 바로 이것이다. 언제든 물러날 준비가 되어 있는 리더만이 진정한 성공의 열쇠를 쥐고 있다.

팀의 위기

팀의 생명 주기는 팀원 고용을 시작으로, 목표를 설정하고 업무에 맞춰 내부를 조직하는 과정을 거쳐, 결국 업무가 완료되거나 새로운 목표를 받아들일 때 해산됨으로써 끝을 맺는다. 그러나 이러한 팀의 일생은 끊임없이 발생하는 위기 상황들로 가득 차 있어서, 전형적인 프로그래밍 팀의 활동 이력만으로도 다소 믿기지는 않지만 상당히 재미있는 소설 한 권 정도는 쓸 수 있다. 편의상 팀의 활동은 두 가지 범주 즉, 팀 목표를 성취하려고 수행하는 일과 위기가 닥쳤을 때 팀을 효율적으로 유지하고 관리하고자 행하는 일로 나누어 생각할 수 있다. 사회심리학에서는 이런 활동들을 각각 **업무 지향적** 그리고 **관리 지향적**이라 부르는데, 수많은 연구 논문의 주제가 되어 왔다.

프로그래밍 팀과 같은 특별한 형태의 집단에서는 상호 보완적인 리더 두 명 즉, 작업을 결정, 분배, 조율하는 업무 전문가와 구성원 간의 갈등 또는 개인의 목표와 집단 목표 간의 갈등을 해소시키는 관리 전문가가 별도로 존재하는 경향이 있다. 대개의 경우, 외부의 목표를 집단 안으로 전달하는 역할을 맡고 있는 리더(외부에서 임명된)가 업무 전문가의 역할을 맡는다. 물론 앞에서 보았듯이, 리더가 필요한 능력을 보여 주지 못한다면 집단의 의지에 의해 교체될 수도 있다. 관리 전문가는 누구든 될 수 있지만, 집단에서 인기가 제일 많은 사람이 될 확률이 높다. 관리 전문가 본인은 딱히 뛰어난 프로그래머가 아닐지도 모른다(물론 뛰어날 수도 있지만). 또 상당히 많은 경우, 남자가 아니라 여자다.

부모와 자녀만으로 구성된 핵가족에 관한 어떤 비교 문화 연구에 따르면, 이러한 업무 활동과 관리 활동의 분리는 적어도 문화적 이상형에서 거의 대부분 발견된다고 한다. 모든 문화는 아니지만 우리를 포함한 대부분의 문화에서 이상적인 아버지는 업무 전문가였고 이상적인 어머니는 관리 전문가였다. 아마도 우리 문화에서 이 역할에는 여성 프로그래머가 상당히 자연스럽고 당연할 것이다. 비록 관리 전문가를 선정하는 데 성별이 중요한 요소임을 입증하는 연구가 수행된 적이 없지만, 사실 프로그래밍 팀에 여성이 있을 때 그 여성이 **팀의 대모** 역할을 하는 경우가 상당히 많다. 나는 여성 팀원들 중 한 명이 공공연히 **팀의 대모** 또는 **팀의 여장부**로 불리는 팀을 최소한 네댓 개는 알고 있다. 전산 분야에는 소프트웨어를 **아가씨**라고 부르는 오래된 농담이 아직 남아 있다. 딱딱함은 업무 지시를 내려야 하는 사람의 특징으로 간주되는 반면, 부드러움은 관리 업무를 묘사하는 데 사용되는 표현 중 하나다.

이런 리더십의 남성-여성 구분이 사회학 또는 심리학적으로 타당한지와는 별개로, 각 팀에 시험 삼아 여성 프로그래머를 최소한 한 명 이상 배치해 볼 만한 가치가 있음을 뒷받침하는 경험 증거가 꽤 있다. 물론 여성이 업무 전문가 역할을 맡지 못할 이유는 없다. 그러나 단지, 여성이 팀 명령 체계에서 2인자라는 이유만으로 리더로 승진시키는 것은 조심해야 한다. 사실, 여성에게만 해당하는 얘기도 아니다. 일단 누가 팀의 관리 전문가인지 알 수 있다면, 역할의 특성상 리더십이 과대평가될 수도 있으므로 그를 승진시키기 전에 반드시 심사숙고해야 한다.

리더 또는 팀원의 교체는 아마도 팀의 일생 중 가장 빈번하고 흔하게 발생하는 위기일 것이다. 팀원을 새로 투입하거나 해고하는 사건이 팀에 미치는 영향은 그 구조에 따라 매우 다르다. 많은 관리자에게 일개 팀원이 해고되거나 투입된 여파로 팀의 업무 수행 능력이 크게 달라져서 당황했던 경험이 있다. 물론 팀원을 해고했을 때에는 그의 능력이 팀에서 빠져나갔으므로 팀 전체의 능력에 영향이 있어도 크게 이상한 일은 아니다. 그러나 팀 전체의 능력이 팀원 각자의 능력을 단순히 합한 것과 같다고 할 수 없듯이, 팀 전체의 능력이 감소된 것을 모두 없어진 한 개인의 능력 탓으로 돌릴 수는 없다.

민주적으로 조직된 팀은 승진, 사직, 병, 죽음, 임신, 출가 등 어떤 이유로든 구성원을 잃을 때 받는 충격을 더 잘 견디는 경향이 있다. 그런 팀에서는 팀원들이 업무를 서로 공유하고 의사소통을 많이 하기 때문에, 필요하면 나서서 도움을 주기도 하고 떠난 사람과 함께 일하면서 얻은 지식을 적용하다 보면 구성원이 빠져나간 구멍이 거의 눈에 띄지 않게 된다. 그러나 한편으로는 민주적으로 조직된 팀이 다른 형태의 팀에 비해 새 구성원을 받아들이기 더 힘든 것으로 알려져 있다. 이는 팀 구조 내에 새 팀원이 차지할 만한 분명하게 정의된 지위 같은 것이 없기 때문이다. 다소 역설적으로 들리겠지만, 권위적인 팀의 구성원들은 새로 온 사람에게 아주 친절하고 호의적인 반면, 민주적으로 조직된 팀은 다소 냉정하고 비우호적인 모습으로 비춰지곤 한다.

모든 일을 오로지 단 한 사람의 리더가 조직하고 관리할 정도로 권위적인 성향이 강한 팀에서는, 구성원 중 하나가 이탈하여 생긴 구멍이 그대로 방치된다. 오직 리더만이 남은 구성원들에게 일을 다시 분배하는 데 필요한 정보를 쥐고 있다. 따라서 리더가 바쁘거나 출장 중일 때 구성원을 잃는다면 끔찍한 재앙이 될 수 있다.

반면에, 새 구성원을 들이는 일은 상대적으로 간단하다. 새 구성원은 그냥 리더를 찾아가 다른 구성원이 하고 있던 일 중 이것, 저것, 그것을 하라는 지시만 받으면 되기 때문이다. 새 구성원의 능력이 이전 구성원의 능력과 거의 비슷하다면, 이전 구성원에게 할당되었던 업무를 고스란히 넘겨받으면 되므로 구성원 교체가 한층 더 쉽다. 그러나 적어도 떠나는 사람은 그간 업무를 하면서 프로젝트에 관련된 다양한 지식과 경험을 쌓았을 것이므로, 실제로 구성원 교체가 그렇게 깔끔하게 이뤄지는 경우는 거의 없다. 따라서 일반적으로 민주적인 팀이 상황에 맞게 업무를 현실적으로 재조직할 준비가 대체로 더 잘 되어 있기 때문에 구성원이 바뀌는 위기를 더 잘 극복할 것이다.

팀원 중 누군가가 맡은 몫을 제대로 해내기에는 능력이 모자람을 다른 팀원들이 알아차리는 순간, 또 다른 종류의 위기가 나타난다. 이에 대해 민주적인 팀의 경우 그 업무가 다른 팀원에게로 서서히 넘어가는 결과를 예상할 수 있다. 만약 한 사람의 강력한 리더를 중심으로 팀이 조직된 중앙 집권적 형태라면, 그 팀원을 해고할 가능성이 더 높다. 그러나 해고로 만사가 해결되는 것은 아니다. 그런 상황이 될 때쯤이면 대체 인력을 구해 훈련시킬 만큼 시간이 충분히 남지 않은 시기일 테니, 단순히 그를 해고하는 것만으로는 아무것도 해결되지 않는다. 민주적인 팀에서는 각 팀원이 서로 작업 결과를 검토할 기회가 많으므로 무능력함이 금방 드러나기가 쉽다. 따라서 무능력함이 너무나 뻔하게 드러나는 경우에만 권위적으로 처리하는 방식이 더 효과적일 것이다. 그러나 설사 그런 경우라 해도, 무능력한 팀원을 냉정하게 잘라버리는 처사가 팀의 사기에 좋은 영향을 줄 리 없다. 아무리 무능력해도 얼마든지 다른 사람들과 사이가 좋았을 수 있기 때문이다.

민주적인 집단에서는 철저하게 무능력한 구성원보다 유능하지만 다른 사람들과 잘 어울리지 못하는 구성원이 훨씬 더 심각한 문제가 될 수 있다. 권위적인 집단이라면 구조적으로 무능력한 구성원이 업무에 관해 다른 사람들과 접촉할 기회가 많지 않을 것이다. 따라서 리더와 원만하게 지내는 한 특별히 문제가 되지 않는다. 사실, 어떤 프로그래머들은 동료들과 친하게 지낼 필요가 없다는 점 때문에 강력한 중앙 집권적 리더 아래에서 일하기를 선호한다. 그러나 민주적인 팀 내의 반사회적인 구성원은 의사소통의 흐름을 차단하고 팀 회의에서 합의를 도출하는 데 항상 장애물이 된다.

구성원들이 팀 내에서 **사회화**되는 방법에 여러 가지가 있듯이, 어떤 팀원이 반사회적인 행동을 하는 데에는 여러 이유가 있을 수 있다. 동료들보다 실제로 훨씬 더 재능 있고 뛰어난 사람은 반사회적 행동을 할 가능성이 잠재되어 있다. 그는 자신의 조바심을 억누르지 못하는 반면, 다른 사람들은 그가 제시하는 종류의 의견들을 제대로 이해하거나 구현할 수 없다. 머리를 굴려 자신의 사회적 행동이나 의사소통 방법을 개선할 만큼은 안 되지만, 프로그래밍을 하기에는 너무나 똑똑한 사람인 것이다.

조지는 진단 프로그램을 개발하는 팀의 신입으로, 프로그래머로서 모든 면에서 창창한 앞날이 예견되는 인물이었다. 그는 대학원에서 수학 석사 학위를 받은 반면, 팀의 나머지 구성원 7명 중에는 대학을 나온 사람이 단 둘밖에 없었다. 팀은 군사용으로 사용할 실시간 진단 시스템을 제작하고 있었고, 조지는 시스템의 핵심부인 고속 자기 드럼의 진단 프로그램을 작성하는 일을 맡았다. 그것이 그의 생애에서 실질적으로 첫 프로그램이었는데도, 드럼에 1만 반복해서 쓴 후 그 부분을 다시 읽어 들였을 때 오류로 발생한 0의 패턴을 분석함으로써 문제가 있는 회로를 정확히 찾아내는 독창적인 프로그램을 만들어 냈다.

조지는 그 일로 크게 칭찬을 받았다. 그러나 사실, 조지는 상상력이 결핍된 동료들의 작업보다 자신의 프로그램이 얼마나 우수한지 분명히 알고 있었기에 별로 필요치 않은 칭찬이었다. 조지는 자신의 우아한 프로그램에 비해 조잡하기 짝이 없는 동료들의 프로그램에서 잘못된 점을 발견할 때마다 기회를 놓칠세라 반드시 지적하곤 했다. 얼마 지나지 않아 팀 내에 심각한 위기의 조짐이 보이기 시작했는데, 각자의 성향에 따라 일부는 조지를 몰아낼 방법을 궁리했고 일부는 새로운 일자리를 찾아보고 있었다. 운명의 순간은 군의 한 고위 장교가 새 시스템의 시찰하고자 방문했을 때 찾아왔다.

시찰을 대비해 많은 준비를 했지만, 막상 장교가 도착하자 컴퓨터는 전혀 작동하지 않았다. 진단 시스템은 모두 성공적으로 실행되었으나 다른 소프트웨어들은 모두 실행에 실패했다. 진단 시스템을 다시 실행시켜 봐도 마찬가지였다. 결국, 장교가 약간 짜증을 냈고 경영진들은 불같이 화를 내기 시작했다. 그때 한 사람이 우연히 메인프레임 뒤로 걸어갔다가 케이블 하나가 연결되어 있지 않은 것을 발견했다. 그가 별 생각 없이 저건 뭐냐고 물었고, 곧바로 원인이 밝혀졌다. 자기 드럼이 시스템에 연결되어 있지 않았던 것이다!

드럼을 연결하고 시연을 무사히 마쳤다. 장교는 훌륭한 시연을 보고 마티니를 곁들인 호화로운 점심 식사를 먹은 후에야 겨우 화를 풀었다. 그러나 장교 일행이 돌아간 한참 후까지도 팀의 프로그래머들은 여전히 그 사건을 갖고 조지를 비난하고 괴롭혔다. 그는 드럼이 시스템에 연결되어 있지 않는 경우를 고려하지 않았다. 시스템은 연결되어 있지 않은 장치가 선택되면 인터럽트를 발생시키도록 설계되어 있었지만, 조지는 그 인터럽트를 꺼버렸다. 인터럽트가 꺼진 상태에서 연결되지 않은 드럼에 대한 쓰기 명령은 그냥 무시되었고 읽기 명령은 1만 계속되는 문자열을 반환했다. 그래서 조지의 놀라운 프로그램은 드럼이 연결되어 있지 않은데도 드럼이 완전히 정상이라고 보고했던 것이다.

그것은 어떤 프로그래머라도 저지를 수 있는 실수였고, 또 간단하게 수습할 수 있었다. 그러나 다른 프로그래머들이 모든 가능한 수단을 동원하여 그를 쫓아내려 했으므로 조지에겐 자존심을 회복할 기회가 생기지 않았다. 아마 그가 그렇게 완벽하다고 자부하지만 않았어도 그렇게 큰 파문이 되지는 않았을 것이다. 현실은 가혹했고, 조지는 그 현실을 견딜 수 없었다. 2주 후 월요일 아침, 그는 아무 말 없이 출근하지 않았고 그것이 팀원들이 기억하는 조지의 마지막이었다. 잔인했지만 효과는 확실했다. 그 팀은 곧 상상력은 결핍되어 있지만 제대로 돌아가는 진단 시스템을 개발하는 예전의 행복한 삶으로 되돌아갔다.

팀의 위기가 반드시 특정 개인과 연관되는 것은 아니다. 위기는 팀이 겪게 되는 전형적인 **발전 단계들** 중 어떤 단계에서도 발생할 수 있고 외부 환경이 바뀌어서 생길 수도 있다. 예를 들어, 우리는 팀의 일생에서 형성 단계를 아주 중요한 순간으로 볼 수 있다. 팀 형성을 기점으로, 조직이 없는 단계에서 특정 조직이 있는 단계로 넘어가기 때문이다. 일반적으로 팀의 조직 형성은 냉동실에서 얼음을 얼릴 때와 같이 아래쪽에서 위쪽으로 그리고 위쪽에서 아래쪽으로 동시에 진행된다. 이는 경험을 토대로 한 얘기지만, 팀에서 능력의 양 극단을 나머지 사람들로부터 더 쉽게 가려낼 수 있음을 생각하면 그 이유를 쉽게 짐작할 수 있다. 그러나 예를 들어 한 팀에 강력한 리더의 소질을 지닌 사람이 두 명 있다면, 위쪽으로부터 팀이 형성되는 과정이 오랫동안 진행되지 못하고 질질 끄는 경우가 있을 수 있다. 대개 이러한 상황은 비생산적이지만, 팀을 적절히 분리하기만 하면 미연에 방지할 수 있다. 프로젝트에 강력한 리더 후보가 여러 명 있는 경우에는, 팀 형성 과정에서 일어날 갈등을 피하기 위해 리더 후보가 적은 경우보다 팀을 더 잘게 분할할 필요가 있다.

그렇다면 어떤 사람이 리더의 자질이 강한 사람일까? 앞에서 보았듯이, 이는 팀에 주어진 작업 요구에 따라 다르다. 그런 요구는 팀의 일생 내내 계속 변하므로 여러 리더가 명멸하게 된다. 팀 구조의 변화를 받아들이는 데 인성 문제가 걸림돌이 된다면, 업무가 새로운 단계에 도달할 때마다 대인 관계에서 갈등이 불거져 나올 것이다. 따라서 팀 구조를 정하는 문제는 팀이 형성된 직후 한 번만 해결하면 되는 것이 아니다. 우리는 어떤 시기에 누가 적합한 리더가 될지 정확히 예측할 수 없으므로, 이상적인 팀은 프로그래밍 기술만큼이나 대인 관계의 기술을 고려하여 구성되어야 한다. 물론, 그런 경우는 극히 드물다. 따라서 여러 갈등이 다양한 양상으로 표출된다. 그리고 갈등은 어떤 모습으로 나타나든 일시적인 생산성 저하를 부른다.

작업 단계가 바뀌는 시기에는 변화가 점진적으로 일어날 수 있기 때문에 구조가 변해서 야기되는 갈등도 완화될 수 있다. 이는 팀 구성원 간의 상호 교류가 활발하여 일상에서 갈등을 해소할 기회가 많은 경우에 특히 더 그렇다. 그러나 가끔씩 외부의 힘이나 사건에 의해 촉발되어 변화가 더 빠른 속도로 일어나기도 한다. 프로그래밍 팀의 일생 중 위기를 불러오는 전형적인 사건들로는 컴퓨터의 오동작 또는 과부하, 고치기 힘든 버그, 단위 테스트를 거친 프로그램 두 개를 통합 테스트할 때 겪는 어려움, 일정 변경, 새로운 장비의 도입, 고위 경영진의 변화, 요구사항 변경 등이 있다. 프로그래밍 팀의 일생에서는 위기가 일상적이라고 봐도 이상하지 않을 정도다.

집단 행동에 관한 보편적인 사회심리학 연구 결과 중에서 특히 다음 두 가지는 위기로 점철된 프로그래밍 팀을 정확히 설명한다. 첫째, 위기 시에 비교적 강력한 리더십을 행사하려는 시도는 구성원들이 비교적 거부감 없이 쉽게 받아들인다. 둘째, 그러나 그와 동시에 그 자칭 리더가 집단의 문제에 대한 효과적인 해결책을 빨리 내놓지 못하면 나머지 사람들은 그를 느긋하게 지켜봐 주지 못하고 금세 조바심을 낸다. 따라서 위기가 자주 발생하는 프로그래밍 팀에서는 리더십의 패권이 끊임없이 바뀐다. 그렇게 리더십의 재편이 잦기 때문에, 업무가 어려우면 어려울수록 팀은 가장 효과적으로 팀을 이끌 수 있는 리더를 진정 열렬히 따르게 된다.

이제는 민주적인, 달리 말하면 **기술주의적**인 조직이 왜 프로그래밍 팀에 그토록 딱 맞는 조직 형태인지 알 수 있을 것이다. 우리는 팀을 구성할 프로그래머를 뽑을 때 그렇게 끊임없이 변하는 구조에 적합한 사람 즉, 너무 지배적이지도 너무 수동적이지도 않은 사람을 찾아야 한다. 또, 프로그래머를 훈련시킬 때에는 유능한 리더를 어떻게 따라야 하는지 그리고 스스로 집단 내에서 리더로 가장 적임자일 때 어떻게 그 기회를 잡아야 하는지를 가르쳐야 한다. 더불어, 외부 세력은 팀의 일생 동안 팀과 팀원들에게 정신적인 고통과 스트레스를 주는 듯 보여도 결국 가장 효과적인 팀 활동을 이끌어 내는 이러한 민주적인 과정에 간섭하지 않도록 해야 한다.

사실, 현명한 관리자라면 일단 팀이 발족되어 활동을 시작하고 난 후에는 팀의 내부 구조와 그 변화에 관해 일종의 무간섭 정책을 펼칠 것이다. 팀원이 관리자에게 찾아와 자기 입장에서 어떤 문제에 대해 전문적인 의견을 내놓을 때면, 그는 다음의 일화에 나오는 늙은 랍비가 보여준 대로 행동할 것이다.

어느 날, 한 늙은 랍비가 서재에 앉아 있는데 눈에 띄게 흥분한 어떤 남자가 그를 찾아 왔다. 남자는 방금 전 아내와 벌였던 말다툼에 대해 랍비에게 장황하게 늘어놓았다. 그는 얘기를 마치고 랍비에게 자신과 아내 중 누가 옳은지 말해 달라고 했다.

랍비는 "당신이 옳습니다."라고 대답했고, 남자는 만면에 희색을 띤 채 돌아갔다. 그리고 곧 그 남자의 아내가 남편보다 더 화난 듯한 얼굴로 나타났다.

남자의 아내는 "내 남편이 옳았다는 게 무슨 뜻이죠? 내 얘기는 들어 보지도 않았잖아요."라며 따졌다. 그러고서 그녀는 자기 입장을 이야기한 후 다시 판단을 내려 달라고 부탁했다.

랍비는 또 "당신이 옳습니다."라고 말했고, 그녀는 만족해 하며 돌아갔다. 그러나 두 가지 이야기와 대답을 모두 엿들은 랍비의 아내는 못마땅해 했다.

"어떻게 그럴 수 있죠?" 아내가 물었다. "당신은 남편한테도 옳다고 했고 그 아내한테도 옳다고 했어요. 둘 다 옳을 수는 없잖아요."

그러자 랍비는 말했다. "당신이 옳아요."

요약

대부분의 상황에서 프로그래밍의 가장 중요한 작업 단위는 팀이지 개인이 아니다. 사회심리학에 **소규모 집단 행동**에 관한 방대한 양의 실험 자료가 있음에도, 현재 우리는 몇몇 시사적인 경험 자료 외에는 프로그래밍 팀에 대한 실질적인 연구 결과를 전혀 보유하지 못한 상태다. 사회심리학의 실험 결과와 연계해서 보면, 이 경험 자료들은 팀의 일생과 업무 수행 능력에 영향을 끼치는 요인들이 무엇인지 강력하게 암시한다. 그 요인이란 다음과 같다.

1. 개인이 지닌 강점과 약점의 다양성
2. 목표가 설정되는 방식
3. 개발하는 프로그램의 구조
4. 외부로부터 강요되는 리더십 구조
5. 특정 구성원의 성별과 그 성별을 대하는 다른 구성원들의 태도
6. 팀과 팀 외부 환경 간의 의사전달 통로
7. 팀 리더의 기술적 능력 또는 무능력

실험적인 상황과 대조하여 이 경험 자료들을 살펴보면, 우리는 그 둘 사이에 매우 신중하게 고려해야 할 차이점 한 가지를 발견하게 된다. 프로그래밍에서는 소요 기간과 수행되는 업무의 복잡성이 사회심리학자들이 실험을 통해 시도했던 수준과는 완전히 차원이 다르다. 사회심리학 실험에서 설정하는 업무는 한 시간, 또는 하루, 또는 한 주가 걸리는 것들이다. 사람은 기간이 짧다는 사실을 알면 강렬한 감정도 억누를 수 있다. 또는, 집단 내 사람들을 다시 볼 일이 없기 때문에 감정을 억누를 필요가 없다고 생각할 수도 있다. 서로 모르는 사람들로 구성된 팀과 동료들로 구성된 팀을 비교해 보면, 단기적인 집단 행동은 팀 구성원들과 함께한 과거 경험과 앞으로 함께 일해야 한다는 예상, 이 두 가지의 영향을 모두 받는다는 것

을 알 수 있다. 따라서 설사 프로그래밍 팀에 관한 실험을 통해 의미 있는 결과를 얻을 수 있기는 해도 아주 어려운 작업이 될 것이다.

그러나 다른 분야에서 계속 활동 중인 팀을 관찰한 결과라 해도 이들이 프로그래밍처럼 기한 또는 생소한 작업 환경으로 받는 스트레스와 엄청나게 복잡한 지적 노동을 수반하지 않는다면, 프로그래밍 분야에 적용하기는 무리다. 이런 점으로 볼 때 우리는 병원과 연구소 실험실의 팀 등을 대상으로 최근에 이뤄진 몇몇 연구를 활용할 수 있다. 그러나 여전히 우리에게는 있지만 그들에게는 없는 뭔가가 있다. 그것은 바로 신처럼 떡 하니 자리 잡고 앉아 우리의 업무를 평가하는 전지전능한 컴퓨터다. 환자가 회복되면 의사의 작품이고, 환자가 죽으면 신의 뜻이다. 그러나 컴퓨터 프로그램이 작동하지 않으면, 누구의 탓이겠는가?

질문

관리자에게

1. 당신의 고용 정책은 팀을 최대한 동질적인 집단으로 구성하려고 하는 것인가? 팀을 구성할 때, 각 팀에 서로 다른 성향의 사람을 고르게 섞어 놓는가, 아니면 그 반대인가?

2. 팀에 여성을 투입하는 것에 대한 당신의 견해는 어떠하며, 실제로는 어떻게 하는가? 여성을 리더로 임명하는 것에 대해서는 어떠한가? 당신의 생각과 행동을 뒷받침할 만한 경험적인 증거를 제시할 수 있는가?

3. 당신의 회사에서는 실제 현업에 있는 팀 구성원들에게 의사 결정권을

어느 정도 주는가? 관리자가 비트 하나하나까지 따지는 일은 얼마나 많은가? 당신은 어떠한가?

4. 당신은 부하 직원들 앞에서 당신의 기술적인 능력을 실제보다 부풀리기 위한 행동을 해본 적이 있는가? 있었다면, 그런 행동을 한 사건에 대해 설명하라. 또, 당신의 기술적인 능력이 적어도 한 가지 면에서 부하 직원 중 일부보다 뒤떨어진다는 사실이 발각된 사건이 있었다면, 그에 대해 설명하라. 발각되고 난 후 결과는 어떠했으며, 그 결과는 당신이 진실을 은폐하려 시도한 행동을 정당화시킬 만한 것이었는가?

5. 당신 자신의 작업 목표를 세울 때, 어떤 부분이 위에서 내려온 목표에 의해 정해지고, 또 어떤 부분이 아래에서 올라온 목표에 의해 정해지는가? 그런 구성 방식에 만족하는가 아니면 어떤 방식으로든 바꾸고 싶은가?

6. 팀의 2인자를 팀 리더로 승진시켜 본 적이 있는가? 만약 있다면, 왜 그렇게 했는지 논거와 함께 이후 나타난 그 행위의 영향에 대해 설명하라.

7. 팀 내부의 분쟁에서 심판관이 되어 달라는 부탁을 받은 적이 있는가? 있었다면, 그 사건에 대해 설명하라. 또 당신이 어떻게 행동했으며 그 결과로 상황이 어떻게 전개되었는지도 설명하라.

프로그래머에게

1. 프로그래밍 작업 중에서 당신이 가장 잘하는 것은 어떤 부분인가? 당신에게는 당신이 가장 잘하는 종류의 일을 하여 팀에 기여할 수 있는 기회

가 생기는가? 그리고 그것이 당신이 가장 잘할 수 있는 일임을 일반적으로 인정받고 있는가?

2. 팀이 목표를 설정할 때 당신의 역할은 무엇인가? 당신이 하고자 하는 역할은 무엇인가? 다른 사람이 했으면 하는 역할을 무엇인가?

3. 당신의 관리자가 정직성에 의심이 갈 만한 행동을 한 적이 있는가? 있었다면, 그 사건에 대해 설명하고 결국 당신의 의심이 옳은 것이었는지, 당신의 업무는 그로 인해 어떤 영향을 받았는지 설명하라.

4. 당신의 팀에는 업무 전문가와 관리 전문가라 불릴 만한 사람들이 있는가? **팀의 대모는 있는가?** 만약 당신이 팀의 대모라면, 그 역할을 수행하면서 겪은 경험들을 설명하라.

5. 당신의 팀 구조를 나타내는 다이어그램을 어떤 형식에 따라 그려 보라. 그리고 형식에 구애 받지 않고도 그려 보라. 그 다이어그램을 팀이 현재 개발하고 있는 프로그램의 구조와 연관시킬 수 있는가? 또, 다른 요인들과도 연관시킬 수 있는가?

6. 다음과 같은 일이 발생했던 사건에 대해 회고해 보라.
   - 팀 리더가 바뀌었다.
   - 팀에 사람 한 명이 새로 들어왔다.
   - 어떤 구성원이 팀을 떠났다.
   - 위기로 인해 팀 내의 사회적 관계가 바뀌기 시작했다.

변화나 위기가 처음 모습을 드러냈을 때와 시간이 흐름에 따라 실제로 전개될 때, 팀 구성원들의 반응을 묘사해 보라. 긍정적이든 부정적이든 변화나 위기의 결과로 팀의 행동에 어떤 영구적인 변화가 있었다면, 그에 대해 설명해 보라.

참고문헌

사회심리학에서 좀 더 깊은 통찰을 얻고 싶은 독자는 다음 책들을 참고하면 도움이 될 것이다.

- F. H. Allport 지음 『Social Psychology』 Boston, Houghton Mifflin, 1924년.
- S. E. Asch 지음 『Social Psychology』 Englewood Cliffs, N.J., Prentice-Hall, 1952년.
- G. Lindzey 편저, 『Handbook of Social Psychology』 Reading, Mass., Addison-Wesley, 1954년.
- D. Krech, R. S. Crutchfield, E. L. Ballachey 공저, 『Individual in Society』 New York, McGraw-Hill, 1962년.
- E. E. Jones, H. B. Gerard 공저, 『Foundations of Social Psychology』 New York, Wiley, 1967년.
- C. Northcote Parkinson 지음 『Parkinson's Law』 Boston Houghton Mifflin, 1957년.
  일정을 길게 잡으면 그만큼 프로젝트를 하는 데 걸리는 시간만 더 늘어날까 두려워하는 사람들이 자주 인용하는 책이다. 자신의 지론을 뒷받침하고자 파킨슨을 인용하는 사람들은 시간을 내어 책 전체를 꼼꼼하게 읽어 보고, 여기에서 배울 만한 다른 내용들도 살펴봐야 할 것이다.

- Hans Kohn 지음 『Nationalism and Liberty: The Swiss Example』 London, George Allen and Unwin Ltd., 1956년.
 민주주의의 가능성에 환멸을 느낀 사람들, 그 가능성을 잊어버린 사람들 또는 아예 민주주의의 가능성을 모르는 사람들을 위한 간단한 입문서. 이 책을 읽은 후에는 스위스에 직접 가 보는 것이 재교육의 다음 단계가 될 것이다.

- H. D. Mills 지음 「Chief Programmer Teams: Techniques and Procedures」 IBM Internal Report, 1970년 1월.
 바라건대, 밀스(Mills)가 **핵심 프로그래머 팀**(Chief Programmer Teams)에 대한 그의 아이디어를 일반 교양서로도 출판하여, 그의 생각이 다른 개념들, 예를 들어 비자아적 프로그래밍과 비교 분석되고 실험과 관찰을 거치게 되기를 바란다. 간단히 말해서, 핵심 프로그래머 팀이란 **외과 수술 팀**을 본떠서 만든 것이다. 여기에는 집도의 대신 핵심 프로그래머가 있고, 그는 **백업 프로그래머, 프로그래밍 사서** 그리고 여타 프로그래머, 분석가, 기술 작가, 기술자, 전문가로 둘러싸여 지원을 받는다. 밀스는 그런 조직이 "프로그래밍 프로젝트에 새로운 관리 표준과 기술 표준을 적용할 수 있게 해준다."고 주장한다. 그러나 (기술적으로) 구시대적인 의학 분야에서도 가장 후진적인 전공으로 널리 알려져 있는 외과 수술로 비유함이 과연 타당한지는 상당히 의심스럽다. 또, 개인적으로 외과 의사들을 좀 아는 사람이라면 누구나 그런 조직이 사회적으로 얼마나 큰 공헌을 할지 의구심을 품지 않을 수 없을 것이다. 자신이 **핵심 프로그래머**라고 생각하는 사람에게야 괜찮겠지만, 나머지 직원들은 어떻겠는가?

- Kurt Mendelssohn 지음 『A Scientist Looks at the Pyramids』 American Scientist, V. 59, No. 2 (1971년 3,4월호).
  사회적 구조가 항상 프로젝트 구조의 영향을 받아 왔다는 것은 명백한 사실이며, 그 역 또한 성립한다. 이 흥미로운 논설에서 멘델스존(Mendelssohn)은 어떻게 5000년 전의 피라미드 건설이 사회 구조로 계급이 발명되는 결과를 낳았는지, 또 어떻게 계급의 발명이 피라미드 건설로 이어졌는지에 대해 탐구하고 있다. 모든 프로젝트 관리자는 이 책이 던지는 화두에 주목해야 할 것이다.

5장에 보태는 글:

프로그래밍 팀

한 사람이 감당할 수 없는 업무 요구사항을 만족시키려면 프로그래밍 팀을 조직해야 한다. (146쪽)

나는 예전에 했던 이 말에 여전히 동의한다. 그러나 이제는 **업무 요구사항**이란 용어를 좀 더 넓게 해석하여 팀과 팀원들의 능력 개발을 포함하는 개념이라 생각한다. 수년 간에 걸쳐 나는 능력 개발이 요구되기 때문에 한 명만으로는 부족한 상황을 많이 보아 왔다. 여럿이 모여 서로 능동적으로 협력할 때 더 빨리 그리고 더 잘 배울 수 있다.

"지름길을 통해도 시스템을 제 시간 내에 성공적으로 가동시킬 수 있을지도 모른다. 그러나 이는 모든 게 차질 없이 제대로 진행될 때에만 가능한 얘기며, 실제로 그런 경우는 거의 없다." (147쪽) 당시보다 더 많은 세월의 지혜를 얻은 지금, 이런 말을 했다는 사실이 부끄럽다. 거의라는 표현은 너무 기회주의적이었다. **항상 뭔가가 잘못되기 마련**이라고 썼어야 했다. 모든 것에 문제가 전혀 없는 상황을 가정하고 프로젝트의 소요 시간을 산정하는 **낙관적인 추정**이 계속 존재할 수 있었던 것은 나 같은 저자들의 이런 우유부단함 때문이다. 그런 **낙관적인 추정**은 프로젝트의 수행 기간 동안에 열역학의 각종 법칙이 모두 무효화되리라고 가정하는 것과 마찬가지다.

"최소의 비용으로 최고의 프로그래밍을 원한다면, 가능한 한 최고의 프로그래머들을 구하고 그들에게 최소한의 인원으로도 문제가 없을 만큼 충분한 시간을 주어야 한다. 이것은 프로그래밍 팀의 크기와 구성에 대해 언제나 통용되는 기본 원칙이다." (148쪽) 이는 그 후의 경험에 비춰 봤을 때에 역시 옳은 말이었다. 그리고 몇 가지 더 추가할 사항이 있다.

1. **최소한의 인원**이란 결코 한 명은 아니다.
2. **충분한 시간**에는 팀을 꾸리는 데 필요한 시간도 포함되어야 한다. 따라서 이미 성과를 보인 기존의 팀을 선택하는 것이 큰 도움이 될 때가 많다.
3. 정말로 중요한 문제를 던져 주기에 앞서 먼저 팀을 발족하고 가동하는 편이 더 좋은 경우가 많다.

"프로그래밍 프로젝트를 수행하는 최악의 방식은 초보자들만 고용한 뒤 스트레스만 많이 주고 감독은 하지 않으면서 일을 시키는 것이다. 불행하게도 오늘날 가장 흔히 볼 수 있는 광경이기는 하지만 말이다." (148쪽) 요즘은 우리 분야가 좀더 성숙해졌기 때문에 그렇게 초보자로만 채워진 팀을 찾아보기 어렵지만, 그 다음으로 좋지 않은 방식이 만연해 있다. 바로 계약직 프로그래머를(초보자로 위장하고 있을지도 모른다) 잔뜩 고용하고는 스트레스만 많이 주고 감독하지 않거나 또는 너무 과하게 간섭하는 것이다.

"프로그래밍 팀을 조직하는 방식을 결정하는 데는 목표 시스템의 구조와 팀의 구성이라는 두 가지 요소가 강력한 영향을 미친다."(149쪽) 이는 25년이 지난 지금도 여전히 유효한 말이지만, 제품을 팀의 구성에 맞추는 것이 예전에 내가 생각했던 만큼 비논리적이지는 않다는 걸 알게 됐다. 팀의 구성이란 말의 초점은 개인의 기술적 역량이 아닌 성격에 있다. 작업을 공유하는 팀에서 각 개인의 기술은 그렇게 중요하지 않다. 설사 중요하다 할지라도, 새 팀원이 보유했을 것이라 추정되는 기술을 기존 팀원들과의 친화력보다 중시하여 투입하는 것은 실수다. 물론 기술도 얻기 힘든 요소지만, 친화력보다는 기술 쪽이 사거나 훈련시키기에 더 쉽다.

목표의 수립과 합의를 논하면서 예로 든 IBM 709 포팅 프로젝트는 물론 너무 옛날 얘기다. 그러나 여러 다른 포팅 과정에서도 그와 비슷한 상황이 발생했다고 들었다. 1993년에는 이런 일도 있었다. 한 사람이 내게 묻기를, 혹시 어떤 프로그램을 MS PC-DOS에서 MS Windows로 포팅하는 프로젝트의 일화를 쓴 것이 아니냐고 했다. 그는 그 프로젝트가 자신이 참여했던 프로젝트이며 당사자들을 배려해서 내가 플랫폼의 이름을 조작했다고 믿었다.

팀의 목표에 대해 합의를 이루는 것은 1998년에도 1971년에서와 마찬가지로 중요하고, 2021년에도 여전할 것이다. 합의란 팀원 모두 완전히 동일한 목표를 가져야 함을 의미하지 않는다. 각자의 목표 중 서로 겹치는 영역이 주어진 업무를 아울러야 한다는 뜻이다.

리더십을 논한 부분의 중요성을 가장 명확하게 증명할 증거는 내가 기술적 리더십의 개념을 확장하여 쓴 책인 『Becoming a Technical Leader』가 십 수년 동안 잘 팔리고 있다는 사실일 것이다. 또는 20년이 넘도록 문제해결 리더십 워크샵에서 세계 유수 소프트웨어 업체의 리더 수천 명을 시험할 때 이 책에 제시한 리더십의 개념을 기반으로 했다는 사실이 더 강력한 증거일지도 모르겠다.

팀 리더십을 논하던 중에는 충격적인(정치적으로는 옳지만) 발언도 섞여 있었다. "각 팀에 시험 삼아 여성 프로그래머를 최소한 한 명 이상 배치해 볼…"(173쪽) 이렇게 성차별적으로 들릴 수 있는 발언을 하게 된 이유를 설명하자면, 25년 전에 내 소프트웨어 개발 고급 과정을 수강하던 여성 프로그래머들을 대상으로 실시했던 설문 조사를 언급해야 한다. 다른 여성과 팀 동료로 일해 본 경험에 대해 질문했는데, 아무도 대답하지 못했다. 다른 여성 프로그래머와 한 팀에서 일한 적 자체가 없었던 것이다. 20년 전에는 프로그래밍 과목의 수강생 20명 중 4명이 여성이었다면 요즘은 8명 내지 12명 정도가 된다.

내 학생 중 한 명이 그런 변화의 과도기에 겪었던 일을 얘기해 주었다. "12년 전만 해도 프로그래밍 팀에는 남자가 대부분이었죠. 저는 처음으로 한 팀이 되었던 여자 프로그래머를 아직도 기억한다니까요. 그녀와 대화를 나누는 남자들은 2~3명밖에 없었어요. 어떤 남자들은 여자 프로그래머가 있어서 자기네들이 집중하기 어렵다고 불평하기도 했어요. 제가 나중에 내린 결론은, 그들에게는 어떤 상황에서든지 주위에 여자가 있다는 사실 자체가 방해가 된다는 것이었어요. 그리고 중학교 이후로 여자들이 자신에게 말을 걸지 않았다는 이유로 팀 동료인 여자에게도 말 걸기를 싫어한다는 것이었지요."

여성 프로그래머가 드물 적에는 그들에게 어떤 전형적인 역할만을 부여하기가 쉬웠다. 그러나 일단 그 수효가 늘어나자 여성 프로그래머도 다양한 역할을 맡게 되었다. 때로는 여성이 업무 전문가였다. 때로는 여성이 관리 전문가였다. 또는 여성이 어떤 주제에 특화된 전문가가 되기도 했다. 이렇게 긍정적인 상황 즉, 능력 위주로 팀이 운영되는 데에 방해가 되는 유일한 변수는 관리자가 팀에 공식적인 리더를 임명할 때 발생한다. 불행하게도, 팀 리더를 고를 때 여전히 남성 쪽으로 2배 정도 편향되어 있다. 최상의 팀 구조를 만들 가능성이 그 편향의 정도만큼 줄어든다.

지금은 25년 전보다 팀의 위기를 다루는 법에 대해 더 많이 알고 있다. 버지니아 새티어[4]와 같은 가족치료 연구가들의 이론을 공부한 것이 주효했다. 내가 배운 위기 대처법은 대부분 『Quality Software Management』 시리즈의 세 번째 책에 많이 설명되어 있다. 그러나 일단 발생한 위기에 대처하는 것보다는 위기 자체를 방지하는 편이 훨씬 쉬운 일임을 아는 것이 가장 중요하다(이것이 『Quality Software Management』 시리즈 네 번째 책의 주제다).

---

4 (옮긴이) 버지니아 새티어(Virginia Satir, 1916~1988) - 가족치료법으로 유명한 심리치료 연구가. 그의 이론이 NLP(Neuro-Linguistic Programming, 신경-언어 프로그래밍)의 심리치료 기법의 토대가 되었다.

6장
프로그래밍 프로젝트

 어떤 프로그래밍 목표를 이루기 위해 두 팀이 함께 일해야 하는 상황에서는 두 프로그래머가 함께 일하게 될 때와 마찬가지로 중간에서 조율 기능이 나타난다. 또 개인이 모여 팀을 이룰 때와 마찬가지로 새로운 형태의 사회관계도 형성된다. 예를 들어 프로그래머 두 명의 관계를 살펴보면, 개인으로 상호 작용하지만 각기 다른 팀에 속한 구성원으로서도 상호 작용한다(그들 각자가 지닌 개인적인 목표는 매우 비슷하더라도 각 팀의 목표는 전혀 다를 수 있다). 팀원은 다른 팀원들과 비교 평가를 받을 뿐만 아니라, 다른 팀과 비교 평가되는 소속팀의 일부로도 평가 받는다. 그리고 팀 간의 조율을 위해 이차적인(또는 고위의) 리더십이 필요해지면서, 리더들을 이끄는 상위의 리더가 출현하게 된다.
 관리의 관점에서 보면 프로젝트에는 여러 가지 측면이 존재하고, 이는 수많은 책이나 기사에서 논의된 내용이다. 그러므로 여기서 그 많은 측면을 모두 다루지는 않겠다. 이번 장에서는 심리학적인 요소를 포함하거나 프로그래밍 프로젝트 관리에 대한 기존의 잘못된 생각을 바로잡는 데 필요한 내용을 몇 개 추려 논할 것이다.

변화를 통한 안정

대규모 조직이 지닌 특성 중 가장 흥미로운 것은 구성원 개개인의 수명보다 더 오래 존속한다는 점이다. 이는 미합중국과 같은 조직을 생각하면 명확해진다. 어떤 사람도 200년을 살 수는 없다. 따라서 특정 인물에게서 미합중국의 영구적인 정체성을 찾을 수는 없다. 그 인물이 아무리 뛰어나더라도 말이다. 워싱턴(Washington)도, 링컨(Lincoln)도, 제퍼슨(Jefferson)도, 심지어 미합중국 전체를 상대로 사기를 쳤던 매카시(McCarthy)[1]도 그럴 수 없다. 그런데 관리자는 대부분 프로그래밍 프로젝트에도 그와 같은 특성이 있다는 사실을 모르는 듯하다.

프로그래밍 팀도 최초 구성원들은 모두 떠났지만 팀은 유지되는 경우를 볼 수 있다. 사실, 구성원보다 훨씬 긴 수명이 팀 조직의 강점 중 하나다. 물론 이 능력은 팀원 간의 상호 작용에서 비롯된다. 그 상호 작용을 통해 팀의 목표와 성취가 새로운 구성원에게 전달되고 또 기존 구성원이 떠난 후에도 그대로 유지되기 때문이다. 어떤 의미에서 프로그래밍 프로젝트 또는 팀은 강과 같다. 물은 계속 바뀌지만 강은 그대로라는 점에서 말이다.

많은 프로젝트 관리자가 프로젝트에 대한 이런 시각을 이해하지 못한다. 대신에 프로젝트의 구조를 가옥과 비슷하다고 생각한다. 즉, 기둥 하

---

1 (옮긴이) 조셉 매카시(Joseph Raymond McCarthy, 1908~1957) - 매카시즘(McCarthyism)의 주인공. 매카시즘이란 1950년대 초반 미국을 휩쓸었던 일련의 반공산주의 선풍으로, 당시 상원의원이었던 매카시가 "국무성 내에 공산주의자 205명이 있다"고 폭탄 발언을 한 것이 발단이 되었다.

나가 없어지면 전체가 무너진다고 본다. 그런 생각은 프로젝트에 참여한 사람들 특히, 이른바 핵심 인력을 대하는 태도에서 잘 나타나는데, 때로는 그로 인해 비참한 결과를 맞기도 한다.

그 비참한 결과의 예로 두 가지 일화를 들 수 있다. 하나는 마크가 어떤 생산 공정을 온라인으로 제어하는 프로그램을 설계한 것에서 출발한다. 그 시스템의 동작 방식을 이해하는 사람은 마크뿐이었으므로, 그는 자신이 설계한 제어 프로그램의 구현까지 맡게 되었다. 그러나 그는 부여 받은 업무가 결코 달갑지 않았다. 유사한 시스템을 이미 두 번이나 구현해 봤고 따라서 세 번째 구현에 별다른 도전 의식을 가질 수 없었기 때문이다. 잠시 동안은 흥미를 가질 만한 차별 요소가 있기는 했지만, 멀리 공장으로 출장을 가서 일해야 되는 악조건에 비하면 너무 미미했다.

마크는 도시 체질이었는데, 공정 제어 시스템을 개발하려면 오랜 기간 동안 먼 타지에서 일해야 했다. 가장 큰 문제는 간단히 말해서, 지루함이었다. 지루함을 참다못한 마크는 다른 팀에 있던 밥이라는 비교적 경험이 많은 프로그래머를(분석 루틴을 작성하는 업무를 맡고 있었다) 자기 팀으로 보내달라고 요청하기에 이르렀다. 원래의 팀은 마크와 초보 프로그래머 두 명만으로 구성되어 있었다. 마침 밥도 제어 프로그램에 흥미를 보였으므로 마크는 밥을 훈련시켜서 자신의 업무를 넘기고 도시로 돌아가면 되겠다고 생각했다.

그러나 프로젝트 관리자의 생각은 달랐다. 그는 프로젝트에 투입할 숙련된 인력을 얻느라 어려움을 겪고 있었기 때문에 마크의 개인적인 욕구를 만족시키기 위해 그나마 경험이 많은 축에 속하는 프로그래머 한 명분의 자원을 희생하고 싶지 않았다. 그래서 관리자는 밥 대신에 다른 프로그래머를 마크의 팀에 충원시켰는데, 그는 초보였다.

초보 프로그래머를 또 받는 것은 마크가 가장 원치 않던 일이었다. 그는 이미 혼자서 거의 모든 일을 직접 하는데다가 원래 있던 초보 프로그래머 두 명을 지도까지 하느라 버거운 상태였다. 그래서 프로젝트를 빨리 끝마치거나 후임에게 넘기고 자신은 자리를 옮기고 싶었던 차에, 새로 들어온 팀원은 방해가 될 뿐이었다. 따라서 마크는 밥을 보내 달라고 다시 요청했다. 밥 역시 자신이 바라던 자리를 얻지 못해 불만스러워 하고 있었다. 그러나 관리자는 그 요청을 들어주려 하지 않았다. 프로젝트의 핵심 인력인 마크가 불만이 많은 상태라는 것은 인정했지만, 밥을 대신할 프로그래머를 찾는 일로 골치 아프고 싶지 않았던 것이다. 그래서 관리자는 급료를 대폭 인상해 주어서 마크를 달래려 했다. 그러나 마크는 급료가 인상된 지 일주일도 안 돼서 사표를 내고 도시로 돌아가 버렸다.

급료가 크게 올랐는데도 얼마 안 있어 그만두는 프로그래머를 보면 관리자들은 항상 놀라워하곤 한다. 그러나 관리자들이 그렇게 놀라는 게 더 놀랍다. 프로그래머의 그런 행동을 설명할 수 있는 심리적 해석이 두 가지나 있기 때문이다. 우선, 프로그래머는 급료의 인상을 책임이 늘어난다는 의미로 해석하는 경우가 있다. 그리고 모든 사람이 책임을 더 원하지는 않는다. 프로그래머는 돈을 더 많이 받을수록 더 많은 일을 해야 한다고 생각한다. 그러나 이미 충분히 많은 일을 하고 있기 때문에 급료 인상을 등골이 휠 만큼 가혹한 업무량의 상징으로 받아들인다.

혹은 급료 인상을 프로그래머가 진정으로 원하는 뭔가를 돈으로 대신하려는 술수로 해석하기도 한다. 예를 들어, 팀에서 리더로 인정받기를 원하는 어떤 프로그래머에게 급료를 인상해 주면 팀 리더 자리는 다른 동료에게 돌아가고 자신에게는 대신 금전적으로 보상했다고 생각할 수 있다. 마크의 경우 급료 인상은 그가 요구하는 수준을 갖춘 인력을 충원해 주는 대신이었으며 프로젝트에 그를 더 매어 두려는 시도였다. 마크는 이미 관리자에 대한 의리 때문에 참고 있던 상황이었기 때문에 다시 한 번 자신의 합당한 요구가(당장 프로젝트를 떠나겠다는 것이 아니라, 후임자를 훈련시킬 기회를 달라는 것뿐이었다) 거절당하자 포기해 버린 것이다.

이 일화에서는 관리자가 마크를 프로젝트에 묶어 두려 한 것이 오히려 역효과를 일으켜 그를 더 빨리 몰아낸 결과가 됐다. 그로 인한 부작용은 파괴적이었다. 사실, 마크가 떠난 뒤에 후임자로 뽑힌 사람은 밥이었다. 그러나 밥은 그 업무를 맡을 수 있는 훈련을 받지 못한 상태였고, 훈련을 시켜줄 수 있는 사람도 없었다. 따라서 프로젝트 진행에 큰 걸림돌이 됐다. 애초의 완료 기한을 1년이나 넘겨서 누덕누덕 기워진 시스템을 가동시킬 수는 있었다. 그러나 생산 공정의 수많은 변수를 실시간으로 제어하기에 그 시스템은 너무 느리다고 판명됐다. 게다가 시스템의 속도를 저해하는 근본 원인이 제어 프로그램의 비효율성이었다. 결론적으로, 제어 시스템을 도입한 효과로 기대했던 경비 절감을 이룰 수 없었고 6개월 후에는 가동을 중지하고 폐기했다.

위와 비슷하지만 결과는 전혀 다른 사례도 있다. 다음의 일화는 **꾸준한 변화를 통한 안정**이라는 개념의 구체적인 예가 된다. 어떤 프로젝트에서 헨리(Henry F.)는 앞 일화의 마크와 비슷한 역할을 하고 있었다. 헨리도 일종의 제어 프로그램을 설계했는데, 다른 점은 좀 더 규모가 크고 잘 구성된 팀의 리더였다는 것이다. 그는 구현 작업에 싫증이 나기 시작하자 팀원 중 가장 뛰어난 두 명, 메리와 시드를 훈련하는 데 모든 업무 시간을 할애했다. 그래서 그들은 헨리만큼이나 그 시스템을 잘 이해하게 되었다. 그 팀은 민주적으로 조직되어 운영되고 있었고 비자아적 프로그래밍을 실천하고 있었기 때문에 훈련을 시키기가 아주 수월했던 것이다. 그러나 이는 관리자에게 달갑지 않은 일이었다.

그 프로젝트는 사내에서 관심의 대상이었기 때문에, 고위 인사들의 방문을 자주 받았고 그때마다 헨리가 프레젠테이션을 하곤 했다. 헨리의 프레젠테이션은 항상 훌륭했으므로 그 대신 메리를 연단에 세우려는 시도는 두 번이나 제지당했다. 그러던 어느 날 헨리는 메리에게 발표 준비를 완전히 맡기고 자신은 아프다는 핑계로 출근하지 않았다. 그러자 관리자는 크게 당황했지만 메리에게 프레젠테이션을 시켜 보는 것 외에는 방법이 없었다. 그리고 메리는 훌륭히 해냈다.

이제 고위층에서는 메리를 대체 리더로 인정하는 분위기였기 때문에(메리를 직접 지명하여 프레젠테이션을 시킬 정도였다) 헨리는 자리를 옮겨 달라고 요청할 적기라고 판단했다. 그러나 관리자는 메리가 뛰어난 능력을 보이고 있음에도 헨리가 떠나는 것을 매우 불안하게 여겼다. 물론 메리를 인정하기는 했지만 헨리는 제어 프로그램 개념의 창안자였다. 게다가 프레젠테이션과는 별개로 여자인 메리에게 팀을 이끌 능력이 있다는 사실을 믿을 수 없었다.

헨리는 그런 반응을 어느 정도 예상하고 있었으므로 이번에는 시드의 이름을 거론했다. 그러나 메리가 너무 잘한 나머지 시드가 또 다른 리더 후보라는 걸 관리자는 별로 믿으려 하지 않았다. 헨리는 시드에게도 프레젠테이션을 할 기회를 주자고 했으나, 관리자는 메리 외에는 그럴 수 없다고 주장했다. 그러나 프레젠테이션이 예정된 어느 날 이번에는 메리가 아프다는 핑계로 나오지 않았고, 관리자는 마침내 희망을 발견했다. 헨리는 떠날 준비가 되어 있었고 메리와 시드는 헨리의 역할을 대신할 준비와 마음가짐을 갖추고 있었다. 헨리에게 마지막으로 관리자 위치의 승진까지 제시했지만, 이미 자신의 프로그래밍적 상상력을 자극하는 다른 일거리에 마음을 뺏긴 헨리는 미련 없이 프로젝트를 떠났다. 관리자는 여전히 일말의 불안감에 시달리고 있었으나, 프로젝트는 계속 차질 없이 진행되었으며 성공적으로 완료됐다.

지금까지 살펴본 두 일화를 비교해 보자. 여기서 유익한 교훈을 얻을 수 있다. 각각의 결과를 성공 또는 실패로 이끈 원인은 여러 가지가 있다. 헨리는 사람을 다루는 데에 마크보다 경험이 많았다. 그리고 팀에 초보가 아닌 팀원이 있었으므로 관리자의 간섭을 덜 받았다는 점에서 운이 좀 더 좋았다. 그리고 헨리의 관리자가 좀 더 현명하고 덜 완고하며 성공에 대한 압박감을 덜 느끼고 있었다. 마지막으로 헨리가 더 참을성 있었으며 관리자의 처지를 잘 이해했다. 마크의 관리자는 마크가 원하는 인력을 충원해 줄 뿐만 아니라 후임자 육성을 독려했어야 했다(마크는 핵심 인력의 역할을 다소 즐기는 편이었기 때문이다).

앞의 두 일화 또는 그와 비슷한 수백 가지의 예에서 얻을 수 있는 교훈은 명확하다. 프로젝트가 진행되면서, 사람들은 현재 하고 있는 제한된 업무에 비해 더 흥미로워 보이는 새로운 것들을 배우기 마련이다. 또는 자신의 능력에 비해 너무 쉽게 느껴지는 업무가 지겨울 수도 있다. 모든 프로그래머가 어려운 업무에 도전하는 걸 즐기지는 않지만(어떤 사람은 너무 급하게 업무를 재촉하면 그만둬버릴지도 모른다), 대부분은 자신의 지식을 적용해 볼 기회가 없다면 불만족스러워 한다. 따라서 프로젝트를 오랜 기간 동안 안정적으로 수행하려면, 관리자는 프로젝트가 일종의 프로그래머 생산 공장으로 기능하도록 만들어야 한다. 즉, 초보자라는 신선한 재료를 공급 받아 숙련된 리더를 생산하는 것이다.

그 다음 교훈은 좀 더 구체적으로 설명하겠다. 프로젝트는 카드를 쌓아 지은 집이 아니다. 핵심 인력이 한 명 없어진다고 붕괴되지 않는다. 아니,

적어도 그렇지 않아야 한다. 그러나 관리자는 그렇다고 생각하는 경우가 많고, 그런 예언에는 자기실현성이 있다. 마크의 경우가 그랬다. 마크를 조금만 덜 신뢰했더라면, 관리자는 팀에 경험 있는 프로그래머를 한 명이라도 더 배치했을 것이다. 또 핵심 인력이 현재 직무에 매우 만족하고 있더라도 사람은 뜻하지 않게 아플 수도 있고 징병될 수도 있으며 죽을 수도 있다. 따라서 안정적인 프로젝트를 원한다면 관리자는 다음의 격언을 명심해야 한다.

절대 없어서는 안 될 프로그래머가 있다면, 한시라도 빨리 그를 프로젝트에서 제거하라.

성과의 측정

프로젝트의 규모가 클수록 성과를 측정하기가 더 어렵다. 우선은, 규모가 너무 크면 한 사람이 전체를 판단하기 불가능하다. 또, 개별 프로그램의 진척도에 대한 판단은 주관적인 문제이므로 다른 요인이 없는 상태에서도 각양각색일 것이다. 그러나 어떤 프로그램 하나에 대한 여러 사람의 의견을 들어 볼 기회는 없다. 대신, 프로젝트라는 큰 그림 내에서 여러 프로그램에 대한 여러 사람의 의견을 비교하고 종합해야 한다. 그렇게 의견을 종합하는 과정에는 심리적인 문제가 발생할 다양한 가능성이 존재한다.

대규모 프로젝트가 많은 계층으로 구성되어 있으면 각 계층 사이에서 여과 작용이 발생해서 흥미로운 효과가 나타날 수 있다. 그런 예 중에서 극단적인 경우가 한 군사 프로젝트에서 발생한 적이 있는데, 프로그래밍뿐만 아니라 세계적인 통신 네트워크 구축도 포함된 프로젝트였다. 프로그래밍 프로젝트로만 본다면, 일급 프로그래머 75명을 열두 팀으로 나눠 배치했고, 팀 리더 열두 명은 다시 그룹 세 개로 나뉘었으며, 그룹 리더 세

명은 한 명의 프로그래밍 프로젝트 관리자에게 업무를 보고해야 했다. 또 그 회사 내에는 중앙 컴퓨터와 특수 목적의 하드웨어를 설계하고 개발하는 프로젝트도 존재했으므로, 세 명의 프로젝트 관리자가 한 팀을 이뤄 사내 프로젝트 총괄 관리자의 감독을 받았다. 그리고 그 총괄 관리자도 여러 회사에서 온 프로젝트 관리자들로 구성된 관리팀에 속했으며, 관리팀은 프로젝트 최고 관리자가 이끌었다.

계약 요건에 의하면, 매달의 진행 상황을 정부에 보고해야 했다. 그런데 꽤 비싼 프로젝트였기 때문에 자연스럽게 보고서도 총천연색으로 인쇄할 필요가 있었다. 이는 보고서의 최종 원고를 제출일보다 최소 12일 전에는 인쇄기사의 손에 넘겨야 한다는 뜻이다. 보고서의 제출일은 다음 달 10일이었다. 즉, 9월 보고서는 9월 28일까지는 마무리해야 했고, 그 날이 주말이라면 더 당겨질 수도 있었다.

최고 관리자에게도 보고서를 검토하고 종합할 시간이 있어야 하므로, 인쇄할 기한보다도 5근무일 전에 보고서를 제출할 필요가 있었다. 게다가 보고서를 우편으로 제출할 수도 있었으므로, 회사별 9월 보고서는 9월 20일 정도까지는 완성해야 했다. 또, 어떤 회사의 경우에는 총괄 관리자가 아래의 프로젝트 관리자 세 명이 작성한 보고서를 검토하는 데 4근무일이 필요했다. 따라서 각 프로그래밍 프로젝트의 보고서는 15일 정도까지 작성을 마쳐야 했다.

이런 식으로 나가다 보니, 각 프로그래밍 팀은 다음 달의 보고서를 이번 달이 끝나기 4일 전에 작성할 수밖에 없었다. 따라서 팀 보고서의 내용은 현재의 진척도가 아닌, 다음 달에 대한 예상으로 채워졌다. 그러나 보고서의 제목은 여전히 진척도였고, 그 사이 생길 괴리를 걱정하는 사람은 아무도 없는 듯했다.

지금까지 설명한 상황에서 심리적인 요소는 사소한 것 두 가지밖에 없다. 하나는 별로 가능해 보이지 않아도 사람들이 믿으려 하는 경우가 있다는 사실이다. 나머지 하나는 보고서를 검토하는 사람의 지위 및 보고서 작성에 실제로 공헌하는 정도와 검토에 소비하는 시간 사이의 흥미로운 관계다. 검토자의 지위가 높을수록 보고서를 자신이 더 오래 붙잡고 있어야 한다고 주장한다. 그러나 실제로 보고서의 내용을 작성하는 양은 그에 반비례한다. 그렇다고 아무런 변화도 만들지 않는다는 뜻은 아니다. 오히려 그 정반대다. 하위 보고서가 통합되는 단계마다 각각 보고서 내용과 상관없이 모종의 순화 작용이 일어난다.

각 통합 단계에서는 다음과 같은 식으로 사고하게 된다. 한 하위 보고서에 진척도가 평소보다 높게 기재되어 있으면, 검토자는 다음 달의 운이 나빠질 가능성을 대비하여 여분을 조금 남겨둔다 해도 큰 문제는 안 될 거라고 생각하고 이번 달 진척도를 조금 낮게 수정한다. 반대로, 보고된 진척도가 너무 낮으면 임의로 조금 높게 수정한다. 문제가 있다는 걸 들켜서 나중에 책임지고 해결해야 하는 사태를 원치 않기 때문이다. 이와 유사하게, 특정 사안에 대한 보고 내용이 너무 길면 임의로 줄인다(보통 가장 중요하지 않은 내용만 남긴다). 또 반대로, 너무 짧다면 문제를 부풀리거나 별도의 문제 두 개인 것처럼 나눠 버린다.

그렇게 여과를 몇 단계 거치면, 매월 거의 일정한 진척도와 함께(영역별로 조금씩 부침이 있겠지만) 전월의 문제점 중 일부는 해결되고 새로운 문제 몇 개가 발생했다는 식의 내용이 된다. 즉, 최상부에 보고되는 내용은 실무자들이 보고한 내용과 전혀 관련이 없는 엉뚱한 것이 된다.

물론, 실무자의 보고도 미래의 진척도에 대한 예측일 뿐이다. 따라서 보고가 위로 층층이 올라가면서 어떤 식으로 변질되더라도 문제가 되지 않을 수도 있다. 그러던 중, 팀 리더 한 명이 우연히 최종 보고서를 목격했고, 자신이 보고한 내용이 어떻게 변질되었는지 보면서 더는 보고의 정확성을 높인답시고 시간을 낭비하지 말자고 결심했다. 그리고 진척도를 예측하고자 프로그래머들을 귀찮게 만드는 대신에 그럴듯한 숫자로 대충 채워 보고서 작성을 마쳤다. 몇 달도 되지 않아 그런 방식은 다른 모든 팀으로 퍼졌고, 결과적으로 보고서와 실제 진행 상황 사이의 관련성은 매우 작아졌다.

이 프로젝트의 진행 상황 보고 방식에 무슨 문제가 있었던 걸까? 몇 가지를 지적할 수 있다. 첫째, 진척도 측정 자체보다 보고서를 강조했다. 보고서를 처음 작성하기 시작하여 최상부에 도달하기까지 소요된 시간을 5일로 줄인다 해도 최초 정보가 유효한지를 검사할 수는 없었을 것이다. 그리고 굳이 정보 이론까지 들먹이지 않더라도, 쓰레기를 입력하면 쓰레기가 출력될 뿐이다(그 역은 참이 아니지만). 게다가 최초 정보를 제공하는 사람들 즉, 팀 리더들은 아무도 자신들이 제출하는 내용의 유효성을 검사하지 않는다는 사실을 알고 있었다. 사실 예측치에 대해 질문을 받는 경우는 그 숫자가 너무 크거나 작을 때뿐이었으므로, 리더들은 그런 불편한 상황을 피하려고 숫자를 평균적으로 조정했다.

학습 효과를 최대화하려면 학습 주체가 자신에 대한 평가를 피드백으로 받아야 한다는 심리학적 원칙은 잘 알려져 있다. 또 잘 알려져 있지는 않지만, 자신의 성과에 대한 평가가 있는 것은 알지만 적절한 피드백을 받지 못하는 사람은 보고 내용에 모종의 변화를 주어 체계를 시험하려 한다. 이와 같은 보고 체계에서 최하단에 있는 사람이 자신의 보고 내용에 대한 피드백 정보를 받지 못한다면, 그는 보고 내용을 임의의 방식으로 변형하여 그 효과(피드백이 오는지)를 보려 한다는 것이다. 평가를 안 좋게 받을 수 있는 위험도 감수하면서 말이다.

이 사례에서, 팀 리더들은 보고서에 눈에 띄는 내용만 없으면 그만이라는 점을 이미 눈치 채고 있었다. 그리고 그중 한 명이 최종 보고서를 우연히 보았고, 보고 체계 자체가 헛된 것임을 알게 된 것이다. 그동안 의심에만 머물렀던 부분이 확인됐을 뿐이다. 그러나 적어도 여러 사람의 시간을 많이 아낄 수 있다는 이득은 있었다.

정보 이론의 관점에서 보면 이 보고 체계는 일련의 필터들로 생각할 수 있는데, 각 필터는 시간 지연과 정보 손실을 어느 정도 수반한다. 이런 의미에서 정보는 놀라운 소식일 경우에만 보고서를 통해 전달된다. 신문에 어제 태양이 떴다는 소식이 있어도 별다른 정보가 되지는 않는다. 반대로, 태양이 뜨지 않았다는 소식에는 엄청난 양의 정보가 들어 있다. 기대하지 않았던 사건이기 때문이다. 비슷하게, 진행 상황 보고서에서 정보는 대부분 매우 높거나 매우 낮은 진척도를 나타내는 항목에 포함되어 있다. 그런데 그런 항목들이 어떻게 되는가?

심리학 실험에서 피실험자들에게 선형적인 잣대로 뭔가를 평가하게 하면, 극단적인 값을 택하는 사람은 거의 없다. 실제로 5 단계의 등급 구별이 필요하다면 7~9 단위의 값이 사용되고 양쪽 극단의 값은 옆의 값과 함께 뭉뚱그려진다. 이런 효과가 각 단계를 지나면서 보고서가 여과되는 현상과 관련이 있다. 이전의 검토자가 손대지 않은 극단적인 값을 각 단계의 검토자가 없앤 것이다.

그러나 이 경우 극단적인 값은 이전의 검토자가 남긴 값에 상대적이다. 따라서 보고서의 수치들은 위로 올라가면서 점점 더 중간값을 향하게 된다. 그리고 그럼으로써 정작 전달되어야 할 정보를 여과한다. 이런 정보의 여과를 막을 방법은 없을까?

이 질문에 답하기 위해서는 극단적인 값을 평범한 값으로 조작하는 경향이 지닌 심리적 원인을 찾아야 한다. 생각할 수 있는 원인 중 하나는 인지부조화다. 관리자가 작업이 순조롭게 진행되도록 하는 게 좋은 관리라고 믿는다면, 진척도가 요동치는 상황은 인지부조화 상태를 야기한다. 그리고 그렇게 진척도의 부침이 심한 것은 큰 그림을 보기에는 사안에 너무 가까이 있는 실무자가 잘못 판단한 결과일 뿐이라고 믿어 버릴 것이다.

생각할 수 있는 또 다른 원인은(인지부조화의 가능성을 배제하는 것은 아니다) 상부로부터 받는 압력이다. 전통적인 관리자 지침서에 의하면, 상부의 압력은 일을 추진하는 동력이 되기도 하지만 보고 체계를 파괴하는 힘이 되기도 한다. 관리자가 배워야 할 것은 사람들이 일을 하는 방식을 바꾸거나 작업 능률을 올릴 수 있도록 자극을 주는 방법이다. 현재 프로젝트가 어떤 상황에 있는지 감춰야만 하는 분위기를 조성해서는 안 된다. 정확한 보고에 대해서는 보상을 해야 한다. 그러나 어떤 일의 진척이 더디다고 정확히 보고한 사람에게 상을 주는 것은 불가능한 일은 아니지만 어렵다. 그 일의 담당자와 보고자가 동일 인물인 경우가 보통이기 때문이다. 관리자들이 계층 구조인 조직 체계 때문에 이런 목표의 혼란을 겪는다면, 그 조직의 보고 체계는 시간이 갈수록 실질적인 의미를 점점 더 잃는다.

프로젝트가 계층적으로 조직되어 있지 않더라도 작업 진행 상황에 대한 판단을 수정하게끔 만드는 압력은 여러 곳으로부터 올 수 있는데, 특히 동료들이 큰 몫을 할 수 있다. 애시[2]는 일련의 실험을 통해 사람들이 두 직선의 상대적인 길이에 대한 판단을 옆 사람들의 의견 때문에 어떻게 바꾸

---

[2] (옮긴이) 솔로몬 애시(Solomon Asch, 1907~1996) - 세계적으로 유명한 미국의 행태 심리학자이며 사회심리학의 선구자. 인간 집단 내부에서 나타나는 동조(conformity) 현상을 실험을 통해 증명한 것으로 가장 유명하다. 동조란 다른 사람들 대다수의 의견이 명백하게 틀렸을지라도 사회적 압력에 의해 스스로 믿게 되는 현상을 말한다.

게 되는지를 증명했다. 그 실험은 전형적으로 다음과 같은 식이다. 피실험자 여섯 명을 한 탁자 주위에 앉게 하고, 선분 두 개가 그려져 있는 카드를 보여 주며 그중 어느 쪽이 더 긴지를 물어본다. 그런데 끝에서 두 번째에 앉은 사람만이 진짜 피실험자이고 나머지는 미리 정해 놓은 답을 말하도록 지시 받은 사람들이다. 처음 카드 몇 장을 보았을 때는 옳은 답을 말하지만, 특정 카드의 차례에서는 진짜 피실험자보다 앞서 대답하는 사람들이 모두 짧은 선분이 더 길다고 말한다. 이 상황에서 진짜 피실험자는 압력을 받게 된다. 앞 사람들이 틀렸음을 알지만 진실을 말하기 위해선 그들 모두에 맞서야 한다.

물론 이런 압력에 절대 굴복하지 않는 사람들도 있다. 그러나 대부분은 그렇지 못하다. 두 선분의 길이 차가 적을수록 압력에 굴복할 확률이 높아진다. 심지어 어떤 사람들은 길이가 3배나 차이 나도 주위 사람들의 의견에 동조한다. 게다가 나중에 면담을 해보면 자신의 판단을 정말로 믿고 있는데, 이는 인지부조화 이론에 견주어 이해할 수 있다.

사회적 압력에 대한 실험은 여러 변형이 가능하고, 프로그래밍 관리자가 참고할 만한 내용들이다. 그러나 현재 우리의 목적을 생각하면 구체적인 내용을 모두 알 필요는 없다. 어떤 구체적 사실에 관한 판단을 내릴 때 타인들이 먼저 내놓은 의견에 영향을 받을 수 있으며 판단하기 어려운 대상일수록 그 영향이 커진다는 점에만 주목하면 된다. 프로그래밍 프로젝트의 진척도 측정과 같은 어렵고 주관적인 판단을 할 때 동료들의 영향을 받는(회의 자리에서 또는 보고서를 통해) 현상을 쉽게 목격할 수 있다.

이런 실험의 결과를 보면, 다른 사람들이 모두 이구동성으로 잘못된 선택을 한 것은 아닐 경우 사회적 압력이 판단에 미치는 영향도 알 수 있다. 예를 들어, 다른 사람이 모두 잘못된 선택을 하지만 한 명만은 정확한 선택을 하도록 미리 약속했을 경우 **진짜 피실험자**가 받는 사회적 압력은 모두 사라진다. 다시 말해서, **내 편**이 한 명이라도 존재하면 사물을 있는 그대로 볼 용기가 생기는 것이다.

이 효과를 보여 주는 놀라운 일화가 있다. 어떤 프로젝트에서 서브시스템 여섯 개에 대한 테스트를 시작하기로 예정된 일주일 전이었다(테스트를 수행할 컴퓨터는 전국 곳곳에 분산되어 있었으므로 담당자 여덟 명을 출장 보내야 하는 상황이었다). 각 팀의 리더 여섯 명과 상위 관리자가 모여 최종 점검 회의를 했다. 모두 일정대로 작업이 진행되고 있다며 다음 주에 시스템 테스트 담당자들을 각지로 파견하는 데 동의했다. 몇 가지 기술적이고 논리적인 문제에 대한 논의마저 끝나자, 관리자는 회의를 마무리하려 했다.

"마지막으로 하나만 더 짚고 갑시다. 혹시 다음 주까지의 일정에 조금이라도 지체가 예상되는 팀이 있으면 말씀해 주세요." 관리자가 말했다.

침묵이 1분이나 이어진 후 마침내 한 명이 슬그머니 손을 들었다. 마치 아무도 못 보기를 바라는 것처럼. 그러나 관리자는 바로 알아챘다.

"조지, 무슨 문제라도 있습니까?"

조지는 우물쭈물하며 대답했다. "별 건 아니구요."

"뭔데요?"

"일정에 약간 문제가…"

"얼마나요?"

"음. 한 6주 정도요."

회의실이 소란스러워졌다. "6주라고?" 모두 소리쳤다. "어떻게 회의 시간 내내 입 다물고 앉아있을 수 있었소? 우리는 다음 주에 시스템 테스트를 시작할 참이고, 당신 팀은 일정보다 6주나 뒤쳐져 있으면서 말이오."

관리자는 소란을 잠재운 후, 덕분에 시스템 테스트 담당자들의 출장비를 낭비하지 않을 수 있었다며 오히려 조지의 용기를 칭찬했고, 팀원들을 독려하여 4주 안에 끝내도록 조지를 설득했다. 시스템 테스트 일정도 수정한 후, 이제 정말로 회의를 끝내려는 생각에서 물었다. "또 다른 문제는 없습니까?"

"저기요." 다른 팀 리더 한 명이 마지못해 하는 듯 말했다. "조지에게 추가 시간을 4주 준다면, 우리 팀도 같은 시간을 주어야 할 것 같은데요."

관리자가 되물었다. "그럼, 당신네 팀도 아직 준비가 덜 됐단 말인가요?"

"완벽하지는 않죠."

"얼마나 덜 됐는데요?"

"한 6주 정도 더 필요한데요, 4주 안에 해보겠습니다."

결국 봇물이 터진 듯 여섯 팀의 리더가 모두 일정에 맞추지 못했다고 실토했다. 조지가 용기를 내지 않았더라면 회의는 그냥 끝나고 시스템 테스트에 엄청난 비용만 헛되이 날렸을 것이다.

동조자가 단 한 명만 있어도 전체의 의견에 반대되는 생각을 말하는 데 장애가 되는 사회적 압력이 현저히 줄어들기 때문에, 어떤 프로그래밍 프로젝트에서는 회의에서 데블스 에드버킷(devil's advocate)을 활용하기도 한다. 보통 프로젝트 관리자의 지시를 받은 기술쪽 직원이 그 역할을 맡는다. 그가 하는 일은 매 회의 때 나머지 참석자가 모두 동의하는 듯한 의견에 대해 모든 가능한 부정적인 면을 들추는 것이다. 그럼으로써 전체의 의견에 의구심이 들지만 혼자 반대를 해야 하는 부담감에 머뭇거리는 사람에게 힘을 실어 줄 수 있다.

이렇게 제도적인 데블스 에드버킷 노릇을 하는 사람은 혼자만 반대 의견을 낼 때 다른 참석자들보다 훨씬 부담감이 적다. 그럼에도 어용 데블스 에드버킷도 시간이 지날수록 점점 더 많은 압력을 받게 된다. 그가 제도적인 임무를 수행하고 있으며 모든 사안에 항상 반대 의견을 낼 필요가 있다는 사실을 다른 참석자들이 계속 기억하고 있기가 어렵기 때문이다. 그런 상황이 되면 데블스 에드버킷의 효용은 크게 감소한다. 따라서 어떤 프로젝트에서는 매번 사람을 바꿔서 데블스 에드버킷의 역할이 한 개인으로 고정됨을 방지하기도 한다. 또 그렇게 함으로써 비판적인 시각을 갖는 것이 꼭 부정적인 일만은 아니라는 사실을 알게 될 기회도 된다.

프로젝트의 구조

프로그래밍 프로젝트에서 진척도 평가에 관련된 심리적 함정을 극복하려면, 실무와 그에 대한 평가를 어떤 식으로든 분리하는 것이 필수다. 그런데 계층 조직의 가장 심각한 약점이 바로 이 분리가 불가능하다는 것이다. 실무에 대한 통제 경로가 그대로 진행 보고 경로의 역순이기 때문이다. 앞서 본대로, 그런 체계에서는 보고 경로를 따라 전달되는 정보에 왜곡이 생기기 마련이다. 이런 왜곡을 방지하고자 **단순히 계층적인** 형태에서 탈피한 구조가 나타나기 시작한다.

많은 프로젝트에서 생산이 아니라 다른 그룹의 작업을 평가하는 임무를 부여한 평가 그룹을 둔다. 테스트 단계에 이르면 평가 그룹(또는 그 일부)이 시스템 테스트를 맡거나 또는 별도의 시스템 테스트 그룹이 초기부터 존재할 수도 있다. 진척도 평가 외에 또 다른 기능을 맡는 특수 그룹도 있을 수 있다. 라이브러리 그룹, 하드웨어 그룹, 문서화 전문 그룹, 프로젝트 내에서 사용하는 서비스 프로그램을 개발하는 시스템 프로그래밍 그룹 등이 그 예다. 공적인 프로젝트에서 특히 필요한 특수 그룹은 대외관계 그룹인데, 프로젝트 내의 사람들에게 호기심 많은 외부인이 끼치는 일상적인 방해를 차단하는 역할을 한다. 또, 제한된 기간 동안의 특수 업무를 위해 다양한 그룹이 만들어지기도 한다.

예를 들어, 시스템에 통상적인 방법으로 발견할 수 없는 버그가 있다면 그것을 찾아 제거할 임시전담반(task force)을 조직할 수도 있다. 그런 임시 그룹을 만들 수 있으려면, 프로젝트 관리자가 일정분의 **여유 인력**을 미리 확보했어야 한다. 그래야만 인력을 차출하여 새는 부분을 막을 수 있다. 그러나 아무리 신중하게 계획했더라도, 모든 우발적인 사건을 예상해 대응할 새 그룹을 만들 수 있는 프로젝트는 없다. 따라서 프로젝트는 대부분 그 기간 동안 조직 개편을 여러 번 겪게 된다.

그런데 조직을 개편하려 하면 생각보다 많은 문제가 발생할 수도 있다. 다른 그룹으로 옮기거나 어떤 사람과 함께 일하는 것 또는 특정 업무를 맡는 것을 거부하는 사람들이 생긴다. 또 반대로, 어떤 사람과 계속 함께 일하거나 현재 업무를 계속 해야겠다고 우기는 경우도 있다. 본질적으로 이런 문제들은 모두 차별에서 비롯된다. 이는 한 개인이 정해진 팀에 속해 일할 때에 발생하는 문제와 유사하다.

팀 구성원 각자는 팀 목표를 일정 부분 자기 것으로 받아들인다. 그러나 특화된 팀일 경우에는 팀 목표가 프로젝트 전체의 목표 또는 다른 팀의 목표와 일치하지 않을 수도 있다. 어떤 사회 관계에서는 이러한 불일치가 항상 명백하게 나타난다. 예를 들어, 특정 업무가 다른 일보다 시시한 것으로 치부될 수 있다. 문서화 그룹이 그런 경우다. 프로그래밍 팀 사람들은 문서화 그룹을 깔본다. 그 결과, 문서화 그룹의 구성원들은 방어적이고 배타적인 태도를 지니게 되며 다른 팀 사람들과 접촉하는 일을 최대한 피한다. 그러나 다른 팀을 경원하는 것은 문서 팀이 갖춰야 할 덕목과 정확히 반대된다.

관리자가 이런 분열을 조장하기도 한다. 우선, 관리자 스스로 편견이 있어서 프로젝트의 조직 구성에 반영하기도 한다. 어떤 큰 프로젝트에서 있었던 일화인데, 외부 방문자들에게 그 프로젝트에서 실시하고 있는 교육 제도를 소개하는 자리였다(변화를 통한 안정 이라는 개념을 자기가 알고 있음을 보여 주고자). 관리자는 수료를 끝낸 교육생 목록을 최종 점수 순으로 보여 주면서, 모두 뛰어난 점수를 얻었다고 자랑했다.

"그런데, 맨 아래 세 명은 어떻게 되나요? 그 학생들은 나머지에 비해 점수가 너무 떨어지네요." 방문자 한 명이 물었다.

"아, 그거요. 신경 쓰실 필요 없습니다. 그 사람들은 문서화 그룹으로 보낼 거거든요. 그러니 걱정할 필요가 없습니다." 관리자는 대수롭지 않다는 듯 대답했다.

이런 상황이라면 다른 직원들이 문서화 그룹의 사람들을 깔보고 함께 일하길 원하지 않는다 해도 별로 놀랍지 않다.

테스트 그룹도 다른 그룹과 어려운 관계에 놓인다. 테스트 업무가 다른 그룹을 비판하는 일이기 때문이다. 프로그램 테스트 그룹에서 일하던 내 학생 한 명이 자기 그룹과 테스트할 프로그램을 개발하는 그룹 사이의 사회적 상호 작용을 연구한 적이 있다. 사무실이 섞여서 배치되어 있음에도, 그들 사이에는 사회적 상호 작용이 전혀 없었다. 서로 점심을 함께 먹는 일도 커피를 함께 마시는 일도 없었고, 심지어 연필을 빌리는 사소한 일조차 없었다. 그리고 그룹 내에서 얘기할 때에는 상대방 그룹 사람을 모두 우둔하고 불친절하며 부당하게 묘사하곤 했다.

이런 상호 혐오는 관리자가 일정 부분 조장하기도 한 듯 보였다. 이 학생이 두 그룹이 함께 하는 회식을 계획하자 관리자가 강하게 반대했기 때문이다. 두 그룹이 너무 친밀해지면 건전하지 못하다는 이유였다. 그러나 그녀는 회식이 컴퓨터 프로그래밍 심리학에서 배운 이론을 시험하는 자리에 불과하다며 가까스로 허락을 얻었다. 회식의 명분은 프로젝트의 주요 산출물에 대한 테스트를 성공리에 마친 것이었다. 회식이 있기 일주일 전부터 두 그룹 사이에 교류가 조금씩 늘기 시작했고, 회식 자체는 매우 성공적이었다. 그리고 그 후 그녀의 관찰에 따르면, 두 그룹이 협력해야 할 업무가 이전보다 좀 더 개인적인 통로를 통해 수행되는 것처럼 보였다고 한다.

위와 같이 좋아진 분위기가 그 두 그룹 사이의 업무에 미친 영향이 긍정적이었는지 부정적이었는지는 측정할 방법이 없다. 그러나 비자아적 프로그래밍에 관한 우리의 경험에 비춰 보면, 절친한 친구라고 해서 가장 엄한 비판자가 되지 못할 특별한 이유는 없다. 이 의문에 대해서 통제된 실험을 해볼 수도 있겠지만, 일단 어떤 두 그룹이 자연스럽게 반목하는 상황을 프로젝트 관리자가 더 부추기는 것은 분명 좋지 않은 생각이다.

프로젝트 내의 자연스런 반목은 경영진과 프로그래머라는 수직 계층 사이에서도 발생한다. 이 반목은 목표의 수립 때부터 나타나는데, 프로젝트의 목표가 각 팀 목표의 단순합은 아니기 때문이다. 보통, 목표는 하향적으로 수립되며 주요 사항은 팀 조직이 갖춰지기 전에 이미 결정된다. 그런 상황에서는 팀 목표의 수립도 민주적으로 이뤄지길 바랄 수 없다. 결국, 프로그래머들이 프로젝트는 물론이고 자신의 팀에도 충성심을 갖기 어려워진다.

경영진이 조직을 개인의 야망을 성취하고자 올라야 할 피라미드로 생각하지 않고 차라리 프로젝트를 완료시키는 기계로 본다면, 위와 같은 문제 가운데 많은 것을 극복할 수 있다. 예를 들어, 엔진에서 밸브는 실린더의 대장이 아니고 마찬가지로 크랭크축은 밸브의 대장이 아니다. 프로젝트의 전형적인 구조인 수직 계층의 조직은 잘 돌아가는 기계나 자연계가 아닌 19세기 군대 조직을 본 뜬 것이다. 그러나 사병 한 무리와 프로그래머 한 무리는 공통점이라고는 눈 씻고 찾아볼 수 없을 정도로 차이가 크다.

구식 군대에서 모든 보병은 서로 대체 가능한 것으로 취급된다. 그렇다면 대체 가능한 부분들에 대한 가장 신속하고 직접적인 구조로 수직 계층적인 조직을 선택하는 건 이해할 수 있다. 그러나 프로그래밍 프로젝트는 전투가 아니다(겉으로는 어떻게 보이든). 야전에서 하듯이 빠르게 의사소통할 필요도 없고, 폭탄이 터지는 소리에도 무전기로 알아들을 수 있을 만큼 단순하게 통신할 필요도 없다. 사실 프로그래밍 프로젝트에서 필요한 것은 느림이다. 서로 매우 다르고 특화된 업무를 수행하는 팀들 사이의 의사소통은 매우 신중해야 한다. 게다가 프로그래머는 징집된 것도 아니고, 주어진 명세를 만족시키는 프로그램을 만들어 내지 못했다 해서 군법회의에 회부되지도 않는다. 그리고 사무실에 앉아 적군에게 저격당할 위험도 없으며, 아군이 쏜 총에 등을 맞을 염려도 없다.

대규모 프로젝트에서 공통적으로 발생하는 사회 문제

대규모 프로젝트에서 발생하는 사회적 문제에서 대부분의 원인은 프로젝트 리더십과 실무자 사이의 먼 거리에 있다. 프로그래밍 팀 내에는 딱 두 가지 역할만 있으면 된다. 프로그래머와 그 리더. 그러나 프로젝트 전체를 놓고 보면 리더의 리더 즉, n차 관리자가 있다. 1차 관리자와 n차 관리자는 매우 다르다. 1차 관리자는 어찌됐든 실무의 진행을 몸소 겪지만, n차 관리자는 하위 관리자들을 통해 간접적으로만 볼 뿐이다.

n차 관리자가 프로그래머 출신이라 할지라도(드문 경우이기는 하다), 그는 현재 자리까지 오르는 동안 프로그래밍 기술을 모두 잃었을 것이 분명

하다. 프로그래밍 기법과 하드웨어가 하루가 다르게 변하는 현실에서 n차 관리자는 구식일 수밖에 없다. 원래 보유했던 기술을 계속 갈고 닦았더라도 말이다. 당시에 그가 익혔던 프로그래밍 언어와 하드웨어는 이제 더는 쓰이지 않기 때문이다. 현업 프로그래머들을 대상으로 한 어떤 설문 조사에서 프로그래머들은 일선 관리자 중 15%만이 자신만큼 기술이 있고 그보다 위의 관리자들은 전혀 아니라고 대답했다. 또 일부는 상위 관리자가 가끔씩 와서 자신들이 하고 있는 작업에 대해 왈가왈부하는데 잘 모르면서 아는 척하는 게 눈에 뻔히 보인다고 진술했다. 물론, 직속 관리자의 관리자에게 밉보이는 위험을 감수할 필요는 없기 때문에 그가 가고 나서야 자기들끼리 낄낄거리며 비웃는다고 한다.

관리자가 스스로 이해하지 못하는 일을 감독할 때에는 언제나 실무자를 평가하는 기준이 일 자체가 아니라 일하는 모습이 된다. 아침에 일찍 출근하는 프로그래머가 지각하는 프로그래머보다 더 우수하다고 생각한다. 그러나 늦게까지 야근하는 프로그래머는 그에 대한 온당한 평가를 받을 수 없다. 관리자는 그가 늦게까지 일하는 모습을 못 보기 때문이다. 또 프로그래머가 동료와 대화를 나누고 있으면 일하는 중이 아니라고 여긴다. 관리자의 생각에 프로그래밍이란 혼자 앉아 진지한 얼굴로 컴퓨터와 씨름하는 일이기 때문이다.

그러나 관리자가 달리 무엇을 할 수 있겠는가? 프로그래밍 작업의 결과물은 몇 달 뒤에나 나오기 때문에 누구의 프로그램이 동작하고 누구의 프로그램이 동작하지 않는지를(이것도 관리자가 그 차이를 알 수 있다는 가정이 필요하지만) 보려고 마냥 기다릴 수만은 없다. 결국 관리자가 할 수 있는 최선은 일선 관리자에게 의존하며 그들이 실무를 실제로 살피고(프로그램을 읽어 보는 수준까지) 있다고 믿는 것이다. 자신이 지켜보고 있다는 인상을 주려고 여기저기에 출몰하며 프로그래머들에게 참견하는 행태는 결코 좋지 않다.

우리가 인터뷰한 어떤 프로그래머는 프로젝트 관리자가 이해할 수 있는 결과물을 출력하는 프로그램을 준비한 덕분에 큰 급료 인상을 벌었던 경험을 들려주었다. 프로젝트 관리자가 자신의 자리에 왔을 때 그 프로그래머는 준비했던 프로그램을 보여주며 특정 상황을 처리하는 방법을 조언해 달라고 청했다. 관리자는 어떤 조언을 해주고는(그 프로그램이 실제 프로젝트에 포함된다고 해도 전혀 쓸모없는 조언이었다) 쏜살같이 가버렸다. 며칠 후, 그는 식당에서(그 자리에는 자신의 직속 관리자도 있었다) 프로젝트 관리자에게 감사를 표했다. 그리고 또 며칠 후, 그는 급료 인상을 통보 받았다.

기술적인 조언에 대한 감사를 받았으니 동료들의 눈에 비치는 그 프로젝트 관리자의 지위는 분명 올라갔을 테고, 관리자에게 그런 직접적인 공헌은 흔치 않은 일이기 때문이다. 실무자의 지위는 기술적인 업무를 수행하는 능력(예를 들어, 귀신같이 디버깅하는)에 의해 크게 좌우된다. 그러나 관리자의 경우는 그렇지 않다. 예전에 자신이 프로그래머로 날리던 시절을 동료들 앞에서 되뇌며 성가시게 할 수는 있어도 말이다. 승진 사다리를 오르는 과정에서 관리자는 점점 더 기술적인 우월성을 확보하기가 어려워지고, 그렇기에 자신에게 권위를 주는 지위의 상징에 집착하게 된다.

그런데 그 지위의 상징이란 것은 우스울 정도로 하찮은 경우가 많다(특히, 프로그래밍과 관련 없는 사람의 관점에서는). 프로그래밍 분야에만 존재하는 지위의 상징을 몇 개 살펴보자. 예를 들어, 프로그래머의 책상에 천공 카드 더미가 쌓여있는 장면을 종종 볼 수 있다. 어느 정도 직위까지는 그런 카드 더미가 지위의 상징으로 인식된다. 카드 더미의 주인은 프로그램을 함부로 퍼트릴 수 없을 만큼 중요한 업무를 하고 있다는 뜻이기 때문이다. 그러나 좀 더 높은 직위에서는 반대가 된다. 실제 프로그래밍 업무와 너무 가까이 있다는 인상을 주면 지위가 낮아 보이기 때문이다. 또, 전산실을 폐쇄적으로 운영하는 회사에서는 전산실 출입 허가를 받은 사람을 그렇지 못한 사람보다 훨씬 더 중요하게 여길 것이 분명하다(전산실에 들어갈 일이 없을 만큼 고위 인사에게만 출입 권한을 주는 것이 가장 안전하기는 하지만 말이다). 전산실이 개방되어 있는 상황에서는 프로그램 실행의 우선순위가 중요하다(특히, 각 구성원의 우선순위가 결정되어 있다면). 프로젝트 관리자는 자신의 프로그램이 다른 사람들의 프로그램보다 항상 우선으로 실행된다는 사실에 큰 만족감을 느낄 것이다(실행시킬 프로그램이 있다면 말이다).

최근에는 단말기가 프로그래밍 관리자에게 최고의 지위를 상징하는 존재가 되었다. 불쌍한 실무자들은 단말기가 모자라 애를 먹더라도 프로젝트 관리자는 찾아올 손님에게 과시할 목적으로 꼭 전용 단말기를 갖춘다. 그가 단말기로 무슨 일을 하는지는 알 수 없다(또는 일급 비밀일지도 모른다). 손님이 관리자의 사무실에 놓인 단말기를 통해 보는 거라고는 거짓 데모나 님[3] 또는 스페이스워[4] 같은 게임 화면이다. 거짓 데모 중에 가장 번지르르한 걸 꼽자면 단연 프로젝트의 작업 내용을 표시하는 PERT[5] 차트다. 관리자가 어떤 버튼을 누르면 PERT 차트에 임계경로가 강조되어 표시된다. 그리고 라이트펜으로 어떤 노드를 지워 새로운 차트를 만든다. 다시 한 번 버튼을 누르면 새로운 임계경로가 표시된다. 이 데모를 본 손님들은

---

3 (옮긴이) 님(Nim) - 몇 행으로 배열된 돌들을 두 사람이 번갈아 정해진 규칙에 따라 빼내다가 마지막 돌을 빼내는 사람이 이기는 일종의 퍼즐 게임.
4 (옮긴이) 스페이스워(Spacewar) - 1962년에 개발된 최초의 비디오 게임. MIT 공과대학 출신인 컴퓨터광들이 만들었다.
5 (옮긴이) PERT(Program Evaluation and Review Technique) - 프로젝트 관리용 평가검토기법. 프로젝트를 일종의 네트워크로 모델화한다. 프로젝트의 마일스톤을 노드로, 마일스톤 사이의 소요 시간을 노드 연결 화살표로 표현하는데, 그중 최장시간경로를 임계경로(critical path)라 한다.

그 관리자가 프로젝트를 매우 잘 관리하고 있다는 인상을 받는다. 물론 이 데모는 완전히 속임수다. 네 가지 패턴을 시스템에 미리 입력해 놓았을 뿐이다(그 이상의 화면은 보여 줄 수 없다).

프로그래밍 관리자의 지위를 나타내는 가장 고전적인 상징 중 하나는 비서 또는 경영지원 보좌의 존재다. 둘의 차이점은 비서는 항상 여성인 것에 비해 경영지원 보좌는 성별과 상관이 없다는 점이다. 가장 예쁜 비서를 둔다는 건 최고의 지위를 상징한다(못생긴 비서라면, 그 비서가 다른 경쟁자보다 높은 지위에 있다는 뜻일지도 모른다).

여성을 사무실 내의 허드렛일과 연관 짓고 예쁜 얼굴을 나쁜 머리와 연관 짓는 풍조는 대규모 프로젝트에서 좀 더 심각한 사회 문제 즉, 성문제를 일으키는 원인이다. 내 수업을 듣던 여학생 한 명이 자기가 일하던 프로젝트에서 여성 프로그래머에 대하는 남성들의 태도를 연구했는데, 전문적인 업무에 참여한 여성을 과소평가하는 것으로 나타났다. 비서로 일하는 여성에게는 그런 태도를 보이지 않았는데, 그 여성들은 어울리는 자리에 있다고 여기기 때문일 것이다. 그러나 여성 프로그래머는 어떤 일을 수행하더라도 제대로 평가 받지 못했다.

예를 들어, 여자끼리 대화하고 있으면 잡담하는 것이다. 어떤 여자가 어떤 남자에게 말을 걸면 치근거리는 것이다. 그러나 남자들끼리 대화하고 있는 상황에는 특별한 수식어가 없다. 단지 업무 중일 뿐이다. 그 업무가 야구나 농구, 볼링일지라도 말이다. 어떤 부문에 여성은 단 두 명뿐이라면 관리자는 그 둘을 한 팀에 배치한다. 같이 일하고 싶어할 거라고 생각하기 때문이다. 관리자는 그 팀의 리더와 마주칠 때마다 그들은 잘 하고 있는지 묻는다. 그리고 모두 그들이 누구를 뜻하는지 안다.

물론 남성들은 대부분 이런 풍조가 별로 심각하지 않다고 치부할 것이다. "남자들이 여자들에 대해 그런 식으로 말하는 건 맞아요. 그래도 그 정도 익살맞은 농담은 괜찮지 않겠어요?" 심지어 당사자가 아닌 즉, 직업 전선에 뛰어들지 않은 여성들도 그런 생각에 동의한다. 다른 여성들이 그런 어려운 일(즉, 남자와 경쟁하는 일)을 잘할 수 있다고 믿지 않기 때문이다. 그러나 당사자인 여성들에게 이 문제는 매우 심각하다(내색은 않더라도). 많은 프로젝트에서 여성은 관리자로 승진되는 길이 원천 봉쇄되어 있다. 최하급 일선 관리자는 가능할 수도 있지만 말이다. 따라서 그런 포부가 있는 여성은 현재 프로젝트에 몸담는 한 미래가 제한되어 있음을 자각하고 있다. 이는 직원을 고취시키는 건전한 방식이 아니다.

남성 관리자들은 분명히 그런 정책을 스스로 합리화할 수 있을 것이다. 그러나 그런 합리화에는 항상 편견이 숨어 있다. 그리고 자신의 잘못된 믿음을 뒷받침하는 특정 사례를 준비해 놓는다. 이는 어떤 편견에서도 마찬가지다. 스코틀랜드인이 인색하다고 생각하는 사람은 실 한 오라기도 아끼는 어느 스코틀랜드인의 예를 든다. 시칠리아인이 모두 갱이라고 생각하는 사람은 그것을 입증하는 신문 기사 스크랩을 보여 준다. 그리고 여성이 승진하는 걸 반대하는 관리자는 승진 후 출산 휴가를 떠나거나 남편의 새 직장을 따라 떠난 어느 여성의 예를 든다. 물론 아기를 갖지 않거나 남편을 따라가지 않은 여성이 있다면 이렇게 말할 것이다. "대체 어떻게 생겨 먹은 여자야?"

모든 편견에는 대가가 따른다. 프로그래밍 프로젝트에서 특정 사람을 특정 위치에서 배제하면 프로젝트를 최상의 성과로 이끌 경쟁심이 부족해지는 결과가 나타난다. 게다가 어떤 부류의 사람들이 스스로 차별 받고 있다고 느끼기 시작하면, 그들의 행동도 달라진다. 다른 팀에 대한 편견도 심각한 문제이기는 하지만, 여성에 대한 편견은 특별히 주목해야 할 만큼 프로그래밍 프로젝트에서 만연되어 있다. 여성을 진실로 동등하게 대우하면 프로그래밍 또는 관리에서 인적 자원이 부족한 현상을 해결할 실마리가 보일 수도 있다.

요약

1969년 말 NATO가 주관하는 소프트웨어 공학 컨퍼런스[6]가 두 번째로 열렸는데, 논조가 일년 전과 사뭇 달랐다. 이른바 **사람** 문제가 논의되기 시작했고 그 이유는 회보에서 쉽게 찾을 수 있다. 그 문제를 가장 명확하게 표현한 조엘 아론(Joel Aron)의 말을 인용하겠다.

> 우리는 매우 정형적인 방식은 아니지만 프로젝트 십여 개를 연구했다. 연구 결과를 보고 우리는 프로그래밍의 체계적인 관리에 대한 강좌를 열어야겠다고 확신했다.
>
> 그 연구의 본 목적은 "프로젝트가 왜 성공 또는 실패하는가?"이었다. 프로젝트의 성공이란 요구 명세를 정해진 기간 내에 주어진 예산을 써서 구현하고 고객을 만족시키는 것이라 상정했다. 이 기준에서 보면 우리가 연구했던 프로젝트 십여 개 중 단 하나만이 성공이고 나머지는 모두 실패였다.
>
> 우리는 해당 프로젝트 관리자와 프로젝트를 평가했던 사람들의 증언을 바탕으로 실패 원인을 분석했다. 그들은 여러 원인을 꼽았는데, 거의 전부가 관리의 본질적인 실패였다. 기술 자체가 부족해서가 아니라 가진 자원을 관리하는 방법을 몰랐기 때문에 그런 실패를 맛본 것이다.

---

6 (옮긴이) NATO 소프트웨어 공학 컨퍼런스(The NATO Software Engineering Conferences) - NATO(North Atlantic Treaty Organization, 북대서양조약기구)는 1968년과 1969년 두 번에 걸쳐 소프트웨어 공학에 대한 컨퍼런스를 개최했다. 소프트웨어 공학이란 용어 자체가 이 컨퍼런스를 계기로 정립되었다.

몇 년 후에 나는 조엘 아론과 함께 일할 기회가 있었다. 당시 그는 프로그래밍 프로젝트에 대한 자신의 의견을 사람들이 믿도록 만들고자 각고의 노력을 하고 있었다. 그러나 슬프게도 대부분의 사람들이 별로 믿지 않았다. 회보의 바로 다음 장에는 호어[7]의 다음과 같은 말이 실려 있다.

기본적으로 모든 문제는 기술이다. 무엇을 만들고 싶은지가 명확하고 필요한 기술적 배경을 갖추고 있다면, 관리 문제는 크게 불거질 여지가 없다. 분명 어느 정도의 자원 관리와 개인적인 일은 계속되겠지만, 그냥 그 정도일 뿐이다.

어떤 의미에서는 호어의 말이 맞다. 그러나 그 안에 해결책은 들어 있지 않다. 사람들은 스스로 이해하지 못하는 문제와 스스로 이해하지 못함을 자각하지도 못하는 문제를 풀려 할 것이다(그 자체로 이미 관리 실패다). 모두 호어 경처럼 단순하게 생각한다면 이 분야에서 의미 있는 연구는 없을 것이다. 우리는 기술적인 능력이 충분함에도 프로젝트가 시궁창에 빠지는 과정을 보이려 노력했다. 밑그림은 대략적인 개요 수준에 머물러 있으므로 더 채워 넣어야 한다. 그때까지는 프로그래밍 프로젝트를 전부 멈춰야 할지도 모르겠다.

---

7 (옮긴이) 찰스 안토니 리차드 호어(Charles Antony Richard Hoare, 1934~) - 영국의 컴퓨터 과학자. 퀵 정렬의 창안자다. 프로그래밍 언어의 정의와 설계에 대한 혁혁한 공을 인정받아 1980년 ACM 튜링상을 받았다.

질문

관리자에게

1. 현재 그룹을 맡은 지가 얼마나 되었나? 초기 구성원 중 몇 명이 남아 있는가? 떠난 사람들과 그들이 밝힌 떠나는 이유를 목록으로 만들어 보라. 어떤 종류의 이직에 대해 어떤 대비를 하겠는가?

2. 누군가가 승진이나 급료 인상을 한 직후에 떠난 적이 있는가? 승진 또는 급료 인상이 당신이 그 사람에게 해주지 않으려던 또는 해줄 수 없었던 뭔가에 대한 보상은 아니었나? 그가 밝힌 떠나는 이유는 무엇이었고, 당신이 생각한 진짜 이유는 무엇이었나?

3. 절대 없어서는 안 될 부하 직원이 있었는가? 그렇다면, 그 사람이 죽거나 또는 6개월 동안 와병한다면 어떻게 할 생각이었나?

4. 보고 체계를 거쳐 도달한 정보를 당신은 어떤 방식으로 수정하는가? 당신의 상관은 정확한 정보에 대해 어떻게 상벌을 내리는가?

5. 당신은 정확한 정보를 칭찬하는가, 아니면 만족스런 정보를 칭찬하는가? 당신의 프로그래머들이 당신이 요구하는 정보가 어디에 쓰일지 알고 있는가? 그 정보를 바탕으로 작성된 최종 보고서를 프로그래머들에게 보여 주는가? 아니라면, 왜 그렇게 하지 않는가?

6. 다음 번 관리자 회의에서 모두 동의하는 사안에 대해 데블스 에드버킷

역할을 해보라. 당신이 느끼는 압박감과 당신을 자기들에 동조하게 만들려는 반응(이성적인 논쟁을 제외하고)들을 기록하라.

7. 당신이 관리하는 팀 중에서 더 중요하다고 생각하는 팀들이 따로 있는가? 그 팀들 중에서도 또 일부는 나머지보다 더 중요하다고 생각하는가? 당신이 관리하는 팀 중 어느 팀의 사기가 가장 떨어져 있는가?

8. 생산성을 높이려고 이해가 상충되는 그룹 사이의 경쟁을 조장하는가? 그런 전략의 효과가 있는지 없는지를 어떻게 측정하는가?

9. 당신의 사무실을 둘러보며 지위를 상징하는 것을 찾아 목록을 작성하라. 하나도 찾지 못했다면, 다른 관리자의 사무실에서 지위의 상징을 찾아보라. 그리고 당신의 사무실로 돌아와 다시 시도하라.

10. 당신 회사의 여성들은 남성과 다르게 대우받고 있는가? 어떤 상황에서 그렇게 되며, 또 무슨 이유인가? 그 여성들이 남성들보다 회사에 공헌하는 바가 작은가? 또는 그 여성들이 무슨 공헌을 하는지 당신이 모르지는 않는가?

프로그래머에게

1. 당신이 떠나고 싶은 자리에 계속 머물도록 강요받는다고 느낀 적이 있는가? 어떤 방식으로 당신을 강제했는가? 그리고 그런 상황이 당신의 업무에 어떤 영향을 주었는가?

2. 당신이 다른 업무 또는 더 많은 조력, 더 쉬운 컴퓨터 사용, 탄력적인 근무 시간 등을 요구했는데, 그 대신으로 금전으로 보상받은 적이 있는가? 금전적인 보상이 애초의 요구를 철회할 만큼 만족스러웠는가?

3. 당신은 당신의 자리에 없어서는 안 될 존재인가? 만약 그렇다면, 스스로 더더욱 없어서는 안 될 존재로 만들 것인가, 아니면 그 반대로 할 것인가?

4. 당신이 제출한 진척도 보고서 또는 근무시간 기록지에 무슨 일이 생기는지 아는가? 궁금해 한 적은 있는가? 물어본 적은 있는가?

5. 동료 또는 관리자의 압력 때문에 스스로 당신의 기술적 판단을 포기한 적이 있는가? 그때 상황과 그 후의 결과를 설명하라.

6. 다음의 업무들이 가지는 지위의 등급을 매기고, 이유를 제시하라.
   - 문서화
   - 프로그램 라이브러리 개발
   - 시스템 테스트
   - 진행 상황 보고
   - 표준화 작업
   - 진단 프로그래밍
   - 교육

7. 당신의 사무실에는 어떤 지위의 상징들이 있는가? 관리자에 대한 질문

9번을 참고하라.

8. 당신의 회사에 다니는 여성들에게 어떤 태도를 보이는가? 만약 당신이 여성일 경우, 당신 또는 당신의 업무에 대해 그런 태도를 보이면 어떤 생각을 하게 될 것 같은가?

참고문헌

- Peter Naur, Brian Randell 편저 『Software Engineering』 NATO Science Committee Report, 1969년 1월.
- J. N. Buxton, Brian Randell 편저 『Software Engineering Techniques』 NATO Science Committee Report』, 1970년 4월.
이 두 컨퍼런스에서 여러 국제 프로그래밍 단체의 리더들이 소프트웨어 프로젝트의 관리 문제를 논의했다. 보고서에 컨퍼런스의 생생함이 모두 담겨 있지는 않지만, 편집자들이 많은 노력을 기울였음은 분명하다. 또한 소프트웨어 공학에 대해 참고할 만한 정보들이 많다(행동과학적인 관점에서 볼 때에는 충분하지 않지만).

- S. E. Asch 지음 『Studies of Independence and Submission to Group Pressure: 1. A Minority of One Against a Unanimous Majority』 Psychological Monographs, 7, 시리즈 번호 416, 1956년.
의견과 사회적 압력을 최초로 다룬 고전으로, 기술에 관련된 사람들은 꼭 읽어 볼 필요가 있다.

- Leo Kantowitz 지음, 『Women and the Law: The Unfinished Revolution』, Albuquerque, University of New Mexico Press, 1969년.
  성문법만 보고 미합중국에서 남녀가 평등하게 대우받고 있다고 믿는 사람들이 하는 잘못된 생각을 고쳐 줄 수 있는 책이다.

- Betty Friedan 지음 『The Feminine Mystique』 New York, Norton, 1963년.
  여성의 자유를 새롭게 설파한 최초의 책들 중 하나다. 한껏 자의식이 높아진 여성들에 대해 우리 세계가 지녀야 할 시각을 제시한다.

- Robert M. Gagne 편저 『Psychological Principles in System Development』 New York, Holt, Rinehart, Winston, 1962년.
  이 책은 군대 문화의 산물인 **시스템 개발**(System Development) 운동을 문서로 만든 것이다. 이 운동은 RAND, SDC 등의 기관과 몇몇 대학의 참여로 이뤄졌는데, 정부로부터 막대한 투자를 받은 것 외에 어떤 성과를 거뒀는지는 분명치 않다. 그리고 군대가 아닌 분야에 대한 영향은 거의 없었다. 책의 내용은 진부하고 피상적인 논의에서 세세한 시스템 다이어그램과 사진에 이르기까지 들쑥날쑥하고, 중복된 부분도 많다. 심리학적인 측면은 어떻게 사람을 복잡한 시스템의 구성 요소로 볼 것이냐 밖에는 없다. 컴퓨터 프로그래밍에 대해서는 가치가 전혀 없지만, 왜 프로그래밍에서는 그런 접근 방식이 성공할 수 없는지를 알려줄 자료는 될 수 있다.

- Marshall W. Meyer 지음 『Automation and Bureaucratic Structure』 American Journal of Sociology 74, 3(1968년), 256-264쪽.

이 연구는 각급 재무 기관 254개를 조사하여 한 기관 내의 전산부서와 비전산부서의 구조적 차이점을 밝힌다. 비전산부서의 경우 일선 관리자가 여러 명을 관리하고 위로 올라갈수록 더 적은 사람을 관리한다. 즉, 밑바닥은 넓고 위로 갈수록 좁아지는 조직이다. 최하위에서 관리의 범위가 갑자기 넓어지고 최상위까지 수많은 단계가 존재하는 구조는 우리가 컴퓨터 프로그래밍에서 원하는 바가 아니다. 일선 관리자도 이미 자신의 팀원이 무슨 일을 하는지 충분히 알지 못하고, 상위의 수많은 계층을 따라가며 의사소통하는 방식은 느리고 신뢰할 수 없기 때문이다.

6장에 보태는 글 :

프로그래밍 프로젝트

25년이 흘렀지만, 새로운 세대의 관리자들 역시 돈으로 프로젝트에 대한 충성심을 불러일으킬 수 있다고 믿는다. 개발자들이 가치 있다고 여기는 무언가를 줄 수 없을(또는 주고 싶지 않을) 때에는 급료를 인상하거나 보너스를 줌으로써 대신하려 한다. 슬프게도, 이런 생각은 별로 변하지 않을 것이다. 사실 어느 정도 효과가 있기 때문이다. 그러나 프로젝트 기간이 길어질수록 돈의 효과는 떨어진다. 게다가 돈으로 붙잡아둔 사람은 나중에는 더 큰돈을 제시 받고 떠날 수도 있다.

일부 관리자들은 이런 교훈을 바탕으로 사람들을 프로젝트에 계속 남고 싶게 만들 다른 유인책을 찾는다. 심지어는 프로젝트를 작고 유동적인 작업 단위로 나누어 사람들을 묶어 둘 필요가 없게(또는 묶어 두고 싶지 않게) 만들기도 한다.

수년 동안 나는 다음과 같은 경종을 울려 주어 감사하다는 말을 수 없이 들었고, 요즘도 마찬가지다.

> 절대 없어서는 안 될 프로그래머가 있다면,
> 한시라도 빨리 그를 프로젝트에서 제거하라.(202쪽)

나는 『Quality Software Management 시리즈』의 2권에서 진척도 측정에 대한 중요하고 시의적절한 논제들을 확장해서 다루었다. 진척도 측정에서 발생하는 심리적인 문제는 별로 달라지지 않았다. 사람들은 여전히 이장에서 묘사한 게임을 즐긴다(일정을 날조하거나 시험한다). 프로젝트의 진행 상황에 대한 정확한 정보를 요구하기보다는 관리자가 원하는 답을 내놓도록 만드는 압력이 여전하기 때문이다.

소프트웨어 프로젝트에 25년 동안 참여한 결과, 나는 군대식 모델이 여전히 더 우세함을 확인할 수 있었다(적어도 관리자 대부분의 마음속에서는). 물론, 사례마다 구체적인 형상은 다를 수도 있지만(이 점은 군대에서도 마찬가지라고 확신한다) 본질은 같다. 그러나 이제 다른 모델(특히, 프로젝트 성공에 필수인 핵심 요소로 팀워크를 강조하는 모델[8] 등)에 대해 얘기하거나 글을 쓸 수 있는 세상이 되었다는 점은 긍정적이다.

수많은 프로젝트가 생겨나고 사라지지만, 그 안의 사회적 문제는 여전히 동일하게 남아 있다. 이제 나는 그런 문제들 대부분은 근본 원인이 낮은 자부심에 있음을 알게 됐다. 치유책은 자부심을 없애기보다 오히려 돋아 주는 환경을 구축하는 데 있다.

한 세대가 지났지만 고위급 관리자들은 여전히 소프트웨어의 모든 측면을 알지 못한다. 적어도 현대 소프트웨어 산업은 개발자들이 관리자가 되면 어떨지를 충분히 볼 수 있을 만큼 번성했다. 일부는 꽤 잘하고 있지만, 다른 일부는 관리자의 문제가 소프트웨어에 대한 경험 부족 때문만은 아님을 증명하고 있다. 동시에, 최근에는 소프트웨어에 대한 경험이 없는 사람도 대규모 소프트웨어 프로젝트를 성공적으로 관리할 수 있음이 분

---

8 예를 들어, 『Dynamics of Software Development』(짐 매카시(Jim McCarthy) 지음, Microsoft Press, 1995년)를 참고하기 바란다.

명해졌다. 즉, 문제는 소프트웨어 기술의 부족이 아니라 관리 기술의 부족인 셈이다. 소프트웨어 기술이 부족해서란 말은 자부심이 부족한 관리자들이 갖다 붙이는 편리한 변명에 지나지 않는다.

25년의 세월 동안 하드웨어가 바뀌면서 지위의 상징 또한 바뀌었다. 그러나 지위의 상징은 여전히 존재한다. 이는 특정 상징물이 중요한 게 아니라 지위의 상징에 대한 필요가 중요함을 의미한다. 예를 들어, 지위의 상징은 자부심이 낮은 사람에게 필요하다.

전반적으로, 프로젝트에 전문적으로 참여하는 여성들은 더는 다른 종족으로 취급되지 않는다. 그러나 같은 종족 내의 열등한 부류로 평가되는 듯하다. 이 정도만 해도 많이 진보했다고 볼 수 있지만, 한 세대가 지나면 더 좋아질 것이라 생각한다. 여성과 동일하게 취급되는 상황이 부당하다고 느끼는 남자들이 많지 않다면 말이다.

25년 전 나는 이렇게 썼다. "사람들은 스스로 이해하지 못하는 문제와 스스로 이해하지 못함을 자각하지도 못하는 문제를 풀려 할 것이다(그 자체로 이미 관리 실패다). ... 밑그림은 대략적인 개요 수준에 머물러 있으므로 더 채워 넣어야 한다. 그때까지는 프로그래밍 프로젝트를 전부 멈춰야 할지도 모르겠다(222쪽)." 다행히도 연구 결과가 나올 때까지 프로젝트를 멈추지는 않았고, 프로젝트를 진행하는 경험 자체가 연구 역할을 했다. 오늘날 우리는 수많은 프로젝트의 성공과 실패를 맛보았다. 소프트웨어 프로젝트를 성공하는 데 필요한 빈 퍼즐 조각을 채울 자료는 이미 충분하다.

내 개인적으로는, 프로젝트 관리의 감정적인 측면을 다루지 않은 점이 많이 아쉬웠다. 그래서 감정 측면에 대해 수년 동안 연구하여 그 결과를 『Quality Software Management』 시리즈에 실었고, 그 이후 내 컨설팅 업무가 성공하는 비율이 훨씬 높아졌다.

3부

개인 행위로 보는 프로그래밍

나는 이름을 붙일 가치가 있는 자유는
개인에게 잠재된 물질적, 지적, 정신적 능력을 최대한 개발할 자유뿐
이라고 생각한다. 그 자유에 다른 제한은 없다.
오직 우리의 본성이 정한 법칙에 따를 뿐이다.
다시 말하면, 사실 제한이 전혀 없다고 할 수 있다.

— 미하일 바쿠닌(Mikhail Bakunin)[1,2]

---

1 미하일 바쿠닌 지음, 『The Political Philosophy of Bakunin』 Macmillan Company의 허락 하에 인용.
2 (옮긴이) 미하일 바쿠닌(Mikhail Aleksandrovich Bakunin, 1814~1876) - 유명한 러시아 무정부주의자. 1세대 무정부주의자로서 현대 무정부주의의 아버지라 불린다.

이 책을 시작하면서 우리는 프로그래밍 성과가 프로그래머마다 차이가 나는 원인을 살펴봤는데, 대부분 사회적인 요인에 기인한 것으로 설명했다(일반적인 믿음보다 훨씬 많이). 그러나 대부분을 사회적인 요인으로 돌린다 하더라도 여전히 남는 부분이 있다. 두 프로그래밍 그룹의 구조가 아무리 비슷하더라도 최종 결과물은 다를 것이다. 3부에서는 그 차이를 개인에 관련된 여러 요인으로 설명한다.

얼마나 깊게 들어갈 것인가? 아직 프로그래밍을 하는 프로그래머를 직접 대상으로 삼아 진행된 심리학 연구는 거의 없다. 그러나 그런 실험을 했다고 가정하고 그 결과를 어떻게 분석하여 프로그래머들의 성과 차이를 설명하는 데 이용할지를 생각할 수 있을 것이다.

실험을 수행하는 심리학자는 제일 먼저 **모든 실험대상에게 같은 임무를 주었는지**를 자문해야 한다. 아무리 잘 통제된 실험일지라도 실험대상에게 주어진 임무에는 많은 차이가 있기 마련이다. 게다가 두 개의 다른 실험을 비교하려면 의미 있는 결론을 끌어내기 전에 실험대상에게 주어진 임무의 차이를 먼저 찾아야 한다. 프로그래밍 임무는 여러 가지 측면에서 서로 매우 다르다. 따라서 제일 먼저 살펴볼 부분은 **프로그래밍 임무 간의 차이**다.

심리학자가 다음으로 고려해야 할 것은 실험의 목적에 따라 달라진다. 실험대상의 개인차를 측정함이 목적이라면, 모든 실험 환경을 동일하게 만들어 환경이 유발하는 차이를 막아야 한다. 예를 들어, 한 대상은 에어컨이 설치된 방에서 실험하고 다른 대상은 더운 방에서 실험해서는 안 된다. 측정하려는 개인차보다 실내 온도의 차이가 실험 결과에 더 큰 영향을 줄 수도 있기 때문이다.

반대로, 온도가 성과에 미치는 영향을 측정하는 것이 목적이라면 온도에 차이를 주어야 한다. 그리고 이번에는 개인차를 최소로 만들어야 한다. 그러기 위해서 같은 실험을 같은 대상에게 여러 번 반복할 수도 있다(그럴 경우에는 학습 효과도 염두에 두어야 하는데, 학습 효과는 이 책에서도 다룰 것이다).

경우에 따라 환경의 영향과 개인차에 모두 관심이 있을 수도 있다. 그럴 때에 그 둘을 다루는 순서는 별로 중요하지 않다(공평하게만 다룬다면 말이다).

3부에서 각 장에 심리학자에서 말하는 소위 **개인차**를 몇 가지로 나눠 다룰 것이다. 두 사람에게 동일한 환경과 임무를 준다면(현실적으로는 불가능하지만, 개념적으로 꼭 필요한 가정이다) 각 개인이 보이는 행동의 차이는 이 요인들에 의해 나타난다고 간주하겠다는 뜻이다. 우리가 관심을 가져야 할 개인차는 크게 개성, 지능, 훈련 또는 경험으로 분류할 수 있다.

3부에 보태는 글 :

개인 행위로 보는 **프로그래밍**

　이 책에서 내 개인적인 희망을 가장 많이 담은 부분이 바로 이 3부다. 따라서 가장 아쉬움이 남는 것이 당연할지도 모르겠다. 내 목적은 프로그래머가 일하는 방식에 대한 연구를 촉발시키는 것이었다. 그러나 그 목적 자체는 이루었다. 지난 25년 동안 수많은 흥미로운 실험들이 이뤄졌다. 예를 들면, 메릴랜드 대학 벤 슈나이더만[3]이 실시한 실험 등이 있다.

　문제는 잘못된 목적으로 시작했다는 데 있다(많은 프로젝트가 겪는 문제와 같이). 내 진정한 목적은 연구의 촉발 자체가 아니었다. 프로그래머 각자가 더 나은 결과를 얻을 수 있도록 이해를 증진하는 데 있었다. 그러나 대체로 그 목적은 이루어지지 않았다. 25년이나 지났지만, 지금의 프로그래머들이 선배들보다 더 낫다고 할 수 없다. 프로그래밍에 더 적합한 성격을 갖고 있는 것도 아니고 지능이나 의욕, 훈련, 경험 등의 측면에서도 나아지지 않았다. 그러나 생산성은 훨씬 높아졌다.

　물론, 내가 '젊은 시절에는 정말 영리했지' 라는 망상을 가진 늙은이에 불과한 것일지도 모른다. 그러나 프로그래머들이 과거에 비해 크게 나아

3　(옮긴이) 벤 슈나이더만(Ben Shneiderman, 1947~) - 미국의 컴퓨터 과학자. 메릴랜드 대학의 교수로 재직하며, 사용자 인터페이스 분야의 권위자다. 아이작 나씨(Isaac Nassi)와 함께 나씨-슈나이더만(Nassi - Shneiderman) 다이어그램을 창안한 것으로도 유명하다.

지지 않았다고 생각하는 데는 두 가지 이유가 있다. 첫째, 우리가 요즘 프로그래머들보다 더 영리했던 건 아니다. 나는 매일 프로그래머들과 일하는데, 그들은 내 젊은 시절만큼이나 영리하고 의욕에 차 보인다. 어떨 때는 정말, 정말 영리하다. 그러나 또 어떨 때는 믿을 수 없을 정도로 멍청하다. 25년 전의 나 역시 마찬가지였다.

둘째, 나는 생산성의 향상을 다른 방식으로 설명할 수 있다고 생각한다. 요즘의 프로그래머들은 더 나은 도구와 팀워크, 관리환경을 누리고 있고 프로그래머가 무엇을 성취해야 할지를 더 잘 이해하고 있다.

7장
프로그래밍 작업의 다양성

프로그래밍이란 단어는 무수히 많은 행위를 포괄한다(사랑하다와 마찬가지로). 고등학생이 BASIC 코드를 끄적거리는 것도 프로그래밍이고, 직업 프로그래머가 특수 목적의 온라인 컴퓨터를 위해 될수록 용량이 적은 프로그램을 개발하려 노력하는 것도 역시 프로그래밍이다. 그런데 이 두 행위 사이에 이름 외의 공통점이 있을까?

프로그래밍에 관한 글에서는 보통 고등학생의 행위와 기술자의 행위 사이에 공통점이 있다고 가정하고 있고, 그런 가정도 어느 정도까지는 옳다고 볼 수 있다. 그러나 프로그래밍 성과의 차이를 설명하기 어려운 원인은 대부분 프로그래밍이라 부르는 행위를 더 잘 세분화하지 못한 데에 있다. 5000미터 상공을 비행하면서도 경제 행위 이론을 만들 수는 있겠지만, "모든 사람이 모든 방향으로 차를 몰고 있다"는 식 이상을 말하기는 어려운 것과 같은 이치다. 어떤 행위를 더 깊이 설명하기 위해서는 땅에 더 가까이 가야 하고, 이것이 프로그래밍에 관한 몇몇 미신적인 통념을 없애고 싶은 우리들이 해야 할 일이다.

프로그래밍의 프로와 아마추어

고등학생과 직업 프로그래머[4]가 프로그래머 스펙트럼의 양 극단을 대표한다고 하자. 이 양 극단은 다를 수도 혹은 같을 수도 있다. 그러나 프로가 아마추어(2차 방정식의 해를 구하는 BASIC 프로그램 작성을 방금 마친)보다 프로그래밍에 대해 더 많이 공부하고 실습했을 것임은 분명하다. 물론, 이렇게 단정하는 것이 둘 사이에 차이가 없다는 상징이 될 수도 있다. 많이 노력하지 않았다면 프로도 고등학생과 크게 다를 바 없다는 뜻이 되기 때문이다. 프로라 해서 모두 난해한 장애물로 가득한 시스템을 해킹해 본 것도 아니고, 짧은 프로그램을 작성해 봤을 뿐인 아마추어라도 그를 통해 프로그래밍에 대한 깊은 이해를 얻지 못하란 법도 없다. 그러나 차이는 분명히 있다.

가장 큰 차이는 아마도 누가 그 프로그램을 사용할 것이냐에 있을 것이다. 아마추어는 자신만이 사용할 요량으로 프로그램을 만든다. 그러나 프로는 다른 누군가가 사용할 프로그램을 만든다. 물론, 프로도 자신만 쓸 프로그램을 만들기도 한다. 테스트 데이터를 생성하거나 처음 시도하는 알고리즘의 성능을 측정하는, 또는 변수의 이름을 지어 주는 프로그램 등이 그런 경우다. 그리고 그 때에는 프로도 아마추어처럼 행동한다. 그러나 역시 직업은 속일 수 없어서 다른 사람이 그 프로그램을 사용할 경우를 대

---

4 (옮긴이) 원문의 'professional programmer'를 보통은 '직업 프로그래머'로 번역했다. 그러나 '아마추어'와 대구를 이루는 부분에서는 어감을 고려해 '프로' 로 번역했다.

비한다. 다른 사람이 사용한다는 사실 하나가 프로그래머의 작업에 여러 가지 영향을 미치는 것이다.

아마추어는 자신이 프로그램의 사용자이기 때문에 프로그래밍 전에 고민할 수도 있고 나중에 고민할 수도 있는 선택권이 있다. 예를 들어, 어떤 학생이 2차 방정식의 해를 구하는 프로그램을 만들려 한다고 하자. 그는 단말기 앞에 앉아 있을 것이다(단말기는 나중에 고민하기에 적합한 도구다). 그는 어떤 입력값이 필요할 것이라고 결정한다. 이는 변수에 이름을 붙여야 함을 의미한다. 프로그램의 크기가 작고 다른 프로그램과도 관련이 없기 때문에 이름을 붙이는 데 맘껏 자유를 누릴 수 있다(물론 자각하지는 못하겠지만). 가장 처음에 떠오르는 이름을 그냥 사용할 수도 있다(a, b, c와 같은). 고등학교 수학 교과서에 나오는 공식을 그대로 본뜨면서도, 다른 이름과 충돌할 가능성이나 표준 코딩 규칙은 전혀 염두에 두지 않을 것이다. 심지어 속성을 기술하는 것도 잊을 수 있다. 그는 다음과 같이 단순하게 코딩한다.

```
GET LIST (A, B, C);
```

그는 프로그램 전체를 이렇게 단순한 코드로 작성한 후에 바로 실행해보려 할 것이다. 프로그램이 시작되면 단말기 프롬프트는 입력값을 받기 위해 멈출 텐데, 직접 만든 프로그램이므로 어떤 값을 입력해야 하는지 안내하는 문구 따위는 필요 없다. 예를 들어 다음과 같은 코드를 쓸 필요가 없다.

```
PUT LIST ('ENTER A, B, AND C');
```

또 값들을 어떤 순서로 입력해야 하는지도 스스로 알고 있으며 사용한 프로그래밍 언어의 입력 시스템이 지원하는 범위에서 다음과 같이 다양한 형식으로 입력할 수 있다.

```
1 2 3
1,2,3
1, 2, 3
1.0, 2.0, 3.0
1E0, 2.0E+0, .3E+1
```

게다가 다음과 같이 값을 잘못 입력하면 프로그램이 첫째 값에 대해 에러를 발생시키겠지만, 그에 대한 에러 처리 루틴을 추가하거나 그런 경우를 설명하는 문서를 작성할 필요도 없다.

```
1A, 2, 3
```

또, 프로그래밍 후에 고민해도 되는 입장이기 때문에 좀 더 미묘한 에러가 발생해도 혼자 처리할 수 있다. 예를 들어 1, 2, 3을 입력하면 에러가 발생한다. (b^2-4ac)의 계산 결과가 음수가 되는데 그 제곱근을 구하려 하기 때문이다. 그는 원인이 무엇인지 바로 깨달을 수 있을 테고, 문제의 정의에 따라 복소수는 필요치 않다고 결정해 버릴 것이다. 이런 식으로 문제를 단순하게 만들어 버리는 것은 문제를 정의하는 사람이 프로그래머 자신일 경우밖에 없다. 프로는 자리에서 일어나 프로그램 수정을 허락하거나 요구 명세를 명확히 규정해 줄 다른 사람을 찾아가야 하기 때문이다.

복소수가 필요하다고 결정한 경우에도 아마추어는 프로보다 훨씬 더 간단하게 필요한 수정 작업을 할 수 있다. 심지어 프로그램 개발을 마친 후의 일도 더 간단한데, 그냥 잊어버리면 끝이기 때문이다. 반면에, 프로는 프로그램을 잘 포장하여 냉혹한 세상으로 내보내야 한다. 그 후에는 자신에게 돌아오는 신랄한 비판에 따라 프로그램을 여러모로 수정해야 한다. 진정한 프로라면 애초부터 프로그램을 수정할 여지가 별로 없을 만큼 완벽하게 만들겠지만, 이는 프로그래밍 전에 많은 고민을 해야 한다는 것과는 다른 문제다.

프로는 다른 사람을 위한 것이 아니더라도 작성한 프로그램에 대해 아마추어와 같이 깔끔하게 잊고 살 수 없다. 예를 들어, 프로그램을 시스템에 저장해 두었는데 시스템 관리자가 저장 용량이 한계에 다다랐으니 일부를 지우라고 통보했다고 하자. 프로는 저장된 프로그램들을 모두 살펴봐야 한다. 그중 일부는 계속 필요할지도 모르기 때문이다. 그러나 아마추어에게는 단 하나의 프로그램만 있을 것이니 그냥 지워 버리면 된다. 또는 시스템이 자동으로 지우도록 놔둘 수도 있다. 그러나 어떤 프로가 자신의 프로그램들을 시스템이 자동으로 지우도록 놔두겠는가? 프로는 하던 일을 멈추고 시스템 관리자에게 통보 받은 기한까지 그 많은 프로그램을 일일이 검사해야 한다. 그렇지 않으면 여태까지 했던 작업 결과들이 바람과 함께 사라질 것이다.

몇 년 전까지만 해도 프로그래밍 시스템이 원시적이었기 때문에 프로와 아마추어의 차이가 그렇게 크지 않았다. 그러나 오늘날에는 아마추어가 하려는 작업을 대부분 시스템이 알아서 처리해 주기 때문에 큰 격차가 생겼고, 그 격차는 점점 더 커지고 있다. 그러나 다소 역설적이지만, 그 격차가 커질수록 아마추어는 격차의 존재를 더욱 더 알지 못한다. 시스템이 어떤 일들을 자동으로 해주는지 점점 더 모르게 되기 때문이다. 시스템 설계자가 일을 더 잘 할수록 사용자에게 그의 존재는 점점 더 잊혀진다. 이는 관리자가 훌륭할수록 직원들이 그의 존재를 크게 의식하지 않게 되는 것과 같은 이치다.

관리자에 대해 얘기해 보자면, 프로그래밍에 대해서는 아마추어 중의 아마추어라 할 수 있다. 몇 년 전에, 어떤 회사에서 프로그래머의 어려움을 이해시키고자 경영진을 대상으로 강좌를 열었다. 강좌 기간 동안 각 경영진에게 전문 프로그래머 한 명씩을 **조교**로 배정했는데, **스스로 프로그래밍을 해보는** 과제를 수행할 때가 수업의 절정이었다.

강좌의 효과를 높이기 위해 경영진이 프로그래밍을 하는 동안 사소한 전화나 회의 소집, 요구 명세의 작은 변경 등으로 방해했다. 결과적으로, 그들은 요점을 파악했다. 여러 방해 요인에서 프로그래머를 보호하면 생산성을 올릴 수 있다는 점을 말이다. 그러나 경영진들이 받은 인상은 그 이상의 것이었다. 그 수많은 방해에도 불구하고 그들은 가까스로 프로그램을 동작하게 만들었고, 조교의 도움도 그다지 많이 받지 않았다. 경영진들은 이렇게 생각했다. "우리도 정해진 시간 내에 프로그램을 다 만들었는데, 프로그래머들이 못할 이유는 뭐지? 그리고 우리가 일주일 만에 배울 수 있는 프로그래밍이 뭐가 어렵다는 걸까?"

이런 인상은 아마추어가 자신과 프로가 별 차이 없다고 생각하는 것과 같은 종류의 착각들이 결합되어 나타난 것이다. 첫째, 경영진은 스스로 만든 **프로그램**(로그표나 계산자로도 쉽게 할 수 있는 복리 계산 같은 사소한 문제를 다루는)을 프로가 만든 **프로그램**(운영체제, 컴파일러, 유틸리티 등의)과 동일시하는 의미론적인 착각을 했다. 둘째, 조교의 도움을 **그다지 많이 받지 않았다**고 착각했다. 이는 프로그래밍의 복잡성을 잘 이해하지 못했기 때문이다. 조교들은 경영진이 간단한 문제도 해결하지 못해 프로그래밍에 대해 나쁜 인상을 받게 될까 봐 복잡한 세부 내용은 일부러 숨겼다. 그러나 그런 배려는 프로그래머의 어려움을 경영진이 더 잘 이해할 수 있도록 도우려던 본래 의도와 달리 역효과를 낳고 말았다.

관리자가 프로그래밍에 대해 더 잘 이해하는 것이 필요하기는 하다. 전문 프로그래머가 수년의 경험을 통해 배운 것을 불과 일주일 만에 배울 수 있다고 믿는 역효과가 있을 수도 있지만 말이다. 사실, 프로와 아마추어의 차이는 과거의 경험에 있다고 할 수 있다. 그러나 과거에 어떤 프로그램들을 만들어 봤는가뿐만 아니라 미래에 어떤 프로그램을 만들 것인가에도 큰 차이가 있다. 아마추어는 스스로 정한 목적을 달성할 특정 프로그램의 결과만 얻으면 되기 때문에 프로그램을 어떻게든 만들면 된다. 어려운 부분에 직면하면 그것을 극복하는 것이 중요할 뿐이지 과정은 신경 쓰지 않는다. 그러나 프로는 다르다. 프로에게는 눈앞의 문제를 우회할 여러 가지 방책이 있으며, 일단 그중 하나를 통해 급한 불을 끌 수도 있다. 그러나 그의 일은 거기서 멈추지 않고, 오히려 시작된다. 자신이 왜 이해하지 못하는지를 이해해야만 하기 때문이다. 나중에 그 이해가 필요한 프로그램을 만들어야 할 때를 대비하는 것이다.

아마추어는 주어진 문제에 대해 배운다. 그리고 그가 배운 것은 뽐낼 만한 장식이 될 수도 있고 발전의 장애가 될 수도 있다. 반면에, 프로는 자신의 직업(프로그래밍)에 대해 배운다. 지금 다루는 문제는 그가 발전하는 과정의 한 단계일 뿐이다.

또, 프로는 어떤 문제도 아마추어만큼 심각하게 생각하지 않는다. 그에게는 항상 버그가 있었고 앞으로도 그럴 것이기 때문이다. 이런 태도의 차이는 프로와 아마추어 간의 끊임없는 마찰로 이어진다. 프로는 아마추어들이 잘못된 결과에 대하여 컴퓨터나 운영자, 시스템, 천공기, 언어, 심지어 정부까지 탓하는 것에 매우 진저리를 친다. 반면에 아마추어는 프로들이 시급한 상황에서도 너무 느긋하여 책임감이 없다고 본다.

프로그래머가 하려는 것이 무엇인가?

아마추어와 프로의 관계에는 불균형이 있다. 아마추어는 프로가 직면하는 복잡성을 이해할 수 없기 때문이다. 그런데 프로도 아마추어의 작품을 전문성이 떨어진다고 비웃는 우를 자주 범한다. 이는 아마추어가 자신과 프로의 차이를 과소평가하는 것보다 더한 잘못이다. 프로는(진정한 프로라면) 아마추어보다 훨씬 잘 알아야 한다. 아마추어는 우아한 에러 처리 루틴을 만들지 못할 수도 있다. 어떻게 만드는지 혹은 에러 처리 루틴이 무엇인지조차 모를 수 있다. 그러나 그에게 필요하지도 않는데 꼭 알아야 하는가? 아마추어가 그런 걸 모르는 것보다는, 프로가 개인적인 용도로 만든 작은 프로그램을 마치 수천 명의 사람이 5 내지 10년 동안 사용할 운영체제인 듯 대하려 하는 쪽이 더 나쁘다.

프로그램은 사람이 만드는 다른 모든 물건처럼 명확한 수명과 활용 범위를 염두에 두고 설계된다(또는 되어야 한다). **수백 년 동안 유지될 수 있을 만큼 논리적인 방법으로 만든 장인의 작품처럼, 프로그램에는 과도하게 설계된 부분도 미진하게 설계된 부분도 있어서는 안 된다.** 그러나 프로그래머에게는 가장 많은 작업을 요하는 부분보다 가장 흥미로운 지적 도전을 즐길 수 있는 부분에 더 많은 시간을 할애하는 직업병이 있다.

그 적절한 예로, 물리학 교수에게서 주어진 행렬들의 역행렬을 계산하는 프로그램 개발을 의뢰 받은 준프로(semi-professional)인 어떤 프로그래머의 일화를 살펴보자. 메모리로 동시에 적재하기에는 행렬이 너무 많았기 때문에 테이프에서 한 번에 하나씩 읽어오는 루틴이 필요했다. 그러나 그는 입출력 프로그래밍을 해본 경험이 거의 없었기 때문에 뭔가를 배울 좋은 기회라 생각하며 여기저기 조언을 구하려 다녔다.

"테이프를 읽어서 입력 데이터를 버퍼링하려고 하는데요, 어떻게 해야 하죠?" 자기보다 경험이 많은 선배에게 물었다. 그는 좀 더 프로에 가까웠으므로 그 질문에 바로 답하는 대신 반문했다.

"왜 입력을 버퍼링하려고 하는데?"

"그야 물론 시간을 줄이기 위해서죠."

"버퍼링하면 시간이 얼마나 절약될지 추정해 봤어?"

"엄밀하게는 안 해봤지만, 꽤 클 거에요. 행렬 개수가 많거든요."

"얼마나?"

"정확히는 몰라요. 아무튼 많아요."

"대충이라도, 몇 개나 되는데?"

"한 백 개쯤."

"좋아. 그럼, 행렬의 크기는?"

"10 곱하기 10이요."

선배는 칠판에 간단한 계산을 해보더니 행렬 전체를 읽는 데 약 1분이 걸릴 것이라고 말했다.

"그것 봐요. 1분이면 긴 시간이잖아요." 준프로인 프로그래머가 의기양양하게 말했다.

"그래. 그런데 아닐 수도 있어. 이 프로그램을 몇 번이나 실행시킬 건데?"

"무슨 뜻이에요?"

"그러니까, 네가 버퍼링 루틴을 작성한다면 아마 테스트가 필요할 테고, 그렇담 1분 이상 컴퓨터 시간을 소비해야 한다는 말이지. 따라서 딱 한 번만 쓰고 말 프로그램이라면, 버퍼링은 필요 없을 것 같은데? 버퍼링을 해서 절약할 수 있는 컴퓨터 시간보다 테스트하는 데 필요한 컴퓨터 시간이 더 크니까. 네가 할애해야 하는 시간은 차치하더라도 말이지."

"제 뜻을 이해하지 못하셨군요." 흥미로운 새 분야를 공부할 기회를 놓치고 싶지 않은 준프로인 프로그래머가 대답했다. "이 프로그램은 효율적이어야 한다구요!"

선배는 그 반응에 낙담했지만 다시 설득해 보려 했다. 그러나 헛일이었고, 다음 학기에 다시 만났을 때까지도 그는 버퍼링 루틴을 만드는 문제에 매달려 있었다. 일을 의뢰한 불쌍한 물리학 교수는 일이 어떻게 되어 가고 있는지도 모른 채 그 프로그래밍 문제가 꽤나 복잡했나 보다고 생각했다.

이 일화에서는(다른 비슷한 일화들과 마찬가지로) 프로그램을 개발할 때에는 그 용도에 따라 적절한 수준으로 노력을 기울여야 한다는 교훈을 보여 준다. 적절한 수준 이상으로 작업하는 것은 차라리 그 이하로 작업하는 것보다 더 프로답지 못하다. 프로그래머가 일을 잘하고 있는지 알려면 그가 주어진 문제에 대해 적절한 수준으로 작업하고 있는지를 보면 된다. 어떤 사람을 훌륭한 아마추어 프로그래머로 만들어 주는 재능이나 성격이 프로가 되기에는 매우 적합하지 않은 요소일 수도 있다. 작업의 수준을 적절히 조절하지 못하는 사람은 프로가 되기에는 항상 실격이다.

그러나 프로그래머는 문제를 해결하고자 기울이는 노력 수준을 조정하는 데 보통 실패한다. 풀어야 할 문제가 무엇인지를 모르기 때문이다. 다시 말하면, 방법을 알고 있는 일이나 바로 전 프로그래밍 업무에서 요구됐던 일을 기반으로 현재의 문제를 가정한다. 결국 일이 끝날 때까지 주어진 문제를 제대로 파악하지 못한다. 예를 들어, 버퍼링을 구현하는 것 자체는 나쁘다고 볼 수 없지만 그 프로그램의 용도를 함께 고려해야 한다. 만약 100x100 행렬이 수천 개 있다면 앞 일화의 주인공은 영웅이 되었을 것이다.

프로그래밍 성과에 대해 연구된 바는 많지 않지만, 그 몇 안되는 연구에서도 프로그래밍 목표의 모호성에 대한 이해가 부족함이 드러난다. 엄선된 프로그래머들에게 동일한 문제를 부여한 후 **성과**를 측정하는 것만으로는 충분하지 않다. 심리학자라면 누구나 피실험자에게 명확한 지시를 줘야 한다는 것을 알고 있지만, 대부분의 경우에 그 정도만으로는 모자란다. 예를 들어 일련의 단어와 그 동의어를 연결하도록 지시 받는다면, 빨리하려고 노력할 것인가 아니면 정확히 하려고 노력할 것인가? 그리고 심리학자가 가능한 빨리하도록 요구한다면, 답을 틀릴 위험을 감수하며 그 요구를 정말 따르겠는가? 이런 질문들은 여러 요인에 의해 그 답이 달라진다(예를 들어, 다른 사람들보다 꼼꼼한 성격을 타고난 사람이 있다). 심리학자들은 이런 문제를 고민하느라 수많은 밤을 지새우는데, 프로그래머와 관리자들 역시 이제 그 고민을 조금이나마 공유해야 할 것이다.

프로그래밍 목표를 어떻게 가정하느냐에 따라 성과가 얼마나 달라지는가를 알아보고자 우리는 작은 실험을 했다. 프로그래머 네 명에게 동일한 문제를 주었다(10주 동안 자기 업무 시간에서 5분의 1을 할애해야 할 만큼 간단하지 않은 문제였다). 그들에게 준 문제 명세서는 마치 복사기로 복사한 듯이 똑같았으나, 두 명의 것과 다른 두 명의 것은 마지막 내용이 달랐다. 한 조에게 준 명세서의 마지막 내용은 이렇다.

이 프로젝트의 목표는 완전히 디버깅되고 최대한 효율적인 프로그램을 만드는 것입니다. 효율적이라 함은 CPU 시간을 최소로 사용한다는 뜻입니다. 메모리는 128K까지 필요한 만큼 맘껏 사용할 수 있습니다. 프로젝트를 빨리 마무리하려고 노력할 필요는 없지만, 9주차 말까지는 완성해야 합니다.

다른 조의 경우는 다음과 같다.

이 프로젝트의 목표는 완전히 디버깅된 프로그램을 최대한 빠른 시일 안에 만드는 것입니다. 프로그램의 실행 속도 또는 메모리 사용량 등의 효율성은 프로젝트 완료에 영향을 주지 않는 한 고려할 필요가 없습니다. 단, 이 프로젝트에 하루에 정해진 시간(업무 시간의 5분의 1) 이상을 할애해서는 안 됩니다. 그리고 프로그램의 크기는 128K 미만이어야 합니다.

위와 같이 지시를 명확히 함으로써 우리는 프로젝트의 목표를 어떻게 이해하느냐의 차이가 어떤 결과의 차이를 낳는지 측정하고 싶었다. 프로그래머들은 조별로 다른 목표를 향해 작업하고 있다는 사실을 몰랐다. 실험 결과, 두 조의 효율성은 엄청난 차이를 보였다. 프로그램을 가능한 빠른 시일 안에 만들기를 지시 받은 조는 다른 조에 비해 평균적으로 5분의 2의 컴퓨터 시간과 3분의 1에 해당하는 개인 작업 시간을 사용했다. 그러나 만들어진 프로그램의 속도는 평균적으로 약 열 배나 느렸다! (표 7-1의 인덱스 문제 참조)

이 실험을 다른 프로그래머들을 대상으로 반복했는데, 복잡도는 거의 같지만 주어진 문제 유형은 달랐다. 이번에는 특별히 절약할 여지가 크지 않았음에도, 빠른 시일 안에 **완료**하라고 지시 받은 조가 다른 조에 비해 평균적으로 5분의 2의 컴퓨터 시간과 3분의 1의 개인 작업 시간을 사용했다. 그리고 **효율적인** 프로그램을 요구 받은 조의 프로그램의 속도가 다른 조에 비해 50% 더 빨랐다. (표 7-1의 파일 문제 참조)

	인덱스 문제		파일 문제	
	평균 실행 횟수	평균 실행 시간	평균 실행 횟수	평균 실행 시간
효율적인 프로그램	78	1	60	1
빠른 완료	30.5	10	27	2

표 7-1 환경이 성과에 미치는 영향

위의 두 실험은 훌륭한 대조를 이룬다. 다른 요인뿐만 아니라 문제 유형도 노력해서 향상시킬 수 있는 효율성의 정도에 영향을 끼침이 드러나기 때문이다. 따라서 모든 문제에서 효율성에 관심을 갖는 수준이 동일하다고 가정해도 효율성을 위해 노력을 어느 정도 기울여야 마땅한지에 대한 일반론을 만들 수는 없었다. 그러나 목표에 대한 인식 차이가 프로그래머가 어떤 일을 수행할 때에 행동 차이를 낳는다는 사실은 알 수 있었다.

효율성을 추구하는 그룹이 더 많은 컴퓨터 시간과 개인 시간을 사용한 원인을 좀 더 깊이 파고들었더니, 프로그래머가 예기치 않은 어려움에 부딪혔을 때 대처하는 방식의 차이가 큰 요인임을 발견했다. **빨리 완성하려**는 그룹은 현재의 수단이 동작하지 않으면 버리고 다른 수단을 찾는다. 그러나 **효율성을 추구하는** 프로그래머는 어려움이 생겨도 접근 방법을 중간에 바꾸려 하지 않는다. 그렇게 하면 효율성을 어느 정도 잃기 때문이다. 따라서 양 그룹의 두 프로그래머가 처음에는 같은 접근 방법을 머릿속에 그리고 있었다 할지라도, **빨리 완성**하는 것이 목표인 프로그래머는 전혀 다른 방법으로 끝을 맺는다(그러나 그때에도 상대편은 여전히 낑낑대는 중

일 것이다).

어려움의 원인이 결과와 다소 관계가 없다는 점도 중요하다. 예를 들어, 컴파일러의 어떤 버그로 인해 여러 접근법 중 한 가지를 못 쓰는 상황이라고 하자. 그런 상황에서 **빨리 완성하는 것**이 목표인 그룹은 문제가 컴파일러 버그로 판명 나기도 전에 이미 그 접근법을 포기한다. 반면에, **효율성**을 추구하는 그룹은 그 문제를 끝까지 파헤쳐 어쩔 수 없음을 알게 될 때까지 포기하지 않는다. 그들로서는 억울하겠지만, 그런 일은 전 세계 전산실에서 수도 없이 발생한다. 심리학적인 관점에서 보면 교훈은 명확하다. 동일한 객관적 사건(컴파일러 버그, 또 다른 알고리즘 등등)이라 할지라도 프로젝트의 목표에 따라 사건이 프로젝트에 미치는 영향은 다르다. 따라서 프로그래머의 성과를 측정하거나 언어, 운영체제의 성능을 비교하려면 주어진 문제가 정확히 동일함이 보장되어야 한다.

물론, 실생활에서 두 그룹이 **정확히 동일한** 문제를 동시에 다루고 있는 경우는 없다고 할 수 있다. 따라서 한 그룹 내의 관리자와 프로그래머들이 전혀 다른 목표를 추구하고 있더라도 그 사실을 인지할 수 없을지도 모른다. 결론적으로, 끊임없이 의사소통하여 목표를 공유하지 않는다면 일정이 지연된다거나 프로그램의 속도가 느리거나 메모리를 많이 사용하는 등의 문제가 생긴다 해도 놀라지 말아야 한다.

그러나 **진짜 인생**은 그렇게 간단하지 않다. 목표를 아무리 잘 공유해도 어느 정도의 위험은 피할 수 없다. 목표가 추정에 영향을 주기 때문이다. 앞의 실험에서 우리는 목표가 성과에 미치는 영향을 발견한 후 각 프로그래머의 추정치를 다시 확인했다. 프로젝트를 시작하기 전에 완료 시점까지 프로그램을 실행시켜 볼 횟수와 소요 기간을 각 프로그래머가 추정하도록 했다. 그 추정치와 실제 결과는 표 7-2와 같았다. 표의 의미를 쉽게

	실행		기간(일)	
	추정	실제	추정	실제
효율적인 프로그램	22	69	48	76
빠른 완료	39	29	68	65

표 7-2 환경이 추정에 끼치는 영향

알 수 있을 것이다. 최대한 빨리 완성하기를 요구 받은 프로그래머들이 상대적으로 훨씬 보수적인 추정치를 제시했다. 그리고 자신의 추정보다 더 나은 성과를 보였고, 효율적인 프로그램을 요구 받은 쪽과 비교해서도 더 나았다(그들의 추정치가 너무 낙관적이기는 했지만).

이 실험에는 흥미로운 뒷얘기가 있는데, 시간 추정을 완강히 거부한 사람이 있었고 그는 주어진 과제를 최대한 빨리 완료할 것을 지시 받은 쪽이었다는 것이다. 프로그래밍 관리자는 다음 프로젝트의 목표를 수립하기 전에 이 표를 유심히 봐야 한다. 목표를 명확히 수립하면, 두 가지 영향이 생긴다. 우선, 프로그래머는 다른 목표를 희생해서라도 그 명확한 목표를 달성하려 한다. 그리고 그 목표를 얼마나 잘 충족시킬지를 훨씬 더 보수적으로(또는 정확하게) 추정한다. 강조되지 않은 목표에 대해 프로그래머가 제시한 추정치는 믿을 게 못 된다. 추정을 대충했을 수도 있고, 추정을 하느라 다른 일을 지체할 수는 없다고 여길 만큼 추정을 경시했을 수도 있다. 불행히도 이 실험을 할 때 우리는 추정에 가미되는 이런 효과들을 생각하지 않았다. 그래서 프로그래머들에게 결과물로 나올 프로그램의 효율성에 대한 추정치를 요구하지 않았다. 그러나 위의 표와 비슷한 추정 결과가 나왔을 것이라 예상할 수 있다(물론, 두 그룹의 성향이 역전되겠지만).

이 실험의 결과가 일반적임을 증명한다면, 파킨슨의 법칙이 주는 의혹을 해소할 수 있고 동시에 수많은 관리자들을 악몽에서 구원할 수 있을 것이다. 파킨슨이 "일은 주어진 시간을 다 채울 때까지 늘어난다"고 말한 덕분에 우리는 목표 일정의 존재가 업무 능률에 영향을 준다는 걸 알게 됐다. 그러나 이제 우리는 목표 일정이 주어진 시간 자체에 영향을 준다는 것을 확인했다. 일이 주어진 시간을 다 채울 때까지 늘어날 수 있는 이유는 일정에 대한 다른 목표들의 상대적 중요성이 명확하지 않기 때문이다. 이런 식으로 사유해 나가면 "프로그래밍 프로젝트는 제때에 끝날 수 없다"는 통념을 낳은 오해들을 불식시킬 수 있을 것이다.

프로그래밍 작업의 단계

이번에는 또 다른 오해, "프로그래밍은 단일한 재능이 요구되는 단일한 작업이다"라는 통념에 대해 살펴보겠다. 적어도 프로는, 요구 명세 수집에서부터 최종 프로그램 납품에 이르는 과정 동안에 다양한 재능이 필요한 다양한 작업을 해야 한다.

적절하게 조직된 프로젝트에서는 프로그램 개발의 전 과정에 필요한 모든 재능을 모든 프로그래머에게 요구하지는 않는다. 개인의 능력에 맞춰 업무를 할당하기 때문이다. 실제로 프로그래밍 작업의 한 단계에 적합한 어떤 재능이 다른 단계에서는 결점이 되기도 한다. 시스템 설계 업무에는 숲의 전체 모습을 놓치지 않는 시야가 필요하지만, 디버깅 업무에는 나무(심지어 가지나 잎도) 하나하나를 자세히 살필 눈이 필요하다. 코딩을 할 때에는 쓸데없는 부분은 모두 없애야 하지만, 문서를 작성할 때에는 문단의 크기를 맞추어 때로는 간단한 문장도 괜히 늘려 써야 한다.

능력 있는 프로그래머가 관리자로는 실패할 수도 있는 것처럼, 훌륭한 설계자도 디버깅에는 서투를 수 있다. 반면에 디버깅에 큰 도움이 되는 사람이 설계 작업 동안에는 필요 없거나, 심지어 방해가 되는 어떤 재능으로 인해 프로젝트에서 제외될 수도 있다. 적재적소에 필요한 재능을 투입하려면, 프로그래밍 작업을 단순히 프로그래밍이란 한마디로 싸잡을 것이 아니라 더 정밀하게 세분화해야 한다.

일반적으로 프로그래밍은 문제 정의와 분석, 흐름도 작성, 코딩, 테스트, 문서화로 이어지는 일련의 과정으로 묘사된다. 이런 개략적인 관점에도 일말의 진실이 있기는 하지만, 몇 가지 점에서 진실을 왜곡한다. 우선, 작업의 순서가 그렇게 고정되어 있지는 않다. 예를 들어, 문서화가 테스트나 코딩, 흐름도 작성, 때로는 분석보다도 앞설 수 있다. 둘째, 기존 프로그램을 새로운 플랫폼이나 언어로 포팅하는 경우에서 보듯이 모든 단계가 항상 필요하지는 않다. 셋째, 각 과정을 꼭 일차원적으로(sequential) 진행할 필요는 없다(실제로 그런 일은 거의 없다). 분석이나 흐름도 작성, 코딩, 테스트, 문서화 등을 수행하는 동안 새로 발견된 사실 때문에 문제 정의가 바뀌는 것을 경험하지 못한 사람이 있는가? 또, 코딩 과정 동안 수정되지 않는 흐름도나 테스트 과정 동안 수정되지 않는 코드를 본 적이 있는가?

프로그래밍을 심리학적인 관점에서 연구하려면 이런 복잡한 행위들을 좀 더 간단한 단위로 분해해야 한다(앞에서 했듯이). 그러나 프로그래밍 과정은 순환적(또는 반복적)이므로 앞서 제시한 분류도 지나치게 정제한 것이다. 각 범주의 경계가 모호하거나 심지어 아예 구별되지 않기 때문이다. 확실히, 프로그래머에게 지금 무슨 일을 하고 있는지 물어본다면 **코딩** 또는 **디버깅**이라고 주저 없이 대답할 것이다. 게다가 대부분의 회사에서 시행하고 있는 **업무 보고서**는 사람들에게 자신의 현재 업무를 실제보다 더 세밀하게 분류하기를 알게 모르게 강요한다. 이런 식으로, 사람들은 그런 업무 범주가 실제로 존재한다고 믿게 된다.

예를 들어, 프로젝트의 각 수행 단계별로 완료일이 설정된 프로젝트를 생각해 보자. 문제 정의 완료일이 다가올수록 사람들은 문제 **정의**에 박차를 가한다. 그리고 정해진 날짜가 되면 문제 정의서를 프로젝트 관리자에게 제출한다. 그러나 그것이 "프로젝트가 정의되었음"을 의미하지는 않는다. 단지, 문제 정의서가 프로젝트 관리자의 손에 들려졌을 뿐이다.

이제 공식적으로 문제 정의 단계가 끝나고 분석 단계가 시작된다. 만약 문제 정의에 결함이 발견된다면(문제 정의 과정을 너무 서둘렀기 때문이리라), 그에 대한 대처는 둘 중 하나다. 하나는(그리고 최악은) 문제 정의를 고쳐서는 안 된다는 믿음 아래 결함을 무시하는 것이다. 다른 하나는 문제 정의를 바꾸는 것이다. 단, 이는 비공식적으로 수행되며 분석 단계에 할당된 시간과 인력을 쓰게 된다. 적어도 관리자가 보기에는 프로젝트가 한 단계에서 다음 단계로(거슬러 올라가는 일이 없이) 착착 진행된다. 관리자는 자신이 생각하는 프로젝트 진행 방식은 자신의 머릿속에서만 존재하는 것일 뿐 실제 상황은 그렇게 간단하지 않음을 절대 모른다. 그런 사고방식이 깔끔한 회계 처리에 적합할지 모르겠으나, 프로젝트의 성패를 결정하는 심리 작용을 이해하는 데는 전혀 도움이 되지 않는다.

실제로 프로그래밍 프로젝트를 명확하게 정의된 단계로 나누는 것이 가능하다 할지라도 그다지 바람직하지는 않다. 업무마다 필요한 재능이 다르고, 프로젝트에 참여한 프로그래머들은 각자 다양한 종류의 재능을 가지고 있다. 한 시기에 한 종류의 작업만 진행한다면, 그 외의 다른 재능들을 한동안 썩히는 셈이 된다. 따라서 작업을 여러 부분으로 분리하고,

각 부분 작업을 해당 단계에서 동시에 수행하는 편이 좋을 수도 있다(심지어 프로그래머 한 명이 혼자 일할 때도 마찬가지다). 왜일까? 그렇게 하면 작업의 진척이 좀더 일정해지고 매일 변동될 프로그래밍 환경이나 프로그래머 컨디션에 영향을 덜 받을 것이기 때문이다.

예를 들어, 코딩이 매일 잘 되지는 않는다. 코딩을 하던 중에 일이 잘 풀리지 않음을 느낀다면, 코딩은 잠시 접어 두고 다른 종류의 기술과 마음가짐을 요하는 다른 작업(예를 들면, 문서 작성)에 눈을 돌리는 게 좋다. 그러나 그 시각에 해야 할 작업이 코딩뿐이라면, 일은 하면서 코딩에서 벗어날 방법이 없다. 손을 완전히 놓고 있을 수는 없으므로(적어도 그렇게 보여서는 안 되므로) 어쨌든 코딩에 다시 매달리게 된다. 코딩이 잘 되지 않는 날임을 스스로 알면서도 말이다.

외부 환경도 매일매일 변한다. 예를 들어서 새로운 장비를 설치하거나 하드웨어 버그를 수정하느라고 컴퓨터를 일시적으로 사용할 수 없다면, 테스트 작업은 할 수 없다. 그런데 그 시점이 테스트만 하는 단계라면 프로젝트가 전면적으로 중단될 수밖에 없다. 반면에, 여러 단계의 작업을 동시에 진행하는 중이었다면 테스트 외의 다른 작업은 계속할 수 있을지도 모른다.

프로그래밍 작업을 특정 시점에 특정 단계로 고정할 때의 단점은 또 있다. 일부 설비에 과도한 부하를 주는 동안 다른 설비는 모두 놀리는 상황이 될 수 있다. 프로그램을 테스트할 때에는 많은 컴퓨터 시간이 필요하고, 모두 동시에 테스트를 수행한다면 컴퓨터에 과부하가 걸릴 것이다. 문서화 단계에서는 문서화 전담 부서만 바쁘게 돌아간다. 그 전까지 그 사람들은 하릴없이 기다리기만 했을 텐데 말이다. 그리고 프로그래밍의 특정 작업에 좀 더 전문적인 사람들이 있다면, 그들도 전혀 할 일이 없다가 갑

7장 프로그래밍 작업의 다양성

자기 너무 바빠지는 상황에 처할 것이다.

따라서 이상적인 프로젝트에서는 모든 인력을 동시에 프로그래밍의 특정 단계로 몰아넣지 않아야 한다. 그러나 관리 매뉴얼을 문자 그대로 믿는 관리자는 이와 정확히 반대로 행동한다. 그나마 다행인 점은 각 단계의 구분이 실제로는 그렇게 명확하지 않다는 사실이다. 문제 정의 단계에서 디버깅을 약간 할 수도 있고, 디버깅 단계에서도 문제 정의를 일부 수행할 수 있다. 훌륭한 프로그래머는 어떤 작업에서 장애물에 맞닥뜨렸을 때 다른 작업으로 전환한다(의식적이든 무의식적이든). 즉, 일종의 **경계 허물기**를 한다. 사실, 컴퓨터가 이상한 말썽을 부리거나 프로그램이 원하는 대로 동작하지 않을 때 아무 일도 하지 않고 가만히 앉아서 생각하는 모습은 무능한 프로그래머가 보이는 특징 중 하나다. 그리고 그 일이 오늘 하기로 예정된 단 하나의 작업이라면, 그는 하루 종일 방황할 것이다.

물론, 모든 사람이 모든 일을 똑같이 잘하는 것도 아니고 가장 잘 하는 일을 꼭 좋아하리란 법도 없다. 예를 들어, 문서화 작업이 고통스러운 이유는 작문 실력이 좋은 사람이 거의 없기 때문이다. 그리고 할 일이 없는 상황에서도 문서 작업을 자발적으로 청하는 사람은 결코 없다. 프로젝트에서 각자에게 가장 잘 하는 일을 전담시킬 수도 있지만, 이런 접근법은 적어도 두 가지 단점이 있다. 우선, 문서 작업을 맡길 사람을 찾기 어렵다. 그리고 둘째, 아무도 새로운 것을 많이 배우지 못한다.

반면에 가장 못하는 일을 전담시킨다면 각자 배우는 양이 극대화될 것이다. 그리고 프로그래머가 작업 중에 뜻하지 않은 장애물을 만났을 때 다른 작업으로 전환할 수 있는 점도 보장된다.

프로그래밍이란 이름 아래 행해지는 작업이 지닌 다양성으로 인해 프로그래밍에 대한 심리학적 연구 결과에는 어느 정도 과장이 섞이게 된다.

작은 프로그램을 개발하는 프로젝트의 성과를 실험하는 경우, 결과는 특정 작업 단계의 성과에 좌우된다. 예를 들어, 집요하게 파고들어야 하는 문제에 대해 다른 이보다 더 우월한 능력을 보이는 프로그래머가 있을 것이다. 그러나 문제가 바뀌어 세부 사항보다는 전체 그림을 넓은 시각에서 바라보는 능력이 필요하다면 상황은 역전될지도 모른다. 이런 이유로 비슷한 연구인데 결과가 30배나 차이 나는 경우를 종종 보는 것이다.

그러나 그 프로그래머들에게 규모가 큰 문제를 준다면 극적이었던 차이가 줄어들게 된다. 문제의 규모가 크면 각 프로그래머가 잘하는 부분과 못하는 부분이 섞여 있을 것이기 때문이다. 따라서 규모가 큰 문제에 대해서는 차이가 2배에서 3배 정도로 줄어든다(앞 절에서 보았듯이). 게다가 그 차이는 프로그래머의 능력 차이보다는 외부 요인에 의해 발생하는 경우가 많다. 프로그래머들의 능력이 모두 동등하지는 않지만, 여러 가지 기술과 접근 방식을 요하는 프로젝트의 특성 때문에 그 차이가 무마된다.

사실, 30배라는 수치에도 어떻게 설명하냐에 따라 진실이 담겨 있다. 이 비율은 프로그래머들의 능력(프로그래밍의 특정 단계에서의) 차이를 의미한다. 따라서 프로그램이 아닌 작업의 성격으로 프로젝트를 분리한다면 30배의 생산성 차이를 볼 수 있을 것이다. 비자아적 프로그래밍을 실천할 때의 결과가 정확히 이런 것임에 주목하기 바란다. 프로그래머들이 프로그래밍 단계가 아니라 프로그램을 소유한다면, 이런 잠재적인 생산성을 실현하지 못할 것이다.

이제 논의는 출발점으로 되돌아온 셈이 된다. 즉, 프로그래머가 하는 작업들을 제대로 세분화해 보자. 전통적인 구분 간의 경계에는 분명 모호함이 있으나, 세분화해 보는 일 자체도 어느 정도 의미가 있다. 예를 들어, 테스트 단계를 보자. 테스트라는 이름에는 적어도 세 가지 다른 행위가(심리학적 관점에서) 포함되어 있음을 금방 알 수 있다.

1. 버그의 존재를 인지
2. 버그의 발생 위치를 추적
3. 버그 수정

아주 넓은 의미에서, 이 세 가지 행위가 요구하는 기술과 개인 성격은 서로 다르다. 버그를 찾으려면, 완벽해 보이는 부분도 의심스럽게 바라보며 결점을 찾으려는 자세가 필요하다. 프로그래머는 아마도 거의 편집증적일 정도로 최악의 경우를 고려해가며 작업해야 할 것이다.

반면에, 버그의 발생 위치를 추적하려면 수도자의 끈기와 동물적인 수집 본능이 필요하다. 그 예로, 어떤 프로젝트에서 발견 후 6개월 동안이나 발생 위치를 밝히지 못한 버그가 있었다. 그런데 한 프로그래머가 그 6개월 동안의 로그 덤프를 모아다가 연구하기 시작했다. 그는 그 많은 덤프를 (출력한 종이들을 쌓으면 높이가 9피트나 되는 양이었다) 셜록 홈즈가 된 기분으로 자세히 검토하며 조금이라도 실마리가 될 만한 부분들을 모았다. 시작한 지 몇 달 후 한 덤프에서 의심스러워 보이는 비트를 발견했고, 이미 검토한 덤프들을 다시 조사하여 같은 경우 12개를 추렸다. 그리고 그 12개의 경우를 큰 책상 위에 여러 패턴으로 배열해 보면서 연결고리를 찾으려 했다.

그는 예제 12개를 연구하고 또 연구하여 어떤 가정을 세우기에 이르렀다. 그가 생각하기에는 특정 조건을 만족하는 상황에서 데이터 채널 중 하나가 문자를 잘못 전달하는 것 같았다. 그 버그는 보통 큰 데이터 블록의 중간 부분에서 발생했기 때문에 잘 드러나지 않지만, 그가 찾은 예제 12개는 블록의 끝에서 발생한 경우였다. 그러나 그것만으로는 동료들을 설득하기에 부족했다. 동료들은 그의 말을 들으려 하지 않고 컴퓨터 탓만 했다. 그래서 그는 의심이 가는 그 채널에 빈도를 높여가며 데이터를 보내는 테스트 프로그램을 작성했고, 결국 회로 기판에 이상이 발생하는 상황의 조건을 찾아냈다. 그 노력에 감복한 동료들은 회로 기판을 검사하자는 의견에 동의했고, 마침내 그의 가정이 옳았음이 증명됐다.

프로그래밍에서 그런 탐정 같은 일을 해냈다고 해서 파스퇴르[5]나 소크[6]처럼 명성을 얻는 것은 아니다. 그럼에도 그 성취 하나만으로도 프로그래머들은 만족한다(보통 사람들은 이해할 수 없겠지만). 그런데 버그를 찾는 데 천재적인 사람들이 찾은 버그를 수정하는 임무에는 적절하지 않을 수도 있다. 이미 발견된 버그는 더는 그들의 흥미를 끌지 못하기 때문이다. 그런 사람에게 억지로 버그를 수정하라고 시키면 그 자리에 또 다른 버그를 만들거나 비효율적이고 조잡한 방식으로 코드를 덧붙이고 끝내 버리는 경우도 종종 있다. 버그를 그 프로그램에 적절한 방식으로 어느 정도 우아하게 수정하려면, 다른 특성을 지닌 프로그래머가 필요하다.

다른 사람이 작성한 프로그램에 있는 버그를 수정하려면 적응력과 균형 감각이 필요하다. 더불어, 주어진 플랫폼이나 언어에 대한 광범위한 이해도 갖춰야 한다. **버그를 찾는 사람**에게는 **분석적인** 사고력이 필요한 반면에, **버그를 수정하는 사람**에게는 **종합적인** 사고력이 필요하다. 물론, 한 사람이 그 두 가지 일에 모두 뛰어날 수도 있다. 그러나 그런 사람을 찾기

---

5 (옮긴이) 루이스 파스퇴르(Louis Pasteur, 1822~1895) - 프랑스의 화학자, 미생물학자. 부패가 공기 중의 미생물에 의해 일어난다는 사실을 발견한 것으로 가장 유명하다. 또 백신 접종으로 전염병을 예방하는 방법도 최초로 일반화했다.

6 (옮긴이) 조너스 에드워드 소크(Jonas Edward Salk, 1914~1995) - 미국의 의학자. 소아마비 바이러스를 포르말린으로 죽여 만든 백신을 주사하면 소아마비 예방이 가능하다는 사실을 발견했다.

보다는 두 가지를 다 잘하는 팀을 찾는 편이 더 쉽다. 각 팀원의 소질과 단점을 인정하는 감각과 겸손함을 갖췄다면, 그 팀의 능력은 팀원 각자의 능력을 능가할 테니 말이다.

요약

프로그래밍은 획일적인 한 덩어리의 행위가 아니다. 소프트웨어 설계자들은 아마추어보다 프로가 더 다양한 도구를 필요로 한다는 사실을 자주 잊는다. 관리자들은 프로그래밍 작업의 단계가 명확하게 구분되지 않을뿐더러 각 단계가 순차적으로 수행되지도 않는다는 점을 자주 잊는다. 프로그래머들도 자신이 새 프로그램을 만들 때마다 다른 일을 하고 있다는 사실을 자주 잊는다.

프로그래밍의 다양한 성격 때문에 소프트웨어 설계자와 관리자, 프로그래머의 업무가 혼란스럽고 복잡해진다. 뿐만 아니라 덕분에 우리의 프로그래밍 심리학 연구도 혼란스럽고 복잡해진다. 앞에서 좋은 프로그램에 대한 절대적인 정의를 내릴 수 없었듯이, 좋은 프로그래머나 좋은 관리자도 한마디로 규정할 수 없다. 심지어 좋은 소프트웨어를 정의하는 일도 쉽지 않다. 결과적으로, 프로그래밍에 관한 논의를 활성화시키려면 논의의 수준을 낮출 수밖에 없다. "무엇이 좋은 프로그래머를 만드는가?"란 주제에서 일반적으로 적용할 수 있는 결론을 얻으려면, 보통 논의되는 내용보다 훨씬 더 세부적인 면까지 고려해야 한다. 그리고 아마도 좋은 프로그래머를 만드는 요소가 훌륭한 우정을 만드는 요소와 비슷하다는 사실을 발견하게 될 것이다. 바로, 상호 관심과 개성 존중이다.

질문

관리자에게

1. 경영진을 대상으로 한 프로그래밍 강좌에 참여한 적이 있는가? 그 강좌에서 당신은 무슨 일을 했고, 그 일이 직업 프로그래머의 업무와 어떤 관련이 있는지 설명하라. 그리고 프로그래밍의 성격에 대해 당신이 오해하도록 만든 내용이 있었다면 설명하라.

2. 당신은 프로그래밍 작업의 복잡도를 어떻게 추정하는가? 요구 명세를 검토하는가? 작업을 맡은 프로그래머가 하는 말을 참고하는가? 여러 사람의 의견을 듣는가?

3. 당신이 내리는 지시는 다음에 나열한 요소 간의 상대적 중요성을 얼마나 명확히 담고 있는가?
   - 일정 준수
   - 요구 명세 충족
   - 실행 속도
   - 메모리 사용량
   - 문서화
   - 기타 요소

4. 현재 프로젝트에서 계획된 작업의 순서를 설명하라. 실제 작업이 처음에 계획한 순서대로 진행되는가? 끝까지 그런 식으로 진행되기를 바라는가?

5. 진행 상황 보고의 양식이 실제 진행되는 프로그래밍 업무에 얼마나 잘 부합하는가? 실제 업무에 부합하는지를 판단하고자 어떤 검사를 하는가? 잘 부합한다면, 프로그래머에게 실제 업무의 필요보다 양식에 맞추기 위해 일하도록 은근히 강요하기 때문은 아닌가?

6. 주요 장비에 대한 부하를 고르게 맞추기 위해 관리자로 어떤 조치를 취하는가?

프로그래머에게

1. 당신은 프로인가? 무엇이 당신을 프로로 만드는가?

2. 15년 전에는 당신이 직접 해야 했지만 지금은 소프트웨어가 대신 해주는 일들을 나열해 보라. 혹시 15년 전의 소프트웨어가 어땠는지에 대해 모르는가? 프로라면 자기 직업의 역사를 조금이라도 알아야 한다고 생각하는가?

3. 당신은 여러 성격을 지닌 프로그래밍 작업에 골고루 노력하는가, 아니면 가장 좋아하는 작업만 하려 하는가? 당신이 잘 못하거나 싫어하는 작업에 대한 성과를 높이기 위해 어떤 노력을 하는가? 당신이 잘하는 작업에 대해서는 어떤 노력을 하는가?

4. 당신이 현재 참여하고 있는 프로젝트의 목표는 무엇인가? 중요한 순서대로 목표를 나열하라. 그리고 관리자에게도 그런 목록을 작성하도록

부탁하라(당신이 작성한 목록을 보여줘서는 안 된다). 두 목록을 비교하여 차이점을 설명하라.

5. 컴퓨터가 고장나서 며칠 동안 디버깅 작업을 할 수 없을 때에는 무슨 일을 하겠는가?

6. 다음 중 당신이 가장 잘하는 일은 무엇인가?
    - 미묘한 버그를 발견하는 일
    - 발견된 버그의 발생 위치를 코드에서 찾는 일
    - 간단하고 효과적인 수정 방법을 고르는 일

   가장 잘하는 일 외의 다른 두 가지에 대한 약점을 극복하려고 당신은 어떤 노력을 하는가?

참고문헌

- S. Rosen 편저 『Programming Systems and Languages』 New York, McGraw-Hill, 1967년.
  로젠(Rosen)은 컴퓨터 소프트웨어 분야의 중요한 고전적 논문(특히, 언어와 컴파일러에 대한)을 모아 주석을 달았다. 프로그래머라는 직업 세계에 막 뛰어든 신참이라면 이 모음집을 통해 자기 직업이 현재의 모습을 하게 된 이유를 조금이나마 알게 될 것이다.

- Jean E. Sammet 지음 『Programming Languages: History and Fundamentals』 Englewood Cliffs, N.J., Prentice-Hall, 1969년.

  로젠이 논문의 고전들로 회귀한 것과는 달리, 사멧(Sammet)은 크든 작든 모든 성과를 동일한 패턴에 담음으로써 역사를 느끼게 해주려 했다. 그 접근법에는 두 가지 가치가 있다. 첫째, 모든 성과에 패턴을 부여하려는 시도로 프로그래밍 작업이 실제로 얼마나 다양하고 복잡한지를 성공적으로 보여준다. 두 번째 가치는 첫 번째와 관련이 있다. 로젠처럼 가장 성공적이었던 성과만을 모아두면 어려움이 없었다는 인상을 주기 쉽기 때문이다. 사멧은 소프트웨어 개발 역사에 존재하는 수많은 시도와 실패를 매우 잘 포착해 냈다. 물론, 문헌에 기록되어 있지 않아 사멧의 책에 포함되지 못한 실패들도 많다.

- Phillip W. Metzger 지음 『Programming Project Management Guide』 IBM Federal Systems Division, 1970년 4월
- Charles P. Lecht 지음 『The Management of Computer Programming Projects』 American Management Association, Inc., 1967년.

  위 두 책은 프로그래밍 프로젝트 관리에 대한 대표적인 정통 교본들이다. 메츠거(Metzger)의 책은 프로그래밍 프로젝트 관리에 대한 IBM의 내부 강좌(알 피에트라산타(Al Pietrasanta)와 조엘 아론(Joel Aron)이 처음 만든)에서 사용된 교재였고, 그 주제를 다룬 최초의 교본 중 하나다. 렛츠(Lecht)의 책은 같은 주제에 대해 American Management Association이 펴낸 것이다. 이 두 책에는 **관리자의 격려 연설**과 같은 유용한 정보가 많다. 그러나 저자들의 관점은 메츠거 책 마지막 부분에 나오는 다음 문장에서 잘 드러난다.

"관리가 아닌 다른 영역에서 일하고 싶어 하는 것은 죄가 아니다." 여러분은 그 다음에 나올 문장도 예상할 수 있을 것이다. "그런데 왜 내 친한 친구들 중에 관리자가 아닌 사람이 있을까?" 관리자들의(좀 더 엄밀히 말해서, 관리자를 위한 강좌를 준비하는 사람들의) 생각 저변에 깔려 있는 이런 엘리트주의를 보면, 프로그래밍에 대한 관리자들의 전형적인 시각이 프로그래머의 개성이나 실제로 하는 일과 완전히 동떨어져 있는 현실은 전혀 이상하지 않아 보인다.

- R. J. Williams 지음 『Biochemical Individuality』 New York, Wiley, 1956년.
  내과의학적 관점에서 개인별 특성을 다룬 책으로, 모든 프로그래머가 다 똑같아 보이는 환상에 시달리는 사람들이 꼭 읽어야 할 책이다. 콩팥을 3개나 가진 사람도 있다는 사실을 알고 나서도 모든 프로그래머가 동일한 일을 동일한 시간 안에 해낼 것이라고 생각할 수 있을까?

- L. E. Tyler 지음 『The Psychology of Human Differences』 3판, New York, Appleton-Century-Crofts, 1956년.
  타일러(Tyler)는 윌리엄스(Williams)의 책과 동일한 주제를 심리학적인 관점에서 다뤘다. 이 두 책이 출판된 1956년이 FORTRAN이 세상에 나온 해라는 것은 우연의 일치일까?

7장에 보태는 글:

프로그래밍 작업의 다양성

"프로그래밍은 획일적인 한 덩어리의 행위가 아니다(262쪽)." 지금의 나라면 이 장을 쓸 생각을 안 했을 것이다. 오늘날 프로그래밍 작업의 다양성은 누가 봐도 명확하리 만큼 늘어났기 때문이다.

초판을 준비할 즈음에 나는 에드 슐만(Ed Schulman)과 함께 본문에 나오는 실험들을 확장하여 프로그램의 효율성과 빠른 작업 완료 외의 다른 차원을 측정했다.[7] 시간이 흐른 후 생각해 보니 그 실험들이 내가 보아온 프로그래밍의 심리학 실험들 중에서 가장 중요했던 것 같다. 그 실험들은 프로그래머가 요청 받은 일은 무엇이든지 할 수는 있다 는 것을 보여 준다(물론, 이것이 일부 관리자들이 믿는 것처럼 프로그래머는 시키면 무슨 일이든 다 할 수 있음을 의미하지는 않는다).

그 실험들의 영향으로 나는 명확한 요구 명세를 개발하고 의사소통을 잘 하는 일에 시간을 투자하면 소득이 크리라 생각했다. 그리고 실제로 이 주제에 관심을 표했던 여러 조직이 많은 이득을 얻었다.

---

[7] 이 실험들은 Human Factors 1974년도 1호 제16권 70~77쪽의 『Goals and Performance in Computer Programming』(제럴드 와인버그, 에드 슐만 공저)에 실려 있다.

8장
개인의 성격

어떤 의미에서, 성격은 사람들 사이에서 볼 수 있는 모든 개인차를 포괄하는 개념이다. 인간의 행동을 조금만 관찰해도, 지능과 교육 정도에 따라 성격의 차이가 생김을 명백히 알 수 있다. 이때의 성격은 어떤 사람을 다른 사람과 구별해 주는 개인적 특성을 총체적으로 일컫는다. 이런 의미에서 성격은 그 사람의 정체성이다.

미치광이 파괴자

원격 배치(batch) 시스템에서는 전산실 기사와 전산실을 이용하는 프로그래머가 직접 접촉할 일이 거의 없다. 그런 상황이라면 전산실 기사가 각 프로그래머의 성격을 별로 잘 알지 못하리라 생각하기 쉽다. 그러나 사실 그렇지 않다. 성격은 개인의 정체성을 규정하는 여러 요소의 총합으로, 우리가 행하고 말하는 모든 것에 묻어난다. 우리가 작성한 프로그램도 마찬가지다. 전산실 기사의 눈으로 본 프로그램은 특히 더 그렇다.

한 수석 시스템 프로그래머가 있었다. 그는 직책의 특성상 프로그래머와 전산실 기사를 모두 직접 대면하며 일했는데, 기사들이 특정 프로그래머들을 험담하는 모습을 자주 목격했다. 마침 컴퓨터 프로그래밍 심리학을 주제로 한 우리 세미나에 참석했던 그는 그것을 계기로 기사들이 나눈 대화와 특정 프로그래밍 업무의 연관성을 연구하기로 했다. 그가 연구하면서 발견한 가장 흥미로운 결과는 어떤 두 프로그래머의 성격에 관련이 있었다.

그 전산실을 이용하는 프로그래머는 70명이 넘었지만, 유독 그 두 명만이 기사들의 입에 오르내렸다. 심지어 다른 교대조에 속해 그 험담에 참여할 수 없는 기사들 사이에도 그들의 악명은 높았다. 좀 더 조사한 결과, 수석 프로그래머는 그들이 작성한 프로그램이 일으키는 비정상 종료(대량의 덤프와 함께 컴퓨터가 뻗어 버렸다)가 악명의 원인임을 알게 됐다. 전산실 기사를 매우 성가시게 만드는 비정상 종료는 그 둘의 프로그램 외에는 거의 발생하지 않았다. 그러나 기사들은 프로그래머와 소통할 수 있는 공식 통로도 없었기 때문에 컴퓨터가 뻗어 버릴 때마다 저주를 퍼붓는 수밖에 없었던 것이다.

수석 프로그래머는 비정상 종료 발생 상황의 예를 모으기 시작했고, 어떤 명확한 패턴을 도출할 정도로 자료가 모였을 즈음에 문제의 두 프로그래머를 각각 면담했다. 첫 번째 프로그래머는 프로그래밍 훈련을 전혀 받지 않은 기술자였다. 그 팀에는 업무상 매우 중요한 프로그램이 하나 있었는데, 전문 프로그래머가 퇴사한 이후 그가 떠맡게 되었다. 그러나 프로그래밍에 대해 전혀 알지도 못하고 다른 사람의 도움을 요청할 만큼 주변머리도 없던 그는 일단 시도해 보고 문제가 생기면 고치는(trial-and-error) 방식으로 일할 수밖에 없었다. 원하는 결과를 얻을 때까지 계속되는 시행착오에 전산실 기사들은 발작을 일으켰지만, 정작 그는 자기 때문에 엄청난 소동이 벌어진다는 사실을 전혀 모르고 있었다.

두 번째 프로그래머는(둘 중 더 악질적으로 평가 받는 쪽이었는데, 기사들은 그를 미치광이 파괴자로 불렀다) 경우가 많이 달랐다. 그는 프로그래밍을 15년이나 해온 인물이었다. 그리고 (그의 말에 따르면) 11기종에서 14가지 언어를 써 봤다. 게다가 (역시 그의 말에 따르면) 그 모두에 대해 전문가 수준이었다. 그런 사람이 작성한 프로그램이 그런 문제를 일으킨다니 믿을 수가 없었다. 그의 프로그램이 전산실 기사가 이해할 수 없을 정도로 난해했나? 아니면, 그가 전문가라는 11가지 기종에 해당하지 않는 컴퓨터였던 것일까?

그 **전문가**의 프로그램이 컴퓨터를 **뻗게** 만든 횟수는 기사가 비정상 종료를 일으킨 카드 덱을 교체하지 않고 실행하는 실수가 가미되어 몇 배로 부풀려졌다. 그리고 그는 자신의 프로그램이 문제를 일으킬 확률은 거의 없기 때문에 오류로 연속 세 번 반송되는 경우가 아니라면 다시 살펴보는 일은 시간 낭비라는 태도를 보였다.

자신의 프로그램에 어떤 문제가 있는지를 명확히 알려줘도 그의 **파괴 행위**는 바로 끝나지 않았다. 예를 들면 이런 식이었다. 프로그램은 세 단계로 수행되는데 첫 단계에 **폭탄**이 있었다. 무엇이 문제인지 그리고 어떻게 수정해야 하는지를 알려 줬지만, 그는 프로그램을 그대로 다시 입력했고 컴퓨터를 한번 더 **터트렸다**. 가까스로 폭탄을 제거하자 다른 폭탄이 줄을 섰다. 심지어 두 번째 단계에서는 첫 폭탄과 정확히 같은 문제를 일으켰고, 그 과정을 세 번째 단계까지 반복했다.

위의 두 경우는 개인의 성격이 프로그래밍 성과에 미치는 영향을 보여주는 전형적인 예다. 두 프로그래머의 성격이 하늘과 땅만큼 다르기는 하지만 말이다. 프로그래밍에 초보인 기술자는 프로그래밍 교육 과정을 수강하도록 조치해 문제를 해결했다(다른 사람에게 도움을 요청할 수 없을 만큼 부끄럼을 잘 타는 그에게는 큰 도움이 됐다). 그러나 전문가에게 교육은 답이 될 수 없었다. 그에게는 프로그래밍의 모든 면을 정복했다는(적어도 알아야 할 것은 다 안다는) 절대적인 자부심이 있었기에, 교육을 받거나 다른 사람의 조언을 들으려 하지 않았다. 결국 두 번째 프로그래머는 다른 직장을 알아보도록 권유하는 것으로 문제를 해결했고, 그 미치광이 파괴자는 지금도 어딘가에서 활약하고 있을 것이다.

변하는 성격

성격을 보편적으로 정의할 수는 없지만, 성격이 프로그래밍에 끼치는 영향(또는 그 역방향의 영향)을 연구할 때 다음의 정의를 기반으로 할 수 있다.

> 개인의 성격은 개인의 모든 특징을 하나의 유기체로 통합한 것으로, 끊임없이 바뀌는 주변 환경에 적응하는 과정을 결정하거나 또는 그 과정에 의해 변화된다.[1]

이 정의에서 일부 독자가 놀랄 만한 첫 번째는 성격이 고정적이지 않음이 명시되어 있다는 점일 것이다. 그러나 분명히 성격은 잘 변하지 않는다. 그럴 만할 이유가 없다면 성격은 변하지 않는다(가끔 겉으로는 변한 것

---

1 크레치(D. Krech), 크러치필드(R. S. Crutchfield), 리브슨(N. Livson) 공저 『Elements of Psychology』 2판, New York, Knopf, 1969년.

처럼 보이기도 한다). 한 일화를 들자면, 비교적 온후하고 상냥하던 프로그래머가 언젠가부터 동료들을 피하고 자신의 일을 남이 도와주려는 호의에 신경질적인 반응을 보이기 시작했다. 그런 행동의 변화는 보통 서서히 일어나고, 주위 사람들이 변화를 알아챘을 때에는 이미 꽤 시간이 흐른 뒤일 경우가 많다. 사실, 그런 행동의 변화를 일으키는 조건이 일시적일 수도 있고 그 사람의 성격이 바뀌었음을 확인하기 전에 행동 변화가 사라지기도 한다. 그러나 그런 행동이 계속된다면 그 배경에는 항상 원인이 있다. 그 원인은 결과로 나타난 행동과 직접 관련이 없을 수도 있지만 말이다.

이 일화의 주인공은 다른 프로그래머들의 불평 때문에 관리자에게 주목 받게 됐다. 관리자와 면담하는 자리에서 그는 행동의 변화를 스스로 알고 있지만 이유는 자기도 모르겠다고 말했다. 관리자는 원인이 궁금했지만 알 수 없기는 마찬가지였다. 그로부터 몇 주 후에 이 프로그래머는 조퇴를 하여 치과에 갔고, 몇 년을 미루다가 찾아간 치과에서 치아 네 개가 심각하게 썩어서 뽑아야 한다는 진단을 받았다. 그리고 썩은 치아를 뽑은 후 일주일도 안 되어서 예전의 온후한 모습으로 돌아오기 시작했다. 결국, 치통이 행동 변화의 원인이었던 것이다.

불행히도 성격이 바뀐 원인을 밝히는 것은 어렵다. 상냥했던 사람이 퉁명스러워졌다고 항상 치과에 가 보라고 할 수는 없다. 같은 양상을 보이는 성격 변화라도 원인은 다양할 수 있다. 육체적인 원인일 수도 정신적인 원인일 수도 있고, 심지어 완전히 외부적인 원인일 수도 있다. 한 예로, 프로그래밍을 전공하는 어떤 대학원생이 너무 좋지 않은 성적으로 인해 낙제 위기에 처했다. 그런데 그 학생은 기업체에서 우수 사원으로 추천을 받아 입학했을 만큼 유능한 사람이었다. 학과장은 그를 낙제 처리하기 전에 소명 기회를 주고자 점심 식사에 초대했다. 후식이 나올 쯤에 그는 자신의 아내가(2400km나 떨어진 곳에 사는) 암으로 투병 중임을 고백했다. 그러나 학위 취득이 그의 경력을 위해 중요했기 때문에 아내는 학업을 계속할 것을 주장했고, 그는 아내의 바람을 들어 주기 위해 학교에 오기는 했지만 공부에 집중할 수 없었던 것이다. 그렇다고 자기만 특별 대우를 받기도 싫었기 때문에 주위에는 그런 사정을 알리지 않았다. 학과장이 소명할 기회를 주지 않았더라면, 그는 그대로 낙제를 받았을 것이다.

앞의 두 일화와 같은 상황에서 관리자는 윤리적인 역설에 빠진다. 적어도 사생활 때문에 업무에 지장을 받거나 관리자가 직원의 사생활에 관심을 갖는 걸 금기시하는 우리 사회에서는 그렇다. 그러나 겉으로 드러난 징후만으로 원인이 일터에 있는지 외부에 있는지를 판단하기 어렵기 때문에 관리자 처지에서는 달리 어쩔 도리가 없다. 원인이 일터에 있다면 쉽게 해결될 수도 있다. 예를 들어, 어떤 프로그래머가 동료들과 잘 어울리지 못해 문제가 된다고 하자. 그럴 경우에는 그 사람이 원체 타인과 어울리지 못하는 성격만 아니라면 다른 부서로 옮겨서 해결할 수 있다.

문제의 원인을 밝혔더라도 항상 간단히 원인을 없앨 수는 없다. 그러나 적절한 조치를 취해 문제를 완화시키는 정도는 가능하다. 예를 들어, 한 프로그래머가 전산실 기사들과 일할 때 성마른 태도를 보인다고 하자. 그 현상은 어떤 까다로운 버그가 있는데 발생 위치를 찾을 수 없어 중압감을 느끼기 때문에 생겼을지도 모른다. 그가 독단적인 사람이라면, 자신이 쩔쩔매고 있음을 인정하고 도움을 받으려 하지 않을 것이다. 그런 상황에서 무턱대고 그에게 전산실 출입을 금지하면 당장의 징후는 사라질 것이다. 금세 다른 형태로 징후가 나타나겠지만 말이다. 문제의 진짜 원인을 남이 먼저 알아차려 준다면, 그는 자신이 쩔쩔매고 있음을 인정하지 않고도 도움을 받을 수 있게 된다. 프로그래밍 능력에 다른 사람이 이의를 다는 것이 불쾌하겠지만, 일단 버그의 발생 위치가 밝혀지면 불쾌함 따위는 바로 잊어버릴 것이다. 때로는 강한 약이 병보다 더 나쁜 것은 사실이지만, 적어도 그 영향은 금방 끝난다.

앞에서 보듯이, 개인의 성격에 관련된 문제가 생겼을 때 진짜 원인을 이해하지 않고서는 적절히 해결할 수 없다. 심리학적 지식이 그런 문제의 원인을 찾는 데 도움이 될 수는 있지만, 아무리 심리학에 정통해도 문제의 당사자가 입을 열지 않고서는 처방을 내릴 수 없다. 예를 들어, 어떤 사람의 아내가 암에 걸렸는지 또는 본인이 치통을 앓고 있는지, 기한을 맞추는 데 중압감을 느끼고 있는지는 관찰만으로는 알 수 없다. 어떤 관리자도 외형적인 징후만으로 사람의 심리를 파악할 수는 없다. 그러나 그 징후들을 자료로 삼아 더 깊은 정보를 얻은 후 조치를 취한다면 성공할 가능성이 더 높아진다.

변하지 않는 성격

성격이 주변 환경의 변화에 적응하는 과정에서 변하는 것이라면, 성격의 변화를 그 사람이 속한 환경의 변화에 대한 신호로 볼 수 있다. 그러나 성격의 변화는 크든 작든 자주 있는 일이 아니다. 따라서 긴 안목으로 볼 때 더 관심을 가져야 할 부분은 프로그래머의 불변적인 성격이 그의 직업 생활에 미치는 영향이다.

성격을 바라보는 일반적인 관점(심리학자나 보통 사람에게 모두 통용되는)에 따르면, 성격은 그 사람이 가진 특질의 집합으로 볼 수 있다. 우리는 "이 사람은 보수적이고 착실하며 약삭빠르고, 저 사람은 숫기는 없지만 재치가 있다."는 식으로 성격을 묘사한다. 그런 표현이 주는 직관적인 감흥은 강력하다. 그러므로 우리는 이상적인 프로그래머가 가져야 할 특질이란 목록을 만들고 싶은 유혹에 빠진다. 그러나 **프로그래밍**이라는 한 단어로 표현되는 상황들이 너무 다양하기 때문에, 우리가 바랄 수 있는 최선은 프로그래머의 특정 특질과 특정 프로그래밍 업무의 관계를 밝히는 것이다.

이미 수많은 성격 이론이 나와 있지만, 정밀함도 떨어지고 논쟁의 여지도 많다. 그러나 일부에는 참고할 만한 내용이 있다. 예를 들어, 대조적인 성격 한 쌍으로 자주 사용되는 표현인 잘 믿는과 **의심이 많은**을 보자. 어느 쪽이 프로그래머에 적합한 성격일까? 디버깅을 놓고 보자면, 의심이 많은 성격이 최고다. 이 경우에는 거의 편집증적인 수준이어도 괜찮다. 반면에 동료와 협업을 할 때에는 잘 믿는 성격이 좋다. 남을 잘 믿지 않는 사람은 동료의 신뢰를 받기도 어렵기 때문이다. 그러나 어떤 상황에서는 모순이 발생한다. 어떤 프로그래머가 테스트 팀에서 일한다면, 그는 다른 사람의 프로그램에 대해 끊임없이 의심해야 한다. 테스트할 프로그램의 원작자가 "그거 확인하느라 고생하지 마. 내가 고쳐서 다 확인했어."라고 말하면, 잘 믿는 성격과 의심해야 하는 직무의 특성이 충돌하게 된다.

그런 모순적인 상황에서 테스트를 맡은 프로그래머는 곤경에 처하게 된다. 그러나 얼마나 심각한 곤경인지는 그 사람이 가진 다른 성격에 좌우된다. 누구에게나 좋은 사람으로 보이고 싶어 하는 성격이라면, 나쁜 인상을 줄까 봐 걱정되어 그 말에 토를 달지 않을 것이다. 반대로 좀 더 독립적이거나 다른 사람과 대립하는 걸 피하지 않는 성격이라면, 그 말에 반발할 수도 있다. 따라서 다른 모든 조건이 같다면, 테스트 업무는 후자의 성격을 지닌 사람들에게 심리적으로 더 쉽게 느껴질 것이다.

일반적으로 다른 모든 조건은 절대 같을 수 없다. 모순적인 상황을 얼마큼 오래 참을 수 있느냐는 그 사람이 정서적으로 얼마나 안정되어 있느냐에 따라 다르다. 그 기간이 중요하기 때문에, 관리자가 업무 과제를 자주 바꿔 주면 테스트 담당자에게 필요한 엄격한 성격 조건을 완화해도 괜찮다. 비자아적 프로그래밍에서는 이런 업무 교대가 자동으로 이뤄진다. 아무도 자신의 특정 성격 때문에 무자비한 공격을(사람들을 적응하여 변하도록 만드는 종류의 공격) 받지 않아도 되기 때문이다.

비자아적 프로그래밍에서는 항상 자신의 성격에 최고로 잘 맞는 업무에만 투입될 가능성이 없다. 안정성을 위해 잠재적인 능률을 희생하는 셈이다. 그러나 잠재된 능률을 모두 잃는 것은 아니다. 처음부터 각자의 성격에 상관없이 아무렇게나 배치하지는 않기 때문이다. 그리고 다른 사람의 신발을 신어 보는 것은 참을성을 기르는 좋은 방법이다.

사람을 그 성격에 가장 잘 맞는 곳에 배치하려는 시도는 실패하기 쉽다. 성격은 표면적으로 보이는 부분이 다가 아니기 때문이다. 겉으로는 똑같아 보이는 성격도 내면은 다를 수 있다(심지어 정반대일 수도 있다). 우호적인 사람은 완전히 마음을 놓고 있는 편안한 상태임을 나타내는 것일 수도 있지만, 반대로 불안한 상황에 처해 자신의 인상을 좋게 하려고 노력하기 때문에 그런 성격으로 보이는 것일 수도 있다. 따라서 사람의 성격을 파악할 때에는 표면을 관찰하는 것에 그칠 게 아니라 어느 정도 내면을 추론하기도 해야 한다.

누군가의 성격을 잘못 파악하는 데는 사람들이 대부분 자기보다 높은 사람에게는 동료나 하급자 앞에서와 다른 얼굴을 하는 이유도 있다. 그리고 사람들은 성별이나 연령 등의 이런저런 이유로 상대에 따라 다르게 행동한다. 이에 대한 놀라운 일화가 있다. 한 컴퓨터 제조 공장의 테스트실에서 프로그래밍 팀이 새 제품을 테스트하느라 밤샘 작업을 하고 있었다. 새벽 2시경, 그들을 발견한 공장 경비원이 다가와 매우 신경질적이고 거만한 태도로 여성은 자정 이후에 건물에 남아있을 수 없다고 말했다. 작업을 하던 네 명 중 한 명이 여성이었던 것이다. 한 남성 팀원이 나섰다.

"어떤 이유라도 여자는 자정 이후에 여기서 일할 수 없단 말인가요?" 그가 물었다.

"그렇소. 숙녀 분은 지금 당장 밖으로 나가셔야겠습니다. 제가 배웅하죠." 경비원이 딱딱하게 대답했다.

"하지만 우린 공장장의 허가를 받았다구요. 이 기계는 낮엔 쓸 수 없기 때문에 밤에 작업할 수밖에 없단 말입니다."

공장장의 허가를 들먹이자 경비원은 약간 자신이 없어진 듯 말했다. "여성이 자정 이후에 여기서 일할 수 있는 경우는 관리자의 인솔 하에 있을 때뿐입니다." 그리고는 네 명을 훑어본 후 그들의 나이가 모두 서른을 넘지 않는다고 판단되자 다시 강한 어조로 물었다. "그런데 당신들 중엔 관리자는 없는 것 같은데요. 안 그렇소?"

이때 문제가 된 여성이 앞으로 나서며 매력적인 미소와 함께 고압적인 어조로 말했다. "제가 이 팀의 관리자인데요."

경비원은 너무 놀라 한동안 입을 다물지 못했다. 여성이, 그것도 그렇게 젊고 예쁜 여성이 벌써 관리자의 지위에 올랐다는 사실이 의미하는 바를 생각했던 것이다. 잠시 후 정신을 가다듬은 경비원은 훨씬 부드럽고 약간은 비굴하기까지 한 목소리로 말했다. "아, 그렇습니까? 너무 죄송합니다. 제가 여러분을 방해했군요. 혹시 원하신다면 제가 매 시간마다 와서 이 주변에 다른 문제가 없는지 살펴드리겠습니다."

그러자 그녀도 어조를 누그러트렸다. "아뇨, 그럴 필요까진 없을 것 같네요. 배려는 고맙습니다. 그리고 저희는 경비원의 입장을 잘 이해하고 있어요." 경비원은 그 말이 "빨리 사라져 주세요."라는 의미임을 직감하고 조용히 어둠 속으로 사라졌다.

물론, 이 일화는 다른 업종에 비해 여성이(젊고 예쁜 여성이) 권위 있는 위치에 오를 가능성이 높은 환경에 있는 프로그래머들에 익숙하지 않은, 어떤 경비원에 대한 이야기다. 그러나 그 경비원과 마찬가지로 프로그래머도 상대의 사회적 지위에 따라 태도를 달리한다. 즉, 다른 성격을 보이는 것이다. 따라서 관리자가 자기의 눈에는 더할 나위 없이 우호적이고 협조적으로 보이는 팀원이 동료들과는 계속 티격태격하며 충돌을 일으키는 이유를 이해하지 못한다 해도 전혀 놀라운 일이 아니다.

프로그래머에게 꼭 필요한 성격

성격을 측정하는 것은 어렵다. 그리고 특정 직업과 성격을 연결 짓기란 거의 불가능하다. 그렇다고 프로그래밍에 적합한 성격을 가진 사람을 고르는 방법이 전혀 없을까? 프로그래밍 업무를 수행하는 데 프로그래머의 성격이 중요한 요소라면, 포기할 수 없는 문제다. 일반적인 경우는 힘들겠지만, 극단적인 경우를 놓고 보면 뭔가 의미 있는 결론을 얻을 수 있을 것이다.

성격과 프로그래밍의 본질적인 관계는 복잡 미묘하여 한마디로 말하기 힘들지만, 어떤 성격이 프로그래밍 실패로 이어지는지에 대해서는 몇 가지를 단언할 수 있다. 프로그래밍 관리자들은 보통 성격보다 지능이 더 중요하다고 말한다. 그러나 프로그래밍을 할 수 없을 만큼 지능이 떨어지는 사람에 대한 일화를 인용하는 사람은 별로 없다. 반대로, 프로그래머가 되어서는 안 됐을 성격을 지닌 사람에 대한 일화를 아는 사람은 많다. 따라서 프로그래밍에는 지능보다 성격이 더 중요하다고 단언할 수 있다.

성격이 프로그래밍 실패의 주요 원인이라는 사실을 좀 더 깊게 살펴보자. 그러면 회사에서 프로그래머를 잘못 고용했을 때 지능보다 성격을 오판한 탓이 대부분인 이유를 쉽게 이해할 수 있다. 우선, 프로그래밍 업무(심지어 인턴 자리더라도)에 지원한 사람들을 조건만으로 추리는 일이 많다. 대표 조건으로는 학위가 있다(특정 학과의 학위를 요구하기도 한다). 그러나 더 심각한 문제는 프로그래밍을 하려면 수학을 많이 알아야 한다는 근거 없는 믿음에서 시작된 지원자의 자기 검열이다. 몇 년 전까지는 컴퓨터와 관련된 일을 하고 싶다는 젊은이들이 '전기학을 공부하라'는 충고를 들을 정도로 프로그래밍에 대한 일반인의 오해가 컸다. 또, 젊은 여성은 두 번 생각할 필요도 없이 후보에서 제외된다. 젊은 여성은 기술자와는 거리가 멀다는 인식 탓이다.

누군가 프로그래머로 크게 성공할지도 모르는데 조건만 따져서 아예 기회를 주지 않는 것은 잘못된 일이다. 그러나 지능이 평균 이하인 사람이 프로그래머가 되는 것을 막는 효과는 있다. 그런 사람이 프로그래머가 된다면 실패할 확률이 높기는 하므로, 프로그래머 자리에 지원한 사람의 지능을 검사할 필요는 있다고 할 수 있다. 그러나 그와 비슷하게 성격을 근거로 사람을 뽑는 절차가 있는가? 있기는 있다. 그러나 성격은 지능보다 훨씬 다차원적이다(지능을 IQ 검사 또는 적성 검사의 점수로 판단하는 것도 사실 적절하지 않다). 따라서 성격을 근거로 사람을 뽑은 결과가 일정하지는 않을 것이다. 게다가 성격은 지능보다 변할 가능성이 높다.

사실, 사람의 이 두 가지 측면에 대해 심리학자들이 말하는 것 중 정말로 믿을 만한(몇 가지 안 된다) 부분은 지능이 성격보다 환경의 변화에 덜 반응한다는 것이다. 예를 들어, 결혼이 그 사람의 지능에 끼치는 영향은 거의 없다. 그러나 결혼으로 인해 보통 사람의 눈에도 확연할 정도로 성격이 바뀔 수는 있다. 따라서 옛날에는 난잡할 정도로 놀기만 좋아하던 동창생이 성실한 프로그래머가 되는 일은 있어도, 작문에 소질이 없던 동창생이 배우자나 가족의 도움으로 달필이 되는 일은 없다.

그렇다면 프로그래머가 되면 실패할 확률이 높은 사람은 과연 어떤 성격의 소유자일까? 이 주제에 대해서는 정형적인 연구가 진행된 적이 없기 때문에 일화를 들어가며 얘기할 수밖에 없다. 그러나 스트레스가 많은 상황을 어느 정도의 기간 동안 견딜 수 있는 능력이 없으면 프로그래머가 될 자격이 없다는 것은 확실하다(프로그래머의 현실이 그렇다). 물론, 이는 외부에서 업무와 일정이 정해지는 직업 프로그래머의 경우다. 아마추어는 그럴 일이 없다. 다음 주까지 어떤 버그를 수정하느냐 못하느냐로 자기 경력의 향배가 결정되지는 않기 때문이다.

프로그래밍 업무는 매우 다양하기 때문에, 잦은 변화에 잘 적응하지 못하는 성격은 직업 프로그래머에 적합하지 않다. 프로그래머는 하던 일이 중단되거나 외부 요인으로 인해 기존의 작업이 **쓰레기**가 되는 정신적 충격이 없는 평화로운 나날을 채 한 달도 보내기 어렵다.

쓰레기라는 표현이 나온 김에 하는 얘기인데, 프로그래밍에 필요한 성격으로 가장 쉽게 깔끔함을 떠올릴 수 있다. 미용 얘기는 아니고(악취를 너무 심하게 풍겨서 동료들이 꺼리는 경우도 있겠지만), 조금은 강박증에 가까우리만치 문서를 잘 정리하는 성격을 말한다. 어떤 컴퓨터 회사에서는 시험을 쳐서 프로그래머 인턴을 뽑는데, 최고득점자가 아니라 답안지를 제일 깔끔하게 작성한 사람을 뽑는다.

프로그래밍에 꼭 필요한 성격에는 겸손함도 있다. 겸손함이 없는 프로그래머는 고대 그리스 희곡의 전형적인 패턴을 답습한다. 즉, 작은 성공에 자만하다가 결국 자멸하게 된다. 프로그래머가 몇 가지 간단한 기술을 익히고 스스로 전문가라 자만하다가 그로서는 어쩔 수 없는 컴퓨터의 힘 앞에 박살이 나는(데우스엑스마키나[2]) 이야기는 소포클래스[3]가 쓴 비극에 못

지않게 눈물겹다.

겸손함과 동전의 양면처럼 대를 이루는 성격이 자신감이다. 프로그래머의 업무는 뭔가를 되게 만드는 것이라 할 수 있다. 그 과정에서 때때로 장애물을 만나면 그것을 피하거나 넘거나 타파해야 한다. 그러나 겸손함이 지나쳐 자기비하를 쉽게 하는 사람은 자신이 택한 방법이 틀릴 수도 있다는 비판 정신을 지나치게 발휘해 자신감을 상실한다. 물론, 비판 정신이 없는 자신감은 브레이크 없는 기관차만큼이나 위험하다. 그러나 자신감 없는 비판 정신은 기관차는 없고 브레이크만 있는 형국과 마찬가지다. 사고의 위험도 없겠지만, 뭔가를 이루는 건 더더욱 없다.

겸손한 성격과 자신만만해 하는 성격이 프로그래밍에 미치는 대조적인 영향은 뜻하지 않은 곳에서 경험적인 증거를 얻었다. 우리는 명령어의 효용성을 검사하고자 실험을 설계하고 그 결과 자료를 분석했다. 그리고 실험에 참여한 각 프로그래머가 배치 프로그램을 한 번 실행시킨 후 그것을 공부하는 시간을 그래프로 나타냈다. 소요시간별 실행횟수를 그래프로 표현하자 그림 8-1과 같이 크게 두 유형으로 나뉜다는 사실을 알 수 있었다. 첫 번째 그래프에는 4분 이내의 구간에서 도수가 나타난 구간이 하나뿐이다. 반면에 두 번째 그래프에는 도수가 나타난 4분 이내의 구간이 여러 개다. 즉, 두 번째 그래프에 속하는 프로그래머들이 배치 프로그램을 한 번 실행한 후 4분 이내로 공부하고 다시 다음 실행을 여러 번 시도했다.

---

2 (옮긴이) 데우스엑스마키나(Deus ex Machina) - 기계에 의한 신(神)을 의미하는 라틴어. 고대 그리스극에서 자주 사용되던 기법으로, 초자연적인 힘을 끌어들여 극의 긴박한 국면을 타개하고 결말로 이끌어가는 것을 말한다. 무대에 설치한 일종의 기중기를 이용해 신이 나타나도록 연출한다 하여 이런 이름이 붙었다고 한다.
3 (옮긴이) 소포클래스(Sophocles) (B.C. 496 ~ B.C. 406) - 고대 그리스 3대 비극 작가의 한 사람. 대표 작품으로는 아이아스(Aias), 안티코네(Antigone), 오이디푸스 왕(Oidipous Tyrannos), 엘렉트라(Elektrai) 등이 있다.

아마도 그들은 그 시간 동안 잘못된 코드를 바로 잡거나 천공기의 오류를 수정했을 것이다.

다른 실험, 특히 PL/1 문법 오류를 연구할 때에는 이런 양상을 발견하지

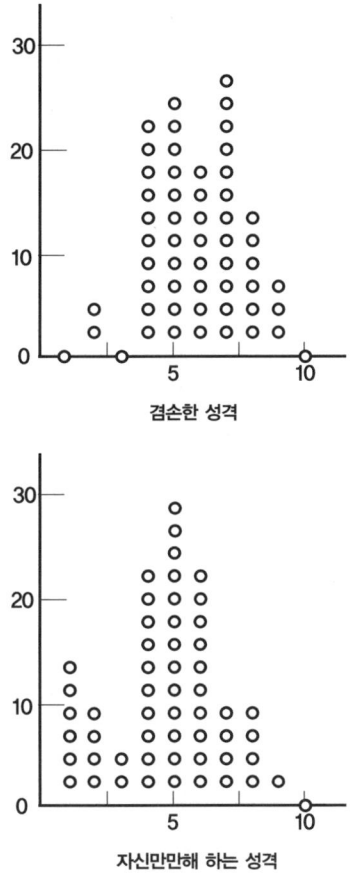

Y축은 실행횟수, X축은 $\log_2$소요시간(분) (즉, 1은 1분, 2는 2분, 3은 4분, 5는 16분)

그림 8-1 프로그래머 성격의 두 유형

못했다. 피실험자들이 오류를 범한 프로그램 실행에만 관심을 가졌기 때문이었다. 이 실험에서도 앞의 **명령어** 실험과 같이 모든 실행을 분석하자 방식은 다르지만 같은 양상이 나타났다. 일부 프로그래머들은 한 번 범했던 문법 오류를 다시는 범하지 않았다. 코드를 수정할 때 신중하고 규칙적으로 검사하여 이미 경험한 문법 오류가 재발하는 걸 방지했던 것이다. 그러나 다른 프로그래머들은(피실험자 중 3분의 1에 해당하는) 성급하게 수정하여 했던 실수를 또 저지르곤 했다. 자신의 능력을 너무 과신하지 않았다면 같은 실수를 그렇게 계속 반복하지 않았을 것이다.

사실, 그림 8-1의 각 그래프 제목인 **겸손한 성격**, **자신만만해 하는 성격**은 다소 임의적이다. 물론 각 그래프가 표현하는 양상이 분명히 존재하고 고정적인 패턴이 있다고 해도(같은 프로그래머에게 다른 프로그램을 맡겨도 같은 양상을 보인다), 이때의 겸손함과 자신만만해 함이 일반적인 심리학에서 말하는 그것과 일치한다고 확언하기는 어렵다. 이는 더 연구되어야 할 주제다(매우 중요한 연구 주제다. 예를 들어, 프로그래머를 선별하거나 교육시키기 위해 또는 온라인 시스템의 설계와 평가를 위해). 지금은 그저 배치 시스템에서는 겸손한 프로그래머가, 온라인 시스템에서는 자신만만해 하는 프로그래머가 더 적합할 것이라 추측할 뿐이다. 온라인 시스템에서는 그들의 성급한 자신만만함이 그다지 해가 되지 않는다. 겸손한 프로그래머들이 단말기 앞에 앉아 멍하니 있을 동안 그들은 시도하고 또 시도할 것이기 때문이다.

마지막으로, 프로그래머에게는 유머감각이 필요하다. 컴퓨터는 **자신 앞에 앉은 사람을 모두 바보로 만드는 기계**이기 때문에 우스꽝스러운 꼴을 당한 자신의 모습을 웃고 넘길 수 없는 사람이 프로그래머로 오랫동안 버티기는 어렵다. 누군가가 말했다. 프로그래머의 주제가는 "아아아아아

~(괴로워하는 신음소리)."라고. 프로그래머는 작업을 하나 마칠 때마다 자기가 저질렀던 멍청한 실수와 대면한다. 그리고 주제가의 두 번째 소절을 부른다, "하하하하~." 그러지 않고서는 광대 노릇을 계속할 수가 없다.

성격검사

융통성 없는 성격은 이상적인 프로그래머에게 적합하지 않다. 어떤 사람들은 프로그래머가 정밀한 컴퓨터를 다뤄야 하므로 그 성격이 완고해야 한다고 믿는 것 같다. 그러나 사실 그 반대다. 컴퓨터가 융통성이 떨어지기 때문에 프로그래머는 오히려 융통성 있는 사고를 해야 한다. 실생활에 필요한 기능을 컴퓨터상에 구현하려면 프로그래머가 주입한 유연성이 필요한 것이다. 이렇듯 잘못된 세간의 믿음을 바로잡기 위해서는 프로그래머를 위한 성격검사법이라도 개발해야 할 것 같다. 그런데 그런 검사법을 고안하는 일이 가능할까?

성격검사법은 이미 여러 가지가 존재한다(그중 일부는 프로그래머를 선별하는 데 사용되기도 했다). 그런데 현존하는 성격검사는 대부분 성격 장애를 찾아내는 데 목적을 둔다. 대표적인 검사로 로르샤흐 검사[4], TAT[5], MMPI[6] 등이 있다. 예를 들어 MMPI의 경우 정신병리 분야에서 행한 실험 정보를 토대로 개발되었으므로 전문 심리학자 또는 정신의학자들이 규정한 성격

---

4 (옮긴이) Rorschach Ink Blot Test - 스위스의 정신의학자 로르샤흐(H. Rorschach)가 발표한 인격 진단검사. 좌우대칭인 잉크 얼룩 10장이 어떻게 보이는지를 설명하게 하고 그 대답을 분석하여 정신병이나 성격 장애를 진단하는 기법으로, 투영법의 일종이다.
5 (옮긴이) Thematic Apperception Test(TAT, 주제통각검사) - 미국의 심리학자 머레이(H. A. Murray)와 모르간(C. D. Morgan)이 1930년대에 개발한 인격진단검사. 역시 투영법의 일종으로서 로르샤흐 검사와 함께 가장 많이 이용된다.
6 (옮긴이) Minnesota Multiphasic Personality Inventory(MMPI, 미네소타 다면인격검사) - 미네소타 대학의 심리학자 해서웨이(S. R. Hathaway)와 정신의학자 맥킨리(J. C. McKinley)가 1942년에 발표한 인격검사. 질문지법을 사용하는데, 피검사자는 질문 550개에 예, 아니오로만 대답하고, 그에 따라 타당성 척도 4가지와 임상 척도 9가지에 대해 표준점수를 계산해 인물형을 판별한다.

유형을 그대로 쓴다. MMPI에서도 정상이란 말이 쓰이기는 한다. 그러나 MMPI의 주목적은 어디까지나 정신병을 치유하는 데 도움을 주는 것이지 여러 정상적인 성격 유형 간의 차이를 규명하는 것은 아니다.

물론, 프로그래머를 고용할 때 정신병이 있는 사람을 원하지는 않는다(그런데 이런 생각을 뒷받침하거나 반박할 경험적 근거도 없다). 그러나 프로그래머를 고용할 때 위와 같은 검사를 하는 게 얼마나 효과적이고 적절하냐는 문제가 아니다. 일반적인 고용 절차의 윤리성이 문제다. 모든 종류의 직업에서 지원자에게 정신병검사를 받도록 하는 행위가 과연 옳은가?

이 윤리 문제는 프로그래밍에만 국한된 게 아니므로 차치하고, 각종 직업에 대해 사람을 뽑을 때 쓰려고 고안된 성격 검사들은 어떤지 살펴보자. 그런 종류의 검사 중 대표적인 것으로 스트롱 검사[7]가 있다. 스트롱 검사는 여러 직업을 대상으로 이미 그 직업에 종사하고 있는 사람들의 검사 점수를 모아 놓는다. 그리고 피검사자의 점수를 그와 비교하여 결론을 이끌어 낸다. 즉, 직업상담사가 고등학생을 대상으로 이 검사를 실시한다면, 그 고등학생이 보이는 흥미 패턴과 여러 직업에서 전형적인 종사자가 보이는 흥미 패턴을 비교하는 것이다. 그렇게 해서 가장 비슷한 직업들을 찾고 그중에서 한 직업을 고르라고 조언한다.

물론, 고용할 때 고용자는 특정 직무를 염두하고 있다. 그리고 그 직무에 종사하는 사람들의 전형적인 흥미 패턴과 지원자의 흥미 패턴을 비교하여 지원자가 직무에 적합한 성격인지를 판단할 것이다. 그러나 앞서 밝힌 사람의 성격과 프로그래밍의 관계를 고려할 때 그런 절차가 얼마나 적

---

7 (옮긴이) Strong Vocational Interest Blank(SVIB, 스트롱 직업흥미검사) - 1927년 스트롱(E. K. Strong)이 발표한 직업검사법. 특정 직업에 종사하는 사람들이 공통적으로 보이는 흥미 패턴을 수집한다. 그런 뒤, 질문을 통해 알아낸 피검자의 흥미 패턴을 기존 패턴과 비교하여 적합한 직업을 찾아낸다. 1994년에 발표된 최신 개정판인 SII(Strong Interest Inventory)까지 여러 번 개정됐고, 통틀어 스트롱 검사라 한다.

절할까?

그런 절차에서 볼 수 있는 첫 번째 약점은 **프로그래머의 흥미 패턴에 대한 자료가 없을지도 모른다는 점**이다. 실제로 많은 회사에서 프로그래머의 흥미 패턴 없이 스트롱 검사를 사용해 왔다. 프로그래머는 수학자나 기술자, 작가 등과 **비슷하다**고 자의적으로 판단했던 것이다. 그러나 그런 판단의 근거는 추측일 뿐이다. 따라서 결과적으로는 주사위를 던져 채용을 결정하는 것과 마찬가지다.

지금은 프로그래머의 흥미 패턴을 조사한 결과가 존재한다(페리(D. K. Perry)와 캐논(W. M. Cannon)이 1966년에 관련 논문을 여러 편 발표했다). 인사담당자가 그 자료를 이용한다면 주사위를 던지는 것보다는 좀 더 나은 결과를 얻을지도 모른다. 그러나 그럴 때에도 몇 가지 문제가 있다. 예를 들어, 정확히 어떤 유형의 프로그래머를 대상으로 하는가? 시스템 프로그래머, 응용프로그램 프로그래머, 테스트 프로그래머, 유지보수 프로그래머 등, 각 유형에 대해 별도로 흥미 패턴이 준비되어 있는가?

충분히 세부적으로 나뉜 흥미 패턴이 있다 하더라도, 우리가 원하는 바가 정말로 반영되어 있을까? 흥미 패턴은 특정 직업에 이미 종사하고 있는 사람들을 조사한 결과일 뿐이다. 즉, 그 직업에 종사하기를 원하는 사람들을 조사한 결과는 아니라는 얘기다. 역사가 깊어 꽤 성숙된 직업들에 대해서는 대체로 그 일을 할 만한 사람들이 종사하고 있다고 가정할 수 있다(그 사람들이 스트롱 검사의 결과를 근거로 해서 자기 암시를 실현하고 하고 있을 뿐일 수도 있지만). 그러나 프로그래머라는 직업은 아직 걸음마 단계에 있다. 게다가, 고용자들이 평균적으로 자신이 채용한 프로그래머들에 대해 만족하지 못하고 있다는 것은 어느 정도 확실하다. 이런 상황인데, 왜 현재의 프로그래머들을 미래의 프로그래머가 만족시켜야 할 모범 답안으로 삼아야 하는가?

성격검사의 또 다른 문제는 피검사자가 속임수를 쓸 수 있다는 점이다. 성격검사를 비롯한 모든 심리검사는 검사를 고안한 심리학자가 검사를 받을 사람보다 똑똑하다는 가정을 전제한다. 만약 심리학 검사를 업으로 삼는 사람들을 대상으로 성격검사를 하면, 대체로 자신이 다른 사람보다 똑똑하다고 생각한다는 결과가 나올 것이다. 그러나 그들 스스로 그렇게 믿는다고 해서 사실이 되는 것은 아니다.

어떤 면에서 성격검사는 일종의 지능검사다(검사를 만든 사람과 머리싸움을 하는 것이다). 극단적인 예이지만, 프로그래밍 업무에 지원한 사람이 성격검사를 받는데 "일에 지나치게 집중하면 두통이 일어나 일을 못하곤 합니까?"라는 질문이 있다고 하자. 그 질문에 대해 누가 멍청하게 "예"라고 답하겠는가? 알다시피 프로그래머가 되고자 하는 사람들은 꽤나 영리한 축에 속한다. 따라서 성격검사를 받을 때 속임수를 쓸 가능성이 많다고 할 수 있다. 사실 이것은 걱정할 문제가 아니다. 프로그래머 지원자가 검사자를 **성공적으로 속였다면**, 그는 프로그래머에게 꼭 필요한 성격을 갖췄다고 볼 수 있기 때문이다. 질문의 의도를 파악하고 적절한 대답을 할 수 있는 적응력과 권위자에게 시험 받는다는 압박감을 견딜 능력, 어떤 일을 추진하는 자신감, 도전을 즐길 수 있을 만큼 충분한 유머감각을 지닌 것이다.

물론 심리학자들은 속임수의 가능성을 부정하거나 그 중요성 또는 빈도를 평가 절하할 것이다. 그러나 프로그래머들은 성격검사를 받을 때 실제로 속임수를 쓴다. 한 예를 살펴보자. 어떤 대기업에서 프로그래머 고용을 위한 성격 요건을 마련하려고 심리학자에게 컨설팅을 의뢰했다. 보통 그런 요건은 그 회사 소속 프로그래머들을 기반으로 만든다. 그것도 최고라는 평가를 받는 사람들을 중심으로 말이다(팀 전체를 최고의 프로그래머들로 채우기를 바라는 것인지는 확실하지 않지만).

검사 받을 프로그래머들은 회사 측에서 선정했고, 검사 당일 심리학자가 와서 보니 검사를 받으러 60명이 회의실에 모여 있었다. 심리학자는 30명을 예상했기 때문에 질문지도 30부밖에 준비하지 않았다. 그러나 다행히도 질문지가 A와 B, 두 영역으로 나뉘어 있었기 때문에, 30명에게는 A 영역을, 나머지에게는 B 영역을 먼저 풀도록 하여 검사를 진행할 수 있었다. 프로그래머들이 받은 답안 작성을 마치자, 심리학자는 질문지를 다른 영역으로 맞교환시킨 후 형식적으로 물었다. "혹시 질문 있으신가요?" 그는 이미 검사의 절반이나 치른 사람들이라 질문이 없을 거라고 생각했지만, 놀랍게도 한 명이 손을 들었다. "네, 말씀하세요." 손을 든 프로그래머가 정색한 얼굴로 말했다. "앞에 했던 것과 같은 결과가 나오도록 답하면 되죠?"

프로그래머들만큼 표정 관리에 능하지 못했던 그 심리학자는 얼굴이 빨개지며 눈에 띄게 당황했다. 그러나 곧 정신을 차리고 유치원생을 상대하는 듯한 목소리로 대답했다. "무슨 말씀이신지. 그냥 최대한 정직하게 답하시면 됩니다." 그때 다른 프로그래머가 불쑥 끼어들었다. "에이, 저희를 바보로 보세요?" 그러자 회의실은 키득거리는 웃음으로 가득 찼다.

프로그래머에 대한 성격검사

앞에서 밝힌 성격검사의 문제점들을 염두에 두고, 프로그래머를 대상으로 실시한 성격검사의 결과를 살펴보자. 1968년 데이비드 B. 메이어(David B. Mayer)가 스트롱 검사를 비롯한 여러 검사의 결과를 연구하여 발표한 자료가 있는데, 스트롱 검사를 지나치게 믿는 독자라면 꼭 봐야 한다. 메이어는 그 고안자도 밝혔듯이 스트롱 검사가 어떤 직업에서의 성과를 예측하는 것은 아니라는 점에 유의했다. 스트롱 검사는 피검사자가 가진 흥미에 대한 정보를 도출하는 도구다. 사람의 흥미와 직업의 관계는 여전히 그 사람의 몫이다.

메이어는 스트롱 검사를 통해 프로그래머와 일반인 사이에 어느 정도 차이가 존재함을 확인할 수 있다고 지적하고, 몇 가지 흥미로운 점을 제시했다. 한 예로, 일반인에 비해 프로그래머는 진보적인 사람보다 보수적인 사람을 선호하는 정도가 크다고 한다. 메이어는 이런 예들로 독자들의 흥미를 유발한 후 다음의 자문자답으로 분위기를 반전시킨다. "이상적인 프로그래머의 흥미패턴에 해당하는지를 검사하기 위한 문항이 스트롱 검사에 들어 있는가? 전혀 그렇지 않다."

메이어가 그렇듯 단호하게 부정할 수 있었던 이유는 무엇일까? 우선, 스트롱 검사법이 400개 문항에 대한 답변이 나타내는 패턴을 분석하는 것만을 목적으로 고안되었기 때문이다. 그런 분석을 위해서는 페리(1966)가 개발한 것과 같은 다양한 표본을 기반으로 한 채점 체계가 필요하다. 페리의 채점 체계가 모든 스트롱 검사에서 통용될 수 있는 것은 아니지만, 여러 기업을 대상으로 설문한 결과 적어도 1968년까지는 프로그래머를 고려한 채점이 포함된 스트롱 검사를 실시하는 곳은 하나도 없었다.

메이어가 이 연구를 수행하던 시기에 사용되던 성격/흥미 검사에는 Thurstone Temperament Schedule, Activity Vector Analysis, Kuder Preference Test 등도 있었는데, 설문 대상 282개 기업 중 10~15곳에서만 실시하고 있었다. 많은 기업이 프로그래머를 뽑는 과정에 성급하게 성격 검사를 도입하기보다 좀 더 신뢰할 만한 방법이 나오기를 기다렸던 것으로 보인다.

흥미나 성격을 정확히 검사하는 방법이 존재한다 해도, 인사담당자가 풀어야 할 문제는 간단하지 않다. 어떤 검사를 어떤 목적으로 사용해야 하는가? 검사들의 순서는 어떻게 정해야 하는가? 검사에는 비용이 들어간다. 그리고 더 단순하고 직관적인 방법을 사용하기를 주장하는 사람들에게 성격검사가 지닌 유용함도 증명해야 한다. 메이어는 "면접을 하면 그 사람의 성격을 느낌으로 대충 짐작하게 된다. 내 경험에 따르면 성격검사의 결과보다 그 느낌이 더 잘 맞는다."고 말했다. 심리검사가 가치 있으려면 단순 느낌보다 정확함이 증명되어야 한다.

이쯤에서 심리검사를 기반으로 사람을 선별하려고 많은 노력을 기울인 고전적인 일화를 인용하겠다(실화인지는 분명하지 않지만). 2차 세계대전 중 미군은 전투 지역이 열대부터 극지방까지 너무 광범위하게 퍼져 있는 문제를 겪고 있었다. 어떤 병사는 더위에 약하고 또 어떤 병사는 추위에 약해 전투력이 떨어진다는 사실을 알게 됐다. 그래서 최고의 전투력을 발휘할 수 있는 기후로 병사를 배치하기 위한 검사를 만드는 데 착수했고, 검사에 쓸 수백 개의 질문을 검토했다. 마침내 결론을 얻었는데(때맞춰 전쟁이 끝나 써먹지는 못했다), 기후에 따른 피검사자의 전투력을 추정하는 데 사용할 수 있는 질문은 단 하나였다. "당신은 더운 날씨가 좋습니까? 추운 날씨가 좋습니까?" 그렇다면 우리는 프로그래머 지원자에게 이렇게 물어야 할까? "당신은 프로그래밍을 좋아합니까?"

요약

프로그래밍 업무는 매우 복잡하기 때문에 프로그래머로 성공하기 위한 요소 중 성격의 중요성이 보통 생각하는 것보다 훨씬 크다. 그러나 성격검사로 어떤 사람이 좋은 프로그래머가 될지 판별할 수는 없다. 그러기에는 검사법에도 결함이 있을 뿐 아니라 프로그래밍 자체에 대한 우리의 이해도 깊지 않다. 또한, 프로그래밍의 어떤 과정에서 어떤 성격 요소가 어떤 역할을 하는지도 정확히 모른다.

특정 프로그래밍 업무에 필수적인 성격 요소를 추려낼 수는 있어 보인다. 어떤 성격의 소유자가 어떤 업무를 잘 하지 못할 것임을 알아내는 차원에서는 말이다. 결과적으로, 성격이라는 주제를 연구하면 프로그래머의 능률을 높이는 데 어느 정도 공헌하게 될 것이다. 연구하는 주체는 심리학자일 수도 있고 관리자 또는 프로그래머일 수도 있다.

질문

관리자에게

1. 어떤 직원의 성격이 갑자기 변하는 것을 경험한 적이 있는가? 그렇다면 당시에 어떤 조치를 취했는가? 지금 같은 상황을 만난다면 어떻게 다르게 조치하겠는가?

2. 프로그래머를 뽑을 때 어떤 성격을 선호하는가? 기존 프로그래머를 평가할 때에는 어떤 성격을 선호하는가? 이 두 경우에 대한 답이 동일한가? 다르다면 그 이유는?

3. 당신의 회사에서는 프로그래머를 고용할 때 성격검사를 사용하는가? 그렇다면, 검사 결과를 판독할 사람들은(당신을 포함해서) 그에 관련된 교육을 받았는가? 프로그래머를 고를 때 검사들이 얼마나 효과있는지에 대한 증거를 갖고 있는가? 회사 차원에서 또는 당신의 개인적인 차

원에서 효과를 입증하려고 시도한 적은 있는가?

프로그래머에게

1. 프로그래머로 일하는 데 가장 도움이 되는 당신의 성격은 무엇이라 생각하는가? 당신이 지금의 자리에 고용될 때 고용주가 그 성격을 중요하게 여겼을 것이라 느끼는가?

2. 프로그래머로 일하는 데 가장 악영향을 미치는 당신의 성격은 무엇이라 생각하는가? 당신이 고용될 때 그 성격이 고려됐을까? 그 성격이 당신의 업무 능률에 미치는 영향을 줄이려고 어떤 노력을 하고 있는가?

3. 당신의 동료에게 위의 1, 2번을 질문하라. 당신의 답과 동일한가? 그렇지 않으면, 동료의 눈에는 당신이 어떻게 비춰지는지를 새롭게 알게 되었는가? 앞으로 어떻게 할 생각인가?

참고문헌

- David B. Mayer, A. W. Stalnaker 공저 『Use of Psychological Tests in the Selection of Computer Personnel』 SHARE/GUIDE Presentation, 1968년 10월
  이 논문은 ACM SIG/CPR의 후원으로 개최된 5차 연례 Computer Personnel Research Conference에서 인용한 것이다. SIG/CPR이 1962년 설립된 이래의 활동 상황을 볼 수 있고 참고문헌이 잘 정리되어 있다.

- D. K. Perry, W. M. Cannon 공저 『A Vocational Interest Scale for Computer Programmers – Final Report』 4차 연례 Computer Personnel Research Conference 회보, ACM, New York, 1966년, 61~82쪽
- L. J. Cronbach 지음 『Essentials of Psychological Testing』 3판, New York, Harper, 1970년.
  심리검사에 대한 진지한 고찰이 담겨 있다.

- Robert Wernick 지음 『They've Got Your Number』 New York, Norton, 1956년.
  심리검사에 대한 가벼운, 그래서 더 진지한 고찰이 있다.

- Lee J. Cronbach, Goldine C. Gleser 공저 『Psychological Tests and Personnel Decisions』 2판, Urbana, University of Illinois Press, 1965년.
  심리검사를 정확히 적용하고 그 결과를 잘 분석했더라도, 관리자는 검사 결과만으로는 할 수 없는 추가 결정을 내려야 한다. 또는 어떤 검사를 실시할지를 정해야 하고, 심지어 검사 자체를 할지 말지를 정해야 할 수도 있다. 이는 쉬운 문제가 아니고 정답도 없다. 이 책에서는 그런 문제를 정형적인(때로는 수학적인) 방법으로 다룬다.

- C. S. Hall, G. Lindzey 공저 『Theories of Personality』 2판, New York, Wiley, 1970년.
  다양한 성격 이론이 있지만, 프로그래머나 프로그래밍 관리자와 직접 관련이 있는 이론은 거의 없다. 이 책은 홀(Hall)과 린드제이(Lindzey)가 가장 유명한 성격 이론 12개를 정리한 것이다. 심리학을 전공하지 않은

사람들이 그 분야에 들어서는 출발점으로 삼기에 적당하다.

- R. H. White 지음 『Lives in Progress: A Study of the Natural Growth of Personality』 2판, New York, Holt, Rinehart and Winston, 1966년.
  성격 발달에 관한 대부분의 연구는 아동기를 대상으로 한다. 그러므로 어린이 프로그래머를 뽑지 않는 이상 우리에게 그다지 도움이 되지 않는다. 그러나 화이트(White)는 성인의 성격 발달에 관심을 가졌다. 그의 연구 대상이 주로 대학을 갓 졸업한 사람들이었으므로(대부분의 프로그래머가 이 시기에 첫 직업을 가진다), 프로그래밍 관리자들은 이 책을 꽤 주목했다.

- R. W. White 지음 『The Abnormal Personality』 3판, New York, Ronald, 1964년.
  성격의 정상 범위를 벗어나는 여러 사람의 경우를 정리한 교과서다. 프로그래밍 관리자들이 이 책을 본다면, 어떤 사람의 성격을 자기가 이해하지 못한다 해도 금방 **미쳤다**고 생각하지는 않을 것이다.

8장에 보태는 글 :

개인의 **성격**

지금 이 책을 처음부터 다시 쓴다면 가장 많이 바뀔 부분이 이 장이다. 그만큼 과거 25년 동안 내가 새로 배운 부분이 가장 많은 영역이다. 이사벨 브릭스 마이어스가 1980년에 발표한 MBTI(Myers-Briggs Type Indicator)[8]를 보고 나는 기존에 알고 있던 다른 성격검사에 대한 관심을 모두 끊게 됐다. 1984년에는 데이비드 커시와 매럴린 베이츠가 여러 정상적인 성격 유형을 다루는 성격 이론[9]을 발표했다. 그때부터 나는 소프트웨어 분야에서 성격 문제를 연구할 때 그런 접근법을 사용했다.[10]

그 기간 동안 나는 버지니아 새티어와 함께 공부하면서 "incongruent personality stance(일정 수준 이상의 압박감을 느낄 때의 대처 방식)"을 알게 됐다. MBTI와 새티어의 생존 대처 방식(coping stance) 이론들 덕분에 인간 행동에 대한 나의 생각과 교육, 컨설팅 기법이 크게 바뀌었다.

원문에서 나는 이렇게 예언했다. "… 성격이라는 주제를 연구하면 프로그래머의 능률을 높이는 데 어느 정도 공헌하게 될 것이다. 연구하는 주체

---

[8] 이사벨 브릭스 마이어스(Isabel Briggs Myers)지음, 『Gifts Differing』 (Palo Alto, Calif : Consulting Psychologists Press, 1980년).
[9] 데이비드 커시(David Keirsey), 매럴린 베이츠(Marilyn Bates) 공저 『Please Understand Me: Character and Temperament Types』 4판 (Del Mar, Calif.: Prometheus Nemesis Book Co., 1984년)
[10] 『Quality Software Management』 3권 참조

는 심리학자일 수도 있고 관리자 또는 프로그래머일 수도 있다."(292쪽) 당시 성격에 대해 많은 부분을 알지 못했지만, 이것이 나의 예언 중 가장 성공적인 것임이 증명되었다.

9장
지능 또는 문제해결력

겪어봐서 알겠지만, 프로그래머는 평균 이상의 지능을 가진 사람들이다. 공식적으로 연구되진 않았지만, 프로그래머의 평균 IQ가 대학졸업자의 평균 IQ보다 높다고 생각해도 큰 무리는 아니다. 그중에서도 뛰어난 프로그래머의 IQ는 대체로 더 높다고 할 수 있다. 물론 IQ만이 중요한 것은 아니다(IQ가 제일 중요하다는 그릇된 믿음은 이미 앞에서 타파했다). 그러나 프로그래머의 특성 중 하나가 지능이 평균 이상이라는 것이므로, 프로그래밍을 더 잘 이해하려면 지능이 프로그래밍 업무에 미치는 영향을 연구할 필요가 있다.

심리적 자세

잘못된 곳을 찾을 때에는 심리적 자세(psychological set)가 방해가 되기도 한다. 수많은 연구를 거쳐 사람의 눈은 기대한 면만 보는 경향이 있음이 증명됐다. 예를 들어, 일련의 단어들을 빠르게 보여 주고 잘못된 단어를 찾는 실험을 한다고 하자. 목록에 'dack'이라는 단어가 들어 있다. 'dack'을 본 피실험자는 우선 이것을 옳은 단어로 오인한다. 주어진 문자와 자신이 아는 단어를 연결하려는 심리적 자세가 있기 때문이다. 그리고 'dack'이 '동물 또는 새'와 관련된 목록에서 나오면 피실험자는 'duck(오리)'이라고 오인할 확률이 높다. 또는 교통수단과 관련이 있다는 힌트를 주면 'deck(갑판)' 또는 'dock(부두)'이라고 오인한다.

교정을 해본 사람이라면 이런 현상을 잘 알 것이다. 천공카드에 입력된 컴퓨터 프로그램에서 잘못 천공된 글자를 찾으려 시도해 본 사람이라면 더 잘 알 것이다(뼈에 사무치게). 교정 같은 일을 할 때 심리적 자세가 주는 영향을 극복하기가 얼마나 어려운지는 측정하기가 어렵다. 실제 상황을 잘 모사할 예문을 만들기가 어렵기 때문이다. 그러나 컴퓨터 프로그램에서는 가능하다. 컴퓨터가 교정의 효과를 검사하는 기반이 되기 때문이다.

컴퓨터는 프로그램에서 다양한 오류를 찾아낸다. 문법 오류나 잘못된 예약어, 잘못 선언된 상수 등은 간단하게 찾을 수 있고, 심벌 테이블이나 상호 참조 목록, 제어 흐름 분석은 상호 검증(cross check)이 필요하다. 또 동적인 검사를 통해 변수의 초기화 여부 검사, 제어 흐름 추적, 서브루틴 호출 스택 추적도 가능한데, 단순한 타이핑(typing) 오류가 더 심각한 오류로 이어지는 것을 막아준다. 그럼에도 모든 오류가 자동으로 찾아지는 것은 아니다. 그러나 프로그램이 개발되었을 때나 언어가 설계되었을 당시의 심리적 배경에 관심을 가지면 더 개선할 수 있을지도 모른다.

심리적 자세 외에 거리라는 개념도 염두에 둬야 한다. 어떤 단어를 다른 옳은 단어로 오인할 확률은 거리감으로 인해 단어마다 다르다. 읽는 사람이 지닌 심리적 자세와 관계없이 말이다. 예를 들어, 'daxk'는 'dack'에 비해 'duck'으로 오인할 가능성이 적다. 한 글자를 더 잘못 읽어야 하기 때문이다. 정보 이론에서는 어떤 두 메시지(일련의 비트) 사이의 **거리**란 위치는 같지만 값이 다른 비트의 개수라고 말한다. 어떤 메시지가 다른 메시지로 잘못 전달되려면 전송 과정에서 그만큼의 비트가 노이즈에 의해 값이 바뀌어야 하므로, 이런 척도로 거리를 재는 것은 타당하다.

그러나 프로그래밍 언어의 심벌에 대해서 거리를 그렇게 간단한 척도로 재면 어떤 심벌을 다른 것으로 오인할 확률에 대한 근사값(오차가 큰)밖에 얻을 수 없다. 사실 자연어도 마찬가지다. 예를 들어, 여러 심리학 실험 결과를 살펴보면 처음과 마지막 문자가 나머지보다 거리에 더 큰 영향을 미친다. 그래서 'gucr'은 'daxk'보다 'duck'으로 오인할 가능성이 적다. 앞의 척도에 의하면 'duck'과의 거리는 둘 다 똑같이 2인데도 말이다. 게다가 글자의 조합에 따라 오인할 가능성도 달라진다. 예를 들어, 활자체에 따라 다르겠지만 'x'와 'k'의 조합이 'x'와 'o' 조합보다 더 잘 오인될 수 있다.

초보 프로그래머가 처음에 배우는 교훈 중 하나는 다른 사람이 입력해 줄 프로그램 코드를 필기할 때 숫자 0과 알파벳 O를 잘 구분 지어야 한다는 것이다. 그러나 불행히도 많은 프로그래머가 심리적 자세라는 위험 요소를 극복할 수 있는 습관을 개발하는 데 이 이상의 성과를 거두지 못했다. 예를 들어, 'ST0P'의 숫자 0은 아무리 눈에 띄게 써도 알파벳 O로 읽는다. 숫자 0과 알파벳 O의 유사함, 단어 중간이라는 위치, 영어 단어로 인식하려는 심리적 자세 때문에 'ST0P'과 'STOP'의 거리는 매우 가깝다. 따라서 'ST0P'과 같은 심벌을 자주 쓰는 프로그래머는 재앙을 만날 수밖에 없다.

시스템이 여러 종류의 오류를 자동으로 찾아주는 덕분에 프로그래머는 안심하고 심벌을 맘대로 정한다. 그러나 컴파일러나 해석기(interpreter)가 오류를 오류라고 판단하지 못하는 상황이 분명히 존재한다. 한 프로그래머가 코드에 'SYSTSTS'와 'SYSSTSTS'라는 심벌 두 개를 동시에 사용했다. 그런데 이상한 오류가 있어 며칠을 조사한 결과, 'SYSTSTS'를 쓸 자리에 'SYSSTSTS'를 쓴 것이 원인이었음이 밝혀졌다. 그러나 그때는 이미 코드가 책으로 출판된 후였고, 그 책을 기반으로 개발된 몇몇 시스템에서도 당연히 같은 오류가 발생하게 된다. 그 프로그래머가 심벌 간의 최소 거리를 유지하거나 최소한 처음 또는 마지막 글자만이라도 다르게 심벌들을 정했더라면 그런 사고는 없었을 것이다.

자연어로 의미가 있는 심벌은 프로그램을 읽을 때 혼란스럽게 만들 여지가 특히 많다. 그 이유는 다음과 같다.

1. 사람들은 항상 의미를 찾으려는 심리적 자세를 갖고 있는데, 이를 자연어가 만족시키기 때문에 프로그램 자체에 어떤 의미가 있다고 보게 된다.

2. 사람들은 심벌의 값보다 심벌의 이름을 믿는 경향이 있는데, 그 경향을 더 부추긴다. 예를 들어, 'FIVE'라는 심벌의 값이 4라고 하면 누가 믿겠는가? 그러나 실제로 그런 일이 있었다. 어떤 프로그래머가 코드를 수정해야 하는데 'FIVE'라는 심벌을 참조하는 곳을 모두 찾아 고칠 시간이 없었던 것이다. 나중에 그 프로그래머는 그로 인해 생긴 오류 때문에 애를 많이 먹었다.

3. 심벌 사이의 적절한 거리를 유지하기가 어렵다. 예를 들어, 영어 단어는 알파벳 몇 개를 무작위로 나열한 것이 아니다. 자음-모음-자음 또는 자음-모음-모음-자음 등의 패턴이 있다. 게다가 'LEAD(이끌다)'

와 'LEAD(납)' 과 같은 동형이의어가 같은 프로그램의 코드에 포함된다면(물론 영역은 다르겠지만) 상황이 더 나빠진다.
4. 축약어로 인해 심벌 사이의 거리는 더 좁혀진다. 예를 들어, 'PEND'는 매우 모호하다. 이 심벌은 아직 처리하지 않은(pending, 미결의) 부분이라는 의미일 수도 있고, P의 끝(END)이라는 의미일 수도 있기 때문이다.

심리적 자세가 야기한 문제를 논할 때에는 주석문 얘기가 빠질 수 없다. 코드에 주석을 다는 목적은 읽는 이가 코드를 직접 보기 전에 적당한 마음의 준비를 하게 만들려는 것이다. 그 코드가 정확히 구현되어 있다면, 주석문은 확실히 효과가 있다. 그러나 코드가 부정확하다면, 읽는 사람의 심리적 자세가 주석문의 지배를 당하기 때문에 오류를 찾아내는 데 오히려 방해가 된다.

주석문만 다른 동일한 코드의 여러 버전을 가지고 실험하면, 잘못된 코드를 해석하는 데 있어 주석문이 미치는 영향을 알 수 있다. 즉, 한 버전에는 정확한 주석문을, 다른 버전에는 부정확한 주석문을 넣고, 또 다른 버전에는 주석문을 아예 넣지 않는 것이다(Okimoto, 1970). 어떤 종류의 코드는 주석문이 없어도 그 역할을 금방 명확하게 알 수 있다. 그리고 주석문이 정확하면 부정확하거나 오해를 부를 만한 주석문이 포함되어 있는 경우에 비해 코드를 해석하기가 더 쉽다. 그러나 많은 프로그래머가 오류를 찾기 위해 코드를 파헤칠 때 포함되어 있는 모든 주석문을 읽으려는 습관을 갖고 있다. 주석문은 오류가 없는 코드를 이해할 때에는 도움이 되지만, 디버깅을 할 때에는 심리적 자세를 교란시켜 오히려 독이 된다.

문제 해결의 여러 측면들

심리학에서는 심리적 자세를 지능보다는 인지의 일부로 본다. 그러나 앞 절에서 봤듯이 심리적 자세가 문제 해결 행위에 영향을 줄 수 있음이 분명하다. 물론, 심리적 자세는 문제 해결에 앞서 문제를 회피하는 데 영향을 준다. 이미 밝힌 바와 같이, 프로그래머가 특정 상황에서 심리적 자세의 악영향을 피하는 기법들이 많다. 조금 추상적으로 말하자면, 문제를 모두 피하는 프로그래머가 문제를 안고 전전긍긍하는 프로그래머보다 지능적이다. 그 문제를 궁극적으로 해결하든 못하든 간에 말이다.

그러나 현실적으로 꼭 그렇지만은 않다. 객관적인 척도가 부족하기 때문에 프로그램 난이도를 판단할 때 담당 프로그래머가 얼마나 열심히 일하느냐를 기준으로 삼곤 한다. 그 기준에 따르면 능력이 가장 떨어지는 프로그래머가 최고가 된다. 능력이 떨어지면 열심히 일하는 수밖에 없기 때문이다. 한 신생 회사에서 한 프로그래머가 하루에 14시간씩 일주일에 6일을 근무해 가며 8주 만에 작은 프로그램 하나를 완성했고, 그는 보상으로 특별 승진을 했다. 나중에(그 프로그래머가 한 번 더 특별 승진되어 관리자 위치에 이른 다음이었다) 다른 프로그래머가 그 프로그램에 기능을 추가하는 업무를 맡았는데, 코드를 보니 너무 엉망이라 이해하고 수정하느니 차라리 처음부터 다시 만드는 편이 낫겠다고 판단했다.

프로그램을 처음부터 다시 만들고 디버깅을 완료하는 데까지 걸린 시간은 정확히 일주일이었다. 초과근무를 하지 않고도 말이다. 프로그램을 처음 만들 때보다 두 번째 만들 때가 더 쉽다고는 하지만 차이가 너무 컸다. 게다가 새로 만든 프로그램이 이전보다 8배나 빨랐고 용량은 반이었으며 코드 줄 수도 절반밖에 되지 않았다. 예전의 그 프로그래머는 일을 엉망으로 하고도 상을 받은 것이다. 상이 그런 식으로 엉뚱한 사람에게 돌아갔음이 밝혀지자 그 곳에서 일하는 프로그래머들의 사기가 크게 떨어졌다.

    문제 회피는 지능적인 행위다. 물론, 뭘 모르는 관리자를 속이려는 의도의 문제 회피는 그렇지 않지만 말이다. 어떤 행위가 문제 해결에 얼마나 도움이 될지를 알기 어려운 것처럼, 우리가 얼마나 많은 어려운 문제를 회피하고 있는가도 알기 어렵다. 일단 문제를 해결하고 나면, 그 전까지 겪었던 어려움은 완전히 잊기 쉽다. 문제 해결을 어렵게 만드는 가장 일반적인 원인 중 하나가 일부 요소를 간과하는 것인데, 일단 어떤 요소가 중요함을 깨닫고 나면 해결은 간단해진다. 만약 그 문제를 다른 사람에게 설명한다면 그 요소도 함께 설명할 터이고, 설명을 들은 사람은 앉은 자리에서 문제의 9할을 해결할 수 있을 것이다. 그는 우리가 왜 그렇게 어려워했는지를 이해할 수 없을 것이다. 마찬가지로 우리도 자신의 능력을 의심하게 된다.

    문제의 일부 요소를 간과하는 것은 잘못된 가정을 하는 경우에 해당한다. 즉, 어떤 요소가 중요하지 않다고 가정하는 경우다(깊이 생각해 보지도 않고). 실제로는 중요하지 않은 요소를 중요하다고 가정하는 것도 문제 해결을 어렵게 만들기는 마찬가지다. 다른 사람이 작성한 프로그램을 많이 디버깅해 본 사람은 그 문제에 대한 원작자의 설명을 새겨듣지 말아야 함을 안다. 그 설명을 너무 믿으면 디버깅에 실패하게 만든 원작자의 잘못된 가정들을 자신도 받아들이게 되기 때문이다.

    심리적 자세도 일종의 가정하기다. 가정이 좀 더 깊이 묻혀 있는 경우이기는 하지만, 문제 해결에 영향을 미치는 것은 마찬가지다. 그렇다면 문제 해결의 첫 번째 원칙이 가정을 하지 않는 것이라고 할 수 있지 않을까?

    맞는 말이다. 그러나 완전히 틀린 말일 수도 있다. 문제를 성공적으로 해결하려면, 가정을 하지 않을 수 없다. 모든 문제를 해결할 때마다 무(無)에서 시작해야 한다면 문제 해결 능력이 향상되기는 불가능할 것이다. 예를 들어, 잘못 인쇄된 단어를 옳은 단어로 오인하게 만드는 심리적 자세는 매우 중요한 자산이다(대부분의 상황에서). 그런 심리적 자세는 오직 교정을 할 때에만 문제가 된다(다행히 교정을 많이 하는 사람은 극소수다). 따라서 가정을 전혀 하지 않기보다 주어진 문제에 맞춰 적절히 가정하는 편이 더 지능적인 행위다. 즉, 지능적인 행위가 모든 문제를 해결하는 **마법의 공식**을 제시하는 것은 아니다. 그보다는 여러 공식을 갖춰 놓고 특정 공식에만 집착하지 않는 쪽이 지능적인 행위다.

성공적으로 문제를 해결할 공식을 다루기 전에 지능에 대한 오해를 한 가지 더 짚고 넘어가야겠다. 지능은 통계적인 개념일 뿐이다(지능의 궁극적인 정의를 어떻게 내리더라도). 어떤 한 문제를 통해 지능이 측정되기를 바랄 수는 없다. 높은 지능으로 인해 잘못된 답을 내거나 낮은 지능으로 인해 옳은 답을 내는 경우도 많기 때문이다. 복권에 당첨된 어떤 바보의 일화가 있다. 사람들이 어떻게 그 숫자를 고르게 됐느냐고 묻자 이렇게 답했다. "내 행운의 숫자는 7이에요. 그리고 그때가 올해의 7번째 추첨이었죠. 그래서 난 7과 7을 곱했죠. 그게 당첨된 거예요. 63이 말이죠."

누군가가 그에게 7 곱하기 7은 49라고 말해줬다. 그러자 바보는 거드름을 피며 이렇게 말했다. "당신은 날 부러워하고 있군요." 물론 부럽기는 했을 것이다.

프로그래밍을 위한 지능의 여러 측면

모든 종류의 지능적 행위에는 융통성이 필요하다. 정신적인 행위일지라도 몇몇 고정된 규칙으로만 수행된다면 지능적이라 할 수 없다. 그런 행위는 사람보다 기계가 수행하는 편이 더 낫다. 그러나 지능적 행위에서도 몇몇 고정된 규칙을 적용하는 것은 중요한 요소다. 예를 들어, 덧셈을 잘하지 못하는 프로그래머는 문제 해결 경쟁에서 불리할 수밖에 없다. 떨어지는 산수 능력을 덮을 만한 다른 방도를 찾지 않고서는 말이다.

사람들은 저마다 다른 고유의 문제 해결 기법을 갖고 있다. 사람마다 잘하는 것이 다르기 때문이다. 사람들은(충분히 지능적인 사람이라면) 각자 자기 능력의 강약에 맞는 해결 기법을 고르곤 한다. 기억력을 예로 들어 보자.

기억력은 분명 프로그래머의 지능에서 가장 중요한 요소 중 하나다. 기억력은 여러모로 프로그래머에게 도움이 된다. 단순히 참고문헌이 눈앞에 있지 않아도 일을 할 수 있는 수준의 기억력만은 아니다. 다음은 프로그래머가 침대에 누워 어떤 문제를 해결한 일화다.

어제 아침, 전산실에서 만난 어떤 프로그래머가 내게 문제 하나를 던졌다. 그는 지난 4월부터 그 문제에 매달려 있었다고 했다(지금은 1월이다). 문제가 그렇게 복잡하지는 않지만 알쏭달쏭해서 그동안 시도한 방법은 모두 실패했단다. 문제는 어떤 PL/1 프로그램의 출력 양식이었다. 출력물의 장이 바뀔 때 정해진 문구를 찍는 ON ENDPAGE 코드를 구현했는데 그 코드가 첫 장 외에는 동작하지 않았다. 그래서 출력물의 첫 장밖에는 그가 원하는 제목이 인쇄되지 않는 것이 문제였다.

나는 그가 사용한 PAGESIZE를 확인하고, 줄바꿈 처리를 잘하고 있는지를 보려고 제어카드도 검사했다. 그리고 ON ENDPAGE 코드의 위치도 확인했는데, 그 코드는 분명히 실행되고 있었다. 코드에 눈에 잘 안 띄는 분기문이라도 있는 것일까? 그런 것은 없었다. 단지, 내가 제목을 출력하기 위해 보통 사용하는 PUT SKIP 대신에 PUT PAGE를 사용했다는 점이 의심스러울 뿐이었다. 나는 그에게 그것이 종이 상단에 제목을 출력하는 데 실패하는 원인일 수 있다고 지적했다. 그러나 몇 가지 가정을 실험해 보니 그것이 주요한 원인은 아니었다. 그래서 나는 그에게 LINENO와 ENDPAGE를 사용해서 원하는 결과를 얻는 방법을 알려줬다. 그러나 원래의 문제를 해결하는 방법은 아니었기 때문에 나는 스스로 만족할 수 없었다.

나는 그 문제를 잊기로 했다. 그러나 어젯밤에 잠자리에 들었을 때 정신이 너무 또렷하여 그 문제를 다시 생각해 봤다. 머릿속에 코드와 출력 등의 전체 상황을 재현했다. 나는 눈을 감고 평온한 상태일 때면 작업 중인 코드 전체를 떠올릴 수 있다(단 한 번 봤을 뿐인 코드라도 마찬가지다). 머릿속으로 출력물을 훑어 내려가면서 어떤 프로그램이 그런 출력을 낼 것인지를 상상했다. 아침에 떠올렸던 가정들을 다시 하나하나 검토해 기각한 후 나는 새로운 방향으로 접근할 필요가 있다고 결정했다.

프로그램을 머릿속에서 검사할 때 ON ENDPAGE 코드의 PUT SKIP이 자꾸 눈에 띄었다. 아침에는 그렇지 않았는데 말이다. 이것이 내가 간과한 부분일까? 그러나 왜 장의 시작을 다른 방법으로 해서 장의 끝을 찾는 데 실패했던 것일까? 그리고 보니 장의 끝은 어떻게 찾지? 장을 시작해서 몇 줄이 지났는가를 따져서 찾지. 그러면 장의 시작은? 나는 장의 시작을 어떻게 결정하는지 정확히 모르고 있음을 깨달았다. 그래서 몇 가지 가능한 방법을 추측했다. 이번만은 내가 옳은 방향으로 접근하고 있다고 느꼈기 때문에 각 방법을 그 프로그램에 적용하는 걸 상상해 봤다.

PAGE를 통해서만 새 장을 시작할 수 있다는 결론에 이르렀을 때 마침내 나는 문제의 원인을 깨달았다. ON ENDPAGE 코드에서 불린 PUT SKIP으로는 새 장이 시작되지 않았던 것이다. 줄 수는 계속 증가했지만 새 장을 시작하지 않았으므로 장의 다음 끝에도 이를 수 없었다. 나는 문제를 해결하고 만족스러운 기분으로 바로 잠이 들었다. 오늘 아침 그 결론을 증명할 테스트 코드를 만들었고, 내 예상은 적중했다.

이 프로그래머에게 그렇게 뛰어난 기억력이 없었더라면 그 문제를 해결할(그리고 새로운 것을 배울) 수 없었을 것이다. 그 프로그램을 다시 볼 수는 없을 것이기 때문이다. 반대로, 뛰어난 기억력이 없었다면 문제에 대한 접근 자체가 달라졌을 것이다. 예를 들어, 프로그램 자체 대신에 나중에 활용할 테스트 코드를 만드는 영리함을 발휘했을 수도 있다. 단지 그 대신에 뛰어난 기억력을 활용했을 뿐이다.

사실, 테스트 코드를 가지고 컴퓨터 앞에서 문제를 풀었더라면 퇴근하기 전에 해결했을지도 모른다. 그랬다면 잠자리에서까지 머리를 쓰는 일은 없었을 것이다. 그렇다면 어느 쪽이 우월한 것일까? 답은 상황에 따라 다르다. 예를 들어, 만약 컴퓨터를 사용하기 쉽지 않은 상황이라면 후자의 프로그래머가 불리하다. 반면에, 모두 야근을 하고 겨우 잠 잘 시간을 내는 상황이라면 전자의 프로그래머가 불리하다. 따라서 그 두 가지 능력을 모두 갖추고 상황에 맞는 방법을 택하는 게 최상이다. 즉, 현재 가진 것을 최대한 활용해야 한다.

작업 환경에 따라 다른 형태의 지능적 행위를 취해야 하는 것과 마찬가지로 프로그래밍 단계에 따라 두각을 나타내는 프로그래머가 달라진다. 예를 들어, 프로그램을 전체적으로 설계하는 단계에서는 새로운 프로그래밍 아이디어를 생각해 내고 그것을 다른 사람들에게 잘 설명하는 능력이 가장 필요하다. 설계 아이디어를 위한 능력의 예로, 구조의 균형성과 기능의 일반화가 있다. 구조의 균형성을 통해 어려운 문제를 단순한 코드로 표현할 수 있고, 기능의 일반화는 단순한 코드가 어려운 문제의 해결책이 될 수 있게끔 한다. 그러나 이런 능력들도 아이디어 자체가 함량미달이면 쓸모가 없다. 따라서 창의력과 선택 능력 중 어느 하나라도 부족한 프로그래머는 프로그램 설계 단계에서 능력을 발휘할 수 없다.

그러나 코딩 단계에서는 필요한 능력이 달라진다. 숲을 보는 능력 대신에 나무를 잘 가꾸는 능력이 필요한 것이다. 그리고 테스트 단계에서는 불완전성을 찾아내는 눈이 필요하다. 다음 일화를 보자.

나는 아침을 먹으며 스티븐 스펜더(Stephen Spender)의 『The Making of a Poem』이란 책을 읽고 있었다. 120쪽에서 한 절이 끝났기 때문에 책을 내려놓고 시리얼 그릇에 설탕을 몇 숟갈 더 넣었다. 그리고 책을 다시 집어 들고 「Memory」라는 제목의 다음 절을 읽기 시작했는데, 첫 문장부터 뭔가 틀린 부분이 있다는 느낌을 받았다.

If the art of concentrating in a particular way....

나는 'particular'라는 단어에 오타가 있다고 느꼈다. 그런데 한 글자가 잘못된 것인지 한 글자가 빠진 것인지는 확신할 수 없었다. 'particular'는 나도 자주 잘못 쓰는 단어 중 하나라서 사전과 비교해 봤다. 그러나 잘못된 글자도 빠진 글자도 없었다. 그래도 잘못된 곳을 얼마간 더 찾았다. 시리얼을 대여섯 숟갈 정도 먹는 동안 찾아봤지만, 잘못된 곳은 없었다. 고개를 돌려 보니 물 잔이 비어 있었다.

나는 책을 다시 내려놓고 냉장고로 가서 물을 따라왔다. 물을 한 모금 마신 후 책을 다시 읽기 시작했다. 첫 문단을 별 문제없이 읽은 후 다음 문단에 들어섰을 때 그 첫 문장에 오타가 있음을 깨달았다.

All poets have this highly devolped sensitive apparatus....

'developed'가 잘못되어 'devolped'로 인쇄되어 있었다. 그리고 이 단어는 앞의 'particular'와 같은 위치에 있었다. 뭔가 잘못되었다는 내 느낌은 맞았지만, 초점이 틀렸던 것이다.

이는 인쇄된 글에 대한 일화이기는 하지만 잘못된 곳을 찾는 과정이 프로그램의 오류를 찾을 때와 매우 비슷하다. 처음에는 구체적인 위치는 모르지만 '뭔가 잘못 됐다'는 느낌을 받는다. 그리고 관점을 달리하며(물컵과 같은 외부 장치의 힘을 빌려서라도) 범위를 좁혀 나간다. 마지막으로 한 곳에 초점을 맞춘다. 한 줄씩, 한 단어마다, 한 글자 한 글자를 확인하는 방법이 효율적이라고는 할 수 없지만 그런 능력은 필수다. 디버깅 단계에서는 상호 보완적인 정신 능력의 거의 모든 조합이 필요하다. 그러므로 당연히 디버깅에 뛰어난 사람은 드물다.

사실, 더 드문 것은 문서를 잘 쓰는 사람이다. 문서 작성이 어려운 이유는 많다. 첫째, 프로그램이 잘 작성돼 있지 않으면 문서로는 상황을 뒤집을 수가 없다. 보통 어떤 프로그램에 대한 문서는 그 프로그램을 작성한 프로그래머가 쓴다. 그러므로 좋은 문서 작성자는 우선 좋은 프로그래머여야 한다(게다가 말 또는 그림으로 자신의 생각을 잘 표현하는 능력도 갖춰야 한다). 또, 자신이 작성한 문서에 남아있는 모호함을 다 없애기 위한 참을성도 필요하다(마지막 5%의 작업이 문서의 질을 두 배 높인다).

적성 검사

프로그래밍에 지능이 그렇게 중요하다면 프로그래머가 될 사람을 어떻게 선별하는 것이 좋을까? 프로그래밍 관리자들은 프로그래머를 선별하는 데 사용할 수 있는 모종의 검사들에 대해 오랫동안 관심을 가져 왔다. 그러나 그에 포함된 적성 검사가 회사에서 비용을 지불할 만큼 값어치가 있다는 근거는 미약하다. 사실, 프로그래머에게 적성 검사는 적절하지 않다. 그 이유는 이렇다.

우선 프로그래밍 업무는 그 내용이 너무나 다양하다. 따라서 하나의 등급을 부여하는 검사는 프로그래머에게 필요한 적성을 측정하기에 적당하지 않다. 여러 방면에서 점수가 나오도록 고안된 검사도 있기는 있다. 그러나 각 점수가 유효하다 할지라도 종합해서 해석하기가 어렵기 때문에 프로그래밍 관리자들에게 외면 받기 쉽다. 게다가 사람의 능력은 다양하기 때문에 한 영역에서 떨어지는 능력을 보인 사람이 다른 영역에서는 두각을 나타낼 수도 있다. 또 모든 척도에서 높은 점수를 받은 사람이 측정되지 않은 다른 사소한 요소 때문에 실제 업무에서는 능력을 발휘하지 못할 수도 있다. 예를 들어, 다른 사람과 함께 일하는 능력이 모자랄 경우가 있다.

그러나 이것도 이론적인 추측일 뿐이다. 아직 적성 검사 결과의 유효성 자체가 검증되지 않았다. 프로그래머에 대한 적성 검사는 적성 검사에서 높은 점수를 받은 사람들이 프로그래밍 교육기관에서 좋은 성적을 낸 학생들이었다는 연구 정도가 유효성을 입증할 근거가 될 뿐이다. 그러나 프로그래밍의 구체적인 현실까지 포함시키면 적성 검사 점수와 실제 성취도의 상관관계는 거의 없다(오히려 0 이하의 상관 계수를 보이기도 한다).

이런 유감스러운 상황은 프로그래밍에만 국한된 얘기가 아니다. IQ로 대표되는 지능 검사는 일반적으로 학교 같은 교육기관에서 성공할지 여부를 예측하는 데는 쓸모 있지만 다른 곳에서는 의미가 없다. 지능 검사는 시험을 잘 치는 능력을 검사하는 도구라는 우스갯소리도 있을 정도다. 이런 혹독한 평가가 그리 틀린 소리만은 아니다. 예를 들어, IQ 검사에서는 학교 시험과 마찬가지로 속도가 중요하다. 그러나 회사에서 1시간과 1시간 10분의 차이는 그저 10분일 뿐, A와 C 만큼의 차이는 아니다. 꾸준하지만 느리다면 경주에서 이길 수 없다. 그러나 프로그래밍은 경주가 아니다.

지능 검사가 지닌 또 다른 단점은 장기 기억력은 배제하고 단기 기억력만을 강조한다는 것이다(시험처럼 치르는 검사의 특성상 장기 기억력은 측정할 수도 없겠지만). IQ 검사는 의미 없는 단어들이나 임의의 목록을 외우게 한다. 그러나 정작 실생활에서 필요한 부분은 **선택적인 기억**이다. 사소한 것은 빨리 잊고 중요한 것을 오래 기억하는 능력이 더 중요한 것이다. 그러나 학교에서는 그렇지 않다. 그래서 IQ 검사는 학교 성적과 비슷하게 결과가 나온다. 그리고 우리가 정작 관심 있는 부분은 측정되지 않는다.

마지막으로(다음 논제와 직접 관련이 있는데), IQ 점수와 프로그래머에 대한 적성 검사 점수는 특정 훈련과 깊은 관련이 있다. 대도시에서 교육열이 높은 학부모들이 자녀들에게 IQ 점수를 극적으로 높이는 고액 과외를 시키는데, 프로그래밍 교육기관에서도 학생들의 입사 시험(적성 검사) 합격률을 높이기 위해 비슷한 방법을 동원한다. 이러한 연유로 최고의 프로그래머 유망주를 지목해 줄 요술 지팡이는 존재할 수 없다.

프로그래머를 대상으로 하는 적성 검사

프로그래밍에 대한 적성을 측정하고자 여러 검사가 사용되었다. 아마도 가장 최초는 PAT(Programmer's Aptitude Test)일 것이다. PAT는 하나의 검사법을 일컫는 이름은 아니다. 1956년 이전에 IBM의 뉴욕 과학전산센터의 프로그래머들이 고안해 내어 프로그래머 지원자들을 검사하는 데 사용하던 검사법과 그 변형들을 모두 지칭한다. 변형된 검사법이 그렇게 많았던 까닭은 얼마나 많은 사람들이 또는 어떤 사람들이 그 검사를 받았는지 모를 정도로 마구잡이로 널리 쓰였기 때문이다.

그러나 검사를 변형해도 별 성과는 없었다. 한 검사를 이미 받은 사람이 변형된 다른 검사를 받을 때 앞선 검사에서 배운 바를 써먹을 수 있었기 때문이다. IBM에서 일하는 프로그래머와 다른 프로그래머들이 뒤섞여 있는 강좌에서 나는 수강생들을 대상으로 PAT를 받은 횟수와 마지막 검사에서 획득한 점수를 조사했다. 안전한 (즉, 자기의 밥그릇과 관계가 없는) 상황이었으므로 그들이 거짓을 답할 이유는 별로 없었다. 조사 결과 PAT를 한 번 이상 받은 적이 있는 27명 중에 23명이 마지막 검사에서 A 등급을 획득했다. 첫 PAT에서는 12명이 A, 7명이 B, 4명이 C였다고 했다. 마지막 점수가 첫 점수보다 떨어진 사람은 아무도 없었다.

그중 한 여성은 수학을 전공해 학부를 졸업한 후 RCA에 프로그래머로 지원했었는데, PAT의 결과로 B가 나와 탈락했다. 그녀는 IBM으로 선회했고 새 PAT의 결과로 A를 획득해 합격했다. IBM의 면접관이 PAT를 받은 적이 있느냐고 물었지만 그녀의 대답은 "아니오."였다.

이렇게 PAT를 이미 받았던 경험이 결과 점수를 높이기 때문에, 연구자들은 PAT 점수와 실제 업무 성과의 상관관계를 측정하는 데 실패했다. 몇몇은 상관 계수를 측정해 발표하기도 했지만 (라인슈테트(Reinstedt, 1964년)), 그것이 얼마나 의미가 있는지는 신중히 판단해야 한다. 예를 들어, PAT 점수와 관리자가 매긴 점수의 상관 계수 중 가장 높이 측정된 수치는 0.7이다. 그렇다면 상관 계수 0.7은 무엇을 의미할까?

두 변수 사이의 상관 계수 0.7은 한 변수에게 일어난 변화 중 49%(0.7^2)가 나머지 변수에 기인함을 의미한다. 그러나 이는 상관 계수의 의미에 대한 설명이고, 변화의 나머지 반은 설명하지 못한다. 상관 계수가 널리 쓰이는 이유는 실제 수치보다 항상 큰 제곱근을 수치로 사용하기 때문이기도 하다.

상관 계수의 두 번째 문제점은 두 변수 중 하나가 관리자가 매긴 점수라는 점이다. 관리자가 매기는 점수는 아무리 명확히 정의했더라도 불확실할 수밖에 없다. 프로그래머의 성과를 측정하거나 하나의 수치로 표현할 기법은 없다. 즉, PAT 점수와 관계 지을 수 있는 변수가 없는 것이다. PAT 자체가 프로그래머의 성과를 측정하는 놀라운 도구일 수는 있지만, 관리자는 절대로 그럴 수 없다.

우리가 상관 계수를 볼 때 유의해야 할 부분은 또 있다. 사람들이 PAT 점수와 실제 성과의 상관 계수를 측정하려는 시도를 얼마나 많이 했었는지는 아무도 모른다. 발표되지 않아서 그렇지 "유의성 없음"이란 결과를 얻은 연구도 많았을 것이다. PAT 점수와 학교 성적의 상관 계수가 0.56이라는 연구 결과가 발표되기도 했다(비아몬트(Biamonte), 1964년, 고테러(Gotterer), 1964년). 그러나 자료가 무작위라면 우연히 바라는 정도의 상관 계수를 얻게 될 수도 있다. 다시 말해, 확률적으로 백 번 중 한 번은 상관 계수 0.56을 우연히 얻을 수 있다. 그런데 상관 계수를 측정하려는 시도(발표되지 않은)가 얼마나 많았는지 모르기 때문에, 그 수치의 유의성을 측정할 방법이 없다. 그러나 우리는 PAT가 수많은 곳에서 사용되고 있음을 안다.

게다가 백 번 중에 한 번 우연히 상관 계수 0.56이 나온다는 말은 측정 시도가 얼마나 많았는지에 상관없이 실제 상관 계수가 0임을 의미한다. 실제 상관 계수가 0보다 조금이라도 크다면, 예를 들어 0.1이라면 0.56으로 나오는 일이 백 번 시도 중 한 번 이상이어야 한다. 그러나 상관 계수가 0.1이더라도 변화에서 1%만이 두 변수의 상관관계에 의해 발생한다는 뜻이므로, 사람을 선별하는 기준으로 사용할 정보로는 턱없이 모자란다.

그동안 보고된 상관 계수가 정확하다는 가정 하에서 하는 얘기지만, PAT보다 더 나은 방법이 나온 적은 없다. PAT가 프로그래밍 강좌에서 성적을 잘 맞춘다는 점은 분명하다. 그러나 프로그래머를 고용할 때 쓸 만한 방법은 아니다. 메이어가 그 사실을 잘 표현했다(1968).

사람을 뽑을 때 이런저런 검사를 동원한다면 교육 과정을 좋은 성적으로 마칠 가능성이 높은 사람을 얻을 것이다. 그러나 그 사람이 프로그래밍을 얼마나 좋아할 것이며 교육 과정에서 나타난 좋은 성적을 실무까지 이어갈 만큼 동기 부여가 될 것인지는 알 수 없다.

검사가 전혀 쓸모없지는 않지만 실제 업무에서는 **단순 적성**보다 더 중요한 요소들이 있다는 뜻이다. 바로 결론지을 수는 없겠지만, 우리는 그동안 한 가지 가능성이 간과되어 오지는 않았는지 의심할 수 있다. 다름이 아니라, 검사 자체가 프로그래머의 적성에 맞지 않을 수도 있다는 것이다. PAT의 역사를 보면, 수많은 회사들이 왜 그렇게 오랫동안 맹목적으로 PAT를 사용했을까 하는 의구심이 생긴다. 검사 자체의 구조를 조금만 살펴봐도 무엇이 문제인지에 대한 힌트를 얻을 수 있는데 말이다.

원래 PAT는 기하도형의 관계 규칙(일반적인 IQ 검사와 비슷한)과 산술 추론, 수열의 세 영역으로 구성되어 있었다. PAT를 변형한 검사들도 앞의 두 영역이 그대로 유지되고 마지막 수열만 문자열로 대체됐다. PAT의 문제점을 파악하기 위해 수열 또는 문자열에 관계된 문항을 살펴보자. 예를 들면, 다음과 같은 수열을 준다.

1 4 7 ...

그리고 위 수열에서 다음에 나올 숫자를 묻는다. "10"이라는 답을 하려면 일말의 지능이 필요하긴 하다. 그러나 이것이 프로그래머에게 가장 크게 요구되는 능력인가?

한 뛰어난 프로그래머가 그런 능력을 써먹었던 일화를 들어 보겠다. 다음과 같은 문장이 포함된 FORTRAN 프로그램이 있었다.

```
DO 15 I = 10000, 30000, 10000
```

그런데 그 프로그램이 출력한 결과가 매우 이상했다. 아무도 왜 그런 결과가 나왔는지 알 수가 없었다. 그러나 이 프로그래머는 이 DO 코드가 다음과 같은 수열을 출력하지 않을 거라는 가정 하에 문제에 접근했다.

```
10000   20000   30000
```

그러다가 어느 순간 갑자기 숫자가 15비트 레지스터에 저장된다면 수열에서 다음에 나올 숫자는 7232라는 것을 깨달았고, 출력이 다음과 같은 식일 것이라 추측했다.

```
10000   20000   30000   7232   17232   27232 …
```

그리고 이는 그 프로그램의 출력과 정확히 일치했다.

다시 말해서, PAT는 수열 또는 문자열의 뻔한 패턴을 찾아내는 능력을 검사한다. 그러나 프로그래머에게는, 특히 디버깅할 때에는, 일상적이지 않은 패턴을 찾아내는 능력이 필요하다. 프로그래머의 적성을 검사하는 질문으로는 다음과 같은 식이 더 나을 수 있다.

> '1 4 7 ...
> 위 수열에서 다음에 올 숫자를 답하시오. 그리고 가능한 다른 숫자 세 가지와 그 이유를 쓰시오.'

PAT의 두 번째 영역은 산술 추론이다. 그러나 이제껏 내게 프로그래머에게 왜 산수 능력이 필요한지를 설명해 준 사람은 아무도 없었다. 물론, 1956년 이전에는 프로그래머에게 산수의 중요성이 지금보다는 컸을 것이다. 당시 프로그래밍은 대부분 기계어로 이뤄졌기 때문이다. 저수준 언어로 작업할 때에는 두세 자리의 16진수를 더해 주소값을 계산하는 능력이 꽤 필요하다. 그러나 요즘 그럴 일이 얼마나 있는가? 우리가 직접 산수를 하지 않으려고 컴퓨터를 만든 것이 아니었던가? 나는 7과 5의 덧셈을 빠르게 계산할 수 없다. 그러나 그로 인해 내가 프로그래머로서 뒤처진다고는 생각하지 않는다. 사실 내가 산수에 약하다는 것을 알기 때문에 나는 스스로 작성한 프로그램의 계산 결과를 더 꼼꼼히 검사한다. 그러니 어찌 보면 프로그래머는 산수에 약해야 더 좋다고 할 수도 있다.

PAT에서 기하도형의 관계를 질문하는 부분을 보면 정말 나는 어리둥절해진다. 지금도 그렇지만, 1956년의 상황에서도 기하도형의 관계를 찾아내는 능력과 프로그래머의 적성은 아무 관련이 없어 보인다. 한 프로그램을 90도 회전하면 다른 프로그램과 동일해지는 경우라도 있단 말인가? (거꾸로 읽어도 원래와 동일한 프로그램에 대한 글을 본 적은 있지만, 그것도 실제 업무에서는 효용성이 거의 없다.)

앞으로도 적성 검사를 활용할 생각이라면 뭔가 새로운 내용을 찾아야 한다. 성공할 가능성이 크지는 않지만 도전해봄 직하다. 여기에 잠재력이 큰 프로그래머를 선별하는 용도로 쓸 수 있는 좀더 그럴 듯한 검사 방법을 몇 가지 제시하는 바이다.

1. 수험자에게 무작위로 쓰인 단어가 인쇄된 종이 30~40장을 나눠 주고 상자 10개에 나눠 담게 한다. 일주일 후, 각자 자신이 분류한 상자에서 'COMMODITY'라는 단어가 쓰인 종이를 찾도록 시킨다. 이때 찾는 시간을 측정하고 빨리 찾을수록 높은 점수를 준다.
2. 앞에 제시한 수열에서 나올 수 있는 또 다른 가능성 문제를 준다.
3. 수험자에게 당신이 그가 꼭 풀어야 할 문제 하나를 마음속에 품고 있다고 말한다. 수험자가 문제에 대해 물으면 그 질문에 대해서만 사실대로 답하라. 그리고 수험자가 그 문제에 많이 접근할수록 높은 점수를 준다(사실 이 방법은 나도 크게 기대하지는 않는다. 원하는 대로 동작할 것인지, 동작한다 해도 실제로 적용이 가능할지 확신할 수 없다. 그러나 적용할 수 있다면 지금까지 나온 다른 방법들보다는 효과가 좋을 것이다).

그러나 모두 다 안 좋은 점만 있는 것은 아니다. 깨달은 사람은 거의 없겠지만, 경력 프로그래머를 뽑을 때는 상황이 좀 다르다. 예를 들어, PAT를 사용하는 회사 282개를 대상으로 시행한 조사에서 그중 138개사가 경력 프로그래머를 뽑을 때에도 PAT를 사용한다는 결과가 나왔다. 이유가 무엇일까? 그들이 보기에는 PAT 외에 다른 방법이 없기 때문이다. 더 나은 방법이 없는 상황에서 요술 지팡이를 찾는 헛수고를 하는 대신에 그냥 당장 사용할 수 있는 방법을 쓰는 것이다. 그런 회사들은 가능성을 제시해 줄 누군가를 기다리며 모여 앉아 있는 오리들과 다름없다. 오리들이 그렇게 넋 놓고 있어 봐야 찾아오는 이는 사냥꾼뿐이다.

내가 위의 그럴 듯한 새로운 검사 방법들을 제시한 지 얼마 후, 어떤 잡지에서 다음과 같은 광고를 보게 됐다.

프로그래머들의 능력을 검사하세요.

○○ 프로그램은 프로그래머의 능력을 평가하기 위해 고안된 절차와 소프트웨어, 지침서, 문제지로 구성되어 있습니다. ○○을 이용하면 정확하고 간결하며 효율적인 프로그램을 만드는 능력을 측정할 수 있습니다. 경력이 있는 프로그래머는 물론이고 프로그래머가 아닌 사람의 프로그래밍 적성도 평가할 수 있습니다. 검사는 언어와는 상관이 없고, 각 문항의 난이도와 푸는 데 소요된 시간에 따라 가중치를 부여합니다. ○○ 프로그램은 ### 시스템에서만 실행됩니다. 가격은 5,000달러…

이 광고에 대한 평가는 여러분의 경험에 맡기겠다. 또 경력이 있는 프로그래머와 프로그래머가 아닌 사람을 모두 대상으로 한다는 주장도 그냥 넘기겠다. 가장 흥미로운 부분은 "정확하고 간결하며 효율적인 프로그램을 만드는 능력을 측정한다"는 문구다. 이 문구로 볼 때 이 검사는 적절한 접근법을 취했다고 할 수 있다.

누군가가 악단에서 오보에 연주자를 뽑을 때에 지원자에게 몇 분 동안 오보에 연주를 시키는 오디션을 적격자를 찾을 때까지 계속할 수 있다고 말했다. 공연을 할수록 오보에 연주자의 능력을 측정하는 더 정확한 척도를 얻게 되는데 프로그래밍에는 오디션 같은 것이 없어서 슬프다고 한다. 그런데 프로그래밍에 오디션 같은 것이 정말 없는가? 프로그래밍 경험이 없는 사람을 대상으로는 당연히 없다. 그러나 이는 오보에 연주를 처음 배우러 온 아이의 경우도 마찬가지다.

스스로 경험이 있다고 주장하는 프로그래머에게 왜 잠시 앉아 작은 프로그램을 작성하거나 명세서를 읽은 후 구현 스케치를 해보라고 시키지 않는가? 이는 아마도 우리 스스로도 프로그램을 거의 읽어 보지 않으므로 실제로 발생할만한 상황이 아니라고 생각하기 때문일 것이다. 또는 경력자를 뽑을 때 지원자가 한 명뿐이더라도 그 사람이 운 좋게 능력 있는 사람이기를 막연히 바라고 있기 때문일 것이다. 지원자가 한 명뿐일지라도 당신의 아내감을 고르듯이 해야 한다(무작정 택했다가 낭패 보지 말고).

요약

프로그래머를 고용하는 데 관계된 사람들은 좋은 프로그래머에게 필수인 자질이 무엇인지에 대해 저마다 의견이 있다(프로그래밍이 단일한 행위가 아니긴 하지만). 앞에서도 인용한 메이어의 경우에는 그것이 적성과 관계가 있다고 믿었다. 이는 심리학적 검사에 깊이 관계된 사람의 처지에서 한 말이라고 생각한다. 좀 더 프로그래밍 분야에 치우친 사람들은 인상에 더 점수를 준다. 그러나 다익스트라(E. W. Dijkstra)의 의견은 조금 다르다.

나는 대학원에서 수학적 엔지니어를 양성하는 데 몸담고 있다. 내 연구실의 학생을 선발할 때는 학생이 자신의 모국어를 완벽하게 구사하느냐를 기준으로 한다. 그가 하는 말을 잘 들을 필요가 있다.

다익스트라는 학계에 몸담고 있으므로 우리가 그의 의견을 너무 좇을 필요는 없다. 그는 학문적인 성공을 기준으로 생각했을지도 모르기 때문이다. 언어 능력은 프로그래밍에서도 학문적 성공 가능성을 가늠하기에 충분한 척도다. 아마도 다익스트라의 연구실은 성과가 좋았을 것이다. 그러나 실제 프로그래밍 성과에 대해서는 얘기가 다르다. 장난감이 아닌 상업적 프로그램을 만들 때 필요한 적성에 대한 척도는 거의 없다. 거의 유일한 척도가 일반적인 지능일 것이다. 나는 지능보다는 성격이나 업무 습관, 훈련이 더 관련 있다고 믿는다. 그런 것들은 지능과 다르게 삶의 경험을 통해 바뀔 수 있다. 그렇다면 문제는 어떤 사람을 프로그래머로 뽑느냐가 아니라 어떻게 프로그래머를 양성할 것인가로 바뀐다. 즉, 좋은 프로그래머는 태어나는 것이 아니라 만들어진다. 따라서 우리는 프로그래머의 생산 즉, 훈련 과정에 관심을 가져야 한다.

질문

관리자에게

1. 프로그래머를 선발할 때 적성 검사를 사용하고 있는가? 또는 당신의 부서에서만 사용하는가? 사용한다면 그 적성 검사의 유효성에 대해 얼마나 알고 있는가? 그렇게 뽑은 프로그래머를 일정 기간이 지난 후 평가하여 적성 검사의 유효성을 확인해 본 적이 있는가? 프로그래머를 평가한 방법은 무엇인가? 그 방법의 유효성은 어떻게 확신하는가?

2. 당신의 프로그래머들을 볼 때 가장 흔히 모자람을 느낀 적성을 한 가지만 꼽으라면 무엇이라 생각하는가? 그 적성의 유무를 확인하려면 어떤 방법으로 검사해야 한다고 생각하는가?

3. 본문의 광고에 나온 프로그램을 구매하기 위해 5000달러를 쓰겠는가? 또는 검사를 한 번 실시할 때마다 100달러씩 지불하는 것은 어떤가? 돈을 쓰지 않겠다면, 그 이유는? 돈을 쓰겠다면, 당신은 정말로 이 책을 읽었는가?

프로그래머에게

1. 현재 직장에 지원했을 때 적성 검사를 받았는가? 받았다면, 그 검사가 적절했다고 느꼈는가? 회사에서 지금도 그런 검사를 하는지 여부를 알고 있는가? 지금도 하고 있고 당신이 생각하기에 적절한 검사가 아니라면, 당신은 그것에 대해 어떻게 하겠는가?

2. 프로그래밍 적성의 어떤 중요한 측면들을 측정하는 검사가 가능하다고 생각하는가? 중요하다고 생각한 측면들을 나열하고 각각 가능한 검사 방법을 제안하라.

3. 본문에 나온 문제 해결 능력 또는 습관 중에서 당신에게 부족한 듯한 내용이 있는가? 있다면, 그 부족함을 채우기 위해 어떻게 할 계획인가?

참고문헌

- David B. Mayer, A. W. Stalnaker 공저 『Use of Psychological Tests in the Selection of Computer Personnel』 SHARE/GUIDE Presentation, 1968년 10월.

- R. N. Reinstedt 외 『Computer Personnel Research Group Programmer Performance Prediction Study』 The RAND Corporation (RM-4033-PR), Santa Monica, California, 1964년 3월.

- A. J. Biamonte 지음 『Predicting Success in Programmer Training』 Computer Personnel Research Conference 2차 연간 회보, Association for Computing Machinery, New York, 1964년.

- M. Gotterer, A. W. Stalnaker 공저 『Predicting Programmer Performance Among Non-preselected Trainee Groups』 Computer Personnel Research Conference 2차 연간 회보, Association for Computing Machinery, New York, 1964년.

- G. H. Okimoto 지음 『The Effectiveness of Comments: A Pilot Study』 IBM SDD Technical Report TR 01.1347, 1970년 7월 27일.

- A. R. Luria 지음 『The Mind of a Mnemonist』 New York, Avon Books, 1968년. 사람들이 자신의 특정 능력 혹은 무능력을 활용해서 환상적인 성과를 내는 흥미로운 예들이 담겨 있다(특히 기억력에 관해서).

- J. M. Hunt 지음 『Intelligence and Experience』 New York, Ronald, 1961년. 지능이 발전하는 과정을 다루고, 결론적으로 지능을 발전시키기 위해 무엇을 할 수 있는지를 밝힌다. 이 책에 따르면 불행하게도 프로그래머가 될 만큼 나이를 먹은 사람은 지능을 높일 기회가 거의 없다. 더 어렸을 때부터 시작해야 한다. 가정용 컴퓨터의 보급이 늘어가는 만큼 프로그래밍계의 모차르트(Mozart)가 출현할 날이 가까워진 것일까?

- M. Wertheimer 지음 『Productive Thinking』 개정판, New York,

Harper, 1945년.

베르트하이머(Wertheimer)는 게슈탈트(Gestalt) 심리 학교의 주요 설립자 중 한 명이다. 어린 학생들을 대상으로 해온 그의 경험과 실험을 바탕으로 창의력 교육에 대한 지침서를 썼다. 그 내용 중 프로그래머가 교육하는 데 직접 사용할 수 있는 부분은 거의 없지만, 어떤 것을 시도하고 어떤 것을 피해야 할지에 대해서는 많은 참고가 된다.

- George Polya 지음 『How to Solve It』 Princeton University Press, 1946년.

우리 시대의 가장 뛰어난 수학자 중 하나인 폴리야(Polya)가 일반인을 대상으로 수학 문제나 퍼즐을 푸는 기법을 설명한 책이다. 프로그래밍과 깊은 관련이 있는 내용이 많음에도 각종 검사에서 직접 인용되지는 않았다(이 책을 읽은 프로그래머가 많다고는 하지만).

- Brewster Ghiselin 지음 『The Creative Process』 Berkeley, California, University of California Press, 1952년.

사람들은 **창의의 과정**(creative process)에 대해 매우 오랫동안 연구해 왔다(적어도 아리스토텔레스와 플라톤 시대까지 올라간다). 그러나 우리가 그것을 이해하려면 아직 멀었다. 심지어 프로그래밍에 과연 창의력이 필요한 것인지 혹은 모차르트나 아인슈타인만큼의 창의력이 필요한지, 또 다른 차원의 창의력이 존재한다면 그런 것이 필요한지조차 알지 못한다. 그러나 프로그래밍에 창의적 요소가 조금이라도 있다고 믿는 사람들에게는 이 책이 많은 도움이 될 것이다. 프로그래밍의 창의적 요소를 믿지 않는 사람들이라도 창의력에 대한 여러 천재의 글을 읽을 기회가 될 것이다.

- Harold Sackman 지음 『Man-Computer Problem Solving』 Princeton, Auerbach, 1970년.

  새크만(Sackman)의 연구는 프로그래밍만이 대상이 아니고 좀 더 일반적인 문제 해결 행위를 다룬 것이다. 이 책은 컴퓨터로 어떤 문제를 해결할 때 나타나는 효과에 대한 유용한 통찰들로 가득하다. 그러나 어떤 면에서는 프로그래밍 자체를 문제 해결 행위로 보지 못했다는 단점이 있다. 새크만은 프로그래머가 아닌 심리학자였으므로 실험 과정에서 나온 프로그램을 절대 읽어 보지 않았을 것이다. 대다수 심리학자와 마찬가지로, 한 문제에 대한 완성된 답들은 모두 동일하다는 가정 하에 프로그램 실패와 잘못된 결과에만 관심을 가졌다. 그러나 같은 결과를 낸다고 서로 동일한 프로그램은 아니다. 심리학자가 이 사실을 알게 되기 전까지는 프로그래밍과 문제 해결 행위를 다룬 연구 대부분이 미궁을 헤맬 수밖에 없다.

- G. M. Weinberg 지음 「Experiments in Problem Solving」 (박사 학위 논문) Ann Arbor, University Microfilms, 1965년.

  앞의 새크만의 책에 대한 내 설명을 이해하지 못하는 심리학자들에게 추천하는 논문이다. 문제 해결 과정을 어느 정도까지 세세하게 관찰해야 하는지를 밝히고, 관찰된 면을 피실험자의 강약점에 따라 해석하여야만 깊은 통찰을 얻을 수 있음을 주장한다. 너무 세세하게 관찰하거나 **통계적으로 의미 있는 결과**를 얻고자 피실험자들의 능력을 합쳐 평균을 내어 버린다면 실패한 실험이 될 것이다.

9장에 보태는 글:

지능 또는 문제해결력

이 장에는 이제야 말할 수 있는 배경 얘기가 있다. 수년 동안 사람들이 어차피 "아무 소용이 없다."라는 결론을 낼 거면서 프로그래머에 대한 적성 검사에 왜 그렇게 많은 지면을 할애했냐고 물었다. 사실, 초고에는 이 주제가 빠져 있었다. 그런데 초고를 검토한 사람 중 두 명이 그런 검사를 판매하는 사업에 종사하고 있었고, 그들은 당연히 **컴퓨터 프로그래밍**에서 **가장 중요한 주제**를 이 책이 다뤄야 한다고 주장했다. 초판을 계약한 출판업자를 만족시키기 위해 적성 검사를 다루지 않을 수 없었다.

오늘날 프로그래머에 대한 적성 검사는 죽은 주제다. 그에 내 글이 조금이라도 일조했다고 말한다면 내 자존심이 조금 살 것이다. 그래, 지능은 프로그래밍에서 성공하기 위한 하나의 요소다. IQ가 50도 되지 않는 사람이 운영체제를 만들 수는 없을 것이다(악마가 나에게 이렇게 쓰라고 시켰다).

프로그래밍의 성공(또는 실패)에 영향을 주는 요소는 지능 외에도 많다. 나는 지능은 좀 떨어지는 것처럼 보이는데 훌륭하고 유용한 코드를 지속적으로 만들어 내는 사람들을 꽤 보아 왔다. 반대로, 영리한 사람들이 엉터리 코드를 만드는 경우도 많이 보았다. 다시 말해서, 25년이 지난 지금도 내 생각은 변하지 않았다. "지능보다는 성격이나 업무 습관, 훈련이 더 관련 있다고 믿는다. 그런 것들은 지능과 다르게 삶의 경험을 통해 바뀔 수 있다. 그렇다면 문제는 어떤 사람을 프로그래머로 뽑느냐가 아니라 어떻게 프로그래머를 양성할 것인가로 바뀐다." (322쪽)

"프로그래머를 만든다"는 표현이 예비 프로그래머에게 어떤 **최고의** 사고방식을 답습시켜야 한다는 뜻은 아니다. 나는 박사 학위 논문을 통해 사람마다 문제 해결의 방식이 다르다는 사실을 명확히 증명했다[1]. 따라서 프로그래머를 강제로 다른 사람의 방식에 따르도록 하면 문제해결력이 저하된다. 결국, 창의적 사고보다 더 중요한 것이 창의적 의사소통이라 하겠다. 자신의 생각을 다른 사람들이(저마다 방식이 다른) 이해할 수 있는 방식으로 표현하는 것 말이다.

---

1 제럴드 와인버그 지음 「Experiments in Problem Solving」 (Mich. Ann Arbor: University Microfilms, 1965년).

10장
동기 부여와 훈련, 경험

    심리학에 따르면, 어떤 과제를 해결할 때의 능률은 과제가 무엇인가, 수행하는 사람이 그 과제를 얼마나 잘 이해하고 있는가와 함수 관계에 있다. 또 성격이나 지능과 같은 개인차에 의해 능률이 달라진다고 한다. 그러나 능률을 실질적으로 향상시키는 요인은 성격의 변화나 지능의 향상이 아니라 훈련과 경험에 있다.

    심리학은 엄밀한 과학이 아니다(앞으로도 그럴 수 없을 것이다). 심리학자가 능률을 설명할 때 과제의 종류, 수행자가 그를 이해한 정도, 측정 가능한 개인차에다 더 나아가 훈련과 경험의 양까지 동원한다고 하자. 그래도 여전히 설명할 수 없는 부분은 남아 있다. 예를 들어, 어떤 사람에게 어제 수행한 것과 정확히 같은 과제를 오늘 또 반복하게 시켰을 때 어제보다 더 못한 능률을 보일 수도 있다. 그 사람의 지능이나 성격이 하루 만에 달라지지는 않았을 것이다. 게다가 한 번 해봤던 일이기 때문에 이해가 더 깊어지고 경험도 더 쌓였을 것이다. 그렇다면 오히려 그렇게 능률이 떨어지는 결과를 어떻게 설명할 수 있을까?

다른 요인으로는 설명할 수 없는 그 불가사의한 부분은 동기 부여의 몫이다. 심리학자들조차 동기 부여가 실제로 존재하는지 확신하지 못하고 있음에도, 여러 책에서 이 주제를 다루고 있다. 우리는 앞서 팀의 능률을 논할 때 동기 부여를 이미 조금 언급했다. 그리고 그에 대한 적절한 처방을 제시하지 못할 바에야 이 판도라의 상자를 열지 않는 편이 어떤 의미에서는 차라리 나을지도 모르겠다. 그러나 교육이나 훈련에 대한 논의를 진행하기 위해서는 동기 부여를 어설프게나마 짚고 넘어가야 한다. 이에는 두 가지가 이유가 있다. 첫째, 만약 동기 부여로밖에 설명할 수 없는 부분이 실재한다면 그 영역은 훈련이나 교육을 통해서 접근할 수 없는 곳일 것이다. 결국 훈련 또는 교육을 통해 우리가 얻을 수 있는 결과에 한계가 생긴다. 둘째, 동기 부여가 훈련이나 교육 자체에 지대한 영향을 미칠 수 있다. 동기 부여가 되지 않은 사람을 가르치기가 얼마나 힘들지 상상해 보라. 반대로 스스로 동기가 있는 사람이라면 배우는 것을 막을 도리가 없을지도 모른다.

동기 부여

다음은 한 표준적인 심리학 교과서에 수록된 동기에 대한 글의 첫머리다. 내가 지금까지 본 동기 부여에 대한 설명 중 최고라고 생각한다.

인간 행동에 대해 수많은 연구를 해온 결과, 인간은 환경에 대해서 피동적인 존재가 아님이 확실하다. 인간은 어떤 자극에 반응하고 어떤 자극은 무시할지, 또 어떤 정보를 배우고 나머지는 버릴지를 스스로 결정한다고 말할 수 있다. 따라서 인간에게는 일종의 원동력이 내재한다는 가정을 세울 수 있다. 이 내적 원동력이 우리가 흔히 말하는 동기다. (크레치(Krech), 크러치필드(Crutchfield), 리브슨(Livson) 공저, 1969년)

그런데 재미있는 점이 있다. 이 책은 새 것이 아니라 내가 어떤 대학 서점의 중고 코너에서 구입한 것이었다. 전 소유주는 위 문구 중 일부 글자에 오렌지색으로 꼼꼼하게 동그라미를 그려 놨다. 그가 수업 또는 공부 중에 심심풀이로 한 낙서임이 틀림없지만, 동그라미가 그려진 글자들을 연결해서 보면 자못 의미심장하다.

S-A-L-L-Y-S-A-L-L-Y

우리가 흔히 말하는 동기 즉, 내적 원동력의 의미를 보여 주는 예로 이보다 적절한 것이 있을까?[1]

프로그래머도 일하는 도중에 잠깐씩 다른 생각을 할 수 있다는 사실을 굳이 확인할 필요는 없다. 그런데 관리자는 프로그래머의 능률이 떨어짐을 동기의 부족이라고 단정해 버리는 실수를 많이 범한다. 그래서 관리자는 부족한 내적 원동력을 보충할 외적 동력을 프로그래머에게 부여하려 한다. 사실 프로그래머에게 동기가 적어서라기보다는 너무 많아 문제인 상황에서도 말이다.

동기에 대한 연구 결과 중 가장 널리 알려지고 인정 받는 것은 동력을

---

[1] (옮긴이) sally는 구어로 '소풍, 짧은 여행'을 뜻한다. 저자는 이 책의 전 소유주인 학생이 수업이나 공부에 집중하지 않고 '놀' 생각을 했다고 판단하여, 학업에 대한 '동기'가 부족한 경우를 보여 주는 예로 삼은 것이다.

높이면 처음에는 능률이 최대치까지 올라가지만 그 이상의 동력을 가하면 오히려 능률이 0까지 빠르게 떨어진다는 점이다. 특히 과제가 복잡할수록 이러한 능률의 급등락이 많이 나타난다. 이는 프로그래밍에 매우 중요한 의미가 있다. 예를 들어, 버그 찾기에 너무 열중하는 것은 좋지 않으며 심지어 아무 일도 하지 않는 때보다 더 나쁠 수도 있다. 그동안 수많은 버그들이 프로그래머가 포기하고 중압감을 떨친 후에야 잡혔다. 프로그래머에게 빨리 버그를 없애라고 압박하는 것은 최악의 전략이다. 그러나 이것이 지금까지 가장 일반적인 전략이었다.

프로그래밍 관리자가 동기 부여에 대해 가장 먼저 품어야 할 의문은 프로그래머가 현재 얼마나 많이 동기 부여가 되어 있느냐다(프로그래머 자신도 마찬가지다). 그리고 그 답에 따라 동기를 더 부여해야 할지 또는 오히려 줄여야 할지를 결정해야 한다. 내 경험에 따르면, 팀 수준에서는 프로그래머들이 지나치게 동기 부여가 되어 있는 상황이 많았다. 이것이 그렇게 많은 프로그래밍 프로젝트가 거세지는 압력을 못 이겨 침몰하는 이유다.

동기를 더 부여해야 할지 또는 줄여야 할지가 결정됐다고 하자. 그렇다면 그 구체적인 방법은 무엇인가? 개인의 처지에서는 아마도 방법이 없을 것이다. 스스로 그렇게 할 동기가 없는데 자신의 내적 원동력을 어떻게 바꿀 수 있겠는가. 그러나 실제로는 관리자와 비슷한 전략을 쓸 수 있다. 내적인 뭔가를 바꿀 기회를 만들기 위해 외부 환경을 바꾸는 것이다.

물론, 외부 환경에 동일한 변화가 생긴다고 모든 그룹에 같은 내적 변화가 생기는 것은 아니다. 문 옆에 나체의 여인을 세워 두어도 남성과 여성에 미치는 영향은 전혀 다르다. 그리고 같은 남성 또는 여성이라도 개인마다 다른 영향을 받는다(이는 캔디드 카메라[2] 연작 중 하나인 "나체의 여인에게 무슨 말을 하시겠어요?"를 통해 확연히 드러났다). 그러나 한 그룹에 있는 프로그래머들은 외부의 자극에 공통적으로 보이는 반응이 약간이라도 있을 것이다. 개인마다 성격이 천차만별이겠지만, 남자라면 나체의 여인에게 최소한 관심은 보이는 것처럼 말이다.

우리는 어떤 외적 요인들이 프로그래머에게 동기를 부여하는지에 대한 통찰을 얻고자 예비 실험을 했다. 프로그래머들에게 각기 다른 자극을 준 후 작업 패턴을 관찰한 것이 아니라, 프로그래머와 그 관리자들을 상대로 무엇이 프로그래머에게 동기를 부여한다고 생각하는지에 대한 설문을 했다. 특히 설문에서 "어떻게 생각하느냐"라는 문구를 강조했다. 이는 사람의 말이 실제로 그 사람이 취하는 행동과 관련이 없기 때문이다. 우리는 이 예비 실험을 통해 몇 가지 흥미로운 사실을 발견했다.

대기업의 소프트웨어 프로그래머들을 대상으로 설문했을 때, 19개의 보기 중 가장 많이 선택한 항목은 "급료 인상 또는 보너스"였다. 그 뒤를 바짝 쫓는 2위는 (사회심리학에서 배운 바와 같이) "업무를 계획하는 데 관여한 정도"였고, "승진"과 "과제의 질을 좀 더 높일 수 있는 추가 시간 부여"가 공동 3위였다.

최하위는 "내 업무의 범위를 줄이는 것"이었는데, 누구나 전체 계획에 좀 더 많이 관여하고 싶어한다는 사실에 비춰볼 때 이해할 수 있는 결과다. 그 다음으로 적은 선택을 받은 항목 네 가지를 살펴보자면, 첫 번째는 "문서화, 복사 등등에 대한 보조 인력"이었다. 이는 거의 모든 프로그래머가 문서화 작업을 싫어한다는 일반적인 관념에 배치되는 결과 같지만, 그렇게 결론 내리기는 조금 성급하다. 설문에 응한 사람들이 이미 문서를 직접 작성하지 않아도 되는 위치에 올라 문서화가 중요한 요소가 아닌 상태

---

2 (옮긴이) 캔디드 카메라(Candid Camera)는 1948년에 시작하여 오랫동안 인기리에 방송된 TV 쇼로, 흔하지 않은 상황을 설정하여 출연자들의 반응을 숨겨놓은 카메라로 녹화한 것이다. 일종의 몰래 카메라다.

일 수 있기 때문이다. 두 번째는 "높은 지위"였는데, 이는 "승진"이 많이 선택된 점을 볼 때 의아한 결과였다. 그러나 이후의 또 다른 실험을 한 결과 사람들의 관념 속에는 승진이 새 직함을 얻는다기보다 급료 인상과 더 강하게 연결되어 있다는 사실이 밝혀졌다(객관식 설문 조사의 어려움을 보여주는 예라 하겠다).

나머지 두 가지는 "완료 목표일을 느슨하게 설정하는 것"과 "완료 목표일을 정확하게 설정하는 것"이었는데, 이들이 모두 하위권이라는 점은 뭔가 이상했다. 그러나 설문 조사 당시에 응답자들은 완료 목표일이 별로 중요하지 않은 상태였음을 나중에 알게 됐다. 여기에서는 당시라는 말이 매우 중요하다. 설문 조사를 실시할 당시는 응답자들이 진행하는 프로젝트의 데드라인이 6개월도 넘게 남아 있었던 것이다(우리는 몇 개월 지난 후 설문 조사를 다시 하여 완료 목표일에 관련된 항목이 여전히 하위권에 머무르는지 확인하고 싶었다).

이런 점이 동기를 연구하는 데 겪는 또 하나의 큰 어려움이다. 설문 조사를 통해 외적 요인들이 끼치는 실제 영향력을 밝혔다고 해도, 그것은 특정 시기의 특정 환경에서만 유효한 결과다. 프로젝트 초기와 비교할 때 프로젝트가 끝을 향해 갈수록, 사람들에게 동기를 부여하는 요인은 점점 더 많이 달라진다. 또 한 사람만 놓고 볼 때도 경력 초기와 경력이 어느 정도 쌓인 이후는 사뭇 다르다. 예를 들어, 돈은 저축과 급료가 늘고 갚을 빚이 점점 줄어들수록 그 중요성이 작아진다. 심지어 앞서 나온 일화와 같은 상황에서는 더 많은 돈으로 인해 직장을 떠날 수도 있다.

따라서 돈이 동기 부여의 요인으로는 다른 것들에 비해 실질적이지 못하다고 말할 수 있을까? 그러나 프로그래머가 다른 직군에서 비슷한 급료를 받는 사람에 비해 돈에 관심이 적다고 증명된 바는 없다. 물론, 프로그래머의 급료 수준은 일반적인 직업에 비해 상대적으로 높기 때문에 돈에 대한 관심이 적을 것이라 가정할 수는 있다. 그러나 이는 가정일 뿐이고, 연구에 의해 증명되지는 않았다. 돈은 동기 부여에 대해 모호한 요인이라 하겠다. 어떤 사람에게는 원하는 것을 얻는 수단일 수도 있고, 또 다른 사람에게는 하는 일의 가치를 상징할 수도 있다. 어떤 경우라 할지라도 무슨 차이가 있을까? 돈은 돈일뿐이지 않은가? 그러나 사실은 차이가 있다. 돈이 상징적인 의미를 주는 경우라면 그 프로그래머에게 동기를 부여하기 위해서는 돈이 아닌 다른 방식으로 보상해야 한다. 과제의 질을 높일 수 있도록 추가 시간을 준다든가, 프로젝트를 계획하는 데 좀 더 많은 발언권을 준다든가 하는 식으로 말이다. 이는 회사의 지출을 줄이기 위함이 아니라 프로그래머에게 좀 더 효율적으로 동기를 부여하도록 만들기 위함이다. 급료 인상의 효과는 금방 사라진다(현재 가치를 상징하는 것은 급료 수준이 아니라 급료 인상이기 때문이다). 지속되는 급료 인상은 시간이 지남에 따라 관심에서 멀어질 테지만, 프로젝트에 더 깊이 관여하고 싶은 욕구는 전혀 수그러들지 않을 것이다.

업무로 인해 프로그래머를 접해 본 사람이라면 누구나(단말기를 열고 작업 중이거나 버그 때문에 전화 통화를 하고 있는 프로그래머에게 말을 걸어 본 그의 가족 역시) 프로그래밍에 대해 프로그래머에게 줄 수 있는 가장 큰 동기는 프로그래밍 그 자체임을 알 것이다. 프로그래밍을 자기 마음대로 할 수 있는 기회가 주어진다면 말이다. 이와 비슷한 경우에 대한 속담이 체스에도 있다. "체스에는 여자와 음악과 마찬가지로 남자를 행복하게 만드는 힘이 있다." 나는 이 속담을 다음과 같이 바꿔 말해도 전혀 이상할 것이 없다고 생각한다. "프로그래밍에는 체스와 여자, 음악과 마찬가지로 남자를 행복하게 하는 힘이 있다." 내가 훗날에 이 책의 중고본을 얻었을 때 전 주인이 다음과 같은 문구를 이루도록 중간 중간의 글자들을 동그라미 쳐 놓은 쪽을 발견하게 될지도 모를 일이다.

F-O-R-T-R-A-N-F-O-R-T-R-A-N

훈련과 수업, 교육

어떤 사람들은 저 문을 열고 들어오는 사람이라면 누구나 훈련을 거쳐 경쟁력 있는 프로그래머로 만들 수 있다고 주장한다. 이는 조금 편협한 시각이기는 하지만(전산실 문을 열고 들어오는 사람이 모두 일자리를 찾아온 이는 아니므로), 아주 틀린 말도 아니다. 나는 매우 성공한 한 소프트웨어 회사의 시스템 프로그래밍 팀과 오후를 보낼 기회가 있었다. 그 다섯 명의 이력은 다음과 같았다.

1. 33세 남자. 아이비리그에 속하는 학교를 다니다가 브리지[3]밖에 하고 싶은 것이 없어서 2학년 때 중퇴.
2. 28세 여자. 남부의 한 사립 여대에서 스페인 문학을 전공. 향락으로 인생을 소비하다가 마약 중독자 갱생 프로그램까지 참여하게 됐고, 그곳에서 프로그래밍을 배움.
3. 28세 전직 컴퓨터 유지보수 기술자. 해군 기술학교 졸업이 초등학교 이후의 유일한 학력임.
4. 장성한 자녀 5명을 둔 55세 여성. 33년 전에 사범 대학을 졸업. 결혼을 한 후에는 강단에 서지 않음. 자녀들이 모두 독립한 후 무료함을 달래고자 프로그래머가 되기로 결심함.

---

3 (옮긴이) 브리지(bridge) - 카드 게임의 일종

5. 30세 남자. 대학 입학 때부터 줄곧 우등생 자리를 지키며 수학 박사 학위를 취득했고, 바로 프로그래밍 업계에 투신. 팀 내에서 괴짜로 통함.

위와 같이 다양한 이력을 지닌 사람들이 한 프로그래밍 팀에서 일하고 있다는 사실이 컴퓨터 프로그래밍 교육에 대한 반증처럼 보이겠지만, 사실 훈련의 장으로 활용되는 정규 교육 과정에 대한 반증일 뿐이다. 이 팀의 구성원들이 공통으로 보유하는 이력은 특정 사람 밑에서 함께 일한 4년뿐이다. 그는 회사의 창업자 중 한 명으로, 이 팀원들을 자신의 눈높이에 맞도록 훈련시키는 데 4년을 투자했다.

이런 상황은 생각보다 드물지 않다. 프로그래밍 업계나 그 주변에 있었던 사람이라면 대부분 이와 유사한 그룹을 접한 경험이 있을 것이다. 그 그룹들이 존재할 수 있었던 중요 요인은 언제나 같다. 바로, 헌신적인 리더 밑에서 실질적인 프로젝트들을 위해 수년 동안 함께 일해 온 것이다. 그리고 그 수년이라는 시간은 일반적이거나 일상적이지 않은 훈련과 경험을 의미한다. 우리가 그 과정에 녹아 있는 정수를 파악할 수 있다면 동일한 성취를 이룰 수 있을 것이다.

교육 과정에서 생기는 혼동은 크게 두 가지로 나뉘는데, 하나는 수업과 교육을 혼동하는 것이고, 다른 하나는 교육과 훈련을 혼동하는 것이다. 이 혼동들과 그 악영향을 설명하고자, 내 강의 경험을 예로 들겠다. 몇 년간 운영체제를 이루는 개념들에 대해 강의해 보니 나는 실제 운영체제를 다루어 본 경험이 없으면 개념은 공허할 뿐이라는 사실을 알게 됐다. 수년 후 내 강의를 들었던 학생들을 찾아가 보니 그들이 수업 시간에 **배웠던** 내용들을 전혀 써먹지 않고 있었던 것이다.

나는 그 원인이 실무 경험의 부족이라 생각하고, 해당 강의를 OS/360 워크샵으로 변경했다. 그러나 막상 워크샵 형식을 취했더니 학생들이 상세 개념에 대해 어려움을 겪음을 발견했다. 특히 작업제어 언어(Job Control Language, 이하 JCL)의 세부 사항이 문제가 됐는데, 이는 현업에서 올라온 보고들과 그 맥락이 일치했다. 학생들이 유발하는 수많은 오류는 대부분 의미 없는 공백과 계속(continuation) 카드가 원인이었다.

따라서 나는 그런 사소한 문법적 세부 사항을 수업 시간에 강조하고 수업 중 과제를 통해 학생들의 성과를 기록하기로 결정했다. 일련의 작업 제어 카드를 만들고 천공하고 테스트하는 데 관련된 문제는 과제를 낼 때마다 계속 되풀이됐다. 결과는 표 10-1의 수업 #1에서 보듯이 실망스러웠다. 학생들이 저지른 JCL 오류에서 83%가 **공백** 문제였던 것이다. 내가 수업 중에 **공백** 문법을 특히 강조해서 가르쳤는데도 말이다.

이번엔 다른 수업을 같은 방식으로 진행하되, 구체적인 질문이 나오지 않는 한 공백과 같은 문법적 세부 사항을 미리 가르치지 않았다. 그 결과는 표 10-1의 '수업 #2'에서 볼 수 있다. 애써 사소한 사항을 강조한 덕분에 관련된 오류의 발생 확률이 87%에서 83%로 줄어들었음을 알 수 있다. 물론 통계적으로 의미 있는 수치는 아니다. 그러나 프로그래머 교육을 위한 심리학에서는 의미가 있다. 이 결과가 수업이 교육과는 거의 혹은 전혀 상관이 없음을 의미하기 때문이다. 물론, 강사가 다른 사람이었다면 결과가 달랐을지도 모른다. 나는 스스로 세계 최고의 강사라고 생각하지는 않는다. 그러나 내가 세계 최악의 강사인 것 또한 분명 아니다. 따라서 다른 훌륭한 강사들도 각자 강의에서 비슷한 문제를 겪고 있을 것이다.

		과제 1		과제 2		과제 3		총합		
수업	인원	JCL 오류	공백 오류	JCL 오류	공백 오류	JCL 오류	공백 오류	JCL 오류	공백 오류	%
#1	23	63	49	101	88	103	84	267	221	83
#2	17	51	42	86	78	105	88	241	208	87

표 10-1 JCL 초보자들이 유발한 오류

그렇다면 그렇게 사소한 사항이 왜 그렇게 중요한 것일까? 그 사항에 담겨 있는 내용 자체는 사소할지라도, 그것을 배우는 데 실패하면 그 운영체제의 사용법을 배움에 있어 더 나아갈 수가 없기 때문이다. 여기서 우리는 두 번째 구분 즉, 교육과 훈련을 구별해야 함을 알게 된다. 대략 얘기하자면 교육은 일반적인 원칙과 기술의 습득을, 훈련은 특수한 기술의 습득을 의미한다. 그래서 우리는 "운전 훈련", "군사 훈련", "성인 교육"이라는 용어를 사용한다. 물론, 이 용어 자체가 그 실체를 제대로 반영하지는 않는다. 군사 훈련에서도 훈련생이 일생 동안 품을 사상에 영향을 줄 일반 원칙을 가르칠 수 있으며, 성인 교육이 특정 기술을 가르치기만 하고 끝날 수도 있다.

그러나 더 중요한 것은 특정한 훈련을 선행하지 않은 교육은 불가능하다는 점이다. 앞의 예에서 보듯이, 운영체제의 개념을 제대로 배우려면 컴퓨터 사용 경험이 필수이고 운영체제를 경험하려면 JCL 문법을 다루는 능력이 필수다. 따라서 JCL 문법을 훈련시키는 데 실패하면 운영체제의 개념을 가르치는 데도 실패할 수밖에 없다.

표 10-2를 보면, JCL 문법 수업의 실패가 교육의 실패로 이어졌다는 결론에 이르게 된다. 수업 #2의 수강생들이 결국 JCL 문법을 제대로 훈련 받게 됐기 때문이다. 과제 #10까지 수행하는 동안 수강생 17명 중 13명이 JCL 카드를 공백 오류 없이 작성하는 기술을 습득했다(그중 2명이 과제 #11에서 다시 오류를 범하기는 했지만, 과제 #11은 그 전의 과제들보다 다소 규모가 컸다). 그러나 나머지 수강생 4명은 이 기술이 별로 늘지 않았고 그로 인해 운영체제의 개념을 배우는 데도 진전이 없었다. 수업을 계속했다면 그들도 JCL 문법을 제대로 배울 수 있었겠지만, 수업은 그대로 끝났고 학생들의 지식 수준도 수업 전으로 돌아가 버리고 말았다. 다른 13명은 운영체제에 대해 더 자신감을 가지고 접근할 수 있겠지만, 나머지 4명은 계속 거리감을 느낄 것이다.

요약하자면, JCL 문법에 관련된 기술을 습득(훈련)하기가 어렵기 때문에 운영체제 교육을 진전시키는 데 장벽이 생겼다(그리고 부수 효과로 보통의 프로그래머들이 의존하는 JCL 전문가라는 엘리트 그룹이 생겨났다). 이 장벽은 수업을 통해서는 없앨 수 없고, 각자 필요한 경험을 컴퓨터에서 얻어낼 수 있는 상황을 만들어 줘야 한다. OS/360 자체보다 좀 더 그런 실습을 효과적이고 효율적으로 할 수 있는 시스템이 나올 수도 있다(예를 들어, JCL 문법 검사 기능을 제공하는 온라인 단말기). 그러나 그런 시스템이 존재한다 해도 결국은 교육용일 뿐이다. 이 상황에서 **학교가 제공해야 할 서비스는 학생들이 지속적으로 OS/360에 접할 수 있도록 장려하는 것이다.** 그렇지 않으면 어떤 학생이 말한 것처럼 OS/360이 Obstacle System/360[4]이 되어 버릴 것이다.

---

4 (옮긴이) OS(운영체제)는 Operating System의 준말이다. OS를 다루기가 너무 어려운 사람에게는 Obstacle System(장애물 시스템)으로 인식될지도 모른다는 뜻이다.

수업 #2   인원 17명

과제	JCL 카드	공백 오류	카드당 오류	공백 오류를 범하지 않은 학생 수
1	85	42	0.50	0
2	136	78	0.58	0
3	170	88	0.52	1
4	136	63	0.46	2
5	136	58	0.43	2
6	102	30	0.29	7
7	153	49	0.31	5
8	170	47	0.28	8
9	85	17	0.20	13
10	119	19	0.16	13
11	187	39	0.21	11

표 10-2 수업 중 JCL 초보자들이 범한 오류

학습을 저해하는 요인들

의외로, 학습에 방해되는 요소가 있어서 배움에 실패하는 경우가 많다. 이 때 의외라는 표현을 쓴 이유는 누군가를 가르칠 때 학습의 효과를 극대하기 위한 각종 방책을 도입하는 것이 일반적이기 때문이다. 그런데 어린 아이가 학습하는 모습을 관찰해 보면, 그런 인공적인 환경 밖에서 훨씬 많은 것을 배운다는 사실을 알 수 있다(우리가 아이에게 배우길 바라는 것만 배우지는 않지만). 우리가 원하는 형태로 아이가 학습하도록 조절하려면 의도적으로 벽을 만들고 문을 뚫어야 한다. 만약 그렇게 해서 아이가 배움에 성공한다면 우리 자신을 칭찬할 만하다. 그러나 그 아이는 우리가 만든 인공적인 장벽이 없어도 같은 배움을 얻었을 것이다(어쩌면 더 잘).

그러나 일반적으로 성인은 학습에 대한 장벽을 가지고 있다. 그리고 보통의 성인은 그 장벽을 벗어나서는 거의 배우질 못한다. 우선, 뭔가를 배우려면 알 만한 가치가 있는 것 중에서 아직 모르는 것이 존재한다는 사실을 인정해야 한다. 그런데 전문 프로그래머들은 그 사실을 인정하면 자신의 지위가 낮아진다고 여긴다. 진정한 프로라면 약점을 인정해도 잃을 것이 없음을 알고 있겠지만 말이다.

어떤 사람들은 약점을 가까스로 인정한다 해도 자신은 실패할 거라고 확신해 버리고 배우려 하지 않기도 한다. 그런 두려움은 자신감이 부족하기 때문이거나 비슷한 종류의 시도에서 실패한 경험이 있기 때문이다. 그러나 대부분 두려운 것은 실패 그 자체가 아니라 다른 사람들에게 자신이 실패하는 모습을 보이는 것이다.

어떤 경우에는, 그룹의 특성상 새로운 학습이 원천적으로 금지되고 이미 알고 있는 기술을 얼마나 잘 발휘하는지만 중요할 수 있다. 배우려면 실수에 관대해야 하는데, 관찰자가 존재할 때에는 그러기 어렵다. 따라서 작업자와 관찰자가 모두 잘 알고 있는 사안을 처리할 때 작업자는 늘 하던 방식을 택할 수밖에 없고, 결국 새로운 배움은 불가능하다. 이를 프로그래밍 기술을 학습하는 데에 적용해 보면, 새로운 프로그래밍 언어에 대한 초기 학습은 학습자와 단말기만 독립적인 공간에 격리했을 때(실수의 기록이 남지 않을 때) 가장 좋은 효과가 있으리라고 추측해 볼 수 있다.

우리는 각종 실험을 통해 이런 추측을 뒷받침하는 결과를 얻었다. PL/1을 사용할 때 가장 빈번하게 범하는 오류들을 조사하고 그 오류들을 컴파일러가 얼마나 잘 찾아 정정하는지에 대한 연구에서, 우리는 초보자 50명을 대상으로 그들이 범하는 모든 오류를 관찰하려 했다. 그런데 의외로 그것은 너무 어려웠다. 그들은 자신이 범한 오류를 덮고자 갖은 수단을 동원했다. 이 연구의 목적은 각 개인이 아니라 모든 오류를 분석하는 것이라고 분명히 설명했음에도 소용이 없었다. 대신 다음과 같은 대답만 돌아왔다.

"제가 이번에 실행하는 코드는 보실 필요 없어요. 바보처럼 세미콜론 하나를 빠트렸거든요. 다음에 실행할 때까지 기다리시면, 제대로 된 걸 보여드릴게요."

초보자들이 단말기 시스템에 열광하는 현상도 이와 비슷한 문제를 낳는다. 단말기 시스템에 대한 열광은 스스로 사소한 문법 오류를 범하지 않는 수준에 오르고서야 사그라진다. 좀 더 경력이 많은 프로그래머는 단말기를 문법 검사 기능을 제공하는 데이터 입력 장치 정도로만 여기지 열광의 대상으로 보지는 않는다. 반면에 초보자나 아마추어는 문법이나 작업 제어 등의 보조 기능에 익숙하지 않다. 그러므로 미묘한 의미론이나 당면한 문제 자체보다 그것들을 더 중시한다. 만일 단말기 시스템과 배치 시스템을 비교하는 심리학 실험 대상에 초보자들을 포함시키고 문제도 사소한 것으로 설정한다고 해보자. 당연히 두 시스템의 상대적인 강점에 대한 명확한 결론을 얻을 수 없을 것이다. 학습 초기 단계와 실제 사용 단계에 각각 적합한 시스템들을 설계하려면, 개발 과정을 각 단계별로 살펴보고 문제의 유형에 따라 프로그래머가 단말기를 어떻게 사용하는지도 면밀히 검토해야 한다.

다양한 프로그래밍 언어와 시스템에 대해서는 많은 논쟁이 있다. 그러나 배우기 쉬움과 사용하기 쉬움을 구별하여 다루는 논쟁은 거의 없다. 어떤 기능이 배우기 쉽다고 해서 사용하기에도 가장 쉽다는 법은 없다. 중요한 것은 기술의 확장성이다. 다시 말해, 그 기술을 처음 배울 때 적용했던 상황 외의 다른 상황에도 쉽게 적용할 수 있는가의 문제다. 일반론적인 기술을 하나 배우는 것은 지식의 목록에 한 항목이 추가되는 것 이상의 효과가 있다.

너무 특수해서 확장성이 전혀 없는 기술은 끝이 막힌(dead-end) 기술이라 할 수 있다. 예를 들어, 크래머(Cramer)의 공식을 보자. 크래머의 공식은 정규 고등 과정에서 미지수 서너 개로 이뤄진 연립 1차 방정식의 해를 구하는 방법으로 가르치는 것이다. 이 공식 자체는 일반론적이지만, 미지수 개수가 더 많은 방정식에 대해서는 실질적인 쓸모가 없다. 미지수가 하나 늘어날 때마다 계산이 급격하게 복잡해지기 때문이다. 미지수 몇 개가 크래머 공식의 한계인지 단정할 수는 없겠지만, 이 공식이 끝이 막힌 기술임은 분명하다.

프로그래밍에서는 일정 규모의 문제들을 성공적으로 해결해 왔지만 그 규모를 넘어서는 문제는 제대로 해결하지 못하는 프로그래머를 심심치 않게 볼 수 있다. 그리고 그 반대의 경우도 꽤 있다. 규모가 큰 문제만 잘 해결하는 프로그래머도 있는 것이다. 전자는 프로그래머가 사용하는 기술이 작은 프로그램에는 효과적이지만 큰 프로그램에 대해서는 그렇지 못하기 때문이다. 후자는 작은 프로그램에서도 큰 프로그램에 쓰이는 일반론적이고 강력한 기술을 적용해서 필요 이상으로 오버헤드가 발생하기 때문이다.

예를 들어, 이진 검색과 순차 검색을 비교해 보자. 원소 10개로 구성된 목록을 검색하는 데 이진 검색 알고리즘을 사용한다면 프로그래밍이 오래 걸리고 실행 속도도 늦어질 것이다. 이런 규모의 프로그램에는 이진 검색이란 개념을 모르는 프로그래머가 개념은 알지만 그 한계까지는 알지 못하는 프로그래머보다 더 나은 성과를 보일 수 있다. 규모가 작은 문제에 대해서는, 다른 조건이 모두 같다면 이진 검색이 순차 검색에 비해 2배 이상의 속도를 내기는 어려운 반면에 작업의 양은 2배 이상이 될 것이다.

어떤 끝이 막힌 기술 또는 프로그래밍 언어에 숙달된 프로그래머가 새로운 기술을 배우려면 잠시나마 현재 맛보는 만족감 중 일부를 버릴 각오를 해야 한다. 새 기술을 배우는 초기에는 시행착오가 많을 테고, 그럴 때마다 마치 예전의 초보자 시절로 돌아가는 듯한 느낌을 받을 것이다. 이런 상실에 대한 두려움은 새로운 프로그래밍 언어를 배울 때 특히 클 수 있다. 외국에 체류한 적이 있는 사람이라면 언어 문제로 인해 막막했던 경험이 있을 것이다. 새로운 프로그래밍 언어를 배우는 것도 그와 비슷하다. 프랑스 여행을 하면서 자신보다 프랑스어를 잘하는 아이들을 볼 때처럼, 경력이 많은 FORTRAN 프로그래머가 신입 프로그래머에게 사소한 PL/1 문법에 대해 도움을 받아야 하는 때도 마찬가지로 허탈한 기분이 들 것이다

새로운 것에 대한 두려움과 실패에 대한 걱정, 자신의 약점을 인정하고 싶지 않은 마음은 모두 학습에 직접 악영향을 미친다. 이는 수업에서도 실제 업무에서도 마찬가지다. 그 외의 문제들은 간접적인 영향을 미치는데, 대부분은 무엇을 배울지 또는 어떻게 배워야 할지를 잘못 이해해서 생기는 문제다. 어떤 초급 프로그래밍 강좌에서 수강생 대부분이 숙제를 제대로 해오지 못했다. 간단한 숙제들이었는데도 말이다. 단말기를 통해 APL 시스템에 연결하고 간단한 문제를 두세 개 푸는 숙제였는데, 50명 중 5명 정도만이 결과를 제출했다.

강사는 실습실에 직접 가 봤고, 두 가지 유형의 문제점이 있음을 알았다. 첫 번째는 실습실에 앉아있는 학생들에게 있는 문제였다. 그들은 단말기 사용법을 이제 막 배운 단계인데도, 필요 이상으로 자신감에 넘쳐서 단말기와 씨름하며 몇 시간씩을 보내고 있었다. 두 번째 문제는 실습실에 모습이 보이지 않는 학생들에게 있었다. 그들은 손으로 문제를 푸는 데에 익숙하기 때문에 해결을 내기 전까지는 단말기 앞에 앉기를 두려워했다. 그리고 물론 단말기의 도움 없이 그들은 최종적인 해결에 도달할 수 없었다.

익숙하지 않은 상황에서 어떤 문제가 발생했을 때, 우리는 다음 두 가지

중 하나를 잘못으로 저지를 수 있다. 그 문제를 실제보다 더 어렵게 여기거나 혹은 더 쉽다고 치부하는 것이다. 형편없는 강사는 수업 내용에 숙달되지 않아서 형편없는 것이 아니다. 수업 내용은 책 등에 모두 들어 있고 학생들이 스스로 학습할 수 있는 수준이다. 형편없는 강사는 학생들에게 내용이 너무 쉽다는 인상을 주곤 한다. 예제를 너무 쉽게 준비해서 학생들에게 그 저변에 깔려 있는 세부 사항을 볼 수 없게 만들고 실제 문제 역시 쉬울 거라는 인상을 남긴다.

앞의 APL 강좌에서 강사는 문자 하나로 구성된 문자열이 다른 문자열에서 어느 위치에 있는지를 찾는 프로그램을 예제로 제시했다(PL/1의 INDEX 함수). 그 예제는 단 한 줄짜리 코드였고 매우 깔끔했다. 그러나 몇 가지 적절하지 못한 면이 있었다. 두 문자열 중 하나의 길이가 0 또는 1이라면 그 코드는 실패한다. 또, 찾으려는 문자열이 대상 문자열의 양 끝에 걸쳐있는 경우에도 예상과 달리 위치가 반환된다. 예를 들어, 'ABCX' 중에 'XA'가 존재한다는 결과가 나오는 것이다. 그 밖에도 수많은 세부 사항이 있다. 그러나 학생들은 수업 시간에 그 세부 사항들을 배우지 못했고, 숙제를 하면서 계속 예기치 않았던 문제에 부딪혀야만 했다.

그와 동시에 이 강사는 일부 학생들에게 또 다른 잘못을 저질렀다. 수업 내용이 너무 어렵게 보이도록 만들었던 것이다. 그는 수업 시간의 말미에 자신이 연구했던 어떤 문제를 학생들에게 설명했다. 설명은 수업이 끝나는 종이 친 후에 10분이 지날 때까지도 계속되었다. 그 내용은 수학적 배경 지식이 없는 학생이라면 전혀 이해할 수 없는 것이었다. 결국 일부 학생들은 숙제에 도전할 생각마저 잃게 됐다.

교사가 있다면 당연히 그런 상황을 인지하고 학생들이 학습 과정을 따라올 수 있도록 필요한 조치를 취할 것이다. 그러나 프로그래밍 학습에는 대부분 교사가 없다. 교사만 없는 것이 아니라 학습에 필수인 다른 요소들 또한 없다. 교과서도 참고서도 없으며, 소프트웨어와 그 소프트웨어를 실행할 하드웨어도 없다. 새 주제를 공부할 여유 시간도, 실제 상품에 적용할 신기술을 인증해 줄 권위자도 없고, 심지어 좀 더 경험이 많은 선배 프로그래머도 없다. 그런 요소들이 없음으로 인해 학습은 지지부진해지고, 학습자는 첫 번째 고비에서 바로 포기하게 되곤 한다.

학교는 그런 필수 요소들이 제공된다고 여겨지는 장소다. 그런 요소들이 제1의 요소인 교사 자체에 비해 학교의 성공에 얼마나 기여하는지를 명확히 알 수 있는 방법은 없다. 그리고 학교가 그런 요소들을 제공하는 적절한 장소인지도 확신할 수 없다. 그러나 학교라는 것이 존재한다는 사실 자체가 그런 요소들이 다른 곳에서는 제공될 필요가 없다는 인상을 줄 수도 있다. 어떤 관리자는 다음과 같이 생각한다. "그는 연습 문제를 실행하고 있는 작업 번호를 내게 물어보는데, 도대체 왜 그런 것을 알아야 하지? 우린 그를 4주씩이나 학교에 보냈는데, 도대체 그곳에서는 뭘 가르친 거야?"

"학교는 배우는 곳, 직장은 일하는 곳"이라는 생각은 프로그래밍 분야에만 국한된 문제가 아니다. 그러나 프로그래밍은 다른 어떤 분야와 비교해 봐도 지속적인 학습이 중요한 분야다. 따라서 학습에 더 많은 관심을 기울여야 한다.

프로그래밍을 학습하는 방법

스스로 발전하려 하는 프로그래머는 정식 훈련과 그가 필요한 교육을 받을 수 있도록 해주는 관리자의 배려에 의존하지 않을 수 없다. 순수하게 경험에만 의존하면 안 되는데, 경험한다고 반드시 뭔가를 배우는 것은 아니기 때문이다. 프로그래머가 자신이 경험한 것을 배움으로 발전시키려면, 학습하는 방법을 배워야 한다.

뭔가를 학습하는 방법을 배우는 첫 단계는 자신이 무엇을 알고 있고 무엇을 모르는지를 배우는 것이다("너 자신을 알라."). 독학하는 사람이 수업을 듣는 학생보다 유리한 점은 학습 내용을 자신의 필요에 꼭 맞도록 조절할 수 있다는 것이다. 앞 절에서 예로 든 수업에서 학생들이 배움에 실패한 이유는 두 가지다. 사실 이 두 가지 이유는 서로 보완적이다. 그 강사가 한 쪽을 돕기 위해 수업의 수준을 좀 더 높였다면, 안 그래도 어려워하는 다른 한 쪽은 완전히 이탈했을 것이다. 어느 한 방향으로 치우쳐도 문제가 생기는 형국이라, 그 강사는 진퇴양난에 빠져 있었던 셈이다. 이런 역설적인 상황을 해결할 방법은 학생 개개인의 상황에 맞춰 별도로 지도하는 방법뿐이다.

독학을 하는 학생은 자동으로 그런 개인별 집중을 받게 된다. 문제는 그것을 활용할 줄 아느냐에 있다. 현대의 교육 이론에 따르면 사람마다 각기 선호하는 정보 전달 방법이 있다. 예를 들어 어떤 사람은 귀로 들은 정보를 더 잘 기억하고(혹은 배우고), 어떤 사람은 문자로 쓰인 정보를 더 잘 기억한다. 전자는 수업에서 강사가 말을 잘 할수록 더 잘 배울 것이고, 후자는 강사가 시각적 장치들을 잘 준비했을 때 더 잘 배울 것이다. 대부분의 사람들은 자신이 어느 유형에 속하는지 알고 있지만, 학습 계획을 세울 때 이를 활용하지는 않는다.

청각 학습을 선호하는 사람은 배울 만한 강의를 찾아야 하는데, 현장 강의일 수도 있고 녹음된 강의일 수도 있다. 녹음된 강의는 같은 내용을 여러 번 반복해서 들을 수 있다는 장점이 있다. 사실, 이런 장점은 시각 학습을 선호하는 사람이 항상 누리는 부분이다. 책이나 도표는 두고두고 몇 번이나 반복해서 볼 수 있기 때문이다.

학습자의 성향은 책이나 강의를 통해 정보를 수동적으로 받아들이는 과정뿐만 아니라 그런 매개체들을 사용하는 동안 취하는 행동에도 반영된다. 예를 들어, 어떤 사람은 강의를 듣는 동안 필기를 하지 않으면 학습 효과가 떨어진다. 필기한 내용을 다시 보지 않더라도, 필기라는 행위 자체가 들은 내용을 기억하는 데 도움이 된다. 그러나 다른 사람들에게 강의 중에 필기하는 것은 그저 방해가 될 뿐이다. 그들은 강의 자체에 집중할 때 가장 좋은 효과를 얻는다. 강사가 학기말에 공책을 제출하도록 요구한다면 그런 학생들이 불리해진다. 그러나 독학을 할 때에는 그런 외부적인 압력이 없는데도 많은 사람들이 계속 필기를 한다. 정규 교육 과정에서 필기하기를 배우고 강요당했기 때문이다.

학습자의 성향을 분류하는 또 다른 방법도 있다. 직접 해봄으로써(수학 문제를 직접 풀어 보거나, 프로그램을 직접 작성하는 식으로) 가장 잘 배우는 사람이 있고, 다른 사람과 토의하면서 가장 잘 배우게 되는 사람이 있다. 물론 이런 성향이 유전적으로 결정되지는 않으며, 어느 한 쪽 방식을 선호하는 사람이 다른 방식을 통해 더 잘 배울 수도 있다. 사실, 어느 방식이 좋은가는 사안에 따라 다르다. 예를 들어, 새로운 프로그래밍 언어를 배울 때는 그 언어로 프로그램을 직접 작성해 보는 편이 제일 좋고, 어떤 문제를 분석하는 단계에서는 사람들과 토의하는 게 제일 효과적일 수 있다.

마지막으로, 개인별로 적합한 학습 방법에 대해 다룰 영역은 개인의 호불호다. 어떤 사람은 아침 시간에 가장 잘 배우지만, **올빼미형 인간**에게 이른 아침 시간은 두터운 안개에 덮여 있을 뿐이다. 어떤 사람은 책상 앞에서 등받이가 딱딱하고 곧은 의자에 앉아 있을 때 가장 잘 배우지만, **쾌락주의자**에게 그런 자세는 너무 불편한 나머지 1 더하기 1이 2라는 것조차 배우기 어렵다. 딱딱한 필기구를 좋아하는 사람이 있는가 하면, 부드러운 필기구를 좋아하는 사람이 있다. 만년필을 즐겨 쓰는 사람도 있고, 볼펜을 애용하는 사람도 있으며, 줄곧 타자기로 작업하려는 사람도 있다. 어떤 사람은 줄이 없는 종이를 좋아하고, 줄이 그어진 종이를 좋아하는 사람도 넓은 줄을 좋아하는 경우와 좁은 줄을 좋아하는 경우로 나뉜다. 또, 특정 작업을 위해 어떤 사람들은 모눈 종이를 더 즐겨 쓴다. 단말기에 대해서도 마찬가지다. 어떤 사람은 단말기에 그래픽으로 표시되는 것을 좋아하고, 어떤 사람은 눈앞의 종이에 출력된 것을 더 좋아한다. 그래픽 단말기를 선호하는 이유로는 소음이 많은 환경에서 제대로 일할 수 없기 때문도 있다. 반면, 일정 정도의 소음이 있어야 더 잘 집중하는 사람들도 있다(공부할 때 라디오를 켜 놓을 정도로).

학습하는 최적 조건에 대해 논의하자면 아마도 끝이 없을 것이다. 사실 풀 수 없는 문제이기 때문이다. 학교를 세운다면 여러 가지 조건을 절충해서 **전형적인 학생들에게 적합하도록** 환경을 꾸밀 필요가 있겠지만, 혼자 공부하는 데 무슨 절충이 필요하겠는가? 사실, 학교에서도 효율성을 높이려는 노력이 적당한 선을 넘어서는 경우가 많다. 예를 들어, 왜 모든 학생이 같은 종류의 단말기와 키보드, 필기구를 사용하도록 강제해야 하는가? 학교에서 대안을 몇 가지씩 제시한다면, 학생들이 스스로 학습 성향을 찾는 데 도움이 될 것이다. 그렇게 자신의 성향을 자각한 학생들은 졸업 후에도 계속 학습할 수 있는 준비가 되어 있다.

물리적 환경을 최적으로 갖췄다고 해도 학습에 도움이 되는 모든 정보를 제대로 이용하지 않는다면 쓸모가 없다. 개인별 학습 성향을 무시하면 효율성이 떨어지듯이, 정보의 원천 또는 이미 받아들인 정보의 일부를 무시하는 것 역시 효율성을 떨어트린다. 이와 같은 효율성 손실의 가장 큰 원인은 **옳지 않은 것은 그르다**고 하는 개념 때문이다. 이런 이분법(오늘날 우리 사회에 만연한 아리스토텔레스적인 착오)은 수많은 정보의 손실을 낳는다. 그렇게 손실되는 정보들을 복원할 수 있다면 교육의 효율성이 크게 높아질 것이다.

간단한 예로, 두 학생이 25-16이라는 산수 문제에 대한 답으로 각각 19와 41을 제출했다고 하자. 두 개 모두 그저 **틀린** 답으로 처리되고, 두 학생은 **간단한 뺄셈도 못하는 바보** 취급을 당할 것이다. 그러나 19와 41의 의미는 다르다. 훌륭한 교사가 옆에 있었더라면 각각 답에 포함된 **추가 정보**를 사용해 그 두 학생을 더 잘 가르칠 수 있었을 것이다.

독학을 할 때에는 그런 정보를 모두 사용해야 한다. 예를 들어, 어떤 프로그램을 작성하고 실행했는데 **정확하게 동작하지 않을 경우**, 그 프로그램의 출력에는 수많은 정보가 들어있다. 그러나 대부분의 프로그래머는 그 정보를 눈여겨보지 않고 그저 프로그램이 **잘못됐다**는 정도로만 받아들인다. 반면에, 출력이 정확하면 두 번 생각할 것 없이 프로그램을 손에서 놓아 버린다.

학습은 능동적인 추구다. 프로그래밍을 학습할 때 능동적으로 배움을 추구해야 하는 경우가 두 가지 있다. 프로그램이 정확하게 동작할 때와 그렇지 않을 때다. 프로그램이 정확하게 동작할 때에는 3보 정도 뒤로 물러서서 달성한 성과를 전체적으로 관조해야 한다. 다른 비슷한 프로그램에서는 좀 더 문제가 많았는데 이 프로그램은 왜 성공했을까? 왜 전에는 그렇게 문제가 많았을까? 처음부터 다시 시작한다면 이 프로그램을 좀 더 쉽게 혹은 좀 더 효율적으로 작성하거나 더 나은 문서를 도출할 수 있을까? 만약 그렇다면, 지금 당장 실행할 수 있는 일은 무엇일까? 프로그램이 동작하는 것이 업무가 끝났음을 의미하지는 않음에도, 빨리 **결과를 내라**는 관리자의 압력 때문에 그런 식의 잘못이 자주 일어난다. 그러나 프로그램으로부터 뭔가를 배우려는 프로그래머라면 그런 압력에 굴복하지 말고 자신의 성과를 되돌아볼 시간을 접해야 한다. 관리자도 프로젝트가 끝났을 때 프로그래머에게 하루쯤 휴가를 주는 것이 좋다. 그리고 이것은 보상의 의미가 아니라 프로그래머에게 프로젝트의 결과를 평가할 기회를 주는 것이다.

프로그램이 정확하게 동작하지 않으면, 더 많은 것을 배울 기회가 생긴다. 그러나 결과를 내는 게 급선무라는 압박감 때문에 프로그래머는 그저 동작만 하도록 봉합하는 선에서 문제를 마무리하고 싶은 유혹을 받는다. 결국 새로 배워야 하는 기술은 사용하지 않게 된다. 예를 들어, 어떤 프로그래머가 PL/1의 배열 표현을 배운 지 얼마 안 됐는데, 실제 업무에서 배열과 관련된 문제가 발생했다고 하자. 그가 PL/1의 배열 표현이 너무 복잡하기 때문에 FORTRAN 시절에 많이 사용했던 DO 반복문으로 대체하기로 결정한다면, 제대로 배울 수 있는 황금 같은 기회를 놓치는 것이다. 뭔가가 필요한 시기만큼 배움에 적합한 시기는 없다.

그러나 현실적으로는 문제가 있다. 필요한 모든 기술을 익힌 후에만 프로젝트가 시작되는 것도 아니고, 관리자는 새로운 기술을 적용했을 때 아무리 좋은 결과가 예상될지라도 눈앞의 일정이 지연되는 것을 용납하지 못한다. 이렇게 모순적인 상황에서 프로그래머는 어떻게 해야 할까? 사실, 답은 간단하다. 새로운 기술을 적용해 보고 실패하면 그 이유를 조사하는 데 어느 정도의 시간을 쓰고, 만약 성과가 없다면 기존의 기술로 대체하여 문제를 일단 무마한다. 대신에 나중에라도 다시 시도할 수 있도록 테스트 케이스를 만들어 놓는다.

앞의 PL/1 배열에 관련된 예화에서, 그 프로그래머는 실제 업무 프로그램은 DO 반복문을 사용하는 방법으로 구현한 후 PL/1 배열 표현만을 테스트할 용도로 작은 테스트 프로그램을 만들었다. 테스트 프로그램을 통해 계속 연구한 결과, 그는 자신의 잘못과 더불어 PL/1 배열에 대해 새로운 여러 가지를 알게 됐다. 규모가 큰 실제 프로그램보다는 작은 테스트 프로그램이 학습을 위한 장치로 더 적절했던 것이다.

그런 테스트 프로그램은 실제 업무 프로그램의 문제를 기존의 기술로 대체하기 전에 만들어 보는 것이 좋다. 그 이유는 첫째, 사람은 문제가 눈 앞에서 일단 사라지면 그것을 쉽게 잊어버리는 특성을 지녔다. 그러나 더 중요한 이유는 테스트 케이스를 만들어 보는 행위 자체로 인해 문제의 원인이 밝혀질 수도 있기 때문이다. 예를 들자면, 어떤 프로그래머가 다음과 같은 PL/1 배열 대입문이 잘 동작하지 않아 애를 먹고 있었다.

A = A/SUM(A);

그는 원인을 알지 못했기 때문에 테스트 케이스로 SUM 함수를 별도의 문장에서 부르는 코드를 작성했다. SUM의 결과값을 보고 싶었기 때문이다. 그렇게 테스트 코드를 작성하는 동안 문제의 문장에서 SUM(A)가 독립적으로 수행되지 않을 것이라는 생각이 머리를 스쳤다(사실, 위 문장의 SUM(A)는 배열 A의 각 요소에 값이 대입된 후에 수행된다). 그는 그 추측을 실행 결과로부터 확인할 수 있었다(전에는 그저 잘못된 것으로만 여겼던 결과에서 더 많은 정보를 얻은 것이다). 그리고 프로그램을 다음과 같이 고쳐서 정확한 결과를 얻었다.

B = SUM(A);   A = A/B;

어떤 코드를 테스트하기 위한 예제 코드를 만들 때에는 원래 코드에서 주요 요소 하나씩을 수정한 코드가 되게 해야 한다. 원래 코드와 수정한 코드를 비교함으로써 학습의 효율성을 높일 수 있기 때문이다. 예를 들어, 어떤 프로그래머가 다음의 코드로 인해 문제를 겪고 있다고 하자.

```
INDEX(X||'ABC', 'ABC');
```

이 코드의 각기 다른 부분을 조금씩 변형한 예제 코드를 몇 개 만들 수 있다. 예를 들어, 하나는 첫 번째 인자에 수식 대신에 변수를 넣고, 다른 하나는 길이가 다른 문자열을 사용하고, 또 다른 하나는 두 번째 인자에 변수를 넣는 식으로 말이다. 예제 코드는 각각 서로 다른 정보를 줄 테고, 그것들을 한꺼번에 실행하면 실행 한 번으로 얻을 수 있는 정보의 양이 늘어날 것이다.

뭔가를 배울 심산으로 위와 같은 테스트 프로그램을 만들려면 프로그래머는 어느 정도 지식을 갖추어야 한다. 예를 들어, 위와 같은 예제 코드들을 만들 수 있을 정도로 그 프로그래밍 언어에 능숙하지 않다면, 풀어야 하는 문제보다 언어의 세부 사항 때문에 먼저 포기하게 된다. 그러므로 정규 교육 과정은 프로그래머가 어떤 도구를 나중의 학습을 위해 활용할 수 있을 수준까지 훈련시키는 것을 목표로 해야 한다. 그러나 현실은 그렇지 못해서, 정규 교육에서 배운 도구에 대해 프로그래머들이 반감을 표하는 경우가 더 많다. 대학교 졸업장을 받아 들면서 드디어 책이나 강의로부터 해방된다며 기뻐하는 학생이 어디 한두 명이던가? 자신의 도구를 싫어하는 기술자는 형편없는 기술자다. 우리가 더 나은 기술자로 발전하게끔 가르쳐 주는 것은 도구 그 자체이기 때문이다.

요약

우리는 프로그래머의 성과를 향상시키는 데 두 가지 측면에서 영향력을 행사할 수 있다. 하나는 일을 하고 싶어하는 마음이고, 다른 하나는 업무를 수행하기 위해 필요한 지식이다. 전자를 동기 부여, 후자를 훈련 또는 교육이라 한다. 그러나 프로그래머가 어떤 상황에서 더 열심히 일하는지에 대해 알려진 바는 거의 없다. 심지어 프로그래머가 이미 최대한 열심히 일하고 있는지 아닌지도 알지 못한다. 프로그래밍 교육이란 주제는 더욱 더 밝혀진 바가 없다. 이 주제를 연구하고자 수많은 예산이 투입되었지만, 이렇다 할 성과가 없다. 실은 프로그래밍 심리학의 다른 측면들에 비해 교육에 대한 글과 책이 매우 많이 나왔지만, 어느 것도 그리 성공적이지 못했다.

정규 교육(예를 들어, 학교)에 우리는 너무 많은 부분을 기대한다. 교육 산업은 아직도 중세 시대를 벗어나지 못하고 있으니, 프로그래머 과정이라 해서 뭐가 다르겠는가. 유명한 프로그래머 과정이라 해도 아마추어의 습관을 지닌 미래의 전문가를 훈련시키는 것일 뿐이다. 따라서 그런 학교에서는 많이 배우는 편이 오히려 독이 될지도 모르겠다. 실제 프로그래밍 현업에 들어선 이후에는 잊어버려야 할 만한 것을 배우는 일은 거의 없다.

컴퓨터 교육 산업에 구원의 손길이 있다면, 그것은 컴퓨터 자체다. 불평도 없고 아픈 일도 없으면서 배우고자 하는 프로그래머라면 누구에게나 가르침을 베푼다. 따라서 학교 교육의 목표는 학생 개개인에게 컴퓨터를 충분히 사용해 볼 수 있는 시간을 제공하는 것이 되어야 한다. 그런 방식이 비용이 많이 들고, 운치 없고, 구식일 수도 있지만, 프로그래머에게는 컴퓨터를 통한 배움이 최선이다.

질문

관리자에게

1. 무엇이 프로그래머에게 동기를 부여한다고 생각하는가? 그것이 모든 프로그래머에게 동일하다고 생각하는가(남자든 여자든, 나이가 많든 어리든)? 당신에게 동기를 부여하는 요소가 프로그래머에게도 동기를 부여할 것이라 여기는가?

2. 프로그래머가 야근을 하거나 일에 지나치게 매달리는 것을 막고자 조치를 취한 적이 있는가? 프로그래머가 일에 대해 그렇게 헌신하는 모습을 부러워해 본 적이 있는가?

3. 프로그래머를 교육시킬 목적으로 재원(꼭 교육 과정에 보내는 것이 아니더라도)을 투입하는 것을 어떻게 생각하는가? 프로그래머가 업무를 통해 스스로 학습하는 것을 돕기 위해 무엇을 하겠는가? 혹시 그것이 교육에 돈을 쓰지 않기 위한 방편일 뿐이라고 생각하는가?

4. 프로그래머들이 각자 선호하는 방법으로 일할 수 있도록 장려하는가? 예를 들어, 사무실에서 다른 종류의 장비를 사용하거나 일을 집에 가져가서 하거나 출퇴근 시간을 자율적으로 정하는 것을 허락하는가?

프로그래머에게

1. 당신이 더 빠르고 좋은 결과를 내기 위해 관리자가 할 수 있는 일이 무엇이라 생각하는가? 그에 대해 관리자와 상의해 본 적이 있는가? 없다

면, 관리자가 그것들을 이해할 수 있으리라 생각하는가?

2. 컴퓨터 프로그래밍 훈련에 대한 당신의 개인적인 역사를 기록해 보라. 어떤 경험에서 무엇을 배웠고 어떤 것에서 가장 많은 배움을 얻었는지 적으라. 작성한 내용을 바탕으로 미래의 학습 계획을 세워 보라. 또는, 프로그래밍에 대해 알 만한 부분은 이미 모두 알고 있다고 생각하는가?

3. 가장 선호하는 정보 전달 형식은 무엇인가? 학습을 할 때 그 형식의 이점을 최대한 활용하기 위해 무엇을 하는가?

4. 당신의 업무 성과를 높인다고 생각하는 생활 습관이 있는가? 당신이 그 습관에 따라 일하는 것을 관리자가 허용하는가, 금지하는가? 관리자가 당신의 호불호를 알고 있는가?

참고문헌

- Harold Sackman 지음 『Man-Computer Problem Solving: Experimental Evaluation of Time-Sharing and Batch Processing』 Princeton, N.J., Auerbach, 1970년.
  새크만은 프로그래머의 훈련에 대해 많은 연구를 했다. 그중 가장 규모가 크고 최신인 연구는 공군사관학교의 생도들이 대상이었다. 그 결과에 따르면, 생도들의 프로그래밍 문제 해결력을 가장 크게 향상시킨 요소는 **지침의 향상**이었다. 나는 학교에서 보통 그렇듯이 문제를 개인의 힘으로 해결하도록 제한하지는 않았나 생각한다. 실제 프로그래밍에서 필수인 그룹 내의 협업도 학교에서는 **부정 행위**로 간주된다.

이 책의 마지막 장에서 새크만은 연구 결과의 일부를 일반적인 심리학 문헌들과 연결 짓는다. 결국, 그는 프로그래밍의 성공에서 다른 모든 요소보다 경험과 훈련이 중요하다고 느끼게 된 듯하다.

- C. H. Cofer, M. H. Appley 공저 『Motivation: Theory and Research』 New York, Wiley, 1964년.
  동기 부여에 대한 다양한 이론을 전문적으로 다룬 책이다. 동기 분야를 처음 시작할 때 읽을 책으로 적합하다.

- E. R. Hilgard, G. Bower 공저 『Theories of Learing』 3판, New York, Appleton-Century-Crofts, 1966년.
  학습에 대한 다양한 이론을 전문적으로 다룬 책이다. 끝없는 주제인 학습 이론을 처음 시작할 때 읽을 책으로 적합하다.

- Computer Personnel Research Conference의 회보, ACM, New York, 매년 출간
  프로그래머를 위한 훈련 방법과 시스템에 대한 글이 많이 수록되어 있다. 이를 통해 독자들은 자기 나름의 방법을 정립할 수 있을 것이다.

- Douglas T. Hall, Edward E. Lawler 3세 공저 「Job Pressures and Research Performance」 『American Scientist』 제59권 (1971년 1~2월호).
  제목에서처럼 업무에 대한 압박감이 성과에 미치는 영향을 프로그래밍과 관련해서 다룬 것은 아니지만, 프로그래밍 관리자가 읽어 볼 필요

가 있는 글이다. 특히, 프로그래밍이 연구(research)와 같은 종류의 행위가 아니라고 확신하고 있는 관리자라면 말이다. 이 글을 읽으면 적어도 복잡한 지적 활동에서 다양한 업무 압박감과 생산성은 그리 단순한 관계가 아님을 알게 될 것이다. 그 관계가 단순하다고 치부하는 이는 관리자뿐이다.

10장에 보태는 글:

동기 부여와 훈련, 경험

나는 MBTI 성격 이론 덕분에 동기 부여에 대해 20년 전에는 알지 못했던 많은 부분을 알게 됐다. MBTI는 성격을 16가지 유형으로 구분할 수 있는데, 내 경우는 INFP 유형이다. 이 유형의 성격은 사람들이 자기 힘으로 배우도록 돕는 것을 좋아한다(내가 이 책을 쓴 목적이다). 아마 같은 주제로 책을 쓰더라도 성격 유형마다 그 이유가 다를 것이다. 예를 들어, INTJ 유형의 성격이라면 프로그래밍을 집대성하여 근본적이고 우아한 모범 답안 몇 개로 귀결시키는 과정을 보여 주고자 쓰는 것일 수도 있다.

그러나 현실에는 MBTI 이론으로도 설명되지 않는 특이한 동기 부여가 많다. 마이클 잭슨(Michael Jackson)의 공연 티켓을 얻으려 혈안이 되는 사람이 있는가 하면, 나는 마이클 조단(Michael Jordan)의 경기만큼은 기를 쓰고 보려 한다. 각자의 특성을 모두 설명할 수 있는 이론은 존재하지 않는다. 그래도 유능한 관리자는 우리가 무엇을 통해 동기를 얻는지 쉽게 알 수 있다. 우리에게 직접 물어보는 간단한 방법이 있기 때문이다. 물론, 이는 관리자와 부하 직원이라는 관계가 성립되는 상황에서만 가능하다. 그런 관계가 아닐 때에는 그저 추측해 볼 수밖에 없을 것이다.

지난 20년 동안 프로그래머의 세계에 있었던 큰 변화 중 하나는 학력 배경에서 다양함이 크게 줄었다는 것이다. 요즘 프로그래머들의 대부분은 전산학을 전공한 사람들이다. 그러나 각자가 지닌 개성은 여전히 다양하다.

예를 들어, 나는 작년에 한 대형 소프트웨어 회사에 대한 컨설팅을 진행하면서 프로그래머 다섯 명(시스템 프로그래머는 아니었다)으로 이뤄진 팀과 함께 일한 적이 있는데, 그들은 모두 전산학을 전공했다. 그러나 그중에서 고등학교를 졸업하고 바로 대학으로 진학한 사람은 둘뿐이었다(그 둘은 취업 전에 자신의 사업을 경영하기도 했다). 남은 세 명 중 한 명은 컨트리 음악 밴드로 활동하다가 대학에 입학했다. 또 한 명은 가정법을 공부하기 위해 법대에 진학했다가 진로를 바꾼 경우다. 나머지 한 명은 12살 때부터 프로그래밍을 공부했으며 대학에서 정식으로 프로그래밍을 배우기 전까지 5년 동안 다른 회사에서 일했다.

그런데 재미있는 점은 그들이 모두 전산학과로 진학하기 전에 이미 프로그래밍을 배웠다는 사실이다. 이것은 바로 PC(개인용 컴퓨터)가 대중적으로 보급된 덕분이다. 나는 1956년에 IBM에 취업하기 전까지는 컴퓨터라는 물건을 본 적도 없다. 학부생 시절에는 물리학과의 **컴퓨터** 역할을 내가 직접 했다(10x10 행렬의 역행렬을 손으로 계산하기도 했고, 내 직함도 **컴퓨터**(계산기)였다).

내 다음의 세대부터는 학교에서 컴퓨터를 접할 수 있게 됐다. 내 아들 키츠(Keats)는 전산학을 전공했는데, 덕분에 내 손자인 니콜라스(Nicolas)는 학교에 가기도 전에 컴퓨터를 배울 수 있었다. 내 손자 세대의 『프로그래밍 심리학』은 지금과 또 다르겠지만, 『프로그래밍 심리학 50주년 기념판』을 내고 싶은 마음이 있다.

4부

프로그래밍 도구

이 글의 독자 중에 대학 교수들이 있다면 이런 말을 해주고 싶다. 나는 학술 활동을 할 때 누구나 이해할 수 있는 일상적인 언어를 사용한다. 내가 마음만 먹으면 수학적인 논리도 사용할 수 있음을 이미 모든 이가 알기 때문이다. "어떤 사람들은 아내가 죽은 후에 처제와 재혼하기도 한다."는 내용을 표현하는 데 수년 간 연구한 후에야 이해할 수 있는 나만의 언어를 사용할 수도 있다. 만약 그렇게 한다면 상당한 자율성을 누릴 수 있다는 장점이 있을 것이다. 그러나 더 중요한 점은 내가 쓴 내용을 "모든 사람이 이해할 수 있어야 한다."는 것이다. 그렇기에 표현에 사용하는 언어도 모든 사람이 이해할 수 있는 언어여야 한다. 그러므로 젊은 교수들에게 권하는 바, 어떤 연구를 할 때 초반에는 동료들만 이해할 수 있는 전문적인 용어를 사용해도 좋지만 나중에는 일상적인 언어로 바꾸는 것이 좋다. 대학 교수가 대우 받는 요즘과 같은 시대의 교수라면 응당 그렇게 해야 한다.

— 버트런드 러셀(Bertrand Russell)[1, 2]

---

1 버트런드 러셀이 지은 『Portraits from Memory』에서 Simon and Schuster 사와 George Allen and Unwin 사의 허락 하에 인용했다.
2 (옮긴이) 버트런드 러셀(Bertrand Arthur William Russell, 1872~1970) - 영국의 저명한 철학자이자 수학자, 논리학자다. 여러 주제에 대한 많은 저술을 남겼으며, 철학을 대중화시키는 데에 힘썼다. 1950년에는 글을 통해 인도주의와 사상의 자유를 전파한 공이 인정되어 노벨 문학상을 수상했다.

기술자와 도구는 떼려야 뗄 수 없는 관계다. 어떤 의미에서는 기술자가 작업한 결과는 사용한 도구에 의해 좌우된다고 할 수 있을 정도다. 그래서인지 특정 도구가 특정 기술자를 대표하는 상징으로 인식되는 예가 많다. 삼각자는 목수를, 흙손은 미장이를, 측량기는 측량사를, 사진기는 사진사를, 망치는 건축인부를, 낫은 농부를 상징한다. 결함이 있거나 설계가 잘못된 도구를 사용한다면 기술자의 솜씨가 아무리 뛰어나더라도 결과가 좋을 리 없다. 거기다 그 기술자의 솜씨까지 의심받게 된다. 뛰어난 결과를 추구하는 기술자라면 그런 도구를 용납하지 않을 것이고, 고용주도 기술자에게 그런 도구를 사용하라고 시키지 않을 것이다. 작업의 결과에 관심이 있는 고용주라면 말이다.

프로그래밍의 상황은 다른가? 언뜻 보기에는 다르다. 그러나 이는 다른 분야에 비해 프로그래밍 분야가 상대적으로 덜 성숙됐기 때문에 생기는 오해다. 어떤 직종이든 도구는 긴 시간에 걸쳐 점진적으로 발전해 왔다. 그러나 프로그래밍의 도구는 현재의 모습까지 오는 데 겨우 10년이나 20년 정도밖에 시간이 없었기 때문에, 프로그래밍 도구에 대한 표준도 없고 현존하는 최고의 도구를 사용하는 방법에 대한 공통된 경험도 없다.

기계어를 사용하는 프로그래머(아직도 일반적으로 생각하는 것보다 많이 남아 있다)는 어셈블리어의 이점을 전혀 인식하지 못하고 있을 수도 있다. 컴퓨터 프로그래밍 심리학 강의의 수강생 중에 자신의 회사에서 동료 프로그래머들이 범한 프로그래밍 오류를 2000개 이상 분석한 학생이 있다(그 회사에서는 모든 프로그래밍에 기계어를 사용했다). 그중 65%는 일상적인 문제였다. 예컨대, 타이밍을 맞추기 위해 끼워 넣은 의미 없는 명령(no-op)의 개수가 잘못 되었거나, 명령 코드를 잘못 썼거나, 간접 주소 참조 같은 기능을 사용할 때 비트 하나의 위치가 잘못되었거나, 절대 주소가 틀렸거나,

두 주소 사이의 거리를 잘못 계산하는 식의 오류였다. 어셈블리어를 사용했더라면 그것이 아무리 원시적인 수준일지라도 그 오류 가운데 2/3는 처음부터 발생하지 않았을 것이다. 그러나 그들은 그런 가능성조차 모르고 있었다.

한 단계씩 높은 수준의 프로그래밍 도구가 나올 때마다, 이런 상황이 계속 반복된다. 어셈블리어 프로그래머는 기계어 프로그래머를 비웃을지도 모르지만, 그 자신은 매크로 기능이 있는 언어를 사용하는 사람들에게 조롱을 받을지도 모른다. 그러나 이런 현상이 모두 어떤 도구가 다른 도구보다 우월하기 때문은 아니다. 사실 그러한 행동의 주된 원인은 불안감에 있다. 자신이 쓰는 프로그래밍 도구가 기술적인 측면에서 인간이 성취한 최고의 수준이 아닐 수도 있다는 불안감 말이다.

4부에서는 감정 섞인 말다툼과 오고 가는 고함 소리 없이도 시스템을 설계하거나 선택하는 문제를 다룰 수 있는지 확인하고자, 프로그래머가 사용하는 주요 도구를 심리학의 관점에서 살펴볼 것이다. 이 커다란 목표를 이 책에서 완성할 수는 없겠지만, 적어도 현재보다는 나은 방향으로 향하는 첫걸음이 되기를 바란다.

4부에 보태는 글:

프로그래밍 도구

고참 프로그래머격인 나는 오늘날 사용되는 프로그래밍 도구를 보며 군침을 흘리지 않을 수 없다(가만히 있어도 침을 흘릴 정도로 늙은 탓은 아니다). 내가 젊었을 때 저런 도구들이 있었다면 얼마나 좋았을까! 그러나 만약 그랬다 해도 하는 일이 달라지지는 않았을 것이다. 또, 더 많은 도구를 만들기 위한 노력도 줄어들지 않았을 것이다.

내 경력 초반에는 도구 개발이 주 업무였다. 운영체제, 디버깅 도구, 성능 분석기, 정적/동적 코드 분석기, 테스트 생성기/장치/시뮬레이터, 데이터베이스 시스템, 인터프리터 등을 만들었다. 그런데 컴파일러는 만들지 않았다. 왜인지 몰라도 컴파일러를 만드는 일은 나에게 전혀 흥미롭지 않았다. 게다가 컴파일러를 만드는 사람은 언제나 충분했다. 이것은 지금도 마찬가지인데, 컴파일러를 만드는 사람들은 아직도 필요 이상으로 많다.

대신에 나는 컴파일러에 메타언어나 다른 도구를 첨가해서 기능을 보강하기 좋아했다. 그래서 나온 결과물 중 하나가 MetaCOBOL이고, 그때 함께 작업한 Applied Data Research사의 사람들과 함께 MetaCOBOL에 대한 책인 『High-Level COBOL Programming』을 썼다. 그 책은 매크로 언어를 통해 COBOL을 더 나은 프로그래밍 언어로 변환하려는 시도였다. 그러나 대체로 실패에 가까웠고, 그 이후 나는 도구를 추가하여 언어를 보강하는 데 큰 노력을 기울이지 않았다. 도구가 아무리 훌륭하다 해도 언어 자체를 향상시킬 수는 없다. 단지, 그 언어의 수명을 연장시킬 뿐이다.

몇 년 동안 잡지에 전문 프로그래머를 위한 칼럼을 기고하기도 했는데, 프로그래머들이 기존의 프로그래밍 도구를 개선하거나 더 잘 사용할 수 있기를 바랐기 때문이었다. 그 칼럼 중 일부는 내가 쓴 또 다른 책들인 『Understanding the Professional Programmer』와 『Rethinking Systems Analysis & Design』에도 수록되어 있다. 그런 칼럼과 책들이 도구가 발전하는 데에 조금이라도 영향을 주었을까? 그보다는 PC(개인용 컴퓨터)의 영향력이 막대했음이 분명하다.

1950년대와 1960년대 초반에는 프로그래밍 도구를 설계하고 만드는 주체가 사용자였다. 예를 들어, IBM이 개발한 최초의 운영체제는 다양한 IBM 고객들의 협력을 통해 개발된 것이다. IBM도 참여했지만(IBM의 직원이었던 나도), 단지 여러 협력자 가운데 하나일 뿐이었다. 따라서 당시에는 IBM이 개발한 모든 도구가 SHARE[3]를 통하거나 하드웨어에 대한 번들로 고객들에게 무료로 제공되었다.

1960년대 후반에는 번들 소프트웨어라는 개념에 대한 법적 투쟁이 일어났다. 이는 나와 함께 MetaCOBOL을 만들었던 사람 중 한 명인 Applied Data Research사의 마티 괴츠(Marty Goetz)가 주도한 것이었다. 그 노력이 성공하여 소프트웨어를 판매하거나 대여하는 일이 가능해졌다. 그러나 그 후에도 하드웨어 제조사들이 프로그래밍 도구 산업을 지배하는 상황은 상당 기간 계속됐다.

1980년대에 PC가 보급되면서 모든 상황이 바뀌었다. 도구를 만드는 일

---

[3] (옮긴이) 1955년에 IBM 메인프레임 사용자들의 모임으로 출발한 단체로, 지금은 IBM의 고객을 중심으로 엔터프라이즈 컴퓨팅에 대한 각종 기술과 정보를 공유하는 포럼으로 발전했다.

이 사용자의 손으로 다시 넘어간 것이다. 그리고 도구 간의 진정한 경쟁이 시작됐다. 덕분에 가격이 낮아지면서 상대적으로 도구가 주는 매력은 더 커졌다. 따라서 나 같은 고참 프로그래머에게는 요즘이 프로그래밍 도구의 천국처럼 느껴진다.

11장
프로그래밍 언어

프로그래밍 언어에 대해 수많은 논문이 쓰였지만, 심리학과 관련된 내용은 찾기 힘들다. 그 논문들이 프로그래밍 언어에 보이는 전형적인 태도는 한 저자의 표현에서 잘 드러난다. "프로그래밍과 프로그래밍 언어가 진정 무엇인가를 이해하려고 노력해야 한다." 비록 이 말 자체는 공감할 수 있지만 "프로그래밍과 프로그래밍 도구가 수학적인 기반에 어떻게 연관되어 있고 동시에 현재 또는 미래의 컴퓨터와 어떤 관련이 있는지"에 대한 그의 결론에는 동의하지 않는다. 그 분석에는 **사람**에 대한 언급이 **빠**져 있기 때문이다. 미래의 컴퓨터를 상상하며 시간을 보내는 사람들 말고, 주어진 프로그래밍 언어를 써야만 하는 일반적인 **사람**에 대한 고려가 없는 것이다.

우리도 이번 장을 통해 프로그래밍 언어란 무엇인가를 이해하려고 노력하겠지만, 우리는 사람을 먼저 고려하고 기계와 수학은 나중으로 미룰 것이다. 그것도 심리학적 논의에 영향을 끼칠 때만 고려할 것이다. 프로그래밍 언어에 대한 논의는 언어란 무엇인가 그리고 언어에 있는 여러 의미를 고려할 때 프로그래밍 언어를 어느 선까지 언어로 볼 수 있는지를 살피는 것으로 시작해 보자. 그러고 나서 그에 대한 이해를 기반으로 프로그래밍 언어의 설계라는 주제도 다룰 예정이다. 이때 언어 설계는 대부분의 일반 프로그래머들과 별로 관련이 없으므로 일반적으로 더 필요성이 큰 문제인 기존의 프로그래밍 언어 가운데 어떤 것을 선택할지에 집중할 것이다.

프로그래밍 언어와 자연 언어

모든 사람이 전문가인 분야가 하나 있다면, 그것은 언어다. 사람은 누구나 언어 하나는 구사하며, 일부는 자신이 말하는 언어를 쓰거나 읽을 수도 있다. 외국인이 "나는 식사와 하고 싶어요."라고 말한다면, 조사(助詞)와 어조사(語助辭)를 구별하지 못하더라도 우리나라 사람이라면 누구나 잘못된 부분을 바로잡아 줄 수 있다. 그러나 일반적인 사람들은 자신이 사용하는 언어에 대한 이해가 매우 깊지는 못하기 때문에 언어와 겉모양만 닮은 별개의 것을 언어라 부르기도 한다. 따라서 컴퓨터와 의사소통하는 수단으로 사용되는 기호 체계를 프로그래밍 언어라 부르게 된 것도 그리 놀라운 일이 아니다. 프로그래밍 언어를 언어로 취급하게 된 사연은 최초의 컴퓨터 프로그래머인 러브레이스 백작부인[1]이 활동하던 1846년까지 거슬러 올라간다. 비록 러브레이스 부인이 시인 바이런 경[2]의 딸이기는 했지만, 그녀가 기호 체계를 일종의 언어라고 생각한 계기는 시가 아닌 수학에 대한 지식 때문이었다. 수학을 언어로 생각하는 관념은 까마득한 옛날부터 존재했기 때문이다. 즉, **프로그래밍 언어**라는 개념은 프로그래밍이라는 개념 자체와 함께 탄생한 것이다.

프로그래밍 언어라는 개념의 뿌리가 너무 깊으므로 프로그래밍 언어가 진짜 언어가 아님을 증명하려는 시도는 너무 현학적인 일일 것이다. 언어라는 것은 우리가 그렇게 부르면 언어인 것이다. 그리고 사람과 컴퓨터 사이의 의사소통 체계를 사람과 사람 또는 짐승과 짐승 사이의 의사소통 체계와 같은 분류에 넣는 것 또한 우리의 자유다. 그러나 프로그래밍 언어가 다른 종류의 언어와 어떻게 다른지는 짚고 넘어가야 한다.

두 종류의 언어를 비교할 때에는 호켓[3]이 제시한 말하기 언어의 특징을 보자. 이를 출발점으로 삼을 수 있다. 그 13개의 특징 중 첫 번째는 음성-청각 통로로, 다시 말하자면 입을 통한 발성으로 송신하고 청각으로 수신한다는 것이다. 이 통로를 사용하면 몇 가지 장점이 있는데, 특히 의사소통과 상관없이 손이나 다른 신체 기관은 다른 행동을 할 수 있다. 프로그래밍은 일반적으로 손으로 하는 작업이다. 누군가가 "FORTRAN으로 말해 봐요."라고 하면 우스울 것이다. 프로그래밍 언어는 문자 언어다. 그리고 다른 문자 언어와 비슷하긴 하지만 그 뒤를 받쳐 주는 말하기 형태가 없다는 점에서 차이가 난다. 문자 언어는 말을 단순히 받아 적은 것에 그치지 않는다. 예를 들어, 영어의 문자 언어는 말하기 언어의 영향을 강하게 받는다.

---

1 (옮긴이) 러브레이스 백작부인(Augusta Ada King, Lovelace,1815~1852) - 본명은 오거스트 에이다 바이런(Augusta Ada Byron), 러브레이스 백작인 윌리엄 킹(William King)과 결혼했다. 영국의 유명한 시인 바이런 경의 (법적으로) 유일한 딸로, 찰스 배비지(Charles Babbage)가 고안한 논리 장치(일종의 컴퓨터)를 통해 베르누이(Bernoullis)의 수를 계산하는 알고리즘을 작성했다. 그래서 역사적으로 최초의 컴퓨터 프로그래머라 불린다.
2 (옮긴이) 조지 고든 바이런(George Gordon Byron, 1788~1824) - 낭만주의 사조를 대표하는 영국의 시인. 『차일드 해럴드의 편력』, 『돈 주앙』, 『맨프레드』등의 걸작을 남겼으며, 유럽 최고의 시인 중 하나로 추앙 받는다.
3 (옮긴이) 찰스 프랜시스 호켓(Charles Francis Hockett, 1916~2000) - 미국의 유명한 언어학자.

중국어 등의 다른 문자 체계에서는 영향력이 그렇게 크지는 않지만, 어디에나 영향력(상호 영향력)은 있다.

프로그래밍 언어에는 말하기 형태가 존재하지 않는데, 그 결과로 언어의 변화가 느리다. 자연 언어의 경우, 말하기 형태가 변형되어 새로운 언어 형태가 발생하는 경우가 많다. 또 말하기 형태가 없기 때문에 칠판 또는 종이와 필기구가 없이는 프로그래밍 언어에 대해 대화하기가 어렵다는 점도 있다. 프로그래밍 업무를 수행하는 모든 사무실에는 칠판과 분필 그리고 지우개가 많이 있어야 한다.

호켓이 제시한 두 번째 특징은 **빠른 소멸**이다. 프로그래밍 현장에 지우개가 많이 필요한 이유는 우리가 칠판을 통해 프로그램을 말한 것이 입을 통해 한 말처럼 스스로 사라지지 않는 데에 있다. 때로는 프로그래밍 언어에도 빠른 소멸이 있는 것이 편리하다. 한번은 버뮤다에서 일한 적이 있었는데, 당시 우리는 파도가 들락날락하는 백사장 위에 막 떠오른 프로그래밍 아이디어를 끄적거리곤 했다. 파도는 각각의 아이디어가 필요한 시간만큼만 존재하도록 알아서 확실히 뒷정리를 해줬다. 그러나 일반적인 프로그래밍 환경에서는 수명이 다 된 코드는 명시적으로 제거해야만 한다 (그래픽 단말기가 아닌 한).

세 번째 특징은 **다방향 송신, 일방향 수신**인데, 이는 내뱉은 말은 거의 모든 방향으로 동시에 퍼져가지만 들을 때는 말이 어떤 방향으로부터 오는지 식별할 수 있다는 뜻이다. 프로그래밍은 완전히 다르며, 기도와 비슷하다. 다시 말해, 한 방향으로 송신하고 모든 방향에서 수신한다. 하늘은 기도를, 컴퓨터는 프로그램을 모든 방향으로부터 동시에 받아들인다. 따라서 컴퓨터의 답변은 무한하게 다양할 거라고 상상할 수도 있지만, 사실 전혀 그렇지 않다. 수신자는 다양하지만, 시스템은 모든 사람에게 동일한 메시지만 전달한다. 여기에는 확실히 개선할 점이 존재한다.

네 번째 특징은 **상호 교환성**인데, 오늘날의 프로그래밍 언어와 자연 언어의 가장 중요한 차이점일 것이다. 다른 사람의 말을 들었어도 이해하지 못하거나 내 말을 이해하지 못하는 사람에게 말하는 경우가 가끔 있기는 하지만, 말로 의사소통할 때는 쌍방이 모두 자신이 이해할 수 있는 표현으로 바꾸어 볼 수 있다. 즉, 사람과 사람은 **같은 언어로 대화한다**. 그러나 컴퓨터와 대화할 때에는 불행하게도 서로 다른 언어를 사용한다. 따라서 이런 면에서는 많은 단점이 있음에도 기계어가 다른 프로그래밍 언어에 비해 우월할 수밖에 없다. FORTRAN이나 COBOL로 프로그램을 입력했다면, 컴퓨터의 덤프는 우리가 입력한 것과 전혀 다르다.

다행스럽게도 요즘에는 프로그래밍 언어를 통한 사람과 기계 사이의 대화에 상호 교환성을 도입하려는 경향이 있다. 이런 진보가 **기계의 효율성**은 감소시킬지 모르지만 프로그래밍 생산성에는 중대한 심리적 영향을 미칠 것이다. 그러나 프로그래밍 언어의 모든 측면에 기계적인 방법으로 상호 교환성을 보강할 수는 없다. 프로그래밍 언어로 이루어지는 의사소통은 사람과 기계 사이에도 존재하지만 사람과 사람 사이에도 존재한다. 그런데 사람과 사람 사이의 경우에도 자연어에서는 당연한 상호 교환성이 없다. 가장 극단적인 경우를 예로 들자면, COBOL 프로그램을 읽을 수는 있지만 쓰지는 못하는 사람이 있을 수 있다. 아마도 이 사람은 프로그램에 대해 다른 사람과 대화하기 어려울 것이다. 만약에 이 사람이 프로그래밍 관리자라면 가장 심각한 상황이 된다.

호켓이 제시한 특징 중 나머지에 대해서는 프로그래밍 언어가 자연어와 대등해 보인다. 심지어 조어력(기존에 없었던 표현을 창조하는 능력) 같은 경우에는 자연어를 넘어서기도 한다. 어떤 면에서 프로그래밍 언어를 사용하는 방식은 자연어를 사용하는 방식과 매우 다르다. 따라서 조어력은 자연어에서도 중요하지만 프로그래밍 언어에서는 필수 불가결한 특징이다.

언어의 어떤 특징이 어떤 기능을 구현하는 것인지가 아니라 언어의 기능 자체를 중심에 놓고 보면, 프로그래밍 언어와 자연어의 가장 큰 차이점을 알 수 있다. 브루너(Bruner)는 자연어의 여섯 가지 일반적 기능으로 감정 표현 기능, 명령 기능, 선언 기능, 메타언어 기능, 시적 기능, 사교적 기능을 제시했다. 프로그래밍 언어에서도 이 여섯 가지를 찾아낼 수는 있지만 각 기능의 상대적인 중요성과 사용 빈도는 자연어와 상당히 다르다.

감정 언어란 말하는 사람의 감정 상태를 나타내는 상투적 표현인 "만나서 반갑습니다."나 "당치도 않아." 등을 뜻한다. 프로그래머의 감정 상태가 프로그램 안에서 살짝 드러나는 경우가 있기는 해도, 컴퓨터는 프로그래머의 감정 상태에 아무런 관심이 없다. 사교적 언어란 의사소통의 통로를 유지하거나 그 통로가 잘 동작하는지 시험해 보는 역할의 "아, 네... 하지만... 그런데..."와 같은 말이다. 단말기 사용자가 뭔가를 생각하는 동안 시스템이 자신의 프로그램에 대한 우선순위를 낮출까봐 시프트 키를 쓸데없이 누르는 것이 바로 사교적 언어에 속한다. 시프트 키를 누르지 않고 많은 시간을 보낸다면, 시스템의 스케줄링 알고리즘에 의해 그 사용자의 프로그램은 비활성화될 것이다. 무의미하게 시프트 키를 만지작거리는 행동은 시스템의 스케줄링 목적에 반하는 것이기도 하지만, 더 심각한 문제는 프로그래머의 사고 과정에 방해가 된다는 점이다. 다행스럽게도 사람과 컴퓨터 사이의 이런 부정적인 의사소통은 쉽게 없앨 수 있다.

언뜻 보기에 프로그래밍에서 시적 언어의 자리는 없을 것 같지만, 프로그래밍에서도 시적 기능의 역할은 점점 커져 왔다. 시적 언어에서는 언어 자체의 패턴화가 가장 중요하다(미학적인 이유로). 그렇다면 다음과 같은 키츠(Keats)의 시에서나 볼 수 있는 운 즉, 패턴이 프로그래밍에도 존재할까?

> O Attic shape! Fair attitude! With brede
>   Of marble men and maidens overwrought,
> With forest branches and the trodden weed;
>   Thou, silent form, dost tease us out of thought…

이 시를 낭독할 생각이라면, 프로그래밍에서 그에 대응하는 면을 찾을 수는 없다. 프로그래밍 언어는 노래는커녕 말하기 위한 것도 아니기 때문이다. 그러나 프로그래밍 언어에서도 패턴을 이루는 형상이 존재하지 않을까?

한 번쯤 자신의 프로그램을 미적 대상으로 생각해 보지 않은 프로그래머는 진정한 프로그래머라고 할 수 없다. "여기는 균형이 잘 잡혀 있지 않아. 이 부분은 서투르고 전개도 부자연스러워. 페이지 전체적으로 볼 때 이 부분은 적절하지 않군." 겉으로는 실용적인 것이 최고라고 말하지만, 마음속 깊은 곳에서는 모든 프로그래머가 프로그램이 단지 작동하는 것만으로는 충분하지 않으며 다른 여러 측면에서도 옳아야 한다고 생각한다. 나중에 언어의 설계와 프로그램 테스트를 논의할 때 프로그램의 미학적 가치와 실용적 가치 사이의 연관 관계가 우연이 아님을 보게 될 것이다. 눈과 마음을 더 즐겁게 해주는 프로그램이 더 올바를 가능성이 많다. 좀 더 시적으로 말하자면, "아름다움이 진리이며, 진리는 아름다움이어라."

프로그램 코드는 대부분 선언문과 명령문으로 구성된다. 선언문은 "이 사람이 하이디야.", "이것은 숫자 비트 13개와 부호 비트 1개로 구성된 고정소수점 이진수다."와 같이 어떤 사실에 대한 기술이다. 명령문은 "날 놀리지 마.", "이 행렬의 역행렬을 구하시오."와 같이 지시를 내리는 것이다. 이런 종류에 대해서는 나중에 더 깊게 다루겠지만, 지금 짚고 넘어가야 할 부분이 있다. 선언문과 명령문이 자연어와 프로그래밍 언어에서 모두 흔하기는 하지만, 프로그래밍 언어의 영역이 자연어에 비해 훨씬 좁다는 것이다. 즉, PL/1에서도 선언문 또는 할당문의 개수에 사실상 제한이 없지만, 자연어에서는 말할 수 있는 문장의 수가 이와 비교할 수 없을 정도로 훨씬 더 많다. 아마도 이는 프로그래밍 언어의 심리학에서 가장 중요한 측면일 것이다.

메타언어(언어 자체를 표현하는 것) 기능은 프로그래밍에서 근본적으로 중요하다. 언어를 배우는 과정이나 컴파일러를 만들 때, 프로그래밍 언어를 설계하고 정의할 때라면 특히 그렇다. 최근까지 프로그래밍 언어는 약간의 수학을 제외하고는 메타언어로 오로지 자연어에만 의존했다. 예를 들어, 이번 장은 자연어를 사용해 프로그래밍 언어를 표현한 메타언어적인 글이다. 요즘에는 메타언어적인 표현과 사고를 촉진하고자 설계된 특수한 정형적 혹은 비정형적 언어에 대한 관심이 늘어나고 있다. 게다가 몇몇 프로그래밍 언어는 프로그래밍 언어를 변형할 수 있는 기능뿐만 아니라 그 언어의 전제까지 조작할 수 있는 메타언어적 기능도 포함하기 시작했다. 그런 시도가 어떤 결과를 낳을지 아직 불분명하다. 다만 프로그래밍 언어의 심리학적인 측면에서 메타언어 기능이 수행할 수 있는 역할에 대해 우리의 논의가 단서를 제공했기를 바랄 뿐이다.

프로그래밍 언어 설계

프로그래밍 언어를 설계하는 데 필요한 심리학적 원칙에 대한 논의는 천재 재봉사, 레빈 이야기로 시작해 보자. 어떤 사람이 양복을 싸게 맞추려고 레빈을 찾아갔다. 그런데 옷이 다 만들어져서 입어 보니 옷이 전혀 맞지 않았다.

"이봐요, 윗도리의 등 부분이 너무 크잖아요." 그가 말했다.

"문제없습니다." 레빈은 이렇게 대답하고, 등을 구부려 천이 늘어져 보이지 않게 하는 방법을 몸소 보여 주었다.

"그러면 오른팔은요? 8센티미터나 길잖아요."

"그것도 문제없습니다." 레빈은 또 이렇게 대답하곤, 어깨에 힘을 빼 몸을 기울여 오른쪽 팔을 죽 늘어뜨렸다. 소매 기장이 맞춰졌다.

"그래요. 그러면 바지는? 왼쪽 다리가 너무 짧잖아요."

"역시 문제없습니다." 레빈은 또 다시 이렇게 대답한 다음, 다리를 엉덩이께에서 어떻게 들어 올리면 옷이 맞게 보이는지 일러 주었다. 다리를 심하게 절뚝거리게 되긴 하지만 말이다.

말문이 막힌 그 사람은 왠지 레빈에게 당한 것 같다는 생각을 하며 그 옷을 입고 나와 레빈이 가르쳐 준대로 절뚝거리며 거리를 걸었다. 두 블록을 지나기도 전에 어떤 낯선 행인이 "죄송하지만, 지금 입고 계신 옷이 새로 맞추신 옷인가요?"라고 물으며 그를 멈춰 세웠다.

그는 누군가가 자기 양복을 눈여겨봤다는 사실에 약간 기분이 좋아져서 순순히 대답했다. "예, 맞아요. 그런데 왜 그러시죠?"

"실은, 저도 옷 한 벌 새로 맞추려고 하거든요. 재봉사는 누굽니까?"

"레빈이요. 이 길 따라가면 바로예요."

그 행인은 "아, 고맙습니다." 하고 서둘러 떠나면서 이렇게 말했다. "나도 레빈에게 옷을 맞춰야겠군요. 세상에, 당신 같은 불구자에게도 딱 맞는 옷을 만들 수 있다니 그는 천재가 틀림없어요."

이 이야기를 조금 각색해서 언어 설계의 천재, 레빈 이야기를 만들어 내면 이상할까? 우리가 언어 설계를 논의할 때 처음으로 마주치게 되는 문제는 이 질문에 대한 답을 모른다는 것이다. 우리는 언어 설계자가 레빈과 같은 영악한 천재인 것인지 아니면 우리들 평범한 프로그래머가 바보인 건지 알지 못한다. 일반적으로, 새로운 언어를 배운 다음에야 현재 사용하는 프로그래밍 언어가 얼마나 형편없었는지를 알 수 있다. 달리 말해서, 우리의 머릿속에 자리 잡은 프로그래밍 언어의 표준은 계속 변한다. 프로그래밍 언어를 설계할 때는 이 사실을 반드시 고려해야 한다.

세상의 다른 표준은 거의 변하지 않는 데 반해, 프로그래밍 언어의 표준만 이렇게 잘 변하는 이유는 무엇일까? 문제는 기계의 경직성 그리고 그에 따른 프로그래밍 언어의 경직성에 있다. 새로운 기계와 마주친 사람은 자신이 원하는 것과 지금 눈앞에 존재하는 것 사이의 간극을 좁히려 할 텐데, 그러려면 자신을 기계에 맞추든가 아니면 기계를 자신에게 맞추는 수밖에 없다. 기계, 특히 컴퓨터를 변화시키는 일도 가능하지만, 그렇게 하는 데 걸리는 시간은 보통 우리가 기계에 맞추는 데 걸리는 시간보다 훨씬 길게 마련이다. 어떤 의미에서는 컴퓨터를 인간의 성향과 한계에 더 잘 들어맞도록 우리에게 맞추려는 시도가 바로 프로그래밍 언어라 할 수 있다. 그러나 기계를 변화시키는 것과 마찬가지로 프로그래밍 언어의 변화에도 많은 시간이 필요하다. 따라서 사용자는 자신의 구미에 딱 맞는 프로그래밍 언어를 스스로 개발하기 위해 몇 달 혹은 몇 년을 소비하든가(수많은 사람들이 거쳐 간 환락의 길이다) 아니면 꾹 참고 현재 상황에 맞추어 살아가는 방법을 익히는 것 사이의 선택에 직면하게 된다.

인본주의자들은 기계의 영향으로 비인간화 다시 말해, 사람의 성품이 피폐해진다고 말하지만 사실은 정반대다. 기계가 경직된 만큼 그 기계를 성공적으로 사용하려는 사람은 더 유연해져야 한다. 이 현상을 두고 인본주의자들은 **비인간화**라 생각하는지도 모르겠다. 일반적인 인간관계에서는 반드시 주고받는 것이 있어야 하기 때문이다. 한 쪽은 주기만 하고 상대는 받기만 하는 관계는 완전한 인간관계가 아니며, 양쪽의 인간성을 왜곡하는 결과를 낳기 쉽다.

우리는 어떤 프로그래밍 언어에 익숙해져 갈수록 그 언어에 점점 얽매이게 된다. 그 이유는 대부분 그 과정에 너무 많은 투자를 했기 때문이다. 어떤 사람이 잔소리도 심하고, 게으르며, 낭비벽까지 있는 자기 아내에 대해 불평할 때, 왜 헤어지지 않느냐고 물으면 아내 없이는 살 수 없다고 답하는 경우가 종종 있다. 대부분의 사람은 현재 상황이 주는 고통이 아무리 크더라도 상황을 바꾼 후의 결과가 확실하지 않다면 그냥 참고 안주한다. 프로그래머가 프로그래밍 언어를 배울 때도 마찬가지다. 첫 번째 언어를 배울 때 즉, 그가 아직 어떤 언어에도 투자한 바가 없을 때에는 아무런 문제가 없다. 그러나 두 번째부터는 얘기가 다르다. 이미 익숙한 언어를 사용할 때 누리는 편안함을 버리고 낯선 언어를 사용하면서 겪게 될 고난을 선택하기란 쉽지 않다. 그 고난을 이겨 낸 후의 보상이 명백하지 않은 한 말이다.

만약 특정 언어에 종속되지 않은 범언어적인 원리들을 밝히고 가르칠 수 있다면, 그래서 초보자까지도 새로운 언어를 배울 때 그런 일반적인 척도를 기준으로 삼을 수 있다면, 위와 같은 상황이 나아질 수 있다. 그러나 오늘날 대학 등의 교육 현장은 정확히 반대 방향으로 가는 것 같다. 원리를 가르치지도 않고, 대조적인 두 언어를 동시에 가르치는 일도 없다. 또 언어를 하나만 가르친다 해도 프로그래밍의 여러 측면을 폭넓게 보여줄 수 있는 언어를 택하면 좋을 텐데, 보통은 간단하고 작위적인 언어를 택한다. 이는 학생들에게 프로그램을 작성할 능력을 최대한 빨리 심어 주려는 목적이며 프로그램의 종류는 상관하지 않는다는 뜻이다. 물론 전혀 가치가 없는 목적이라 할 수는 없다. 그러나 학생이 프로그래머로 그 이상의 성장을 하는 데 한계를 긋게 될 가능성이 크다.

여기서 다시 한 번 프로와 아마추어의 차이를 상기해 봐야 한다. 학교의 실질 목표는 아마추어를 양성함인 듯한데, 그 기저에는 아마 프로라면 자기 스스로 알아서 잘할 수 있을 테고 또 그래야 한다는 가정이 깔려있을 것이다. 그러나 언어를 설계하는 사람들마저도 아마추어용 언어를 위한 기본 원칙이 프로를 위한 언어와 다르지 않다고 믿는다면 문제가 된다.

심리학적 현실에 부합하는 프로그래밍 언어를 설계하기 위한 원칙들을 찾아내려면, 기초적인 경험 자료까지 활용해야 한다. 프로그램을 읽는 것이 도움은 되지만 충분하지는 않다. 읽기만으로 어떤 코드가 왜 그렇게 쓰였는지를 확실하게 파악할 수 있는 경우는 드물다. 프로그래밍 언어의 심리학을 이해하려면, 프로그램을 읽는 것 이상이 필요하다. 프로그램이 작성되는 과정을 관찰해야 하며, 프로그래머를 직접 면담해야 할 수도 있다. 그러나 사실은 그렇게 해도 전부 파악할 수는 없다. 직관적으로 금방 파악할 수 있는 것 이상을 얻으려면, 다양한 경로를 통해 다양한 정보를 축적해야 한다. 이렇게 일이 복잡한 까닭은 프로그래머 자신조차 자기 행동의 이유를 명확히 알지 못하는 경우가 많은 탓이다. 이는 인간 행동을 다루는 모든 연구에서 공통적으로 겪게 되는 걸림돌이다.

예를 들어, 어떤 FORTRAN 프로그래머가 (J-21) 같은 표현식을 배열 첨자로 사용하고 싶어한다고 해보자. 그는 FORTRAN에서 배열 첨자로 어떤 표현식이 허용되고 혹은 금지되는지에 대한 명확한 규칙이 있다는 사실을 알고 있다. 그러나 눈앞의 경우에 대해서는 확신이 없다. 이 경우 그는 어떻게 행동할까? FORTRAN 매뉴얼을 뒤적일 수도 있겠지만, 다음처럼 표현식의 계산 결과를 변수에 미리 대입하고 그 변수를 배열 첨자로 사용할 수도 있다.

K = J - 21

그는 K를 배열 첨자로 사용할 수 있음을 확실히 알고 있기 때문에 이렇게 하는 게 매뉴얼을 뒤지는 것보다 훨씬 빠르다. 이로 인해 프로그램은 조금이나마 느려지겠지만, 지금 그의 마음에서 가장 중요한 문제는 프로그램의 실행 속도가 아니다.

자, 그 프로그래머는 왜 이렇게 했을까? FORTRAN 언어가 지닌 한계 때문일까? 어떻게 보면 FORTRAN 언어가 표현식 J-21을 배열 첨자로 금지하지는 않았으니 그 프로그래머가 지닌 한계(FORTRAN 언어에 대한 이해의 부족) 때문이라고 볼 수도 있다. 그러나 프로그래밍 언어를 설계하거나 평가할 때는 이렇게 단순하게 생각할 문제가 아니다. PL/1의 경우 프로그래머가 이런 잘못을 저지를 가능성이 PL/1에 대한 프로그래머의 숙련 정도와 관계없이 훨씬 낮기 때문이다. 왜 그럴까? PL/1에서는 배열 첨자에 대한 제한이 없고 그 사실을 프로그래머가 알고 있을 확률도 높다. 그러니 애초부터 어떤 표현식을 배열 첨자로 사용할 수 있을지를 걱정하지 않을 것이기 때문이다.

심리학적 관점에서 프로그래밍 언어나 기계를 평가할 때는 나쁜 프로그래밍에 대한 책임을 서툰 프로그래머에게 모두 전가하는 손쉬운 길을 택해서는 안 된다. 동일한 프로그래머가 언어 B를 사용할 때보다 언어 A를 사용할 때 언제나 더 좋은 결과를 보인다면, 무조건 프로그래머가 잘못해서 언어 B를 사용한 결과가 나쁘다는 주장을 해봐야 무슨 설득력이 있겠는가? 물론 프로그래밍 언어나 기계의 사용법을 배우는 데에는 시간이라는 요소가 필요하다. 따라서 그것을 평가할 때는 강의, 학습 교재, 언어, 컴파일러가 주는 단서, 프로그래밍할 때 받을 수 있는 도움 등의 전체 체계를 종합적으로 고려해야 한다. 예를 들어, 한 시스템에서 단말기로 출력되는 오류 메시지의 내용이 다른 시스템에서보다 더 교육적인 효과가 클 수 있다. 또, 프로그래머가 기계어를 사용하도록 지시 받았을 때에 FORTRAN을 사용하도록 지시 받을 때보다 더 높은 자긍심을 느낄 수도 있다. 언어를 효과적으로 개선하려면, 이런 많은 요인 가운데 어느 한 가지도 무시하면 안 된다.

   어떻게 보면, 나쁜 프로그래밍이 된 원인을 프로그래머나 프로그래밍 언어 어느 한 쪽에 전적으로 돌리기 힘들다. 이상적인 프로그래머가 실재한다면 프로그래밍 언어 자체가 필요 없을 것이기 때문이다. 모든 문제를 기계어로 해결하지 못하는 까닭은 심리적인 어려움 때문이다. 현실을 직시하자. 사람의 사고방식은 컴퓨터와 다르다. 사실 이것이 우리가 컴퓨터를 사용하는 이유이기도 하다. 프로그래밍은 다름이 아니라 두 외계 종족이 나누는 대화이며, 프로그래밍 언어는 그중 한 종족이 의사 표현을 더 쉽게 하려는 시도다. 어느 종족일까? 지금까지 일 못해 먹겠다며 불평을 늘어놓는 컴퓨터를 본 사람은 아무도 없으니, 분명 컴퓨터는 아닐 터이다.

요약

프로그래밍 언어를 언어로 취급하는 사고방식으로 인해 인간과 기계의 의사소통이 진보하지 못하고 있다. 어떤 것을 언어라고 부른다고 **진짜** 언어가 되는 것은 아니며, 오히려 잘못된 편견을 가지게 됨으로써 결국 엉뚱한 방향으로 연구가 진행된다. 프로그래밍 언어가 진보하려면, 성배를 찾으려는 즉, 프로그래밍을 위한 **진짜** 언어를 찾으려는 노력을 그만둬야 한다. 프로그래밍 언어는 절대로 인간의 언어와 같을 수 없기 때문이다. 우리가 추구해야 할 것은 프로그래밍 언어를 더 **자연스럽게** 만드는 일이다. 이때 자연스러움이란 또 하나의 자연어를 만든다는 뜻이 아니라 사람의 마음과 그것이 표현되는 방식이 잘 들어맞음을 말한다. 그러나 결국은 **딱 맞는** 옷을 위해 우리가 몸을 약간 비틀어야만 할 수도 있다. 다시 말하자면, 컴퓨터를 잘 사용하기 위해 우리의 생각하는 방식을 바꾸고 있는 중인지도 모른다. 그렇게 하면 안 될 이유가 있을까? 인간의 다른 발명들도 모두 인간을 바꿔놓지 않았던가?

질문

관리자에게

1. 프로그래밍 업무를 하는 사무실에 칠판이 기본적으로 비치되어 있는가? 칠판이 필요하다는 요청을 거절한 적이 있는가?

2. 여러분 회사에서 사용하는 프로그래밍 언어는 어떻게 선택되었는가?

3. 회사에서 프로그래밍 언어를 다른 언어로 바꾼 경험이 있다면 그에 대해 이야기해 보라.

프로그래머에게

1. 당신이 쓰고 있는 언어를 설계한 사람은 천재인가? 당신의 경험을 바탕으로 그 사람의 천재성을 증명하는 사례를 들어 보라.

2. 첫 번째, 두 번째, 세 번째 프로그래밍 언어를 배우면서 경험한 것에 대해 이야기하되, 언어 자체가 아니라 배운 순서에 따라 심리적으로 어떤 차이가 있었는지에 중점을 두라.

3. 당신이 숙련된 FORTRAN 프로그래머라면, 배열 첨자 표현식에 대한 정확한 규칙을 말할 수 있는가? 그리고 그에 대해 확신하는가? 어떤 규칙에 대한 확신이 서지 않는다면 당신의 프로그래밍에 어떻게 영향이 생기는가? 규칙을 확실히 알기 위해 매뉴얼을 읽어 보는가?

4. 프로그래머이기 때문에 프로그래밍이 아닌 일에 대해 생각하는 방식까지도 바뀌었는가? 만약 그렇다면, 구체적인 예를 들어 보라.

참고문헌

- Phillip Morrison, Emily Morrison 편저 『Charles Babbage and His Calculating Engines』 New York, Dover Publications, 1961년.
  자신이 고안한 컴퓨터에 대한 찰스 배비지(Charles Babbage)의 글뿐만 아니라 그에 대한 러브레이스 백작부인의 논평도 수록되어 있다. 지식이 점진적으로 발전한다고 믿는 사람이라면, 반드시 이 책을 읽고 컴퓨터 분야가 1860년과 1940년 사이에 얼마큼 발전되었는지 알아보기 바란다. 배비지는 자신이 고안한 논리 장치를 구성하는 원칙과 그 원칙의 기계적인 구현 사이를 뚜렷하게 구별하지 못했기 때문에, 그의 업적은 전 세계의 도서관 여기저기에 흩어져서 잊힌 채로 있다가 전기전자적인 구현 즉, 현대적인 컴퓨터가 발명된 후에야 비로소 재발견되었다.

- H. Zemanek 지음 「Semiotics and Programming Languages」, Communications of the ACM, 9, No. 3 (1966년 3월), 139-143 쪽.
  제마넥(Zemanek)은 IBM Vienna 연구소가 아마 지금까지 시도된 메타 프로그래밍 문서 가운데 가장 야심 찬 것이자 가장 성공적이기도 한 Universal Language Document for PL/1을 작성하는 동안에 그곳의 소장을 지냈다. 이 글을 통해 분명 ULD 개발 과정에 영향을 주었을 제마넥의 생각을 일부나마 알 수 있다.

- Joseph H. Greenberg 지음 『Universals of Language』 2판, Cambridge, Mass., M.I.T. Press, 1966년.
  언어의 보편적 특징을 탐구하는 입문서로 좋은 책이다. 호켓을 비롯한 여러 언어학자의 논문이 실려 있는데, 프로그래밍 언어를 설계하는 사람들이 읽을 만하다. 물론, 이 언어학자들은 프로그래밍 언어를 언어라고 생각하지 않았지만 말이다.

- Jerome Bruner 지음 『Toward a Theory of Instruction』 Cambridge, Mass., Belknap Press of Harvard University, 1966년.
  브루너(Bruner)는 이 책을 통해 언어의 일반적 기능 여섯 가지를 제시했다. 그는 언어, 학습, 사고 분야에서 가장 중요한 업적을 세운 학자 중

한 사람이며, 이 책은 그의 연구를 공부하는 입문서로 삼기에 좋다.

- George A. Miller 지음 『Language and Communication』 개정판, New York, McGraw-Hill, 1963년.
  프로그래밍 언어의 설계자는 또 다른 언어를 설계하기 전에 이 책을 꼭 읽어야 한다. 밀러(Miller)는 이 책의 도입부에서 "언어에 대한 과학적 조사는 그 언어를 사용해 의사소통하는 개개인을 직접 관찰하고 그 결과와 지금까지 알려진 과학적 지식을 연결하는 것에서 시작된다."라고 말한다.

- Lev Semenovich Vygotsky 지음 『Thought and Language』 Cambridge, Mass., M.I.T. Press, 1962년.
  사고와 언어의 관계를 다룬 글 중 가장 뛰어나다. 이 책을 읽으면서 아무것도 얻지 못하는 프로그래머는 없을 것이다.

- Thomas B. Steel, Jr. 편저 『Formal Language Description Languages for Computer Programming』 Amsterdam, North-Holland Publishing Co., 1966년.
  언어를 기술하는 형식 언어 즉, 프로그래밍 언어를 위한 형식 메타언어를 주제로 한 IFIP 컨퍼런스의 회보로 발간된 논문집이다. 편차가 좀 있기는 해도, 언어에 대한 언어, 언어에 대한 언어에 대한 언어, … 에 관심이 있는 사람에게는 보물섬이 될 것이다.

- 「Symposium on Extendible Languages」, Sigplan Notices, 4, No. 8,

Association for Computing Machinery, New York, 1969년.
확장 가능한 프로그래밍 언어는 프로그래머가 언어 자체를 조작할 수 있는 언어다. 이 심포지엄 기록은 당시에 가장 첨단을 달리던 이론을 담고 있다.

- J. E. Sammett 지음 「The Use of English as a Programming Language」, Communications of the ACM, 9, 3 (1966년 3월), 228-230쪽.
- Bryan Higman 지음 「A Comparative Study of Programming Languages」 15.3절: Subsets of English, New York, American Elsevier, 1967년.
모든 문제에 대한 해결책이 진짜 언어로 프로그래밍하는 거라는 잘못된 생각을 바로 잡아 주는 에세이 두 편.

11장에 보태는 **글 :**

프로그래밍 언어

　세월이 지나면서, 프로그래밍 언어는 어떤 면에서 봤을 때 좀 더 자연스러워졌다. 그리고 그와 동시에 우리는 자연어 프로그래밍이라는 터무니없는 생각을 마침내 버린 듯하다. 많은 프로그래밍 용어와 개념들이 영어 속으로 스며든 것으로 보아 변화는 양방향으로 일어났다. 예를 들어, 소프트웨어 개발에서 덤프는 점점 보기 드문 일이 되어 가는데도, 지루한 혼잣말을 나타내는 "memory dump(메모리 덤프)"라는 표현이 일상적인 영어에서 쓰이고 있다.

　우리는 모두 지난 25년 동안 많은 부분을 배웠지만, 그중 대부분은 부지불식간에 배운 것들이다. 프로그래밍 언어에는 음성-청각 통로가 없다고 한 부분을 다시 읽었을 때, 나는 원문을 쓸 당시 시각 장애인 프로그래머들과 한번도 일해 본 경험이 없었다는 사실을 깨달았다. 그들은 프로그래밍 언어를 음성-청각 통로를 통해 사용하는 사람들이다. 안타깝게도 시각 장애인 프로그래머들을 위한 음성-청각 통로의 기능이 향상됨과 동시에, 프로그래밍 언어는 시각적 요소가 강화되는 방향으로 바뀌고 있다. 그로 인해 시각 장애인 프로그래머는 점점 곤란해지고 있다. 겉모습은 바뀌어도 원칙은 변하지 않고 남는다. 즉, 한 사람에게 좋은 프로그래밍 언어라도 다른 사람에게는 악몽과 같을 수 있다.

객체 지향(Object-Oriented) 언어도 좋은 예가 된다. 객체 지향에 열광하는 사람들도 대부분 인지하지 못하겠지만, 최초의 객체 지향 언어가 나온 지는 25년이 넘었다. 그러나 이 책의 1판에는 객체 지향에 대한 내용을 넣지 않았다. 당시에는 객체 지향이 범용 프로그래밍에서 중요하게 쓰이리라고는 생각하지 않았다. 1968년에 나는 Simula[4]의 창안자들과 함께 일한 인연이 있었고 나 자신도 Simula에 열광했다. 그러나 나는 Simula의 기능을 시뮬레이션 개발자의 관점에서만 바라보았지 프로그래밍 언어 설계자의 관점에서 보지는 못했다.

나는 그때 Simula의 잠재력을 깨닫지 못했던 것이다. 당시 내 학생들 가운데 객체 지향적인 사고방식을 터득할 수 있을 만한 학생이 몇 안 된다는 사실을 발견했기 때문이기도 하다. 심지어 오늘날에도 객체 지향 패러다임을 전혀 깨우치지 못하는 프로그래머들이 많다. 그러나 이런 상황은 나보다 더 나은 강사들이 내 자리를 대신하기 시작하면 변할지도 모른다.

기술은 변하지만, 전혀 변하지 않는 것들도 있다. 칠판이 화이트보드로 대체되기는 했어도, 핵심 역할은 그대로다(더 자주 지워졌으면 하는데 그리 되지 않는 점도 똑같다). 요즘 같은 개인용 컴퓨터 시대에 문법 오류를 범한 대가는 예전보다 훨씬 가벼워졌지만, 그래도 프로그래머들은 컴퓨터 앞에서 '제발 되라'고 기도한다. 언어의 수준도 일반적으로 한두 단계 올라갔지만, 문제가 도저히 안 풀릴 때에는 눈이 아파도 이진 코드까지 검토할 수밖에 없는 현실은 여전하다.

마지막 예를 들자면, 천재 재봉사, 레빈 또는 언어 설계의 천재, 레빈 이야기가 우리에게 남긴 숙제는 여전히 풀리지 않고 있다. 우리는 아직도

---

4 (옮긴이) 1960년 대에 노르웨이 컴퓨팅 센터에서 시뮬레이션을 구현하고자 설계하고 개발한 프로그래밍 언어. 최초의 객체 지향 언어 중 하나다.

"언어 설계자가 레빈과 같은 영악한 천재인 것인지 아니면 우리들 평범한 프로그래머가 바보인 건지 알지 못한다."

12장
프로그래밍 언어 설계에 필요한 원칙

11장에서 프로그래밍 언어의 설계 원칙을 밝히려면 경험적인 자료까지 활용해야 한다고 이미 말한 바 있지만, 이번 장에서는 몇 가지 원칙을 이론적으로 설명할 것이다. 논의를 이렇게 이론적으로 이끌 수밖에 없는 이유는 아직 경험 자료가 많이 모자라기 때문이다. 그러나 기존 자료가 대부분 시간과 예산이 제한되어 있는 학생들의 연구 결과임에 비추어 볼 때, 경험 자료의 축적이 꼭 어렵지만은 않다고 하겠다. 진짜 문제는 프로그래밍 언어를 설계할 때 심리학적 요인을 고려해야 함을 인정하지 않거나 또는 그렇게 인정하더라도 언어 설계자와 주변 몇 명만을 연구하는 것으로 충분하다고 생각한다는 점이다.

일관성

프로그래머들이 프로그래밍 언어에서 어떤 면을 어렵게 느낄 것인지에 대한 경험 자료를 가끔 일반 심리학의 연구 결과에서 찾을 수 있다. 일관성의 원칙이 바로 그에 해당한다. 일반 심리학의 연구 결과에 따르면 어떤 목록을 얼마나 잘 기억할 수 있는가는 그 목록에 담겨 있는 **정보의 내용**과 밀접한 관련이 있다고 한다. 그런데 이때 **정보의 내용**이란 그 사전적 의미처럼 단순하지는 않다. 목록에 포함되어 있는 것뿐만 아니라 목록에 있지 않지만 그 목록을 기억해야 하는 사람의 머릿속에 들어 있는 것도 정보의 내용에 포함되기 때문이다. 예를 들어, 다음의 목록을 보자.

`000 001 010 011 100 101 110 111`

이진수 체계를 아는 사람이라면 아마도 매우 쉽게 외울 수 있을 것이다. 자, 이번에는 다른 목록을 보자.

`000 001 010 100 101 111`

항목의 개수가 6개로 줄어들었지만, 이진수 체계를 아는 사람에게는 첫 번째 목록보다 더 외우기 어려울 수 있다. 이유가 무엇일까? 이진수 체계를 아는 사람의 경우, 목록에 항목이 얼마나 많으냐가 아니라 이진수 체계에 비추어 볼 때 목록에서 빠진 항목이 얼마나 많으냐가 외우기 어려운 정도를 결정하기 때문이다(이진수 체계를 안다면 앞에서부터 이진수 1024개를 외우는 것이나 8개를 외우는 것은 아무런 차이가 없다). 앞의 첫 번째 목록은 이진수 중 처음 8개라는 사실만 기억하면 충분하지만, 두 번째 목록은 이진수 중 처음 8개에서 011과 110을 제외라고 기억해야 한다. 따라서 굳이 심리학자가 아니더라도 두 번째 목록이 첫 번째보다 더 외우기 어렵거나 최소한 더 쉽지 않다는 점을 알 수 있을 것이다.

그러나 이진수 체계를 모르는 사람일 경우에는 얘기가 달라진다. 그런 사람에게는 두 목록이 모두 그저 **일련의 난수**로 보일 뿐이다. 따라서 이진수 체계를 아는 사람과 달리 개수가 적은 두 번째 목록을 더 잘 외울 것이다.

이와 똑같은 현상이 프로그래밍 언어에서도 발생한다. 11장에서 언급했던 FORTRAN의 배열 첨자 규칙을 예로 들어 보자. 산술 표현식 체계를 전혀 모르는 프로그래머에게는 FORTRAN의 첨자 규칙이 PL/1이나 APL의 첨자 규칙보다 더 외우기 쉽다. FORTRAN에서 첨자로 사용할 수 있는 표현식의 개수가 PL/1이나 APL에 비해 적기 때문이다. 그러나 산술 표현식 체계를 전혀 알지 못하는 프로그래머가 어디 있겠는가? 따라서 실제로는 '모든 산술 표현식이 첨자로 사용될 수 있다' 라는 간단한 규칙 하나만 기억하면 되는 PL/1이나 APL의 경우가 더 쉽다. 반면에, FORTRAN에서는 다음과 같은 7가지 형식의 표현만 첨자로 사용할 수 있음을 외워야 한다.

a
v
v + a
v - a
a*v
a*v + b
a*v - b

(v는 부호가 없는 정수형 변수, a와 b는 양수값을 가지는 숫자 리터럴)

이 목록을 외우기가 얼마나 어려운지 알아보고자 경험 많은 FORTRAN 프로그래머 117명을 대상으로 실험을 했다. 우선, 다음 표현식을 FOR-

TRAN 첨자로 사용할 수 있을지 없을지 물어봤다.

21 - K

결과는 사용할 수 있다고 대답한 사람이 31명, 없다고 대답한 사람이 9명, 확실히 모르겠다고 대답한 사람이 77명이었다. 반면에, PL/1 프로그래머 53명에게 같은 표현식을 PL/1 첨자로 사용할 수 있는가라는 질문을 했더니 4명만을 제외하고 모두 할 수 있다고 답했다(그 4명은 전직 FORTRAN 프로그래머였다).

다음으로, 앞선 질문에서 정답을 맞힌 FORTRAN 프로그래머 9명에게 FORTRAN의 첨자 규칙을 정확하게 적도록 시켜보았다. 그런데 그중 한 명도 규칙을 정확히 적지 못했다. 반면에, 역시 앞선 질문에서 정답을 맞춘 PL/1 프로그래머 49명에게 PL/1의 첨자 규칙을 물었더니 모두 "모든 표현식이 가능하다."는 식으로 대답했다. 물론 이것도 정확한 PL/1 첨자 규칙은 아니다(예를 들어, 배열 표현식도 표현식이지만 첨자로 사용할 수는 없다). 그러나 프로그래머가 그렇게 잘못 알고 있다 하더라도 11장에서 예로 든 FORTRAN 프로그래머처럼(표현식 K-21을 첨자로 사용할 수 있는지 확신하지 못한) 첨자 규칙에 부합하는 표현식마저 첨자로 사용하기를 주저하지는 않을 것이다. PL/1 프로그래머가 혹시 배열 표현식을 첨자로 사용하더라도 컴파일러가 잘못을 바로 알려줄 테니 문제가 되지 않는다. 그러나 FORTRAN 컴파일러가 K-21 프로그래머에게 "당신은 FORTRAN 언어의 모든 능력을 쓰지 못하고 있다."고 일러줄 성 싶지는 않다.

자, 이제 **일관성의 원칙**이 어떤 의미인지 알아차렸는가? 앞의 예를 통해 그 의미를 어렴풋이나마 알 수 있었을 것이다. 일관성의 원칙이 무엇인가를 명료한 문장 하나로 단정하지 않은 것은 이 원칙이 수학적이라기보다 심리학적이기 때문이다. 그래도 프로그래밍 언어의 일관성을 굳이 한 문장으로 정의하자면 이렇다. "동일한 표현은 그 위치와 상관없이 동일하게 동작한다." 프로그래밍 언어가 이 원칙에서 멀어질수록 배우기가 어렵고 프로그래머가 오류를 범할 가능성도 커진다.

우리는 일관성의 중요성을 확인하고자 같은 프로그램을 두 언어로 작성해 비교하는 실험을 했다. 언어 두 개는 바로 OS/360용 PL/1과 DOS/360용 PL/1인데, DOS용 PL/1은 OS용 PL/1의 **부분 집합**이다(OS용 PL/1에 몇 가지 제약을 추가하고 또 몇 가지 기능을 제거하여 만든 DOS용 버전이다). PL/1 경험이 그리 많지 않은 프로그래머 14명을 두 그룹으로 나누어 각각 OS용 PL/1과 DOS용 PL/1으로 같은 프로그램을 작성하도록 시켰다. 결과를 보니, OS용 PL/1을 사용한 그룹이 프로그램을 동작하도록 만드는 데 어려움을 덜 겪었고 코드도 짧았다. 프로그래머들이 작성한 프로그램을 일일이 분석해 본 결과, DOS용 PL/1을 사용한 프로그래머들은 DOS용에도 있는 기능인데도 사용하지 않은 경우가 많았다. 이에 대해 물어보자, 그들은 하나같이 "그 기능을 쓸 수 있는지 확신이 서지 않았어요."라고 대답했다. (표 12-1 참고)

	인덱스 문제			
	평균 실행 횟수	평균 실행 시간	평균 코드 줄 수	
원래의 언어	32	1	243	
부분 집합인 언어	41	1.2	319	

표 12-1 한 프로그래밍 언어와 그 부분 집합인 언어의 비교

이런 결과가 나온 이유는 무엇일까? 사람들은 금기가 많을수록 즉, 할 수 없는 일이 많을수록 은연 중에 또 다른 금기가 있을 것이라 예상하기 때문이다. 언어에 존재하는 제약 사항은 그것이 적용되는 영역 밖에서도 영향력을 발휘한다. 따라서 일관성의 원칙을 이렇게도 정의할 수 있다. "어떤 프로그래머가 '이런 표현도 쓸 수 있을까?'라고 물을 때 답은 반드시 '쓸 수 있다'여야 한다." 마치 "하지마"라는 말을 너무 자주 듣고 자란 아이처럼, 일관성이 없는 언어를 사용하는 프로그래머는 용기를 내 새로운 것을 시도하기가 어렵다.

일관성의 원칙은 문법적으로 동일한 구문은 문맥이 달라도 동일한 의미를 지녀야 한다는 뜻이기도 하다. 예를 들어, PL/1에서는 "반드시 중첩 괄호를 써야 하는 경우는 절대 없지만, 프로그래머가 원한다면 언제나 중첩 괄호를 써도 된다"고들 말한다. 이는 좋은 규칙이지만, 불행하게도 상당히 중대한 예외가 여럿 있다. 다음 두 문장을 보자.

```
CALL  X(A);
CALL  X((A));
```

이 두 문장의 의미는 전혀 다르다. 첫 번째 문장은 X의 인자로 A에 대한 참조를 넘김을 나타내고, 두 번째 문장은 A의 값을 넘기는 것이다. 또 다른 예를 들어 보자.

```
GET LIST(A(I) DO I = 1 TO N);
GET LIST((A(I) DO I = 1 TO N));
```

첫 번째 문장은 문법적으로 옳지 않다. LIST의 인자로 넘길 목록을 표현하려면 두 번째 문장처럼 중첩 괄호를 반드시 사용해야 하기 때문이다.

위와 같이 일관적이지 못한 문법은 프로그래머가 여러 가지 의미론적인 시도를 하는 데 장애물이 된다. 예외가 너무 많아 프로그래머가 스스로 그 언어에 정통했다는 자신감을 갖기가 어렵기 때문이다. 예를 들어, 앞서 중첩 괄호 규칙의 예외를 본 프로그래머는 복잡한 표현식의 의미를 명확히 하기 위해 괄호를 중첩해서 쓰기를 주저하게 되거나, 또는 반대로 혹시 모르니까 반드시 괄호를 중첩해야 한다는 생각을 하게 될 터이다. 즉, 프로그래머가 혼란을 느끼는 것이다. 프로그래머가 자신이 사용하는 프로그래밍 언어에 대해 혼란을 느낀다면 무슨 일을 제대로 할 수 있겠는가?

여기서 또 다른 일관성 문제를 찾을 수 있는데, 바로 프로그래밍 언어에서 사용할 수 있는 문자의 제한이다. 앞서 PL/1의 중첩 괄호 문제는 사용할 수 있는 문자 집합이 제한되어 있어서 괄호를 남용하게 되기 때문에 발생한다. 문자 집합의 제한은 상당히 광범위한 영향을 미친다. 문자가 부족하다 보니 동일한 문자도 사용된 위치에 따라 의미가 달라지는 즉, 일관성이 훼손되는 경우가 발생한다. 사용 가능한 문자 집합의 크기를 기준으로 삼으면, 현존하는 프로그래밍 언어 중에서는 APL[1]이 가장 앞선 언어일 것이다. APL에서는 심지어 **빼기** 연산자 기호와 숫자 리터럴의 부호를 표시하는 음수 기호까지도 서로 다른 문자를 사용한다. APL에 심취한 사람들은 이런 일관성 때문에 APL이 가장 강력한 언어라고 주장하기도 한다.

물론 그런 주장의 진위는 실험을 통해 확인해야 한다. 예를 들어, 그림 3-1의 긴 문장을 다시 상기해 보자. PL/1으로 쓴 이 문장은 괄호가 6단계나 중첩되어 있다. 이 문장을 APL로 다시 쓰면 그림 12-2와 같이 된다. 표면

---

[1] (옮긴이) A Programming Language의 준말. 하버드 대학의 케네스 아이버슨(Kenneth E. Iverson)이 1957년에 창안한 표기 체계를 기반으로 배열 프로그래밍을 용이하게 하고자 설계된 프로그래밍 언어다.

ANGLES[I]←2×ATAND SQRT (S-A[IND[I;1]])×(S-A[IND[I;2]])÷S×(S-A[IND[I;3]])

그림 12-2 그림 3-1의 문장을 APL로 고쳐 쓴 문장

적으로는 이 문장이 그림 3-1의 문장보다 덜 복잡해 보인다. 괄호의 종류가 두 개뿐인데다가, APL의 함수 호출 방식과 오른쪽에서 **왼쪽으로** 규칙 덕분에 괄호 두 쌍이 없어졌기 때문이다. 그러나 정말 APL로 쓴 문장이 PL/1으로 쓴 문장보다 간단하다고 증명할 수 있을까? 우리는 각 문장을 조금씩 고쳐 문법적으로 잘못된 문장을 여러 개 만들었다. 그리고 PL/1 또는 APL에 경험이 많은 프로그래머들에게 어느 문장이 문법적으로 잘못됐는지를 가리도록 하는 실험을 해봤다. 결론적으로, 분명히 APL 문장 쪽이 인식하는 속도도 **빠르고** 틀린 문장도 정확하게 가려내는 경향이 있었다. 이는 APL의 일관성이 뛰어나다는 주장을 어느 정도 뒷받침하는 것 같다.

문자 집합의 제한은 기계가 지닌 한계로 인해 일관성이 결여되는 일례에 불과하다. FORTRAN의 첨자 제한도 이런 사례에 해당한다. 또는 FORTRAN 언어 개발자들의 배짱이 부족해서 생긴 결과라고 할 수도 있다. 그들은 첨자에 제한을 두지 않으면 자신들이 FORTRAN을 효율적으로 구현하지 못할 거라고 생각했다. 또 그 밖의 설계 원칙을 추구하다가 일관성이 훼손되기도 한다. 중요한 설계 원칙이 일관성만 있는 것은 아니므로 그럴 수도 있겠다 싶지만, 모든 원칙에 탄탄한 근거가 뒷받침되는 것은 아니며, 그렇게 근거가 빈약한 원칙일수록 검증하지 않고 슬그머니 넘어가곤 한다. 그중 대표적인 것이 **명확성의 원칙**이다. 브라이언 히그만(Bryan Higman)처럼 능란한 이론가마저도 "모든 언어에는 반드시 문자 집합과 명확하고 결정력 있는 문법이 있어야 하기 때문에..."라고 말하면서도 명확함의 의미를 깊숙하게 따지지 않았다. 이런 원칙들에 대해서는 그 존재의

의미를 따져 물을 필요가 있다.

명확함에 지나치게 집착한 예로는 PL/1의 WHILE 문법을 들 수 있다. WHILE 키워드 다음에는 IF 키워드와 마찬가지로 논리 조건식이 오는데, WHILE의 경우에만 조건식을 반드시 괄호로 둘러싸야 한다. 이 규칙은 일관성을 훼손하는 것으로 프로그래머들이 수많은 문법 오류를 저지르게 만들었다. 불필요하게만 보이는 괄호를 꼭 붙이도록 만든 이유는 혹시 프로그래머가 이름이 WHILE인 배열을 선언하고 다음과 같은 문장을 작성하면 문법적으로 애매해지기 때문에 그것을 방지하고자 함이었다.

```
DO WHILE(I) = 1;
```

오직 이 한 가지 경우 때문에, WHILE 구문을 사용하는 모든 프로그래머가 괄호를 한 번 더 써 줘야 한다.

이렇게 프로그래밍 언어 설계자가 불명확함에 대해 병적인 수준의 공포심을 갖고 있음에도 모든 언어에는 어느새 불명확한 요소가 들어가 있다. 그런데 그 불명확함은 대부분 심리적인 요소로, 대부분의 언어 설계자들이 고려하지 않는 것들이다. 뻔한 예로 다음처럼 곱셈과 나눗셈이 섞인 문장을 들 수 있다.

```
A = B/C*D
```

언어 설계자나 컴파일러는 이런 문장을 명확하다고 생각하겠지만 프로그래머는 분명 그렇게 느끼지 않는다(우리는 그 증거로 얼마나 많은 버그가 이런 종류의 상황에서 비롯되는지를 밝힐 수 있다).

우리는 불명확함에 두 가지 종류가 있음을 알아야 한다. 하나는 물리적인 불명확성이고, 다른 하나는 심리적인 불명확성이다. 물론 컴파일러에는 불명확성이 없다. 어떤 컴파일러가 위 문장을 다음처럼 해석하고,

A = B/(C*D)

다른 컴파일러는 다음처럼 해석한다고 해도,

A = (B/C)*D

이 문장은 한 컴파일러 안에서라면 언제나 동일하게 해석된다. 그러나 컴파일러 구현마다 해석이 다를 수 있기 때문에(이렇게 생각하면 컴파일러의 문제도 결국 심리적 불명확함이 기인한다) 모든 구현이 필요 이상으로 차이를 보이지 않도록, 언어 자체에서 이런 종류의 불명확성을 제거하는 일은 중요하다. 그러나 물리적 불명확성을 제거한다고 해서 심리적 불명확성까지 사라지는 것은 아니다.

APL 언어의 창시자인 아이버슨(Iverson)이 한번은 내게 모호성을 해소하고자 도입한 APL의 **오른쪽에서 왼쪽으로** 규칙이 PL/1 등 다른 언어의 규칙들보다 더 자연스럽다고 말한 적이 있다. 엄격한 **오른쪽에서 왼쪽으로** 규칙이 PL/1의 규칙(엄밀한 형식적 의미로 볼 때 명령 실행의 순서를 정의하지 않은 채 놓아두는 경우가 종종 있는)보다 확실히 더 명확하긴 하나, 과연 더 자연스러운가는 심리학적으로 좀 더 연구해 봐야 할 문제다. 내 자신에 대해 얘기해 보자면, 이미 APL 프로그램을 400개 정도 작성해 봤지만 아직 **오른쪽에서 왼쪽으로** 생각하는 방식에 완전히 익숙해져 있지는 않다. 작성해 본 APL 프로그램의 개수가 불과 몇 십 개 정도일 내 학생들은 더욱 그럴 것이다. 그래서인지 학생들이 범한 APL 오류의 가장 큰 원인 중 하나가

기존에 익숙했던 왼쪽에서 오른쪽으로 가는 습관과 충돌함으로 인해 생기는 심리적 불명확함이었다. 그리고 나는 그런 심리적 불명확함을 괄호를 과잉 사용하여 방지하는 방식에 익숙해지게 됐다(심지어 PL/1에서도).

언젠가는 프로그래밍 언어 설계자들이 불명확성에 이렇게 두 가지 종류가 있음을 인지하고 대처할 날이 올 것이다. 이미 그런 희망의 빛이 보인다. 그 근거로 클레러(Klerer)와 메이(May)의 예를 들 수 있다. 그들은 사용자가 가장 자연스러운 방법으로 코드를 작성하게 놓아둔 다음, 다음과 같은 메시지를 보여주는 흥미로운 접근법을 택했다.

우리는 당신 문장을 이런 방식으로 해석했습니다.
틀린 점이 하나라도 있으면 문장이 올바르도록 다시 입력해 주십시오.

단말기 앞에 앉아 있는 상황이라면 이런 방식이 정말 매력적이라 하겠다. 적어도 자연어로 대화하는 것과 비슷한 뭔가를 제공해 주기 때문이다. 그리고 언어에 대한 우리의 정적인 개념 정의를 다시금 곱씹게 해준다.

PL/1의 WHILE처럼 불명확한 사례가 드물게 발생하는 경우에는 이 방법이 특히 유용할 것이다. 불명확성을 완전히 없애고 싶다면, 프로그래머가 WHILE이라는 이름의 배열을 사용할 때만 적용되는 감춰진 규칙을 언어에 심어 놓는 건 어떨까? 그렇다면 이름이 WHILE인 배열이 나타날 때마다 컴파일러가 프로그래머에게 그 부분을 변경하라고 알려 주면 되고, 다른 사람들은 그 규칙에 전혀 신경 쓸 필요가 없다. 사실 지금도 컴파일러가 그런 상황을 인식하고 우리에게 자기가 괄호를 삽입했다고 알려 주긴 하지만, 그런 거추장스러운 경고 메시지는 없애고 키워드를 변수 이름으로 사용하는 멍청한 프로그래머만 오류 메시지로 응징하는 것이 낫지 않을까?

 이것이 여기서 제시하는 일관성의 마지막 측면이다. 언어 설계자가 모든 비난을 받는 것은 온당치 않다. 프로그래머가 지은 죄가 훨씬 큰 경우도 있다. 예를 들어, 프로그래머가 변수 이름으로 키워드를 사용할 경우 그 이름은 프로그램 안에서 일관성을 잃게 되며, 나중에 그 프로그램을 읽는 모든 사람을 혼란스럽게 만든다(나도 이전에 쓴 책의 일부 예제에서 바로 이런 잘못을 저지른 적이 있다). 이와 비슷하게 일관성을 해치는 예로는 아무 이유 없이 변수의 크기를 매번 다르게 선언하거나, 한 번은 약어를 쓰고 다음번은 완전한 단어를 쓰거나, 프로그램 소스코드의 들여쓰기와 빈칸 넣기를 마음대로 하거나, 어떤 부분의 주석은 상세하게 달고 더 어려워 보이는 나머지 부분에는 전혀 주석을 달지 않는 경우 등이 있다.

 그러나 프로그래머가 일관성을 해치는 대표적인 경우는 뭐니 뭐니 해도 변수 이름으로 쓸 의미 있는 단어를 잘못 고르는 것이다. 에이브러햄 링컨(Abraham Lincoln)은 이런 수수께끼를 내곤 했다. "꼬리를 다리라고 부른다면, 개의 다리는 몇 개나 될까?" 상대방이 "5개요."라고 대답하면, 링컨은 이렇게 훈계하곤 했다. "아니, 4개야. 꼬리를 다리라고 부른다고 다리가 되지는 않지." OLDX에 X의 예전 값이 할당되어 있지 않고, SUMAB가 A와 B의 합이 아니며, BIGGEST에 실제로는 가장 큰 값이 들어 있지 않은 경우를 우리는 얼마나 많이 봐 왔던가? 어떤 변수를 OLDX라고 부른다고 그것이 X의 예전 값이 되지는 않는다. 그러나 우리가 이 교훈을 아무리 설파하고 다녀도 이런 잘못된 생각은 끝까지 사라지지 않을 것이다. 언어 자체가 일관성이 결여된 것과 마찬가지로, 이런 습관은 우리가 진실이 아닌 부분을 믿도록 만들기 때문에 우리 자신에게 해가 된다.

 디버깅이라는 관점에서 봤을 때는, 일관성이 아예 없는 경우보다 일관적이고 매우 드물게만 예외가 있는 상황이 대부분 더 안 좋다. 예외가 극히 적다면 우리가 방심하기 쉽기 때문이다. 거의 대부분 OLDX에는 X의 예전 값이 들어 있다면, 그렇지 않은 단 한 번의 경우를 놓치기가 더 쉽다. 그리고 대부분의 경우에서 (A)와 A의 의미가 동일하다면, 소수의 예외로 인해 버그가 발생했을 경우 프로그램에서 영영 그 버그를 찾지 못할 수도 있다.

간결성

인간의 정신에 선천적인 용량의 한계가 있음은 앞에서 언급했다. 그 한계는 사람마다 그리고 정보의 종류에 따라 다르겠지만, 누구에게나 긴 프로그램보다는 짧은 프로그램이 더 이해하기 쉽다고 할 수 있다. 예를 들어 우리가 주석에 대해 연구한 결과를 보면, 실행 코드가 아니라 주석 때문에 소스가 길어졌다 해도 프로그램을 읽기가 더 어려워지는 경향이 있었다. 주석의 역할은 프로그램을 더 읽기 쉽게 돕는 것인데도 말이다.

그러나 프로그램이 얼마나 간결한지를 단순히 그 소스에 얼마나 많은 글자가 들어 있는가로 판단할 수는 없다. 물론 글자를 실수로 잘못 입력하는 현상 등을 설명할 때는 글자 수도 중요할 것이다. 그러나 프로그램의 간결성에 영향을 주는 단위는 일반적으로 글자 하나보다는 큰 단위다. 예를 들어, 표현식 A + B가 표현식 BIG + SMALL보다 이해하기에 세 배나 쉽다고 볼 수는 없다. 우리의 사고 과정에서 글자 하나를 기본 단위로 사용하는 경우가 거의 없기 때문이다. 우리는 단어를 사용하는 습관이 있다. 다른 많은 연구를 통해서도 우리의 사고 과정에서 BIG 같은 단어가 A 같은 단어와 동일하게 취급된다고 밝혀졌다.

심리학에서는, 여러 작은 단위를 조합하여 커다란 단위 하나로 묶고 그렇게 만들어진 큰 단위도 각각을 구성한 하위 단위와 마찬가지로 쉽게 다루는 인간의 정보 처리 능력을 **의미덩이 만들기**(chunking)라 부른다. 의미덩이 만들기는 우리가 의식적인 노력 없이 수행하는 자연스러운 인지 과정이다. 그러나 의미덩이를 만들려면 먼저 그 의미덩이를 경험을 통해 학습해야 한다. 110010111100같은 이진수를 처음 볼 때는, 서로 별개인 열두 글자로 기억할 수밖에 없을 것이다. 그러나 8진법 또는 16진법을 배우고 나면 이 이진수를 6274 또는 CBC로 인식하게 된다. 그리고 이 이진수가 포함된 프로그램이 우리의 눈에 예전보다 더 **짧아**보이게 된다. 이진수를 8진수나 16진수의 의미덩이로 변환하는 방법을 알게 됐기 때문이다.

프로그램 소스코드에서 인지되는 의미덩이 중 일부는 프로그래밍 이외의 영역에서 학습한 의미덩이의 영향을 받는다. 예를 들어 DO, READ, ALLOCATE와 같은 **자연어 단어**를 인식하는 경우가 그렇다. 또 코드를 작성하면서 배워 가는 의미덩이들도 있어서, 똑같은 프로그램이라 할지라도 프로그래머의 경험이 많고 적음에 따라 길이가 다르게 보인다. 예를 들어, 숙련된 PL/1 프로그래머에게 다음 문장은 아마 한 눈에 바로 들어올 것이다.

```
DO I = 1 TO N;
```

반면에, 초보자는 이 문장을 예닐곱 개의 더 작은 의미덩이로 잘라 이해할지도 모른다.

이와 같이 의미덩이로 만듦으로써 흔히 함께 쓰이는 일련의 글자들이 압축적으로 인지되어 프로그램의 길이가 짧아 보일 수 있다. 그러나 프로그래밍 언어의 설계자가 활용할 수 있는 의미덩이는 제한되어 있다. 프로그래머가 그 언어를 사용하기 전부터 이미 알고 있거나 그 언어를 사용하면서 바로 익힐 수 있음 직한 의미덩이들만 가능하다. 그러나 동일한 것을 여러 방법으로 표현하는 수단을 제공하여 프로그래머에게 그 이상의 의미덩이를 사용할 기회를 줄 수 있다. PL/1에서 PROCEDURE를 PROC으로 쓰듯이 키워드의 약어를 제공하는 것이 가장 간단한 예다. 자연어 연구를 통해 나온 지프(Zipf)의 법칙이란 것이 있는데, 이 법칙에 따르면 자주 사용되는 단어일수록 길이가 짧은 경향이 있다. 영어의 'is', 'the', 'a', 'I', 'he', 'it' 등이 이에 해당한다. 그리고 'don't'나 'there's' 등과 같은 단어도 자주 사용되는 표현이 지프의 법칙에 의해 압축된 예로 볼 수 있다. 자연어에서는 이미 오래 전부터 이 법칙이 적용되고 있었기 때문에 오늘날에는 어떤 단어가 그 결과로 나온 것인지조차 인식하기 힘들 정도가 되었다.

반면에, 프로그래밍에서는 지금도 그런 형태로 압축된 표현을 심심치 않게 볼 수 있다. 예를 들어, 한 프로그래머가 PROCEDURE 대신에 약어인 PROC를 사용하기 시작하는 경우가 있다. 그러나 그 프로그래머는 자기가 자주 사용하지 않는, 예컨대 STRINGRANGE 같은 단어는 비록 PROC보다 더 길다고 해도 굳이 약어로 대신하지 않을 것이다. 또, 프로그래머가 일련의 항목을 일일이 순차적으로 나열하는 대신에 DO 구문을 쓰거나 혹은 DO 구문 대신에 SUM(X)를 사용해서 코드를 작성하는 경우처럼, 한 기능을 더 강력한 기능으로 대체하는 과정에서도 일종의 압축이 발생한다. 당연한 이야기지만, 가장 기본적으로 프로그래밍에서 활용할 수 있는 압축은 반복이다. 최초의 프로그래머인 러브레이스 부인도 반복 개념을 알고 있었으며, 이것 없이 현대적인 컴퓨터가 나오기는 사실상 불가능했을 것이다. SUM과 같은 함수도 프로그래밍 역사의 초창기부터 존재했으며, 개념적으로만 본다면 반복만큼 중요하지는 않지만 심리적이나 실용적인 관점에서는 오히려 더 중요한 개념이다.

언어 설계자는 SUM, SQRT 같은 내장 함수를 제공하거나 프로그래머가 자신만의 함수를 만들어 쓰는 기능을 제공할 수 있다. 아마 모든 현대적인 프로그래밍 언어가 이 두 가지를 모두 지원하겠지만, 실제로 제공되는 기능을 세부적으로 따져 보면 언어에 따라 상당한 차이가 있다. 대표적으로, 프로그래머가 정의한 함수에 있는 제한을 생각해 보자. 언어 설계자가 내장 함수를 구현할 때 쓰는 기능을 프로그래머가 자신의 함수를 만들 때에도 고스란히 사용할 수 있도록 지원해 주는 언어는 거의 없다. 예를 들어, PL/1에서는 하위 루틴을 정의하는 강력한 기능들이 많이 제공되지만 내장 함수와 같이 완벽하게 일반화된 루틴을 만들 수는 없다.

또 다른 압축 형태로는 바로 데이터의 구조화가 있다. 데이터 구조화를 사용하기 시작한 지는 얼마 안 됐지만 궁극적으로는 반복이나 함수보다 훨씬 더 강력하다고 볼 수 있다. 예를 들어, APL이 제공하는 연산자는 대부분 스칼라와 배열에 모두 동일한 방식으로 동작한다. PL/1에도 많은 배열 연산자가 있으며, 구조체 연산자까지도 제공된다. 이런 연산자들을 통해 명령 여러 개를 줄여 단 하나의 명령으로 대신할 수 있다. 예를 들어, 앞에서 언급했던 OLDX 문제를 다시 생각해 보자. OLDX, OLDY 등등을 각각 선언하는 대신, 다음과 같은 구조체를 사용한다면,

```
1 OLD, 2 (X, Y, Z, . . .)
```

OLD~ 변수들을 일일이 갱신하는 과정을 다음과 같은 명령 하나로 대신할 수 있다.

```
OLD = NEW;
```

이 명령 하나로 모든 이전 값이 새 값으로 갱신되는 것이다.

일반적으로, 특수 목적 언어는 범용 언어에 비해 한층 높은 수준의 데이터 구조를 제공한다는 차별성이 있다. 그 데이터 구조가 사용자의 필요에 부합한다면 프로그램이 훨씬 더 간결해진다. 그러나 반대의 경우에는 오히려 역효과가 발생한다. 예를 들어, 간단한 산술 연산을 LISP이나 SNOBOL[2]로 구현한다면 프로그램이 쓸데없이 복잡해질 것이다. 이런 역설적인 상황을 극복할 가장 좋은 대책으로는, PL/1과 같은 범용 언어에서도 특수 목적용 데이터 구조체를 기본으로 제공하는 것인 듯하다. PL/1은 언어 자체의 범용적인 기능을 복제하지 못한다는 한계가 있지만 프로그래머가 언어에 내장되지 않은 데이터 구조를 처리하는 시스템을 만들 수 있도록 여러 기능을 제공한다.

적절한 데이터 구조화를 통해 표현을 압축하는 방법으로는 연산의 차원을 높이는 것도 있다. 연산의 차원을 높이는 한 가지 방법은 낮은 차원의 연산 결과를 높은 차원으로 해석하는 것이다. 예를 들어, 레코드가 순차적으로 정렬되어 저장된 파일을 처리할 때에는 어떤 레코드가 빠져있다는 사실을 쉽게 발견할 수 있다. 그러나 레코드가 정렬되어 있지 않은 경우라면, 복잡한 프로그래밍 없이는 발견할 수 없다. 연산의 차원을 높이는 것보다 더 발전적인 방법은 어떤 데이터 구조를 그보다 높은 차원의 구조에 투영하는 것이다. 문자열의 데이터 구조를 예로 들 수 있다. 문자열 데이터도 결국은 일련의 비트일 뿐이지만, 어떤 문자열의 값을 바꿀 때에는 각 비트를 하나씩 수정하는 대신 다른 문자열 값을 대입하는 연산 하나로 끝

---

[2] (옮긴이) SNOBOL(String Oriented Symbolic Language) - 1960년대에 AT&T Bell 연구소에서 개발한 프로그래밍 언어로, 문자열을 처리하는 특수 목적 언어다. 1970~80년대까지만 해도 문자열을 다루기 위해 많이 사용되었으나, 최근에는 정규 표현식 기능을 제공하는 Awk, Perl 등에 자리를 내주었다. 그러나 SNOBOL의 패턴 매치 기능이 정규 표현식보다 여러모로 더 강력하다고 한다.

낸다. 그런데 이런 방식으로 연산의 차원을 높이는 것은 언어가 구현될 컴퓨터가 어떤 기능을 제공하느냐에 의해 제한을 받는다. 컴퓨터가 더 발전한다면, 우리가 지금 문자열에 값을 대입하는 방식을 배열에 대해서도 사용할 수 있을 것이다.

표현의 압축은 생략을 통해서도 이뤄진다. 가장 극단적인 형태는 특정한 경우(보통 가장 자주 사용되는 경우다)에 대한 표현을 완전히 생략하는 것이다. PL/1에서 우리는 SKIP(1) 대신에 SKIP이라고 쓰는데, 이는 SKIP(1)이 가장 자주 사용되는 경우이기 때문이다. 변수를 선언할 때도, 변수의 속성을 대부분 생략한다. 예를 들어, 다음과 같이 선언한 변수는

```
DECLARE X;
```

다음과 같이 선언한 변수와 정확히 동일하다.

```
DECLARE X FLOAT DECIMAL(6) REAL AUTOMATIC INTERNAL;
```

또, 위와 같은 선언문 자체를 생략해도 변수 X가 암시적으로 또는 문맥적으로 선언되는 경우가 많다. 이와 같은 생략이 어떤 의미를 갖는지는 중국어와 영어의 문법을 비교해 보면 감을 잡을 수 있다. 영어에서는 매우 많은 정보를 중복해서 표현한다. 예를 들어 다음 문장을 보자.

He went two time(s).

하나보다 많다는 정보가 이미 two에 명시되어 있으므로 time에 복수 어미 s가 붙은 것은 정보의 중복이다. 반면에 중국어 문법에는 복수 어미가 없다. 대화를 주고받는 일반적인 상황에서는 이런 정보의 중복이 꽤 유용하다. 전달 과정에서 약간 방해가 있더라도 정확한 내용을 잡아내는 데 도

움이 되기 때문이다. 그러나 글을 쓸 때는 정보를 중복함으로써 얻어지는 효과보다 부담이 더 큰 편이기 때문에, 프로그래밍 언어에서 잘 만들어진 디폴트 체계는 충분한 가치가 있다.

그런데 디폴트 체계는 표현의 공간이 한정되어 있는(적어도 통계적으로라도) 상태에서만 사용해야 한다. 그것은 디폴트에 해당하는 경우를 별로 자주 사용하지 않는다면 효과가 없어서이다. 경우의 수가 많아지면 많아질수록, 필요한 항목을 모두 다 기억하는 부담보다 디폴트 체계 덕분에 어떤 것을 생략해도 되는지를 기억하는 부담이 더 커지므로, 그 경우가 비슷한 빈도라 해도, 디폴트 체계가 계속 있어야 할 만큼 충분히 가치 있다고 볼 수 없다. 한편, 디폴트에 해당하는 경우가 너무 잦은 경우에도 문제는 있다. 디폴트가 아닌 경우를 써야 할 상황에서도 그런 경우의 존재 자체를 잊어버려서 쓰지 못할 수도 있기 때문이다. 아직 이에 대한 실험을 진행한 적은 없다. 그러나 아마 디폴트 체계는 해당 경우가 상당히 자주 사용되긴 하나 그렇다고 너무 자주 사용되지는 않는 상황에서 가장 유용하리라 추측할 수 있다.

물론, 위의 원칙에서 말하는 발생 빈도는 프로그래머 개개인에 따라 다르므로 디폴트 체계가 확립되기 어렵다고 생각할 수도 있다. 그러나 언어를 사용하는 프로그래머를 여러 부류로 분류할 수 있을 때 디폴트 체계가 오히려 더 빛을 발할 수도 있다. 예를 들어, PL/1에서 변수를 선언할 때 디폴트로 실수형(REAL)이 되는데 이는 오직 복소수형(COMPLEX)의 경우와 대조되어야만 의미가 있다. 그러나 PL/1 프로그래머의 90%는 복소수 기능을 사용하기는커녕 그런 것이 있는지도 모른다. 즉, 이런 디폴트 체계로 인해 언어 하나에서 여러 언어가 파생되는 효과가 나타나는데, 복소수 기능에 대해 모르는 90%의 프로그래머는 사실상 복소수를 지원하지 않는 언어에서 프로그래밍하고 있는 셈이기 때문이다.

그러나 이와 같이 디폴트 체계를 통해 언어의 부분집합을 또 다른 언어로 파생시키려면 수많은 세부 사항을 제대로 처리해 줘야 한다. 예를 들어, PL/1의 내장 함수는 매우 일반적이어서 전달된 인자의 타입에 따라 다른 결과를 내놓는다. SQRT(X)의 경우 X가 실수형일 때와 복소수형일 때의 결과가 다르다. X의 값이 -1일 때, X가 실수형이라면 에러를 발생시키지만 X가 복소수형이라면 1i를 반환한다. 그렇다면 왜 X가 실수형인 경우에도 1i를 반환하면 안 될까? 복소수에 대해 전혀 모르는 어떤 프로그래머가 아무런 의심도 없이 다음과 같은 문장을 쓴다고 생각해 보자.

```
A = SQRT(X);
```

만약 SQRT(X)의 결과가 1i라면 1i는 0 + 1i이고 실수형인 A에는 실수부인 0이 할당되어 결국 A는 0이 된다. 이런 종류의 오류는 복소수 연산을 모르는 프로그래머가 가장 찾아내기 힘든 문제다. 그러므로 디폴트 체계를 이용해 언어의 진정한 부분집합을 파생시키려면 그런 경우를 방지해야 한다.

중복 정보를 적절한 방식으로 제거한다면, 지루함을 덜고 실수도 줄일 수 있다. 그러나 존재할 가능성이 있는 중복 정보가 모조리 제거된 언어에서는 프로그램을 문법 검사하기가 불가능한데, 존재할 수 있는 문자열은 모두 그 언어에서 문법적으로 올바를 수도 있기 때문이다. 몇몇 시스템에는 모든 연산 코드(op code)가 허용되고 주소를 어떻게 지정하든 적법한 기계어를 제공하는데, 그 언어들이 바로 이 경우에 해당한다. 우리는 기계어 프로그래밍이 무척 어려울 때가 있다는 사실을 안다. 그 원인이 중복 정보가 너무 과도하게 제거되어 있기 때문이라고도 볼 수 있을까?

이 질문에 대답하려면 심리적인 측면에서 쓸모 있는 중복 정보와 쓸모 없는 중복 정보를 명확히 구별해야 한다. 한 예로, FORTRAN 표현식 A(1+I)를 생각해 보자. FORTRAN 컴파일러는 이 코드가 적법하지 않다는 결과를 출력할 것이다. 어떤 언어에서든 모든 문자열이 허용되지는 않으므로, 컴파일러는 문법을 검사한다. 그러나 이 경우 컴파일러는 과연 어떤 잘못을 찾기 위해 검사한 것일까? FORTRAN에서 A(1+I)를 금지하는 규칙은 프로그래머의 심리적 편안함을 위해서가 아니라 **최적화**된 실행 코드로 컴파일하기가 쉽도록 만들기 위한 규칙이다. 이 표현식이 잘못이라는 것은 사실이지만, 이 잘못은 우리에게 문제가 있기 때문이 아니다. 오직 FORTRAN의 제한 때문에 생긴 것이다. 어떤 의미에서, 잘못하고 있는 쪽은 프로그래머가 아니라 언어다.

근접성과 순차성

앞에서, 프로그램이 자기 눈앞에 없을 때도 관련된 정보를 머릿속에 담아 두는 기억력이 프로그래머에게 도움이 되는 예를 든 적이 있다. 잘 설계된 프로그래밍 언어는 좋은 기억력과 마찬가지 방식으로 프로그래머를 도와준다. 즉, 관련된 정보를 쉽게 찾을 수 있는 곳에 담아 두는 것이다.

이에 관련하여 우리가 관심을 가져야 할 기억력의 종류에는 두 가지가 있다. 바로 **공감각적**(synesthetic) 기억력과 **순차적**(sequential) 기억력이다. 공감각적 기억력은 특정 세부 사항에 의지하지 않고 얼굴이나 이웃, 책 한 페이지의 편집 배치 등을 알아볼 수 있게 해주는 능력이다. 공감각을 의미하는 영어 단어 자체도 그리스어에서 '함께'를 의미하는 'syn'과 '감각' 또는 '느낌'을 의미하는 'esthetic'에서 파생되었다. 즉, 공감각 기억이란 사물을 전체적인 하나의 심상으로 기억하는 것이다.

순차적 기억력은 청각을 통해 들은 정보와 좀 더 밀접하게 관련되어 있다. 노래를 휘파람으로 불 경우를 생각해 보자. 앞의 아홉 음표를 분 다음에는 문제없이 열 번째 음표를 불 수 있지만, 열 번째 음표가 무엇이냐고 물어보면 대답하기 힘들다. 인간의 순차적 기억은 마치 차례로 이어진 사슬처럼 구성되어서, 차례로 떠오르면서 고리마다 바로 다음에 오는 고리를 상기시키는 구조인 것 같다. 시를 외워 낭송할 때나, 어떤 장소를 순회하면서 다음 지점으로 가는 길을 기억하거나 할 때, 가끔은 어떤 목록을 외울 때에도 순차적 기억을 쓴다.

프로그램에서 근접성의 개념은 공감각 기억에, 순차성의 개념은 순차적 기억에 대응한다. 근접성은 프로그램에서 서로 관련 있는 부분이 모두 한 장소(아마도 한 페이지)에 나타나는 성질을 의미한다. 근접성이 좋지 않으면, 소스코드를 가지고 작업하는 프로그래머는 지금 페이지와 관련 있는 다른 페이지의 내용을 모두 기억할 수 있을 정도로 공감각 기억력이 뛰어나지 않는 한 계속 여러 페이지를 뒤적거려야 한다. 프로그래밍 언어에서 근접성을 높이는 방법 가운데 하나는 압축이다. 극단적으로 얘기해서, 전체 프로그램이 한 페이지에 들어간다면 당연히 관련 있는 모든 부분이 그 페이지에 모여 있을 수밖에 없다.

근접성을 높이거나 낮추는 방법에는 여러 가지가 있다. 리터럴은 근접성을 높이는 데 큰 도움이 되는데, 한 리터럴에 관련된 모든 정보가 그 리터럴의 내용에 모두 들어 있기 때문이다. 변수가 선언된 장소까지 가지 않아도 이름만 보면 프로그래머가 알 필요가 있는 것들이 연상되도록 변수 이름을 잘 골라도 이와 같은 효과가 있다. 물론, 특정 영역에서만 사용되는 변수라면 바로 그 지점에서 변수를 선언하는 편이 좋다. 그러나 몇몇 언어에서는 컴파일러가 소스코드를 한 번이라도 덜 읽게 하려고 모든 선언이 프로그램의 다른 모든 부분보다 반드시 앞에 나와야만 한다는 규칙이 있다. 이런 경우, 긴 프로그램을 읽을 때는 계속 첫 페이지와 현재 페이지 사이를 왔다 갔다 해야 된다.

그러나 모든 선언을 지정된 장소에서 해야 하는 언어를 사용할 때도 어느 정도 근접성을 얻을 수는 있다. 맨 앞 페이지를 떼어 내서 옆에 두고 참조하면 되기 때문이다. 사실, 어디에서나 선언을 할 수 있는 PL/1과 같은 언어에 대해 불평하는 사람도 있다. 다른 자유와 마찬가지로 이 자유도 왜 이런 자유가 주어졌는지 이해하지 못하는 프로그래머들이 남용하곤 한다. 이상적인 경우라면, PL/1으로 작성된 프로그램에서 모든 전역 변수는 한 페이지, 보통 첫 페이지나 마지막 페이지에 함께 선언되어 있고, 모든 지역 변수는 그 변수가 사용되는 영역 안에 선언되어야 한다.

근접성이 떨어질 때 어떤 유형의 문제가 발생하는가에 대한 예로 다음 반복문을 보자.

```
DO I = 1 TO 10;
PUT LIST(I,F(I));END;
```

여기서 F는 프로그래머가 다음과 같이 정의한 서브루틴이다.

```
F: PROCEDURE(J) RETURNS(FLOAT);
   S = 0
   DO I = 1 TO J;
       S = S + I;
       END;
   RETURN(S);
   END F;
```

프로그래머는 숫자 열 쌍이 출력되길 기대했겠지만, 변수 I가 루틴 F의 지역 변수로 선언되지 않았기 때문에 다음과 같이 다섯 쌍만 출력된다.

1 1   3 6   5 15   7 28   9 45

이 프로그래머는 I가 루틴 F의 DO 영역에만 한정되어 있다고 생각했기에 즉, 지금 바로 눈앞에 보이는 코드에서 I에 영향을 주는 다른 부분이 없었기 때문에 열 쌍이 출력되길 기대했을 것이다. 그러나 이미 본 바와 같이, F 안에서 I가 사용되지만 I의 선언은 F 안에 없으므로, F가 실행될 때마다 I 값은 매번 바뀌게 된다(F 내의 DO I = 1 TO J;가 정상 종료되면 I의 값은 J+1이 된다는 사실을 기억하라).

일반적으로 이런 종류의 버그는 찾기가 어렵다. 대부분 버그를 찾느라 엉뚱한 곳을 살펴보기 십상이다. 이 경우, 우리가 엉뚱한 곳을 보는 까닭은 지금 코앞에 보고 있는 것들만 I의 값에 영향을 준다고(굉장히 자연스러운 믿음이긴 하지만) 생각하기 때문이다. 어떤 프로그래밍 언어를 쓰더라도, 디버깅할 때는 반드시 비근접성으로 인해 어떤 문제가 나타날 수 있는지를 염두에 둬야 한다. 예를 들어, PL/1에서는 서브루틴 호출이나 ON-루틴, 다른 변수를 참조해서 변수 정의하기 등에서 이런 비접근성의 문제를 겪을 수 있다. 서브루틴 호출에서는 전역 변수나 **주소로** 전달되는 인자를 통해 이런 영향이 나타날 수 있고, ON-루틴은 인자 없는 하위 루틴과 비슷하지만 해당 지역에 명시적인 호출 코드가 없어도 실행되는 특징이 있다.

언어가 지닌 한 특징이 근접성을 저해시킨다고 해도 보통 그 특징이 언어가 잘못 설계되어서 생긴 것은 아니다. 만약 설계가 잘못된 탓이라면 그 특징을 제거하면 될 터이고, 아무도 그것이 사라졌다고 슬퍼하지 않을 것이다. 예를 들어, 변수를 정의하면서 다른 변수를 참조하는 건 압축을 돕기 위해 제공되는 기능이며, 압축도 근접성을 높이는 데 쓰이는 방법이다. 따라서 잘못된 프로그래밍 습관이나 실수 때문에 근접성이 훼손되는 것을 프로그래밍 언어의 차원에서 방지하는 데는 한계가 있다. 그러나 앞서 나온 예에서는, 프로그래머가 명시적으로 표시하지 않는 한 F 내의 I, S 같은 변수가 자동으로 F의 지역 변수가 되도록 언어를 설계하는 편이 더 나았다. 물론, 지금도 프로그래머가 F 내에서 다음처럼 I나 S를 명시적으로 선언한다면 범위는 F로 한정될 것이다.

```
DECLARE I FIXED BINARY, S FLOAT;
```

따라서 프로그래머가 언제나 모든 변수를 선언하는 습관을 들이면, 그냥 다음과 같이 간단하게만 기술하더라도, 이러한 문제를 극복할 수 있다.

```
DECLARE I, S;
```

PL/1의 ON-루틴은 비근접성에 대한 특히 흥미로운 사례다. 이 기능은 본래 프로그램의 순차성을 높이려는 목적으로 만들어졌기 때문이다. 사실, 보통 ON-루틴을 예외 상황(어떤 실행에서는 한 번도 일어나지 않을 수도 있는 상황)을 처리할 때 사용한다는 점에서 ON-루틴을 근접성을 높이는 또 다른 방법으로 볼 수도 있다. 우선, ON-루틴의 이름을 명시하지 않아도 되고 예외 상황을 고려하지 않아도 되기 때문에 좀 더 많은 코드를 한 페이지에 쓸 수 있다. 이로써 근접성이 높아진다. 즉, ON-루틴을 사용하면 예외인 경우를 일단 잊어버릴 수 있고 덕분에 코드가 간단해진다. 그러나 이는 공짜가 아니며 예외 상황을 고려해야 할 때가 되면 미뤘던 값을 치러야 한다. 그러나 ON-루틴의 본래 목적은 프로그램의 순차성을 높여 프로그래머의 순차적 기억을 돕는 것이다. 프로그래밍과 비슷한 상황에서 문제를 해결하는 과정에 대한 여러 실험 결과를 보면, 일련의 선택들을 완전히 순차적으로만 배열하는 편이 분기나 반복이 포함된 경우보다 일반적으로 더 다루기 쉬움을 알 수 있다. 프로그래밍도 마찬가지여서, GO TO 구문이나 분기문이 많은 프로그램일수록 이해하거나 디버깅하기에 더 어렵다. 이런 어려움 중 일부는 단순히 비근접성 때문이기도 하다. 분기해서 가야 하는 주소가 다른 페이지에 있는 경우도 많기 때문이다. 50페이지짜리 프로그램에 이런 종류의 분기가 있으면 여러 페이지를 계속 뒤적거려야 할지도 모른다.

그러나 분기해서 가야 하는 주소가 분기점과 같은 페이지에 있더라도 문제가 생길 수 있다. 첫째, 알아차리지 못한 다른 분기가 역시 동일한 지점으로 연결되는 경우도 있는데, 이럴 경우 실행 과정에서 현재의 위치에 어떤 경로로 도달했는지 파악하기 어려울 수 있다. 둘째, 프로그램을 훑어보거나 프로그램에 대해 생각할 때 프로그래머의 순차적 사고방식이 분기문이 있을 때마다 방해를 받는다. 비록 페이지를 넘기지 않더라도 우리의 자연스러운 사고 진행이 방해 받으며, 따라서 실수를 저지를 확률도 더 높아진다.

고수준 언어들은 대부분 컴퓨터의 비순차성을 보완하는 여러 장치를 제공한다. IF 문은 실행할 문장이 IF 바로 옆에 나오도록 해주고, DO나 BEGIN 구문은 여러 문장을 한데 묶어 THEN이나 ELSE 아래에 함께 나오게 해준다. 논리 연산자를 사용하면 IF 문 하나에 여러 조건을 넣을 수 있고, DO 반복문을 사용하면 명시적인 분기를 하지 않아도 된다. 배열 연산으로 명시적인 DO 반복문을 대신할 수도 있고, ON-루틴을 사용하면 예외 상황을 명시하거나 심지어 생각조차 하지 않아도 된다. 이 외에도 순차성을 높여 주는 장치는 많다. 사실, PL/1을 비롯한 모든 언어에서 레이블 구문을 사용해 분기하는 코드를 서투름의 증거로 보는 프로그래머가 많다. 그렇게까지 심하게 말하고 싶지는 않지만, 그래도 PL/1에서 없어져도 프로그래머에게 미치는 악영향이 가장 적은 **주요 구문** 중 하나가 GO TO라는 점은 확실하다.

전통과 혁신

실수할 가능성은 최소로 줄이면서도 쉽게 표현할 수 있으려면, 프로그래밍 언어가 **자연스러워지는** 것이 가장 필요하다. 자연스러움은 앞서 보았듯이 일관성을 통해서도 얻을 수 있지만, 이는 이미 그 언어에 어느 정도 경험이 쌓인 프로그래머들에게만 효과가 있다. 어떤 언어를 처음 접할 때에 일관성을 인식하기는 어렵다. 오히려 프로그래머가 이미 지닌 기준에 의해 이상하다는 느낌을 받게 되기 쉽다. 그 기준은 어디서 나왔을까? 아마 기존에 알고 있던 언어에서 나왔을 것이다. 그 언어에는 FORTRAN, ALGOL, COBOL 등의 프로그래밍 언어는 물론이고 영어, 프랑스어, 중국어 같은 자연어도 포함된다. 프로그래밍 언어를 프로그래머가 알고 있을 법한 다른 언어와 비슷하게 만든다면, 새 언어로 진입하는 장벽을 낮출 수 있을 것이다.

자연어에서 프로그래밍 언어가 차용한 개념으로는 **의미 있는 빈 칸을** 예로 들 수 있다. 최소한 유럽어족 언어의 정식 철자법에서는 빈 칸에도 의미가 있는 것이 매우 자연스럽다. 반면에 FORTRAN에는 문자열 리터럴 내부의 빈 칸을 제외하고는 그런 개념이 없다.

게다가 구분자나 빈 칸과 마찬가지로 빈 칸 여러 개는 빈 칸 하나와 동등하다'는 개념도 어느 정도까지는 자연스럽다. 'orate'라는 단어는 두 단어 'or ate'와 동일하지 않다. 그러나 빈 칸이 빠져 있는 경우는 대개 교정이 가능하다. 빈 칸이 빠지면 중복 정보 덕분에 문법적으로나 의미론적으로 어느 정도 잘못되어 보이기 때문에 다음처럼 교정할 수 있다. 물론, 모든 경우에 그런 것은 아니지만.

"He gave it to you, or ate it."
"He gave it to you, orate it."

빈 칸이 빠져서 문장의 의미가 이상해지면 대개 읽는 사람이 고쳐 가며 읽을 수 있지만, 그 때에도 읽는 사람은 거의 언제나 의식적으로 빈 칸을 마음속으로 넣으면서 읽는다.

"He lost it or ate it."
"He lost it orate it."

반면에 구분자 옆의 빈 칸은 빠져도 되는데, 이때는 보통 빠졌음을 잘 눈치채지도 못한다.

"Leave it alone,will you!"

프로그래밍 언어의 규칙이 위와 같은 자연어의 빈 칸 규칙에 부합하지 않으면, 그 언어를 배우기가 더 어렵거나 최소한 디버깅하기가 더 어려울 수 있다. 예를 들어, FORTRAN에서는 다음 문장으로 대표되는 고전적인 버그 패턴이 있다.

```
DO 33 I = 1 . 20
```

여기서 쉼표 대신 마침표가 쓰였는데(아마 카드 천공 기사의 실수일 것이다), 그 결과 이 문장은 다음 문장과 동일하게 해석된다.

```
DO33I=1.20
```

문장에 들어 있는 빈 칸 때문에 우리에게는 DO, 33, I가 각각 의미를 가진 것으로 보인다. 그러나 이는 사실 FORTRAN에서 쓰는 빈 칸 규칙에 따라 DO33I라는 하나의 변수 이름이 된다.

OS/360 작업제어 언어의 경우 빈 칸 규칙을 잘못 설정한 대가가 훨씬 큰 예라 할 수 있다. 이 언어에는 피연산자 필드에 빈 칸이 나오면 이후에 나오는 코드를 무시한다는 규칙이 있다. 이런 이상한 규칙은 System/360 어셈블리어처럼 피연산자 필드 뒤에 주석을 붙일 수 있도록 하고자 생겨났다. 그러나 어셈블리어에서 이 규칙을 그대로 차용한 것은 좋지 못한 결정이었음이 드러났다(OS/360의 설계자들은 기존 언어와의 조화를 고려해 선택했겠지만). 무엇보다 FORTRAN, COBOL, PL/1 프로그래머는 그런 규칙에 익숙하지 않았다. 둘째, 작업제어 언어에 어셈블리어 방식으로 주석을 달고 싶어하는 사람은 아무도 없었다. 마지막으로, 작업제어 언어에서는 어셈블리어에 비해 연속 카드를 사용하는 빈도가 훨씬 컸다(어셈블리어에서는 매크로를 사용할 때에만 연속 카드가 주로 쓰였다).

이렇게 생각 없이 개념을 차용하여 생긴 전형적인 실수의 예를 하나 들어 보자.

```
//XX    DD   DSNAME=ABC,  DISP=(NEW,KEEP),    C
```

프로그래머가 카드를 천공하면서 무의식적으로 'ABC' 다음의 쉼표 뒤에 빈 칸을 남긴 경우다. 영어나 FORTRAN에서는 이런 종류의 빈 칸에 아무런 의미가 없기 때문에 이 프로그래머는 빈 칸을 의식하지 못했다. 그러나 컴퓨터는 이를 의식하므로, 이 빈 칸을 주석 필드의 시작이라 여긴다. 두 번째 인자 DISP는 완전히 무시되고 디폴트 체계에 의해 DISP=(NEW, DELETE)로 간주된다. 결국 프로그래머는 데이터 집합이 저장되지 않았음을 발견하게 된다. 이보다 훨씬 나쁜 상황도 얼마든지 만들어 낼 수 있다. 이 설계 실수 때문에 얼마나 많은 컴퓨터 사용 시간과 프로그래머의 노력이 낭비되었는지는 계산하기도 어렵다. 물론, 작업제어 언어가 정말로 PL/1, FORTRAN, COBOL 등이 설계되었다는 의미로 설계 된 것은 아니므로, 사실 이것을 설계 실수라고 볼 수는 없다. 운영체제의 일부인 이 언어는 전혀 프로그래밍 언어라고 생각되지 않았기 때문에, 누군가 당장 활용할 수 있는 가장 가까운 출처에서 나름대로 나쁘지 않았던 기법을 그냥 차용했던 것이다. 그리고 막심한 피해가 결과로 나타났다(그림 10-1과 10-2를 참고하기 바란다).

프로그래밍 언어가 자연어와 비슷해질 수 있는 영역으로는 철자법도 있다. 자연어로 쓰인 글을 읽을 때, 우리는 종종 철자법이 틀려서 심지어 전혀 말도 안 되는 다른 단어로 바뀌는 경우에도 그 사실을 의식하지 못하고 넘어가곤 한다. 말할 때에는 당연히 철자법으로부터 더더욱 자유롭다. 반면에, 프로그래밍 언어는 대부분 의도가 무엇인지 뻔한 경우까지도 오류로 감지할 정도로 철자법에 대해서 극히 엄격하게 대처한다. 축약어도 어떤 단어의 또 다른 철자다. 그러나 이 개념은 현재 여러 상용 시스템이 하듯이 훨씬 넓게 확장될 수 있다. 심지어 올바른 철자에 대한 추측을 하는 수준까지도 가능하다.

물론, 철자법은 자연어에서 나타나는 느슨함이라는 일반적인 개념의 한 가지 사례일 뿐이다. 예를 들어, 다음 두 문장은 말하는 사람이나 듣는 사람에게 아무런 차이가 없다.

"Bring it here, will you?"
"Will you bring it here?"

 그러나 프로그래밍 언어는 어느 정도 융통성이 있긴 해도 이 정도로 유연한 경우는 드물다. 예를 들어, COBOL에서는 군더더기 단어(noise word) 덕분에 프로그래머가 영어와 좀 더 비슷하게 느낄 수 있다. PL/1에서도 다음처럼 문장 내에 있는 일부 구성 요소의 순서를 자유롭게 할 수 있는 경우가 몇 가지 있다.

```
DO I = 1 TO N BY K;        또는    DO I = 1 BY K TO N;
DECLARE A FIXED BINARY;    또는    DECLARE A BINARY FIXED;
PUT SKIP LIST(A);          또는    PUT LIST(A) SKIP;
```

 두 가지를 모두 허용하기 때문에 사용자마다 자기에게 가장 쉽거나 자연스럽게 느껴지는 형식을 고를 수 있으므로 그 언어를 배우기가 쉽다. 그러나 사용자는 자신이 어떤 하나를 선택했다는 사실을 의식하지 못할 수도 있다. 아마도 그에게 언어를 가르친 사람이 어느 하나를 선호했기 때문에 애초부터 다른 형식을 보지도 못했을지 모른다. 아니면, 여러 형식 사이에 아무래도 의미론적으로 차이가 있을 거라고 느껴서, 하나를 알게 된 다음에는 다른 것을 사용하기 꺼려할 수도 있다.

 그리고 사실 의미론적인 차이가 있는 경우도 있다. 일반적인 프로그래머라면 평생 알아차리지 못할 정도로 미세한 차이지만 말이다. 다음 두 문장의 의미는 PL/1에서 완전히 동일하지는 않다.

    DO I = 1 TO N BY K;   와   DO I = 1 BY K TO N;

다음 두 문장도 마찬가지다.

    (A=2)&(B=3)   과   (B=3)&(A=2)

프로그래머에 따라 혹은 코드를 읽는 중인가 쓰는 중인가에 따라 다른 심리적인 차이는 제쳐 두고서라도, 뒤에 숨어 있는 성능의 차이 때문에 프로그래머는 느슨함을 활용하지 않게 될 수도 있다
한 언어에서도 의미가 있는 차이와 없는 차이가 존재하듯이, 언어 사이에도 의미가 없거나 아니면 너무 사소해서 굳이 신경 쓸 가치가 없는 차이들이 있다. 예를 들어,

    DO I = 1 TO N BY 3;

라고 해야 하는 언어도 있고,

    FOR I: = 1 STEP 3 UNTIL N;

라고 해야 하는 언어도 있지만, 능력 있는 프로그래머라면 위의 두 형식 사이를 왔다 갔다 하는 데 거의 어려움을 느끼지 않아야 한다. 사실, 이 둘 사이의 차이는 너무 의미가 없어서 한 프로그래밍 언어에 두 경우를 모두

제공하기도 쉽다. 그러나 프로그래밍 언어를 비교하는 논의에서 가장 의미가 없는 차이점들을 놓고 가장 뜨거운 논쟁이 붙는 경우가 많은데, 이는 두 언어를 직접 비교할 수 있는 지점이 그곳들 뿐이기 때문이다. 아마 훗날 누군가 반복을 위한 **최고의** 키워드가 DO인지 FOR인지를 가리는 실험을 해서 결과를 내어 놓을지도 모르지만, 그것만 가지고는 그런 논쟁을 종식시킬 수 없을 것이다.

새로운 프로그래밍 언어를 널리 쓰이는 기존 언어와 비슷하게 설계한다면, 프로그래머가 습득한 기존 언어에 대한 지식 덕분에 학습 초기 단계의 속도를 높일 수 있음이 분명하다. 그러나 초기 학습이 빠른 만큼 훗날에 치러야 할 대가도 쌓이게 된다. 두 프로그래밍 언어가 서로 완전히 똑같은 경우는 없기 때문이다(완전히 똑같다면 그 둘은 그냥 하나의 언어일 뿐이다). 두 언어에 차이가 약간 있다면, 억제라는 심리적 현상이 일어난다. 억제에는 역향 억제과 순향 억제, 이렇게 두 가지가 있는데, 순향 억제는 먼저 학습한 내용과 나중에 학습한 내용이 비슷하여 나중의 학습이 방해 받는 현상이다. 예를 들어 FORTRAN 프로그래머가 다른 언어의 프로그래머보다 PL/1의 F나 E 같은 출력형식 설정[3]을 배울 때 더 큰 어려움을 겪는다. 두 언어가 비슷하긴 하나, FORTRAN에서는 마침표를 쓰는 반면에 PL/1에서는 쉼표를 쓰기 때문이다. FORTRAN 프로그래머가 작성한 PL/1 프로그램을 읽다 보면 종종 F(10.2) 같이 쓴 경우를 볼 수 있는데, 그 결과는 언제나 FORTRAN 프로그래머를 당황하게 만든다.

두 언어가 유사한 탓에 학습이 억제된다는 것은 FORTRAN 프로그래머가 PL/1의 PICTURE[4] 출력형식 설정을 배울 때 알 수 있다. PL/1 초보자가

---

3 (옮긴이) 예를 들어, 부동 또는 고정소수점수 등을 출력할 때 소수점이나 부호 등을 어떤 모양으로 출력할지 지정하는 방법을 뜻한다. C의 printf문에서 사용되는 %f와 비슷하다.

P'SSSSSSSV.99' 같은 표현을 작성하는 법을 배울 때는 거의 또는 전혀 어려움을 겪지 않는다. FORTRAN에는 이와 비교될 만한 표현이 없기 때문이다(이 경우에는 COBOL 프로그래머가 큰 어려움을 겪을 것이다[5]). 역향 억제도 언어의 유사함 때문에 생기지만, 먼저 학습한 언어가 영향을 받는다는 점에서 순향 억제와 다르다. PL/1을 배운 FORTRAN 프로그래머가 다시 FORTRAN 프로그램을 작성하게 되면 보통 어려움을 느끼는데, 이것은 단지 그동안 FORTRAN과 떨어져 지냈기 때문만은 아니다.

즉, 비슷하지만 완전히 동일하지는 않은 두 언어를 만들면 우리는 억제란 비용을 지불해야 한다. 따라서 완전히 동일하게 만들 수 없다면 아예 서로 분명히 다르게 만드는 편이 억제란 비용을 낮추는 데 더 나을지도 모른다. 게다가 기존 언어와 비슷한 언어를 만들 때 치러야 할 대가에 억제만 있는 것은 아니다. 만약에 기존 언어의 구조 자체가 새로운 시도에 적합하지 않다면 새 언어의 전반적인 통일성이 흔들리게 된다. 이 경우에는 초기 학습의 속도는 빠를 수 있지만, 이후에 새 언어가 제공하는 새롭고 강력한 기술을 익히기는 오히려 더 어려울 수 있다. 또는 새로운 기술을 도저히 옛날 언어의 구조에 맞출 수가 없어서 비슷하게 만들려는 노력이 수포로 돌아갈 수도 있다.

프로그래머들은 저마다 너무 다르기 때문에, 프로그래머가 이미 아는 개념이나 구조에 새로운 언어를 부합하도록 만드는 데는 분명한 한계가 있다. 숫자 리터럴이나 단순한 산술 연산 같은 형식은 모든 프로그래머가 다 익숙하리라 예상해도 되지만, 사람마다 제각기 선호하는 방식이 다르

---

4 (옮긴이) PL/1의 출력형식 설정 방법의 하나로, 몇 가지 약속된 기호로 출력될 결과의 모양을 만들어 주면 그 모양에 맞추어서 자료가 출력된다.
5 (옮긴이) COBOL에는 이와 유사한 출력형식 설정 방법이 있다.

다는 문제에 봉착하는 건 시간 문제다. 같은 사안에 대해 가능성을 두 개 이상 제공하면 즉, 언어를 느슨하게 만들면 개인의 성향에 좀 더 맞춰 줄 수 있다. 어떤 의미에서 보면 느슨한 언어는 프로그래머 개인의 선호에 대한 적응성이 뛰어나다고 할 수 있다.

느슨함 외에도 언어의 적응성을 높이는 방법에는 여러 가지가 있다. 특정 프로그램 또는 모든 종류의 프로그램을 위한 새로운 뭔가를 만들 수 있도록 해주는 기능이 이에 해당한다. 함수 또는 하위 루틴을 정의할 수 있는 기능이 대표적인 예다. 새로운 데이터 타입, 예를 들어 구조체와 리스트 따위를 정의할 수 있는 기능도 마찬가지다. 어떤 언어는 기존 연산자를 재정의하거나 새로운 연산자를 정의하는 것까지 허용하는데, 사실 이 역시 함수의 또 다른 형태일 뿐이다. 마지막으로, 훨씬 정교한 메타언어를 써서 (예를 들어, 컴파일할 때 조절할 수 있는 기능이나 실행 시에 동적으로 코드를 생성해 내는 방법을 통해) 언어의 전체 모습을 바꾸어 버릴 수 있는 언어도 있다.

이런 기능들을 이용해서 언어를 우리에게 적응시키면, 언어 설계자들이 일일이 파악하기 힘든 프로그래머 개개인의 개성과 어느 정도 조화를 이룰 수도 있다. 그러나 나만의 독특한 생각과 표현 방식에 가까워질수록 다른 사람의 방식과는 점점 멀어질 염려가 있다. 프로그래밍은 단지 한 사람과 한 컴퓨터 사이의 의사소통이 아니다. 경우에 따라 다른 사람도 나의 프로그램을 읽고 이해할 필요가 있다. 그런데 나에게 맞추기 위한 기능들을 너무 과도하게 사용한다면 다른 사람들에게는 내 프로그램이 마치 정신분열증 환자의 비밀 일기와 비슷하게 보일 수도 있다.

조직의 업무 성격에 따라서는 언어의 적응력을 어느 정도 활용하는 편이 좋을 것이다. 물론 그렇게 언어를 계속 변경하다 보면 어느 시점부터는 오히려 새로운 언어를 설계하는 일에 가깝게 성격이 바뀌어 있을 것이다.

이는 아마추어가 가볍게 맡아 할 수 있는 수준이 아니다. 만약 지금 쓰는 언어가 조직의 요구에서 너무 벗어나 있다면, 변경을 시작하기에 앞서 그 요구에 좀 더 잘 맞는 다른 언어를 찾아보는 편이 나을 것이다. 후보로 삼을 언어의 수는 분명히 부족함이 없을 정도로 많다.

특수 목적 언어, 범용 언어, 장난감 언어

지금까지 논의한 내용은 아마추어가 아닌 전문 프로그래머용 언어에 초점을 맞추었다. 그러나 여기에 제시한 프로그래밍 언어의 원칙은 심도가 있기 때문에 아마추어용 언어에도 그대로 적용된다(원칙들 사이의 상대적인 중요성은 좀 달라질 수 있지만). 만약 특정한 응용 분야만을 대상으로 특수 목적 언어를 설계한다면, 대화의 주제가 한정되기 때문에 심리적 이익을 처음부터 누릴 수 있다. 즉, 통계용 언어에는 복소수 연산 기능이 필요 없고, 문자열 처리 언어에는 복잡한 산술 연산이 필요 없으며, 기계 제어 언어에는 산술보다는 기하학 기능이 더 많을 것이다. 그러나 이렇게 언어의 기능을 제한한 이유가 목적한 분야의 문제들이 일정 정도 이상으로 커지지 않을 것이라는 가정 때문인 경우도 가끔 있다. 예를 들어, 보조 기억 장치가 필요 없을 거라는 가정 아래 그에 관련된 기능을 제공하지 않는 시뮬레이션용 언어가 있다면, 그 언어로는 시뮬레이션할 수 없는 특정 문제가 있을 수 있다.

특수 목적 언어를 설계할 때는 대화의 주제를 좁히는 작업이 너무나 중요하기 때문에, 맨 처음 단계에서 이 작업을 해야 하며 또 생각도 가장 신중하게 해야 한다. APL의 경우 다룰 수 있는 주제를 한정하는 작업을 잘했기 때문에 성공할 수 있었다. 비록 대다수의 APL 프로그래머는 APL을 범용 언어라고 생각하긴 하지만 말이다. APL의 설계자들은 APL이 사용될 환경을 단말기 사용, 상대적으로 작은 규모, 보조 파일이 필요 없는 상황으로 한 정시킴으로써 그 범위에 속하는 문제를 해결하는 매우 탁월한 수단을 만들어 낼 수 있었다. 그리고 APL의 사용자들이 풀고자 하는 문제가 그 범위에 들어 있는 경우가 많았던 덕분에 APL은 성공했다(적어도 그들이 APL을 배우는 동안에는 풀어야 할 문제가 그 범위를 넘지 않았을 것이다). 반면에 APL이 설정한 범위를 넘어선 문제, 예를 들어 대용량 데이터를 처리하는 문제를 해결하고자 할 경우에 프로그래머들은 APL의 한계를 느끼지 않을 수 없었다. 그러나 APL에 열광하는 사람들은 대부분 그런 한계를 인식조차 하지 못한다. 그 한계가 명확하고, 심지어 그로 인해 자신들이 APL에 열광하게 되었는데도 말이다.

특수 목적의 프로그래밍 언어를 사용하는 사람이 사용하지 않는 사람보다 위와 같은 한계를 잘 인식하지 못하는 것은 언어가 사용하는 사람의 사고방식을 좌지우지하기 때문이다. 이는 앞서 언급한 억제 효과 정도가 아니라, 프로그래머가 프로그램과 데이터를 조직화하는 방식 자체를 언어가 결정한다는 뜻이다. 나는 PL/1 기초 강좌에서 강의하면서 이 현상을 직접 경험한 적이 있다. 그 강좌를 수강한 학생들은 배경이 다양해서 COBOL이나 FORTRAN, BAL(Basic Assembler Language, 기본 어셈블리어) 출신의 프로그래머들이 섞여 있었고, 프로그래밍 언어를 처음 배우는 사람들도 있었다. 그런데 첫 번째 과제물로 학생들이 제출한 프로그램들을 읽다가 문득 어떤 학생이 어느 언어 출신인지를 알 것 같다는 생각이 들었다. 그래서 내 추측들을 따로 기록해 놓고, 다음날 수업 시간에 결과를 확인했더니 그림 12-3과 같았다. 참고로, 내게는 학생들의 신상 명세가 없었기 때문에 추측의 근거는 오직 학생들이 제출한 프로그램뿐이었다.

F 등의 출력형식 설정에서 쉼표 대신 마침표를 사용하는 식의 명백한

추측 실제	COBOL	FOTRAN	BAL	경험 없음	추측의 정확도
COBOL	6	0	0	2	6/8
FORTRAN	0	5	0	0	5/5
BAL	0	1	6	1	6/8
경험 없음	1	0	0	5	5/6

그림 12-3 프로그래밍 배경에 대한 추측

특징 덕분에 추측하기 쉬운 경우도 많긴 했다. 그러나 그런 명백한 특징 때문에 오히려 잘못된 추측을 하기도 했다. BAL 프로그래머가 마침표를 쓰는 바람에 때문에 FORTRAN이라고 잘못 추측한 경우도 있었고, 어떤 학생이 사용한 PART_COST 같은 이름이 COBOL 식이라고 판단하고 COBOL일 것이라 추측했는데 사실은 경험이 전혀 없는 사람이기도 했다 (나중에 알고 보니 이 사람은 수업 중에 COBOL 프로그래머 가운데 한 명이 하는 방식을 보고 흉내 낸 것이었다).

대부분의 경우, 프로그래머는 자신의 기술 수준이 올라갔을 때 자기 충족적인 만족감을 느끼지만, 특수 목적의 프로그래밍 언어를 사용할 때에는 그와 상관없이 만족감을 느끼게 되기도 한다. 언어에 의해 사고방식이 굳어져서 언어와 자신이 그 언어에 대해 알고 있는 범위 내로 문제를 제한해 파악할 수 있기 때문이다. 그러나 그가 맞닥뜨린 문제가 사실은 그 범위를 넘어설 수도 있으므로, 특수 목적 언어가 프로그래머에게 해를 끼친다고도 볼 수 있다. COBOL의 사례가 특히 교훈적이다.

COBOL은 프로그래밍에 대한 비전문가를 많이 배려한 언어다. COBOL

설계자 중 한 명인 진 사멧(Jean Sammet)의 말을 인용해 보자.

COBOL은 비즈니스 데이터 처리 문제에 관련된 사람들 가운데 특히 다음 두 부류를 더 많이 배려해서 설계한 언어입니다. 하나는 COBOL의 자연스러움이 이점으로 작용할 상대적으로 경험이 부족한 프로그래머들이고, 다른 하나는 원래 처음부터 프로그램을 작성해 본 적이 없는 모든 사람입니다. 그중 누구라도 COBOL 프로그램을 쉽게 읽을 수 있도록 하기 위해 언어 차원에서 가독성을 높이는 데 많은 노력을 기울였습니다. 프로그래머가 아닌 관리자나 심지어 경영진까지도 프로그램을 읽을 수 있도록 말입니다. 전문적인 프로그래머만을 고려한 설계는 거의 없었습니다...

COBOL 설계자들은 이런 목표를 실제로 이루기 위해 상당한 고생을 했다. 그 노력은 어느 정도 결실을 맺었다. 예를 들어, COBOL을 사용하는 회사의 프로그래밍 관리자가 그렇지 않은 회사의 관리자보다 프로그램을 읽는 일이 좀 더 많아 보인다(그러나 프로그래밍 부서가 아닌 관리자들의 경우에는 과연 COBOL 프로그램을 읽는지도 그리고 읽더라도 무슨 소용이 있긴 한지도 의심스럽다).

60년대에 많은 비전문가들이 COBOL 프로그래밍을 할 수 있었던 것도 위와 같은 COBOL 설계자들의 노력 덕분이다. 그러나 그런 성공이 70년대에 이르러서는 오히려 독이 되어 COBOL의 발전을 저해하고 있다. 일반적으로 봤을 때 COBOL 프로그래머들만으로는 빠른 응답 시간이 요구되는 온라인 시스템 등을 개발하기 어렵다. 심지어 임의접근 파일을 사용해 효율성을 높이도록 시스템을 개선하는 일 정도도 COBOL이 강요하는 정렬 심리에 의해 억제되어 쉽지 않다. 내가 운영체제에 관련해 컨설팅을 제공한 회사 중 COBOL을 사용하는 곳에서는 임의접근 파일을 사실상 순차적인 장치처럼 사용하는 경우가 75%에 달했다. 임의접근 파일이라는 최신 기술을 기껏해야 정렬이 조금 더 빠르고 최악의 경우 즉, 순차적인 작업을 할 때는 테이프보다도 느린 상태로 사용하고 있었던 것이다. 이쯤 되면 COBOL과 COBOL 사용자들이 기술의 발전에 발맞춰 계속 성장할 수 있는지가 매우 의심스럽다.

어떤 프로그래밍 언어가 그것이 목적한 특수한 일을 잘 처리하면 할수록 그 사용자의 사고는 더욱 더 좁아지는 결과가 된다. 이 모순에서 벗어날 방법은 없어 보인다. 사실 이는 피셔의 자연 도태에 관한 기본 정리가 적용되는 사례이기도 하다. 즉, 어떤 의미에서는 당연한 결과다. 그러나 진정한 전문 프로그래머는 하나에 너무 잘 적응한 나머지 오히려 다른 것에는 적응할 수 없게 되는 함정에 빠져 있을 여유가 없다. 문제는 그 함정을 어떻게 피할 수 있느냐다. 아직은 해답을 찾을 길이 요원하다. 다만 특수 목적 언어가 목표로 하는 환경에 적응하는 방법을 연구하여, 프로그래머의 사고방식을 어떤 틀 안에 가두는 과정을 파헤치는 것이 유일한 출발점이 아닐까 싶다.

특수 목적 언어는 해당 분야에 적합한 데이터 구조를 제공하고, 그로 인해 좀 더 간결한 프로그램이 가능하며, 사용자의 기존 지식에 잘 부합해야 성공할 가능성이 높다. 예를 들어, 사회과학 연구에 사용될 언어라면 설문지 결과 등을 위한 자료 배열 기능을 제공하고, 대수학 계산을 위한 언어라면 다항식 등의 기호 표현식을 쉽게 담을 데이터 구조를 제공해야 한다. 실제로도, 적합한 데이터 구조를 제공한 언어는 성공했고 그렇지 못한 언어는 실패했다.

특수한 데이터 구조를 제공하면 그 구조와 연관되어 자주 쓰이는 연산 기능도 함께 제공하게 마련이다. 사회과학 연구용 언어는 표 작성과 데이터 정리를 쉽게 할 수 있도록 다양한 기본 연산을 제공할 것이 틀림없다. 대수용 언어는 적분, 미분, 표현식 단순화 같은 기본 연산을 제공할 것이다. 또, 이런 함수와 구조의 이름은 그 분야에서 쓰이는 용어를 참고하여 사용자들이 친숙하게 느끼도록 짓는다.

프로그래머가 아닌 사람들을 주된 사용자로 설정한 특수 목적 언어는 사용자의 기존 지식과 되도록 유사한 모습을 띠도록 설계된다. 그렇지 않으면 사용자가 쉽게 적응할 수 없다. 그런데 불행하게도 지금까지 **고안된** (아무리 봐도 나는 개발된이라고 표현할 수가 없다) 특수 목적 언어들을 보면 기존 지식과 일치하는 부분들만 제공하는 수준에서 그치는 경우가 많다. 그런 언어는 초기 학습 시간을 크게 아낄 수 있지만, 결국에는 사용자가 원하는 진짜 문제는 풀지 못하고 그와 비슷한 **장난감** 문제만 풀 수 있음을 알게 된다. 이론적으로는 진짜 문제를 기술할 수 있어도, 주어진 컴퓨터의 능력(속도와 메모리) 내에서 문제를 해결할 수 있는 프로그래밍이 불가능한 경우도 있는 것이다. 그런 상황에 처하면, 변덕스러운 사용자들은 금방 그 언어에 대한 비판자로 돌변한다. 그리고 이는 꼭 사용자들이 너무 변덕스러워서가 아니라 충분히 그럴 만한 사안이다.

특수 목적 언어가 세상에 태어나는 방식은 대부분 프로그래밍 언어 설계 산업의 망신거리다(자신의 저서 목록에 한 권을 더 올리는 게 진짜 목적도 아닐 텐데. 그것도 해당 분야의 전문가는 도저히 이해할 수 없고, 프로그래머는 절대 읽고 싶어하지 않을 그런 책을 말이다). 게다가 언어 설계와 직접 관련이 없는 보통 프로그래머들에게도 악영향을 끼친다. 컴퓨터 전문가라는 좁은 울타리를 조금만 벗어나면, 나쁜 프로그래밍 언어로부터 스스로 보호할 능력이 없는 사람들에 대한 사회적 책임을 우리가 져야 하기 때문이다. 따라서 다시 한 번 호소하고 싶다. 제우스가 완전히 성장한 여신을 이마에서 꺼내듯 머릿속으로만 생각해서 언어 하나를 툭 만들어 내지 말고, 건전한 행동주의적 원칙에 입각하여 설계와 실험을 수행할 수 있는 환경에서 언어를 개발하라. 프로그래밍에만 전문가가 되지 말고 설계에도 전문가가 되어야 한다.

요약

진 사멧(Jean Sammet)이 지은 책 『Programming Languages: History and Fundamentals(프로그래밍 언어: 역사와 원칙)』의 표지에는 **브루겔**(Brueghel)**의 바벨탑**을 연상시키는 그림이 실려 있다. 「PL/1 Universal Language Document」가 만들어진 IBM Vienna 연구소의 한 회의실에도 **브루겔의 바벨탑**의 모조화가 한쪽 벽면을 가득 채우고 있다. 전 세계 어디에서나 프로그래머가 모인 곳은 문학적 또는 회화적으로 바벨탑과 비슷한 모습이 되기 쉽다. 사멧의 책 표지를 보면 그 이유를 쉽게 알 수 있다. 그 그림에서는 프로그래밍 언어의 이름 117개가 탑을 장식하고 있다. 원래는 하나 더 많아서 118개였다. 탑 꼭대기는 BABEL이라는 프로그래밍 언어 이름이 차지하고 있었다.

사멧이 당시 모든 언어를 그림에 넣은 것은 아니다. 내가 아는 언어만도 셀 수 없이 많다(사멧 역시 전혀 고려하지 않았던 듯한 어셈블러 언어들은 아예 제외하고도). 그럼에도 숫자가 117에 이른다. 사멧이 열거한 언어들은 대략 1952년부터 1967년까지 그 15년 동안에 탄생했다. 평균을 내면 새로운 언어가 1년에 8개 정도 나왔다고 볼 수 있지만, 첫 10년 동안에는 연평균 2~3개였음을 감안해야 한다. 나머지 5년은 새로운 언어가 연평균 20개 쏟아져 나왔으며, 매년 증가 추세를 보였다. 프로그래밍의 역사를 다룬 책으로는 사멧이 쓴 785쪽짜리 책이 마지막이 될 것이다. 적어도 한 권짜리로는 말이다. 내가 외삽법으로 계산을 해보니 1972년에는 한 주에 하나, 만약 어떤 책에도 언급되지 않는 언어까지 포함한다면 그 이상 되는 속도로 새로운 프로그래밍 언어가 세상에 출현할 것이다. 게다가 기존 언어의 변형까지 계산에 넣는다면?

프로그래밍 언어 수가 이렇게 폭발적으로 증가하는 것을 수영장 배수구에 조류가 무수히 자라나는 현상과 동일시해야 할까? 아니면 꼭 필요한 창조적 노력의 건강한 분출로 봐야 할까? 어떤 언어를 간단히 뚝딱 만들어서 책에 싣거나 프로그래머들 앞에 던져 놓고 끝낼 수 있는 시절은 지났다. 이제는 눈을 높이 들어 장차 언어의 설계자가 될 사람에게 더 많은 것을 요구해야 한다. 즉, 그 언어가 심리적으로 유용함을 증명해야 한다. 그리고 언어 설계자만 비난할 일도 아니다. 프로그래밍 언어 이론가들도 심리적 측면을 너무 오랫동안 무시해 왔다. 프로그래밍은 수학의 한 갈래가 아니고, 사람과 기계가 의사소통하는 형식이다. 그런데 이 의사소통 형식은 조금 독특해서 한쪽은 항상 적극적이고(사람) 다른 한쪽은 소극적일 때가 많다(기계). 이와 같은 소통의 일방성이 프로그래밍 언어와 관련된 문제들의 근본 원인일지도 모른다. 이론가들은 프로그래밍 언어의 **대화적 성격**으로 눈을 돌려야 한다. 그래야만 자신들이 연구하는 것은 기호 조작이 아니라 인간 행위임을 깨닫게 될 것이다.

질문

관리자에게

1. 회사에서 어떤 프로그래밍 언어를 사용하고 있나? 당신은 프로그램을 얼마나 자주 읽는가? 프로그래밍 언어를 관리 업무를 위한 보조 수단으로 보는가, 아니면 프로그래머들이 자기들끼리 속닥거리기 위한 비밀 수단으로 보는가?

2. 새로운 프로그래밍 언어를 회사에 도입하기로 결정할 때 어떤 심리적 요소들을 고려하는가? 어떤 종류의 실험을 해보는가?

프로그래머에게

1. 자신이 가장 잘 아는 프로그래밍 언어에 대해 다음의 성격들이 드러나는 사례를 제시하고 토의해 보라.
   - 일관성
   - 비일관성
   - 금기 사항

2. 당신이 알고 있는 언어 중에서 간결성이 가장 뛰어난 것은 무엇인가? 그 언어가 그렇게 간결한 원인은 무엇인가? 혹시 그 언어를 사용해서 해결할 수 있는 문제의 범위가 제한되어 있기 때문에 그런 것은 아닌가?

3. 당신이 가장 잘 아는 언어에서 비근접성을 낳을 수 있는 방법을 모두 나열해 보라. 그렇게 발생한 비근접성이 디버깅할 때 어떤 결과를 초래하

는가? 비근접성으로 인해 발생한 버그의 예를 들고, 어떻게 결국 그 버그를 찾아낼 수 있었는지 말해 보라.

4. 다른 사람이 작성한 여러 프로그램을 길이가 비슷한 것끼리 분류하고, 또 각 분류 내에서도 이해하기 쉬운 정도에 따라 순서를 매겨 보라. 각 프로그램에서 사용된 분기의 횟수를 세어 보고, 프로그램의 명확성과 분기의 횟수 사이에 어떤 연관이 있는지 확인하라. 또, 분기 하나에 포함된 코드의 평균 길이를 계산해서 이 역시 프로그램의 명확성과 어떤 연관이 있는지 보라.

5. 가장 최근에 배운 언어로 프로그래밍할 때 이전 프로그래밍 언어에서 쓰던 방식의 영향을 받은 예를 몇 가지 들어 보라. 또, 당신이 공부한 프로그래밍 언어들이 프로그래밍이 아닌 다른 분야의 사고 과정에 영향을 끼친 예도 몇 가지 들어 보라.

6. 특수 목적 언어를 안다면, 그 언어가 다음 항목의 이점을 어떻게 활용하는지 설명해 보라.
   - 대화 주제의 제한
   - 해당 분야에 적합한 데이터 구조
   - 해당 분야에 적합한 처리 함수
   - 해당 분야에 대한 기존 지식에 부합되는 용어

참고문헌

- Raymond J. Rubey 외 『Guide to PL/1 Vol. 1: Comparative Evaluation』 Detroit, American Data Processing, 1969년.
- F. P Brooks 외 『Guide to PL/1 Vol. 2: Experiences with PL/I』 Detroit, American Data Processing, 1969년.

  이 책들은 새로운 프로그래밍 언어(이 경우는 PL/1)의 가치를 평가하는 두 가지 방식을 보여 준다. 2권에서는 세미나-논의 방식을 취한다. 참여자가 PL/1의 부분 또는 전체에 대해 자신이 생각하는 가치를 진술하는 것이다. 반면에, 1권에서는 프로그래밍 언어를 행동주의적으로 연구하는 방식을 취했다. 이는 행동주의적으로 연구한 몇 안 되는 예에 해당하는데, 개인 간의 편차를 제거하고자 한 프로그래머가 서로 다른 두 언어로 동일한 문제를 풀도록 한 것이다. COBOL과 PL/1, FORTRAN과 PL/1, JOVIAL과 PL/1 등의 여러 조합을 시도했다. 저자들이 행동주의 과학자가 아니라 프로그래머임에도 연구 방법은 꽤 정교하다. 앞으로 비슷한 실험을 해보고 싶은 사람은 이 연구와 새크만의 연구를 비교하면 좋을 텐데, 아마 그 중간 형태로 절충하여 연구하게 될 것이다.

- Jean E. Sammet 지음 『Programming Languages : History and Fundamentals』 Englewood Cliffs, N.J, Prentice-Hall, 1969년.

  좋은 내용이 많이 들어 있지만, 특수 목적 언어에 대한 내용이 특히 볼만하다. 이 책을 읽고 나면 특수 목적 언어가 어떻게 설계되는지 추측할 수 있을 것이다.

- N. Wirth 지음 『PL 360, A Programming Language for the 360 Computers』 Communications of the ACM, 15, No. 1 (1968년 1월), 37-74쪽.

  어떤 사람들은 진정한 범용 언어는 일종의 어셈블리어일 수밖에 없다고 확언하기도 한다. 그런 주장이 옳다면 프로그래머들의 앞날은 참으로 암울하다. 어셈블리어로 작업하기가 어렵기 때문이다(특히 순차성이 결여된 점이 가장 큰 문제다). 그러나 워스(Wirth)가 제시한 방법이라면 조금 희망이 있다. 그는 생성되는 기계어 코드에 대한 제어권은 완벽하게 유지하면서(적어도 개념상으로는) 블록 구조의 장점도 취한 어셈블리어를 생각해 냈다. 분명 이는 시스템 프로그래밍의 미래를 논한 최근 10년 사이에 나온 논문 가운데 가장 중요한 축에 속한다.

- G. M. Weinberg 지음 『PL/1 Programming: A Manual of Style』 New York, McGraw-Hill, 1970년.

  이 책의 2장에서는 PL/1을 배경으로 프로그래밍 언어의 원칙들을 상세하게 논했다.

- M. Klerer, J. May 지음 「A User-Oriented Programming Language」 Computer Journal, 8, No. 2 (1965년 7월), 103-109쪽.

  언어를 설계하는 관점에서 볼 때, 클래러(Klerer)와 메이(May)가 제시한 시스템의 가장 흥미로운 특징은 모호성을 수용했다는 점이다(사실 환영하고 싶기까지 한 특징이다). 그 다음으로 흥미로운 특징은 겸손함의 극치인지 자부심의 극치인지 알 수 없지만 자신들이 만든 언어에 이름을 붙이지 않은 점이다. 이에 대해 더 알고 싶으면 사멧의 책을 보라.

- C. J. Shaw 지음 『Decision Tables-An Annotated Bibliography』 Santa Monica, System Development Corp. (1965년 4월), TM-2288/000/000 (14쪽).
- Paul Dixon 지음 『Decision Tables and Their Application』 Computers and Automation 13, (1964년 4월), 14-19쪽.

  결정 표 운동(Decision Table Movement)은 60년대 초반에 반짝 융성한 후 거의 잊히는 듯 하다가 근래에 다시 살아나고 있다. 그러나 불행하게도 한편으로는 형식적인 문제들에, 다른 한편으로는 잘못 쓰인 교과서들에 문제가 집중되어 있는 것 같다. 아직까지 어떤 심리학적 의미에서든 결정 표의 가치를 증명할 경험적인 근거가 나와 있지 않다. 이는 결정 표가 절차 기반 언어보다 더 자연스러운 프로그래밍 방식이라고 주장하는 측에서는 특히 유감스러운 일이다. 이 컴컴한 분야에 작은 촛불이 되고자 하는 연구자들을 위해, 우리는 1965년경까지의 자료가 나와 있는 관련 서적 목록과 논평을 위에 소개해 놓았다. 이 책을 쓰는 지금까지는 그것들보다 더 좋은 자료는 찾기 힘들 것이라 생각한다.

- G. M. Weinberg 지음 『Experiments in Problem Solving (Doctoral Thesis)』 Ann Arbor, University Microfilms, 1965년.

  피실험자에게 여러 사고방식 중 하나를 선택할 자유가 있을 때 보이는 행태에 대한 연구로, 프로그래밍 언어가 어떤 종류의 구조를 갖춰야 가장 바람직할지 암시해 준다.

- Benjamin Lee Whorf 지음 『Language, Thought, and Reality』 Cambridge, Mass., M.I.T. Press, 1956년.

  인류학자 또는 인류언어학자인 워프(Whorf)는 **표준 미국-유럽** 언어가 아닌 언어를 연구하며, 금기의 영향력 등 언어가 생각에 미치는 영향을 밝혀냈다. 미국 인디언이 사용하는 언어를 전문적으로 설명하는 등 어려운 내용도 많지만, 언어학자가 아닌 사람이 읽을 만한 글도 더러 있다. 이 책에 실린 글이 대부분 읽기 어렵다면 설명하고 있는 생각의 방식들이 우리에게 낯설기 때문일 것이다. 그리고 비유럽 언어에 대한 연구까지도 우리에게 유용할지 누가 알겠는가? 혹시 오직 유럽 언어에만 컴퓨터 프로그래밍에 유용한 모델이 들어 있다고 믿을 정도로 자민족 중심적이지는 않았는가? 그랬다면, 이 책을 읽은 후에는 생각이 바뀔 것이다.

- G. K. Zipf 지음 『Human Behavior and the Principle of Least Effort』 Cambridge, Mass., Addison-Wesley, 1949년.
  지프(Zipf)는 워프와 마찬가지로 동시대의 지적 유행과 거리가 먼 인물이었고, 그의 업적이 인정받는 데도 오랜 시간이 걸렸다. 이 책은 언어 변화의 원칙에 대한 연구 결과를 담고 있다. 프로그래밍 언어의 **방언** 또는 **중복 정보가 없는** 프로그래밍에 대해 관심이 있는 사람이라면 반드시 읽어 봐야 한다.

- C. E. Shannon 지음 「Prediction and Entropy in Printed English」 Bell System Technical Journal, Vol. 30 (1951년), 50-64쪽.

- N. G. Burton, J. C. R. Licklider 지음 「Long-Range Constraints in the Statistical Structure of Printed English」 American Journal of Psychology, Vol. 68 (1955년), 650-653쪽.

이 두 글은 영어로 출판된 책에 얼마나 많은 중복 정보가 들어있는지를 측정하려는 시도로 볼 수 있다. 프로그램 또는 프로그래밍 언어에 대한 측정 방법도 제안하고 있다. 이런 실험을 수행하는 데에는 적절한 표본을 선택해야 하는 등 어려운 점이 많지만, 기존 실험들을 보면 프로그래밍 언어마다 어느 정도 일관된 결과가 나타난다.

- George A. Miller 지음 「The Magical Number Seven, Plus-or-minus Two: Some Limits on Our Capacity for Processing Information」 Psychological Review, 63, No. 2 (1956년 3월), 81-97쪽.
  밀러(Miller)는 이 짧지만 매력적인 논문을 통해 인간의 정신이 소유한 정보 처리 능력이 어떻게 제한되는가(그 제한이 크든 작든) 그리고 그런 제한을 극복하고자 인간의 정신은 어떤 전략을 사용하는가를 설명한다(예를 들어, 의미덩이 만들기). 그런데 밀러가 열거한 전략이 프로그래머들이 사용하는 전략과 크게 다르지 않은 것 같다.

- B. Smith 지음 『Memory』 London, Allen and Unwin, Ltd., 1966년.
- F. A. Yates 지음 『The Art of Memory』 Chicago, The University of Chicago Press, 1966년.
- M. Minsky 지음 『Semantic Information Processing』 Cambridge, Mass., M.I.T. Press, 1968년.
  세 권 모두 프로그래밍 언어를 설계할 때 고려되는(또는 고려되어야 할) 기억과 여러 정신 과정을 논한 책인데, 관점은 서로 크게 다르다. 심리학적 원칙을 고려해 프로그래밍 언어를 설계하려 할 때 생기는 문제 중에는 정신 과정에 대해, 특히 프로그래밍에 굉장히 중요한(그런데 정말 중요할까?) 기억과 같은, 높은 수준의 과정에 대해 너무나도 이견이 많다는 점이 있다.

12장에 보태는 글 :

프로그래밍 언어 설계에 필요한 원칙

몇 년 전에, 한 인터뷰에서 "컴퓨터 과학에 자신이 무엇을 가장 크게 공헌했다고 생각하십니까?"라는 질문을 받은 적이 있다(질문의 뉘앙스에서 컴퓨터 과학을 무척이나 대단하게 여기고 있음이 느껴졌다). "저는 컴퓨터 과학에 아무것도 공헌하지 않았어요."라는 답이 가장 먼저 떠올랐지만(나는 컴퓨터 분야를 과학이라 여기지 않는다), 나도 모르게 이렇게 말했다. "프로그래밍 언어를 하나도 만들지 않은 것이 컴퓨터 분야에 대한 나의 가장 큰 공헌입니다."

어디서 그런 대답이 나왔는지 알다가도 모를 일이지만, 돌이켜 생각해 보니 매우 비겁한 책임 회피성 발언이었다. 나는 이 책의 1판을 다시 검토하면서 당시에 내가 욕을 먹지 않으려 몸을 사렸음을 깨달았다. 프로그래머들이 흔히 쓰는 수법 즉, 한 단계 더 추상적인 얘기로 얼버무리는 방식으로 말이다. 내가 새로운 프로그래밍 언어를 만든 적이 없는 건 사실이지만, 프로그래밍 언어의 설계 원칙들을 만들어 내지 않았던가? 다시 말해서, 나는 프로그래밍 언어 설계의 설계자였다.

설계 원칙을 만들었을 뿐이므로 나는 책임은 지지 않은 채 경기장 밖에 앉아 훈수를 둘 수 있었다. 이제는 고백하겠다. 나는 최초의 어셈블리어에도, FORTRAN에도, APL에도, COBOL에도, PL/1에도, Simula에도, IBM

System/360 기계어와 작업제어 언어에도, Pascal에도, 프로그래밍 언어의 형식적 기술을 위한 비엔나 정의 언어(Vienna Definition Language, VDL)에도 훈수를 둔 사람 가운데 한 명이었다. FORTRAN 개발자들과 컴퓨터를 공유했고, FORTRAN의 오브젝트 코드를 비판했으며, FORTRAN이 결코 오래 가지 못할 거라고 잘못 예견했다. APL의 창시자 켄 아이버슨(Ken Iverson)이 공개 비판을 받고자 언어에 대한 자신의 생각을 최초로 밝히던 자리에도 있었다. 또, MetaCOBOL 프로젝트에도 참여했고, 스위스에서는 Pascal의 아버지 니클라우스 워스(Niklaus Wirth)와 함께 있었으며, IBM Vienna 연구소의 하인츠 제마넥(Heinz Zemanek)의 팀과도 함께 있었다. 고백이 이렇게 힘들 줄이야. 그런데 아직 끝이 아니다. 사실은 Algol(원래 버전은 물론이고 그 이후의 버전들까지), C, Smalltalk의 초기 버전에 대해서도 영향을 끼쳤다(별로 알려진 사실은 아니지만). 게다가 태어나지 못하도록 내가 일조를 했을지도 모르는 수십 개 언어들도 있다(내가 가장 자랑스럽게 생각하는 부분이다). 그중에는 **마법**(Magic)이라는 이름의 언어가 적어도 세 개는 있었다.

내가 1970년에 동유럽을 방문했을 때, 사람들이 나를 프로그래밍 언어의 왕이라고 부르는 것을 듣고 충격을 받았다(내 자신의 정체성을 의심하게 될 정도로). 그래서 요즘에는 그간의 죄를 회개하며 언어 설계에 대해 훈수 두는 일을 최대한 자제하고 있지만, 그리 쉽지가 않다. 그러면서 깨달은 것이 하나 있는데, 아마도 이것이 프로그래밍 심리학에서 가장 중요한 원칙이라는 생각이 든다.

모든 프로그래머는 메타언어 전문가다.

이것이 프로그래밍 언어 설계에 필요한 원칙이란 제목이 붙은 글에 내가 덧붙일 수 있는 유일한 내용이다.

13장
그 외의 프로그래밍 도구들

　출판된 프로그래밍 관련 책들을 보면 거의 대부분이 언어를 다루고 있지만, 프로그래머가 사용하는 도구에는 프로그래밍 언어만 있는 것이 아니다. 프로그래머는 문서를 읽거나 쓰고 운영체제와 씨름하며 버그를 잡아내는 데 많은 시간을 소비한다. 그런 작업에도 사회과학에서 배워 올 만한 부분이 있을 것이다. 그러나 심리학적인 관점에서 볼 때 그런 작업들은 프로그래밍 언어보다도 더 무시받아 왔다. 이번 장에서는 디버깅, 프로그램 차원을 넘어서는 작업의 관리, 문서 작성 등에 쓰이는 도구들을 좀 더 훌륭하게 설계하려면 어떤 통찰력을 발휘해야 하는지 제안하려 한다. 소스코드는 거의 나오지 않겠지만, 우리의 노력이 여러 프로그래밍 도구의 설계가 개선되는 시발점이 되길 바란다. 그 도구들을 사용할 당사자는 우리가 아니던가!

프로그램 테스트 도구

1962년 9월, 1800만 달러짜리 로켓이 발사 직후 폭파되는 사고가 있었다. 뉴스 보도에 따르면 테이프에 담긴 명령 코드 중에 하이픈 한 글자가 빠진 명령이 있었기 때문이었다. 그 테이프의 길이가 보도되지는 않았지만 최소한 10만 줄 정도의 명령을 담고 있었을 것이다. 일반 산업 분야에서 10만 번 가운데 하나의 오류가 있으면 "대단히 신뢰도가 높다"라고 평가되겠지만, 프로그래밍에서는 1800만 달러를 날려 버리는 결과가 된다. 물론 항상 그렇게 금액이 크지는 않지만, 프로그램의 오류로 인해 손실이 발생하는 일은 비일비재하다. 사실, 프로그래밍이 근본적으로 해결해야 하는 문제란 프로그램을 올바르게 작동하도록 만들고 증명하는 것임을 생각하면, 프로그래밍은 오직 테스트 관점에서만 다루어도 충분히 말이 되는 분야다.

사람들이 말하길, "전문가란 자잘한 오류도 큰 오류처럼 신중하게 처리하는 사람이다." 그만큼 프로그래밍에서는 자잘한 오류를 피하기조차 쉬운 일이 아니다. 사실은 자잘한 오류 자체가 존재하지 않는다. 하이픈 한 글자를 빼먹은 오류마저도 엄청난 재앙을 초래하지 않던가! 프로그래밍에서는 잘못의 크기와 그로 인해 발생하는 문제 사이에 아무런 연관 관계가 없다. 그것이 프로그래밍의 본질이다. 따라서 프로그램 테스트 작업의 목표를 어떤 공식으로 제시하기란 어렵다. 모든 오류의 제거를 목표로 할 것인가? 그러나 그것은 불가능한 일이다.

분명히, 프로그램 테스트에는 가능한 모든 수단이 동원되어야 한다. 그러나 프로그래밍 도구의 설계자들은 테스트에 대해 별로 관심이 없었다. 게다가 테스트 작업의 심리학적 측면을 고려해 테스트 도구를 설계한 흔적은 거의 보이지 않는다. 그러나 테스트 작업은 그 무엇보다 심리학적인 문제다. 신뢰의 문제를 예로 들어 보자. 이상적인 테스트 도구란 우리가 프로그램을 신뢰할 수 있을 만큼만 신뢰하도록 도와주는 장치라 할 수 있다. 오류가 있는 프로그램을 합격 처리하거나 오류가 없는 프로그램을 쓸데없이 더 테스트하지 않도록 해줘야 한다는 뜻이다. 현존하는 프로그램 테스트 도구 중에 그 흉내라도 내는 것이 있던가?

예를 들어, 어떤 프로그램의 테스트 결과를 신뢰할 수 있으려면 얼마나 많은 코드가 그 테스트의 대상이 되었는지 알아야 한다. 가장 간단한 방법은 테스트 도구가 테스트의 과정에서 실행되는 코드 영역과 그렇지 않은 영역을 기록해 두었다가 나중에 결과와 함께 출력해 주는 것이다. 인간은 사물을 자신이 보고 싶은 대로 판단하는 경향이 있다. 그러나 우리는 프로그램을 있는 그대로 판단해야 한다. 그러기 위해서는 프로그램 테스트 도구의 도움이 절실하다. 우리는 프로그램의 모든 코드를 적어도 한 번씩은 테스트할 때까지 테스트 도구가 우리를 끊임없이 괴롭혀 주길 바라야 한다.

사람들은 자신의 프로그램을 낙관적으로 보고 일단 신뢰하는 경향이 있으므로, 테스트 도구는 그 신뢰를 깨는 데 원칙을 두고 설계되어야 한다 (물론 최종적으로는 그 신뢰를 다시 회복시켜 줘야 한다). 30,000개가 넘는 상품의 가격을 계산하는 프로그램이 있었는데, 한 사용자가 우연히 가격이 잘못 계산되는 네 가지 경우를 발견했다. 그 사용자는 프로그램을 신뢰하지 않게 됐고, 프로그래머가 특정 입력 값이 정해진 범위를 초과할 때만 오류가 발생한다는 걸 보여 줬지만 사용자의 신뢰를 회복시킬 수는 없었다. 실제로 그 프로그램의 오류는 그 네 가지 외에 단 하나 더 있을 뿐이지만, 사용한 지 얼마 안 되어 오류를 경험한 사용자는 프로그래머를 더는 믿을 수 없었던 것이다.

프로그램에 대한 프로그래머의 과신을 깨는 데에는 시스템적으로 테스트 도중에 무작위로 오류를 발생시키는 방법이 있다. 시스템에 그런 오류의 위치와 성격을 기록하되 프로그래머는 모르게 하는 것이다. 그리고 프로그래머가 그 알려진 오류를 발견하고 제거하는 확률을 통해 알려지지 않은 오류(즉, 진짜 오류)를 찾아 수정하는 확률을 추정할 수 있다. 이와 비슷한 기법이 항공관제에도 쓰인다. 정체불명의 비행기가 나타나지 않는지 감시하는 업무를 맡은 사람은 교대 전까지 8시간 동안 레이더 화면에서 눈을 뗄 수 없다. 그러나 그런 사건은 거의 일어나지 않기 때문에, 그 감시자가 일정 수준 이상으로 각성 상태를 유지하기를 기대하기는 어렵다. 따라서 레이더 화면에 이따금 가짜 신호를 표시하는 방식을 통해 감시자를 돕는다. 게다가, 가짜 신호는 시스템이 제어하고 있으므로 각 감시자의 업무 성과를 측정할 수 있다.

그러나 레이더 화면에 가짜 비행기를 띄우듯이 프로그램에 그럴듯한 오류를 심는 것은 어렵다. 자동으로 할 수 없고, 프로그램을 아는 누군가가 하나씩 일부러 만들어 내야 하기 때문이다. 그럼에도 프로그래머의 테스트 능력을 훈련하거나 평가할 때에 이 기법을 활용할 수 있다. 이는 프로그래머가 자신이 만든 프로그램의 오류를 잘 찾아내지 못하는 근본적인 이유와 관련이 있다. 프로그래머가 테스트를 소홀히 하는 것은 오류가 있으리라 진심으로 믿지도 않고, 혹시 발견될 수 있는 오류도 자신의 잘못이 아니라 생각하며, 자신이 발견하지 못한 오류는 다른 누구도 발견할 수 없다고 확신하기 때문이다. 따라서 그렇게 생각할 수 없는 환경을 만들어 주면 즉, 자신의 잘못이든 아니든 오류가 분명히 존재하고 자신이 찾아내지 못하면 다른 사람들이 곧바로 알게 되는 걸 프로그래머가 인식하면 오류를 찾아 고치는 데 좀 더 열성적인 태도를 보일 것이다.

그런데 테스트 결과에 대한 신뢰도를 결정하는 요인에는 그 테스트의 과정 자체만 있는 것이 아니다. 어떤 프로그램을 얼마나 많이 테스트해야 신뢰할 만한 결과를 얻을 수 있는지는 경험에 비추어 판단되기 때문이다. 간단한 가상의 예를 들어 보자. 다음과 같은 코드 두 개가 있다.

```
IF N = 1 THEN A = A + 1.5;
IF N = 2 THEN A = A + 2.9;
IF N = 3 THEN A = A + 0.1;
       . . .
IF N = 20 THEN A = A - 3.2;
```

와,

```
A = A + B(N);
```

배열 B가 잘못 만들어질 가능성도 있기는 하지만, 두 번째 코드에 오류가 있을 가능성이 상대적으로 적다는 것은 분명하다. 예를 들어, 첫 번째 코드 중 일부가 다음과 같이 잘못 천공되었다고 하자.

```
IF N = 11 THEN A = A + 4.7;
IF N = 11 THEN A = A + 2.6;
```

N = 11인 경우와 N = 12인 경우 모두 결과가 잘못 나오겠지만, 테스트 과정 중에는 그런 경우들이 발생하지 않을 수도 있다. 반면에 두 번째 코드에서는 각 경우가 모두 서로 독립적이다. 즉, N = 11이면 B의 원소 가운데 11번째 값만 계산 결과에 영향을 미친다. 또 두 번째 코드에서는 N이 0 미만이거나 20 초과인 경우에 SUBSCRIPTRANGE 예외가 발생되는 반면에, 첫 번째 코드에서는 그런 경우들을 단지 무시해 버리고 끝나기 때문에 어떤 문제가 발생할지 알 수 없다.

이와 같은 상황에서 두 코드를 동일한 양으로 테스트를 한다면, 두 번째 코드에 대한 테스트 결과를 더 많이 신뢰하게 된다. 왜 그럴까? 두 번째 코드가 첫 번째 코드보다 일관성 측면에서 더 뛰어나기 때문이다. 두 번째 코드는 일관적이기 때문에 첫 번째 코드에서는 여러 번 테스트를 거쳐야 증명할 수 있는 것이 한 번에 끝날 수 있다. 사용한 언어가 제공하였든 프로그램 구조에 의한 효과이든, 같은 양일지라도 일관성이 높으면 테스트 결과에 대한 신뢰도가 커진다. 따라서 일관성이 뛰어난 언어와 프로그램 구조에 기반해야만 최고의 테스트 도구를 만들 수 있을 것이다.

이와 비슷하게, 근접성과 간결성이 뛰어난 프로그램일수록 테스트하기 더 쉽다고 할 수 있다. 그런데 테스트 도구를 써서 주어진 프로그램의 일관성과 근접성, 간결성을 평가할 수 있는 방법이 있을까? 만약 그런 방법이 있다면, 일관적이지 못하고 근접성이 떨어지며 간결하지 않은 프로그램을 테스트 시작 전에 프로그래머나 그 상급자에게 점검해 보라고 돌려보내게 만들 수 있을 것이다.

이런 기능을 갖춘 테스트 도구가 개발될 수 있다는 실험적인 증거는 없지만, 연구 방향에 대해 여러 가지 제안은 할 수 있다. 그중 한 가지로, 근접성은 레이블의 개수, GO TO 문장 수, 다른 페이지에 선언된 변수를 참조한 횟수 등으로 측정이 가능하다. 더 정교하게 측정하려면, 프로그램 전체나 일부 영역에 대해 일종의 **평균 참조 거리**를 계산할 수도 있다. 또 컴파일러를 통해 잠재적인 문제를 짚어낼 수도 있다. 예를 들어, 하위 루틴이나 ON-루틴 내에서 외부 변수의 값을 변경하는 코드 같은 것들을 말이다.

일관성과 간결성은 측정하기가 근접성보다 좀 더 어렵다. 그러나 간결성의 경우, 코딩을 시작하기 전에 주어진 문제를 해결하는 데 길이가 어느 정도인 프로그램이 필요할지를 판단할 때 쓰는 기법을 참고할 수 있다. 또

각 변수를 참조한 횟수가 일관성이나 간결성의 척도가 될 수 있다. 어떤 변수를 참조하는 횟수가 적다는 것은 그 변수가 크게 필요치 않는데도 존재하여 간결성을 해치고 있다는 의미가 되기도 한다. 그와 반대로 참조하는 횟수가 많다면 관련된 연산들이 쓸데없이 여기저기 흩어져 있다는 뜻도 된다. 그 경우에는 프로그램 구조를 바꾸어 관련된 연산들을 한곳에 집중시켜서 일관성을 높인다. 배열이 배열 표현식 외의 방식으로 참조되는 경우가 많은 것도 일관성이 떨어지는 상황이라고 볼 수 있다. 배열을 사용하는 목적은 동일한 형태의 자료들을 모아 두고 일관된 방식으로 쉽게 처리하기 위함인데, 배열 표현식 외의 방식으로 참조된다면 그 목적으로 사용되지 않음을 의미하기 때문이다.

코드에 나타나는 특정 패턴이 일관성과 간결성의 결여를 나타내기도 한다. 가장 간단한 예로, 한 프로그램에서 N1, N2, N3, N4, N5와 같은 이름이 자주 사용되는 경우를 생각해 보자. 그런 이름을 가진 변수들은 착각해서 잘못 읽히거나 쓰일 수 있는 문제가 있다. 그 경우에 변수들을 배열에 넣고 사용한다면 프로그램이 더 일관적이고 간결해질 것이다. 또 다른 예로는 비슷한 코드가 반복해서 쓰이는 경우를 들 수 있다. 비슷한 코드가 되풀이된다면 반복문이나 하위루틴, 매크로를 통해 코드를 더 간결하게 만들 수 있는 여지가 있다. 그러나 어쩌면 아무런 의미가 없을 수도 있는데, 이는 프로그래밍 심리학에서 계속 연구되어야 할 주제 중 하나다.

프로그래머들은 테스트 초기에 OK 성적표를 받으면 테스트를 끝내버리곤 한다. 이는 초기의 자료일수록 더 많이 신뢰하게 되는 심리 현상에 해당한다. 그런 실수를 줄이려면, 테스트를 시작하기 전에 모든 테스트 케이스를 준비해야 한다. 그리고 가능하다면 코딩을 시작하기도 전에 테스트 케이스를 먼저 작성해 두는 편이 좋다. 물론 이때 테스트 케이스란 오류를 발견하는 성격의 것들이다. 코드도 없는 상황에서 오류의 발생 근원을 찾거나 오류를 제거하는 테스트 케이스를 만들 수는 없다. 그러나 모든 테스트는 오류를 발견하는 것에서 시작된다. 따라서 오류를 발견하기 위한 테스트 케이스를 미리 만들어 두는 작업은 큰 의미가 있다.

또, 테스트를 빨리 끝내고픈 유혹을 이기기 위해서는 프로그래머가 테스트 분량을 미리 계획하여 명시하도록 시스템 차원에서 강제하는 것도 좋은 방법이다. 정해진 테스트 분량을 채우지 못하면 관리자에게 보고되는 등의 여러 방식으로 프로그래머를 괴롭힐 수 있다. 그리고 테스트 케이스를 준비하고 실행하는 과정이 간단하다면 프로그래머가 너무 일찍 테스트를 끝내려는 유혹을 이기는 데 도움이 될 것이다. 현재 사용되는 어떤 시스템은 프로그램이 수정될 때마다(변경 내용이 아무리 소소하더라도) 미리 저장되어 있던 테스트 케이스들을 자동으로 실행시킨다. 그러나 그런 종류의 시스템은 보통 엄청난 양의 출력물을 만들어 내므로, 결과를 확인하기가 쉽지 않다. 그렇다면 이전의 결과와 새로운 결과를 자동으로 비교해 차이가 있을 경우에만 통보하도록 개선할 수 있다.

심리적인 측면에서 프로그래머가 테스트 작업을 하는 걸 도울 수 있는 방법이 또 하나 있다. 앞 장에서 근접성을 논할 때 얘기한 대로, 어떤 프로그래머가 오류의 근원을 찾는 데 어려움을 겪고 있다면 잘못된 코드 영역을 살피고 있기 때문인 경우가 많다. 프로그래머가 일단 한 장소에 갇히면 다른 장소로 눈을 돌리게 만들기가 굉장히 어렵다. 따라서 디버깅을 못해 고생하고 있는 동료에게 줄 수 있는 가장 좋은 도움은 그가 다른 곳을 보게 만드는 것이다. 정 안 된다면 그 코드 영역을 상대로 다른 시도를 해보도록 유도해야 한다. 또, 프로그래머가 지정된 시간이 넘도록 한 코드 영역만 보고 있다면 디버깅 시스템이 알아서 다른 영역으로 주의를 돌리게 만드는 일도 가능할 것이다. 그다른 영역을 선택하는 알고리즘은 무수히 많겠지만, 핵심은 프로그래머가 한 영역에 집착하지 않도록 하는 것이다. 사실 단말기를 일정 시간 꺼버려서 프로그래머가 잘못 선택한 코드 영역 외의 아무것에나 눈을 돌리게 만드는 것만으로도 충분하다(나무나 풀, 미니스커트, 그 무엇이라도 상관없다).

운영체제

프로그래밍 언어 설계에서 끝없는 논쟁거리 중 하나는 디버깅 도구가 어디에 위치해 있어야 좋은가 하는 문제다. 디버깅 도구가 언어의 일부여야 할까, 아니면 운영체제에 포함되어야 할까? 지금 여기서 특정 방향으로 결론을 내려고 이 얘기를 꺼낸 것은 아니다. 양쪽 모두 나름대로 충분한 이유가 있다. 언어에 디버깅 도구가 포함되어야 한다는 쪽은 프로그래머가 단지 디버깅만을 위해 새로운 언어를 하나 통째로 배워야 하는 건 불합리하다고 말한다. 덤프 분석의 끔찍함을 생각해 보면 분명히 일리가 있다. 그러나 언어를 통해 디버깅을 하면 프로그래머와 실제 운영체제 사이에 언어라는 계층이 위치함으로써 운영체제의 여러 실질적인 측면을 프로그래머가 보지 못할 수 있다. 사실, 프로그램을 테스트할 때 겪는 가장 어려운 문제들은 운영체제의 실질적인 측면들이 그렇게 가려진 까닭에 발생한다.

적어도 심리학적인 입장에서 보자면, 프로그래밍 언어를 확장하여 운영체제의 실질적인 측면을 가리지 않도록 만드는 정도가 적절한 타협점일 수 있다. 그러나 그 확장 기능을 설계하고 구현할 때에는 매우 신중해야 한다. 해당 언어의 다른 요소들과도 일관성을 가져야 하는 것이다. 그러나 운영체제를 구현하는 처지에서는 그런 일관성을 제공하기가 결코 만만치 않다. 운영체제가 지원하는 프로그래밍 언어는 보통 하나가 아니기 때문이다. 따라서 운영체제를 만드는 사람은 언어 하나를 새로 만들어서 프로그래머들이 그 언어를 터득하도록 하는 방식을 택하기 쉽다.

OS/360의 경우를 예로 들어 보자. 이 운영체제가 제공하는 독자적인 작업제어 언어는 System/360용 어셈블리어를 바탕으로 만들어졌다. 이로 인한 몇몇 결과는 앞서 다룬 적 있다. OS/360을 설계하고 구현한 사람들은 그런 방식을 채택한 것이 아주 자연스럽다고 생각할 것이다. 어셈블리어는 모두들 알고 있는 언어가 아닌가? 그러나 어셈블리어를 아는 사람에게도 그 형식이 작업제어 용도로 가장 적합한 형태는 아니었다. 최소한 설계자가 의도한 대로는 되지 않았다. 예를 들어, OS/360의 작업제어 언어는 **키워드로 인자를 구별하는 방식**[1]보다 **순서로 인자를 구별하는 방식**[2]을 주로 사용했다. 만약 해당 언어의 코딩에 매우 익숙한 사용자가 최대한 간결한 표현을 사용하고 싶을 때에는 **순서로 인자를 구별하는 방식**이 더 유리할 것이다. 그러나 일반적인 상황에서 사용자가 여러 작업제어 언어의 다양한 인자들에 대한 많은 경험을 쌓을 일은 거의 없다. 그러므로 사용설명서를 옆에 두고 참조하면서 작업제어 코드를 작성할 가능성이 높다. 그 경우에는 **키워드로 인자를 구별하는 방식**이 더 유리하다. 순서를 외울 필요가 없고, 인자가 생략됐음을 알리려 쉼표를 입력할 필요도 없으며, 인자의 의미도 한 눈에 알 수가 있기 때문이다.

이런 직관적인 추측을 실험을 통해 확인해 본 학생들이 있었다. 그들은

---

1 (옮긴이) 명령 또는 루틴의 인자들을 입력하는 데 각 인자의 의미를 키워드로 명시하는 방식. 주로 명령행 인터페이스에서 이런 방식을 취한다. 예를 들어, mysql -h host.domain.tld -u dbuser라는 입력은 mysql 명령을 호출하는 데 h라는 인자의 값으로 host.domain.tld, u라는 인자의 값으로 dbuser를 넘긴다는 뜻이다. 이 명령은 mysql -u dbuser -h host.domain.tld와 동일한 결과가 된다.
2 (옮긴이) 명령 또는 루틴의 인자들을 정해진 순서에 따라 입력하는 방식. 예를 들어, setLocation()이라는 루틴은 인자가 두 개 필요한데, 그 내부에서 첫 번째 인자는 x의 의미로, 두 번째 인자는 y의 의미로 취급한다고 하자. 이 경우에는 setLocation(50,100)과 setLocation(100,50)이 전혀 다른 결과가 된다. 프로그래밍 언어 대부분이 이 방식을 취한다.

숙련도에 따라 피실험자들을 나누고 프로그래머에게는 다소 생소한 문제를 푸는 코드를 위의 두 가지 방식에 따라 각각 작성하게 했다. 그 결과, 과제의 생소함과 프로그래머의 숙련도와 관계없이 순서로 인자를 구별하는 **방식**을 사용할 때 작업 속도가 좀 더 빠르다는 것을 알아냈다. 그러나 오류를 저지르는 확률은 약 2~4배 정도 더 높았다. 작업제어 코드를 작성할 때에는 인자를 써넣는 시간의 비중이 작고 오류가 있을 경우에 그것을 찾을 달리 좋은 방법이 없는 상황임을 고려하면, 코드 작성 속도가 30% 빨라지는 것만 가지고는 3배나 오류 확률이 높은 결과를 정당화하기 힘들 것이다.

작업제어 언어의 형식을 결정할 때는 이 문제를 전혀 고려하지 않았을 것이다. 운영체제 구현이라는 큰 문제와 비교하면 매우 사소하게 여겨졌을 부분이기 때문이다. 또 이와 비슷한 이유로 사용량 정보(accounting), 좀 더 일반적으로 표현하자면 성능을 평가하는 문제도 운영체제 설계자에게 외면되었음이 거의 확실하다. 프로그래머의 일은 디버깅이 끝이 아니다. 프로그램이 실행되긴 하더라도, 그 비용이 너무 커서 문제가 될 수도 있다. 운영체제 설계자들은 어떤 프로그램을 실행하는 데 소요되는 시간과 시스템 자원의 양, 파일 레코드의 개수, CPU 점유율 등의 정보를 알려 주지 않으려는 경향이 있다. 그래서 심하게는, 그런 정보를 알려 주면 **거대 두뇌**가 실제로 하는 일은 별로 없음을 고객들이 눈치 채게 되므로 시스템 제조사가 일부러 그런 기능을 넣지 않는다는 말까지 나돈다.

시스템 제조사의 처지야 어떻든, 사용량 정보를 제공하는 것은 운영체제의 핵심 기능 중 하나다. 일단, 사용량 정보가 단서가 되어 프로그램의 버그가 발견되기도 한다. 예를 들어, 프로그램의 실행이 너무 **빠르면** 실행되어야 할 코드 가운데 일부가 전혀 실행되지 않는 버그 때문일 수도 있고, 반대로 너무 느리면 불필요한 반복문이 있음을 의미할 수도 있다. 그러나 사용량 정보가 필요한 데는 이런 부차적인 이유가 아니라 더 직접적인 이유가 있다. 프로그래머가 프로그램의 성능을 높이는 방법을 배우려면 그런 정보가 반드시 필요하다. 프로그램의 실행 성능에 관한 정보는 될 수록 쉽게 확인할 수 있어야 하고, 가능하면 관련 프로그래머에게 자동으로 전달되는 편이 좋다. 그래야 프로그래머가 더 성능이 좋은 프로그램을 만들 수 있다. 또 프로그래머의 목록을 각자가 만든 프로그램의 성능 측정 결과순으로 정리해 놓으면 관리자에게 매우 유용한 정보가 된다. 관리자는 이를 통해 어느 프로그래머가 도움이 필요하고, 어느 프로그래머가 다른 사람을 도울 수 있는 상태인지를 판단할 수 있다. 그동안 시스템이 최소한의 사용량 정보도 제공하지 않는 상황이었는데도 우리 컴퓨터 분야가 이 정도로 발전을 이룩한 사실은 참 놀라운 일이다.

   시스템 제조사들은 고객들의 요구사항이 저마다 다르기 때문에 자신들이 "고객님은 이러이러한 사용량 정보가 필요하십니다."라고 말한다면 고객에게 실례가 된다고 주장하기도 한다. 이 얼마나 뻔뻔한 변명인가(그런 얘기를 듣고 있으면, 제조사에게 해가 되기 때문에 사용량 정보를 공개하지 않는다는 말이 정말 사실이 아닐까 의심하게 된다). 분명 여러 컴퓨터 사용자의 요구사항을 모아 공통부분을 찾아내고 그를 기반으로 사용량 정보를 다루는 표준 루틴을 개발하는 일은 가능하다. 표준 루틴으로는 부족한 사용자가 있다면, 원하는 루틴을 직접 만들어서 표준 루틴을 대체하면 될 일이다. 그렇게 한다고 해서 상황이 현재보다 더 악화되지는 않는다. 사실, 한 시스템 제조사 내에서도 사용량에 관련된 표준 루틴이 존재하지 않았기 때문에 **사용자가 자체 제작한 루틴은 시스템의 다음 버전이 나올 때마다 그에 맞춰 수정해야 했다.** 그렇게 업그레이드를 몇 번 겪고 나니 사용자들은 끝없는 수정에 지쳐서 자체 제작한 루틴을 포기해 버렸다. 컴퓨터 분야에서 심리학의 원리를 가장 실용적으로 이용하는 사람들은 시스템 제조사 측인 듯하다. 적어도 그들은 심리학의 원리를 이용해 하기 싫은 일을 피해가는 방법을 알고 있다.

사용량 정보 중에서 가장 많은 관심을 받을 항목은 무엇일까? 아마도 배치(batch) 시스템의 평균 회송시간[3]일 것이다. 배치 시스템에서 프로그램을 입력하고 실행 결과를 해당 프로그래머에게 돌려주는 과정은 운영체제가 제어하지 않으므로, 운영체제가 제공하는 사용량 정보는 전체 회송 과정을 대상으로 측정한 것이 아니다. 그러나 쓸모가 많은 정보임에는 틀림없다. 그러나 그 정보만으로는 "이상적인 회송 체계란 어떤 것인가"라는 문제는 해결되지 않는다. 이 문제는 다분히 심리적인 요소가 강하기 때문이다.

내 수업을 듣는 한 학생이 여러 그룹의 프로그래머와 관리자들을 대상으로 **이상적인 회송 체계**에 대한 설문 조사를 한 적이 있는데, 개인의 신원은 표시하지 않고 소속된 그룹만 명기하도록 했다. 그 결과 몇 가지 흥미로운 사실이 발견됐다. 첫째, 그룹마다 이상적인 회송 체계의 요건에 대한 의견이 달랐지만, 한 그룹 내에서는 대체로 일치된 의견이 나왔다. 이는 아마도 업무 성격에 따라 필요한 서비스도 다르기 때문일 것이다. 둘째, 한 그룹 내의 관리자와 프로그래머들은 의견이 서로 정반대인 경우가

---

[3] (옮긴이) 회송시간(turnaround time) - 일반적으로 'turnaround time'은 '응답시간'으로 번역된다. 즉, 사용자가 뭔가를 실행시킨 후 그 결과가 나오기까지 걸린 시간이다. 그러나 이 책의 초판이 나올 당시 'turnaround time'에는 그 이상의 과정이 포함되어 있었다. 이후의 내용을 보면 자연스레 눈치 챌 수 있겠지만, 그때는 프로그래머가 단말기를 통해 직접 프로그램을 입력하고 화면으로 결과가 출력되기만을 기다리면 되는 구조가 아니었다. 프로그램을 입력한 천공카드를 전산실로 보내어 실행을 의뢰하고 결과물(아마도 실행 결과나 오류 메시지 등이 출력된 종이였을 것이다)이 배달되길 기다려야 했다. 따라서 '응답시간'보다는 '회송시간'이 당시의 'turnaround time'이 가지는 어감을 더 잘 표현한다고 여겨 그렇게 번역한다.

많았다. 예를 들어, 어떤 집단에서 관리자는 **회송**을 개선하기 위해 컴퓨터에 원격으로 접근할 수 있어야 한다고 생각하는 반면에, 프로그래머들은 컴퓨터가 작동할 때 전산실에 들어갈 기회가 더 많아지길 원했다.

관리자는 프로그래머가 **회송시간** 0 즉, 입력하자마자 바로 결과가 나오길 원한다고 생각하는 경향이 있다. 그러나 사실은 전혀 그렇지 않다는 연구 결과가 많다. 두 언어의 효율성을 비교하는 한 연구에서는 피실험자들이 회송시간이 너무 짧다고 불평한 적도 있었다! 실험을 쉽게 진행하고자 그들에게 특별히 높은 우선순위를 주었기 때문에, 평균 회송시간이 31분이었다. 피실험자들은 결과가 그렇게 빠르게 나오지 않았다면 잘못된 곳을 수정하고 또 다른 잘못은 없는지 검토할 시간이 좀 더 오래 있었을 것이라고 불평했다.

어떤 의미에서, 프로그래머는 실행 결과가 너무 빨리 돌아오면 그 실행을 별로 가치 없다고 느끼는 것 같다(이런 현상은 단말기 시스템에서도 목격된다). 반대로, 회송시간이 너무 길다면 프로그래머는 실행을 한 번 의뢰할 때마다 거의 노이로제 상태가 될지도 모른다. 사소한 실수라도 하면 그 대가가 너무나 크기 때문에(일주일을 또 기다려야 할 수도 있다) 너무 긴장한 나머지 오히려 더 많은 실수를 하게 된다. 게다가, 생각나는 모든 걸을 한꺼번에 처리하려고 하기 때문에 실행 시간도 더 늘어난다(그만큼 실수를 범할 가능성도 커진다). 모두 자신만 손해 보지는 않으려는 생각에서 한꺼번에 제출하는 코드 분량을 계속 늘리고, 그에 따라 전체 회송시간이 점점 더 길어지는 일은 매우 흔하다.

최적의 회송시간이 얼마인지를 단정 짓기는 전혀 불가능하다. 작업마다 성격이 전혀 다르기 때문이다. 그래도 굳이 일반화해서 얘기해 보자면, 한 프로그램을 하루에 4~5번 이상 실행시켜 볼 수 있다면 회송이 너무 빠르다고 할 수 있다. 하루에 2회 이하라면 프로그래머들은 불안해 하며 각종 편법을 동원하게 된다. 그러나 작업의 초반 단계 즉, 문법 오류나 천공 카드에 잘못 표시된 부분을 수정하는 단계에서는 얘기가 좀 다르다. 그런 단계에서는 최대한 자주 실행시켜 보는 게 좋다(단말기를 사용하는 방법이 가장 좋을 것이다). 확실히, 하루 4회 실행을 보장하는 회사에서는 그렇지 못한 곳에 비해 프로그래머들이 그런 **사소한** 잘못을 덜 걱정한다.

앞서 한 번 언급한 대로, 심리학적으로 볼 때 평균 시간보다 더 중요한 것이 편차다. 어떤 날에는 하루 6회 회송되고 다른 날에는 0회인 식으로 회송시간이 들쭉날쭉하다면, 프로그래머는 업무를 효과적으로 계획할 수 없다. 그리고 그런 상황이 조금만 지속돼도 프로그래머들은 실행을 필요 이상으로 자주 의뢰하여 최악의 상황을 피하려 할 것이다. 이는 자원을 낭비하고 서로 간의 감정이 상하게 되는 결과를 낳는다.

우선순위의 문제도 감정을 자극하는 요인이 될 수 있다. 우리가 진행한 한 연구에서는 참여한 프로그래머들이 누군가가(본인들은 아니고) 뚜렷한 이유도 없이 컴퓨터 사용에 특혜를 받는 것 같다고 불평하기도 했다. 우선순위가 일정한 기준(예를 들어, 프로그램의 예상 실행시간)에 따라 일관성 있게 결정된다면 괜찮다. 그러나 누군가가 높은 우선순위를 받은 이유를 공개하지 않거나 일관적이지 않으면 결정을 내린 관리자와 수혜를 입은 프로그래머가 모두 적의의 대상이 된다. 동료 간에 적의가 생기는 것은 프로그래밍 세계의 건강을 위해 바람직하지 않으므로, 특혜는 어떤 경우에도 없는 편이 좋다.

우선순위를 정하는 체계를 새로 정립하면, 처음에는 저항이(최소한 투덜거림 정도는) 있겠지만, 적용 효과가 점점 분명하게 드러나면서 자리를 잡게 된다. 특히, 운영 통계를 잘 만들어 주기적으로 공표하면 사람들이 새

체계를 더 잘 받아들인다. 각자가 그에 맞춰 자신에게 유리한 결과가 나오도록 프로그램을 조정할 수 있기 때문이다. 예를 들어, 예상 실행 시간이 길거나 정해진 기준 이상으로 메모리를 많이 사용하는 프로그램 또는 특별한 환경 설정이 필요한 프로그램에는 낮은 우선순위를 부여한다고 하자. 처음에는 모두들 제 프로그램만은 그 규칙에서 예외가 되어야 한다고 생각할 것이다. 그러다가 그렇지 않은 프로그램들이 높은 우선순위를 부여 받아 빨리 회송되는 상황이 지속되면 프로그래머들은 자신의 프로그램을 높은 우선순위를 받을 수 있도록 수정하는 쪽을 택하게 된다. 즉, 실행 시간과 메모리 사용량을 더 정확하게 추정하려 노력하고, 자신의 프로그램만을 위한 특별한 환경 설정을 요구하지도 않는다(전에는 '절대적으로 필요하다' 고 주장했으면서 말이다).

이런 상황은 운영 환경에 대해 **효과의 법칙**이 작용하는 또 하나의 사례일 뿐이다. 프로그래머들은 운영 환경이 어떻든 간에 결국에는 자신에게 유리한 방향으로 적응하게 된다. 운영 환경이 좋든 나쁘든 상관이 없다. 한 명이 어떤 행동을 하여 전체 운영에는 해를 끼쳤지만 그 자신은 이득을 봤다면(그로 인한 처벌도 받지 않았다면 더더욱) 다른 프로그래머들도 그 행동을 따라할 것이다(물론 자신도 취할 수 있는 행동이어야 하겠지만). 예를 들어, 어떤 회사에 프로그래머들은 각자 프로그램의 예상 실행 시간을 제시해야 하고 15분 이하일 경우, 모두 동일하게 취급한다는 운영 규칙이 있다고 하자. 이는 전산실 운영자가 작업 일정을 한층 잘 정하기 위함이지만, 결국에는 모든 프로그래머가 1분이면 충분할 프로그램이라도 15분이라고 말하는 편이 더 나음을(자신에게는) 알게 될 것이다.

사실, 프로그래머에게 운영체제가 반응할 수 있는 수준보다 더 세밀한 예측을 요구하여 성가시게 만들어봐야 아무런 의미가 없다. 예상 실행 시간의 경우에는 프로그래머가 2분과 15분을 기준으로 나뉜 세 구간 중 하나를 택하는 것으로 충분하다. 이와 비슷하게, 다중프로그래밍(multi-programming)을 지원하는 시스템에서 할당 메모리의 크기를 두 가지 중 하나로만 설정할 수 있다면, 프로그래머에게 바이트 단위까지 메모리 사용량을 추정하라고 요구하는 것은 쓸데없는 일이다. 둘 중 어느 경우인가만 물어보면 된다. 불필요한 규칙이나 제약을 만들면, 체제에 영향을 받는 사람들의 불만만 쌓일 뿐이다.

효과의 법칙이 작용되는 양상은 노골적으로 명백할 수도 있고 아주 미묘할 수도 있다. 게다가, 그 대상이 일반적으로 말하는 **시스템**으로만 국한되는 것도 아니다. 프로그래머는 자신의 업무에 영향을 미치는 모든 환경 요소에 적응한다. 그 요소를 시스템 관리자가 시스템의 일부로 취급하느냐 아니냐는 전혀 상관없다. 예를 들어 보자. 새크만의 한 연구에서 문제를 네 개 이상 한꺼번에 다루고 있는 프로그래머가 전산실에 실행을 의뢰하거나 단말기에 명령을 입력한 후 기다리는 시간이 상대적으로 짧다는 결과가 나왔다. 새크만은 이 현상을 이렇게 해석했다. "초보 프로그래머들이 컴퓨터 서비스를 요청할 시점을 결정하는 전략이 경험이 늘수록 발전하는 것 같다."

새크만은 이를 '예상치 못한 결과'라고 했는데, 아마 그가 프로그래머가 아니라 심리학자였기 때문일 것이다. 전문 프로그래머라면 누구나 자신과 동료들이 그런 식으로 시스템의 특성(업무 결과의 성패를 상당 부분 좌우하는)에 적응하는 걸 경험한다. 내 프로그래밍 심리학의 수강생 중 한 명이었던 스탠지(G. H. Stange)는 배치 컴퓨터의 기존 운영 방식을 개선하기 위해 원격 입력장치를 연구했었다. 우선 프로그래머들이 기존 방식에 어떻게 적응해왔는지를 관찰했다. 그중 가장 의외의 결과는 천공카드 뭉치를 어떻게 묶어 제출했느냐에 따라 회송시간이 달라진다는 것이었다! 고무줄로 묶은 경우가 회송이 가장 빨랐고, 종이 상자에 넣은 경우가 그 다음이었으며, 금속 상자에 넣은 경우가 가장 느렸다(회송시간이 세 시간 이하인 비율이 각각 50%, 32%, 12%였다). 스탠지는 카드를 묶는 방식이 해당 프로그램의 실행 시간 같은 주요 특성과 어떤 상관관계가 있는지 확인해 봤지만, 아무것도 발견할 수 없었다. 사실, 그 현상은 전산실 운영자가 양이 작아 보이는 작업부터 먼저 처리하는 경향이 원인이었다. 그 사실을 눈치 챈 프로그래머들은 자신의 카드 뭉치가 되도록 작아 보이도록 포장하고자 엄청난 노력을 기울였다. 반면에, 그것을 모르던 프로그래머들은 얼마 안 되는 카드 뭉치도 금속 상자에 넣어 제출해 최악의 결과를 얻었을 것이다.

스탠지는 시험적으로 어떤 회사에 원격 입력장치를 설치했다. 원격으로 프로그램을 입력할 수 있으면 위와 같이 실행 순서가 왜곡되는 일은 이론적으로 불가능하다. 그러나 스탠지는 그럼에도 또 다른 요인들로 인해 왜곡이 발생함을 발견했다. 그중 가장 큰 요인은 새로운 기계 즉, 원격 입력장치에 대한 지식이었다. 남들보다 먼저 원격 입력장치에 숙달된 프로그래머들이 그렇지 못한 프로그래머들보다 유리한 위치를 얻게 된다. 원격 입력장치에 아직 미숙한 사람들이 카드 걸림(card jams) 같은 다른 사람의 작업까지 방해하는 문제를 일으키는 일이 계속되자 능숙한 사람들이 장치 주변을 지키며 마치 운영자처럼 행동하기 시작했고, 그들은 자신의 작업을 우선해서 입력했다. 이런 현상으로 인해 원격 입력장치를 도입하며 기대했던 효율성 증가의 효과가 반감됐다. 자진해서 운영자 역할을 하는 프로그래머들은 장치 옆에 있는 동안에 누군가가 그것을 고장내지는 않는지 감시하는 것 외에는 아무 일도 하지 않았기 때문이다.

원격 입력장치 주변에 프로그래머들이 몰리게 되면서 여러 가지 변화가 생겼는데, 특히 프로그램 코드가 다른 사람에게 노출되는 것이 가장 큰 변화 중 하나였다. 프린터가 정말로 느렸기 때문에, 그 근처에 모여 있던 사람들은 자신의 프로그램이 출력되기를 기다리며 원격 입력장치는 물론 프로그래밍의 다양한 측면에 대해 이런저런 대화를 나누었다. 그러나 그렇게 사회적 접촉이 증가되어 어떤 결과가 발생했는지는 밝혀지지 않았다. 비공식 운영자를 자임하는 사람이 나타나면서 그런 현상이 금방 사라졌기 때문이다. 비공식 운영자는 원격 입력장치가 자주 고장나는 상황이 계속 되자 자신의 이익을 위해 그 역할을 자임했다. 그는 다른 사람의 작업도 대신 입력해 주었지만 언제나 자신의 작업을 우선하여 처리했다. 불공평한 처사였지만, 다른 사람들은 전산실 입구에서 기다리지 않아도 된다는 장점 때문에 이를 묵인했다. 따라서 작업 입력 방식은 결국 프로그래머와 **컴퓨터** 사이에 또 다른 사람이 위치하는 기존 방식과 흡사한 형태가 되었고, 자신의 작업에 대한 회송시간을 줄이려면 운영체제가 아니라 사람을 상대해야 한다는 사실은 변하지 않았다. 게다가, 운영자를 통하는 기존의 방식도 완전히 없어지지는 않았다. 카드나 출력의 양이 너무 많아 원격 입력장치를 통하기에는 적절하지 않은 경우도 있었기 때문이었다. 또, 원격 입력장치에 미숙한 사람이 야근을 할 때에도 기존 운영자의 존재가 필요했다(원격 입력장치를 사용하다가 문제가 발생해도 도움을 요청할 동료가 없을 테니까).

전체적으로 보면 원격 입력장치를 도입해서 원하던 효과를 얻었다. 각 프로그래머가 하루에 처리할 수 있는 작업의 수가 늘었고 회송시간이 감소했다. 그런데 이 효과는 기계장치의 힘이 아니라 프로그래머들이 프로그램을 제출하는 방식에 대한 선택의 폭을 넓힌 덕분이었다. 물론, 원격 입력장치를 사용하는 그룹이 얻은 그런 이득은 다른 사용자들의 불이익을 유발했을 수도 있다. 서로 경쟁하는 다양한 사용자들 사이에서 형평성을 유지하려면 규칙이나 제약 따위를 만들어야만 한다.

그러나 규칙이나 제약을 무턱대고 만들어서는 안 된다. 운영체제의 유연성이 허용하는 범위에 속해야만 합리적인 규칙과 제약일 수 있다. 그리고 작업제어 루틴도 운영체제의 유연성을 고려해서 작성해야 한다. 시스템이 효과적이고 능률적으로 사용되도록 확실히 보장하려면, 효과적이고 능률적인 사용법을 **가장 쉬운 사용법**으로 만드는 게 최선이다. 설계가 잘 된 운영체제라면 가장 많이 사용되는 또는 그래야 할 작업제어 루틴 목록을 사용자에게 제공할 수 있을 것이다. 그렇다면 프로그래머들은 자연히 시스템을 잘 사용하게 된다.

어떤 시스템 제조사들은 고객에게 스스로 작업제어 루틴을 구현하지 말고 제공된 **표준** 루틴을 사용하도록 권한다(직접 그렇게 말하지는 않지만, 행동에는 분명히 그런 의도가 엿보인다). 고객마다 요구사항이 달라서 **표준**으로 제공하기가 적절치 않다는 사용량 정보 루틴의 예와 비교할 때 이는 참으로 이상한 일이 아닐 수 없다. 작업제어도 사용 환경에 맞춰 최적화되어야 하지 않나! 표준 작업제어 루틴은 최적화와는 거리가 멀 수밖에 없다. 이는 효과의 법칙이 거대한 규모로 작용하는 경우일지도 모르겠다. 어쨌든 시스템 제조사는 기계를 사용하는 시간이 많을수록 돈을 더 벌게 될 테니, 비효율적인 루틴을 사용하도록 부추기는 게 당연할 수도 있다. 결국, 구매하는 쪽이 조심할 수밖에 없다.

시분할(time-sharing) 대 배치(batch)

시스템 제조사들이 가장 강한 의심을 받게 된 계기는 시분할 시스템을 발표하면서였다. 시분할 방식은 배치 방식보다 더 비효율적이기 때문에 시스템 제조사들이 제 주머니를 불리려는 수작일 뿐이라는 비판이 많았다. 반면 시분할 방식이 효과가 있다고 믿거나 또는 그렇게 믿고 싶어하는 사람도 많았다. 따라서 시분할을 옹호하는 측과 반대하는 측 사이에 불가피한 논쟁이 시작됐다. 그러나 컴퓨터 분야에서 혁신이 이뤄질 때마다 항상 그랬듯이, 그 논쟁의 어디에서도 심리학적인 논증은 찾아볼 수 없었다.

시분할 옹호론자와 배치 추종자들의 논쟁은 대체로 상대를 그저 비난하는 수준에서 벗어나지 못했다. 그 와중에 새크만은 시분할 시스템과 배치 시스템을 실험적으로 비교 평가한 연구 결과[4]를 발표해 논쟁에 새로운 바람을 불러일으켰다. 컴퓨터 관련 문제를 해결할 때 심리학적 방법이 도움이 됨을 아직도 의심하는 독자는 새크만의 책을 처음부터 끝까지 읽어봐야 한다. 시분할 논쟁의 당사자들도 마찬가지다.

여기에서 시분할과 배치에 대해 새크만만큼 깊게 논할 수는 없더라도, 시분할 대 배치 논쟁을 통해 얻을 수 있는 교훈을 몇 가지 언급하겠다. 우리에게 경험적인 정보가 가장 많은 분야이기 때문이다.

가장 먼저 누구나 그렇게 생각하고 있어서 연구자들마저 당연하게 받아들인 가정은 없었는지 따져봐야 한다. 새크만의 경우에는 한 개인을 단위로 연구하는 것이 적절하다는 가정에 의문을 제기한 적이 전혀 없다. 당연히 그럴 것이, 모든 시분할 시스템의 하드웨어와 소프트웨어가 이 가정을 바탕으로 만들어져 있기 때문이다! 예를 들어, 두 명 이상이 동시에 작업할 수 있도록 만들어진 단말기는 존재하지 않으며, 따라서 그런 기능이 있는 소프트웨어도 없다. 심지어 그런 소프트웨어 개념조차도 존재하지 않는다. 게다가, 새크만의 실험은 대부분 학교를 배경으로 수행했기 때문

---

[4] 『Man-Computer Problem Solving: Experimental Evaluation of Time-Sharing and Batch Processing』

에 이 가정은 더욱 당연해진다. 예를 들어, 미국 공군 사관학교에서 프로그램을 협력해서 작성할 경우 무조건 규칙 위반이다. 세상에나!

또 새크만처럼 뛰어난 연구자도 실험 결과를 잘못 해석할 때가 있다는 점에도 주목할 필요가 있다. 새크만은 배치 시스템에서 실행 횟수에 따른 문법 오류의 평균 개수를 그래프로 나타내 추이를 그리고는, 전통적인 오류 소멸 곡선에 해당한다고 말했다. 물론 문법 오류가 소멸된 것은 맞지만, 심리학에서 말하는 **소멸**과는(예를 들어, 대상자가 일련의 항목을 암기하는 과정에서 오류를 줄여나가는) 다른 의미가 함축되어 있다. 새크만의 연구에 참여한 프로그래머들이 우리의 연구에서와 크게 다르지 않다고 가정하면, 새크만의 결론에는 문제가 있다고 할 수 있다. 배치 시스템을 사용하는 프로그래머는 일반적으로 두 단계로 나눠 작업하기 때문이다. 프로그래머는 우선 문법 오류를 모두 없애기 즉, 컴파일이 되는 상태를 목표로 하는데, 보통 0~5번 정도 실행해 봐야 그 상태에 도달한다. 그 후에 의미론적으로 정확한 코드를 만드는 작업을 하는데, 대부분 한 문장을 수정한 후 바로 실행해 보는 식으로 작업한다. 한 문장을 수정하면서도 새로운 문법 오류를 범할 수도 있긴 하나(앞에서도 언급한 적이 있는 확신이 강한 유형의 프로그래머라면 자주 그럴 것이다), 나머지는 손대지 않기 때문에 프로그래머가 딱히 노력하지 않아도 문법 오류가 전혀 없는 코드가 될 가능성이 많다. 따라서 프로그래머가 기억력을 발휘해 오류를 소멸시키는 게 아니라 손대지 않은 천공카드로 인해 오류가 소멸되어 있는 것이다.

그렇다면, 문법 오류를 소멸시킨 주체가 누구이든 뭐가 중요하단 말인가? 오류가 없기만 하면 되지 않나? 그러나 시스템 설계자에게는 이것이 매우 중요한 문제다. 예를 하나 들어 보자. 나는 몇 년 전에 한 소프트웨어 회사를 방문했는데, 그 회사에서는 원격 입력 환경에서 사용할 PL/1문법 검사기의 명세서를 작성하던 중이었다. PL/1이었기 때문에 흥미가 생겨 명세서를 살펴봤다. 명세서를 작성한 사람이 누군지는 모르겠지만, 코드의 각 문장 내에서 독립적으로 발생하는 컴파일러가 찾아낼 수 있는 오류를 모두 찾아내야 한다고 적혀 있었다. 이 검사기를 사용하면 첫 실행부터 컴파일이 되는 코드를 만들 수 있을까? 각 문장을 독립적으로 검사해서는 전역적인 문법 오류를 찾아낼 수 없으므로 거의 가능성이 없다. 이런 검사기의 효용성을 판단하려면, 프로그래머가 범하는 문법 오류의 양상을 기술하는 정확한 모델이 있어야 한다.

우리의 모델을 따르면 PL/1 프로그래머가 범하는 문법 오류의 양상은 이렇다. 최초로 컴파일에 성공할 때까지 작업하는 과정에서 발생하는 주된 문법 오류는 주석이나 문자열을 제대로 닫지 않는 것이다. 그런데 이 두 가지 오류는 컴파일러 역시 찾지 못한다. 따라서 문법 검사기는 더더욱 찾을 수 없음이 분명하다! 이 두 가지 오류만 문법 검사기가 찾아 준다면, 대부분 실행 한 번만으로도 컴파일이 되는 상태에 이를 수도 있을 것이다.

최초로 컴파일에 성공한 후에 나타나는 오류는 카드 천공 작업을 조급하게 하다가 하는 실수 등 대부분이 사소하다. 변수 이름이나 키워드의 철자를 잘못 입력할 수도 있고, 괄호의 짝이 맞지 않을 수도 있다. 특히, 변수 이름을 잘못 입력한 경우에는 바로 직전의 컴파일 과정에서 저장해 뒀던 변수 이름들과 비교해 주는 문법 검사기가 있으면 가장 유용할 것이다. 물론 새로 실행할 때마다 프로그램이 대대적으로 수정된다면, 컴파일 중에 이름 목록을 저장해 봐야 별 소용이 없다. 그때는 프로그래머의 행동에 대한 명확한 모델이 있어야만 어떻게 시스템을 설계해야 할지 알 수 있다. 새크만처럼 각 실행이 사실상 완전히 새로운 시작이고 문법 오류의 소멸이 모두 프로그래머의 학습과 기억력에 의존한 결과라 믿는다면, 문법 검사기를 만들 때 이전 컴파일의 결과는 참고할 필요가 전혀 없다. 반면에, 문제 하나를 푸는 동안에는 프로그래머의 문법 지식이 거의 변하지 않으며(물론 조금은 나아지겠지만) 한 번에 한 문장씩 오류를 제거하는 단순한 방식을 취한다고 믿는다면, 다른 방식으로 시스템을 설계해야 프로그래머에게 더 큰 만족을 주고 시스템의 효율성을 높일 수 있을 것이다.

시스템 성능의 문제는 새크만의 연구 곳곳에 등장한다. 제대로 된 과학자라면 누구나 그러하듯이 새크만도 결과에 영향을 주는 요소를 각각 고립시키려 노력했지만, 실제로는 서로 분리될 수 없는 요소들의 상호작용을 피할 수 없었다. 예를 들어, 프로그래머들은 언어와 시스템을 별로 구별하지 않는다. 그렇기에 실험의 결과로 얻은 성능 차이는 배치 시스템에서 ALGOL을 사용하고 시분할 시스템에서는 BASIC을 사용했기 때문에 발생했을 수도 있다. 게다가 양쪽에서 같은 언어를 사용한다고 하더라도, 시스템마다 제어구문이 서로 다르고 각 기능의 유용성 또한 다르기 때문에 정말로 동일한 하나의 언어라고 할 수는 없다.

시분할 시스템의 단말기 점유율과 배치 시스템의 회송시간의 문제도 두 시스템을 비교하기 어렵게 만드는 요인 중 하나다. 회송시간이 평균 6시간이고 편차가 3시간인 배치 시스템과 단말기가 비어 있을 확률이 90%나 되지만 연속으로 15분만 사용할 수 있는 시분할 시스템 중 어느 쪽이 더 나을까? 이렇게 풀 수 없는 문제들과 씨름하던 새크만은 나쁜 시분할 시스템은 좋은 배치 시스템보다 못하고, 좋은 시분할 시스템은 나쁜 배치 시스템보다 낫다는 결론을 내린다. 이에 대해 "너무 당연하지 않냐"라고 비판하는 사람들도 있겠지만, "시분할이 배치보다 낫다"거나 "배치가 시분할보다 뛰어나다"와 같은 공허한 주장보다는 훨씬 발전적이다. 이제 우리는 새크만의 연구를 이어받아 배치 시스템과 시분할 시스템을 각각 더 좋게 만드는 요인들을 찾아내야 한다. 그러나 불행하게도 우리가 원하는 수준으로 그 요인들을 깔끔하게 분리해 낼 수는 없다. 시스템은 말 그대로 시스템 즉, 전체가 하나이기 때문이다.

마지막으로, 어디서든 나타나는 개인 간의 편차 때문에 두 시스템을 비교하는 일은 노력을 들인 만큼 가치가 없을지도 모른다. 여기 개인차의 문제에 대한 새크만의 글을 그대로 인용했다. 배치 대 시분할의 논쟁이 어떤 방향으로 가야 하는지를 알 수 있을 것이다.

내 연구의 결과 중 가장 중요한 점은 모든 용도에서 한 방식이 다른 방식보다 압도적으로 우월함을 증명하기란 실질적으로 불가능하다는 사실일 것이다. 모든 실험 결과에서 성능에 주된 영향을 미친 요소는 시스템의 차이가 아니라 개인 간의 차이였다(예외는 전혀 없었다). 시스템 효율성을 획기적으로 발전시킬 수 있는 돌파구는 개인별 차이의 성격과 구조 그리고 인간의 문제 해결 방식에 있다고 본다. 조직의 목적이 전산학을 잘 가르치는 것이든, 비용 대비 성능이 좋은 프로그램을 개발하는 것이든, 인간이 컴퓨터와 의사소통하면서 문제를 해결하는 방식에 대한 근본적인 이해가 있어야지만 그 목적을 효율적으로 달성할 수 있을 것이다.

문서화

문서화는 프로그래밍에서 피마자유와 같은 존재다. 관리자는 문서화가 프로그래머에게 유용한 작업이라고 생각하지만, 프로그래머는 문서화를 싫어한다![5] 사실 관리자는 까진 무릎에 소독약을 바르면 쓰라리지만 오히

---

5 (옮긴이) 20세기 초 미국에서는 피마자유가 몇 가지 질병을 고치는 효능이 있다고 믿었다. 그래서 부모들은 아이들이 싫어해도 억지로 피마자유를 먹였다고 한다.

려 상처를 치유하는 것처럼, 프로그래머가 문서화를 진짜로 싫어하기 때문에 오히려 유용한 것이라고 믿는다. 어쨌든, 민간요법은 가정에서든 프로그래밍에서든 쉽게 사라지지 않는다. 따라서 현재 수행되는 방식의 문서화는 별 쓸모없음을 알리기는 쉽지 않다. 문서화는 잘할 때에만 가치가 있다. 그렇지 않다면 안 하느니만 못하다.

프로그래머가 좋은 문서를 만들도록 강제할 방법은 없다(적어도 지금까지는 알려진 바 없다). 억지로라도 피마자유를 먹는 아이가 있는 것처럼 억지로 시켜도 좋은 문서를 작성하는 프로그래머도 있겠지만, 잘하는 척 하면서 쓸모없는 문서를 만드는 방법은 너무나 다양하기 때문에 강제로 시켜봤자 종이 값어치만도 못한 문서가 나올 가능성이 많다. 따라서 유일한 희망은 문서를 잘 만들면 자신에게도 이득이 된다고 프로그래머를 납득시키는 방법뿐이다. 프로그래머가 문서화를 쓸모없다고 생각한다면, 문서화는 작업량을 최소화하는 방향으로 진행될 것이다. 그러나 문서화 작업이 가시적인 효과를 거둔다면, 모든 프로그래머가 어느 정도 좋은 문서를 만들려 할 것이다.

그런데 어느 정도 좋은 문서라고? 어느 정도라는 수식어를 붙인 이유는 우리가 문서화에 너무 많은 부분을 기대하는 잘못을 범하곤 하기 때문이다. 첫째, 사람마다 프로그램의 문서를 읽는 목적이 전부 다르므로 모두 동일한 수준으로 만족시키는 문서 체계는 존재하지 않는다. 우리는 어느 정도 적당한 목적을 하나 세우고 그에 부합할 만큼만 좋은 문서를 만드는 노력을 해야 한다. 애초의 목적이 아닌 부분도 만족시킬 수 있다면, 그것은 덤일 뿐이다. 문서가 어떤 목적에 맞지 않다면, 그를 위한 문서를 별도로 만들든지 아니면 없는 채로 지내야 한다. 둘째, 아무리 문서화를 잘해도 불가능한 것들이 있다. 예를 들어, 어떤 프로그램을 스물다섯 단어만 사용해서 비전문가에게 이해시키기는 불가능하다.

어떤 프로그램에 대한 문서를 활용하려면 반드시 노력과 사전 지식이 어느 정도 필요하다. 영어를 못하는 사람은 영어 문서를 읽지 못한다. 물론 그렇다고 문서 작성자에게 불평하는 사람은 없을 것이다. 마찬가지로, FORTRAN을 모르는 사람이 FORTRAN 프로그램을 완벽하게 이해하리라 기대하는 것도 잘못이다. 일반인을 대상으로 개발된 프로그램이라면, FORTRAN을 모르는 사람도 그 사용법 정도는 이해할 수 있을 것이다. 물론 이 역시 그 사람이 그 프로그램의 사용 분야를 어느 정도 안다는 가정 하에서 가능한 일이다. 고등학교 대수학을 깨치지 못한 사람이 미분 방정식의 해를 구하는 프로그램의 사용법을 이해할 수는 없다. 따라서 그런 프로그램의 문서는 고등학교 교육을 받은 사람이 첫 장을 봤을 때 내용을 자신이 이해할 수 있을지 판단할 수 있을 정도로 작성해야 한다.

깊이는 문서화에서 중요한 개념 중 하나다. 시스템이 클수록 더욱 그러하다. 일정 규모 이상의 시스템에서는 문서를 읽는 사람마다 얻으려 하는 정보의 상세 수준이 다르다. 깊이가 가장 얕은 문서라도 읽는 사람이 그것을 읽을 수 있는지 여부를 판단할 만큼 충분히 상세해야 한다. 어떤 사람이 어느 문서를 읽으려 할지 알 수 없으므로, 문서는 각 수준마다 한 단계 얕은 문서와 한 단계 깊은 문서에 대한 참조를 제시해야 한다. 물론, 해당 문서의 깊이가 어느 정도인지도 명시해야 할 것이다. 그리고 어떤 사전지식이 필요한지도 알려줘야 한다.

위와 같은 최소한의 정보가 없는 문서 체계는 성공할 수 없다. 그러나 읽는 사람이 그런 구조 정보를 이해하고 사용하는 데에도 시간이 필요하다. 『카라마조프가의 형제들』을 353쪽부터 읽기 시작하면 알료샤(Aloysha)의 역할을 이해할 수 없듯이, 아무렇게나 골라잡은 문서가 시스템을 이해하는 길의 올바른 출발점이 되어 주리라고 기대해서는 안 된다. 물론, 소설에는 모든 독자가 이미 알고 있다고 가정해도 좋은 표준 구조가 있다. 제대로 읽으려면 첫 장부터 차례대로 읽어야 한다는 것이다. 이로 인해 소설 작가가 할 일은 꽤 줄어든다. 반면에, 대규모 시스템에 대한 문서를 작성하는 사람은 어디서부터 시작해야 하는지조차 모르는 독자들과 씨름을 해야 한다(도스토예프스키(Dostoevski)와 같은 대문호가 아니라서 글 쓰는 것 자체도 어렵겠지만). 따라서 물리적으로 존재하는 모든 문서에는 반드시 일종의 안내 정보가 들어 있어야 한다.

물론, 문서화라 해서 마치 책처럼 물리적으로 존재하는 문서만 생각하는 것은 근시안적인 사고다. 아마도 프로그래밍 문서화 문제는 프로그램들을 그것이 실행되는, 바로 그 컴퓨터를 이용해 문서화하기 시작하기 전까지는 정말로 해결됐다고 할 수 없을 것이다. 우리는 분명히 이미 그런 방향으로 나아가고 있다. 즉, 수동으로 하던 작업들을 컴퓨터에게 맡기기 시작했다(자동화란 보통 이런 식으로 출발한다). 예를 들어, 식자와 조판은 **관리 단말기 시스템**(administrative terminal system)에 의해 수행되는데, 자동으로 갱신되기 때문에 매우 편리하다(자동 갱신은 프로그래밍에서 매우 자주 출현하는 문제다). 그러나, 아무리 그래도 책이라는 매체를 통한다는 사실에는 변함이 없기 때문에 문서를 읽는 사람과 하는 의사소통에는 전반적인 한계가 그대로 남아 있다.

책이라는 매체에는 분명히 한계가 있다(책을 쓰는 사람으로서 책이라는 매체를 지나치게 평가 절하하는 것은 똑똑한 행동이 아닐 테지만). 첫째, 책은 최신의 내용을 담아 전달하기에 가장 적합할 정도로 유연한 매체가 아니다. 책이 쓰이고 최초로 독자에게 읽히기까지는 최소 수 개월이 족히 걸린다. 비용이나 노력을 좀 더 들이면 그 간격을 어느 정도 줄일 수 있겠지만, 근본적으로 책이라는 매체의 변화 속도는 대규모 시스템의 프로그래밍 문서가 갱신되는 속도를 따라잡을 수 없다.

둘째, 벽난로 앞에 앉아 감촉이 좋은 책을 손에 든 느낌은 매우 좋다. 그러나 그 느낌이 아무리 좋다고 해도 프로그래밍 문서는 보통 그런 환경에서 읽지 않는다. 시스템의 일반적인 개념을 가르치는 개괄 문서라면 책도 어느 정도 적절할 수 있겠지만, 구체적인 기술 문제에 대한 해답을 전달하는 매체로는 적절하지 않다. 시스템이 복잡하면 할수록 책보다 훨씬 능동적인 안내자가 필요하다. 복잡한 시스템에서는 문서 구조가 미로의 형태를 띠게 마련이고, 그 미로에서 사용자가 스스로 출구를 찾아갈 것이라 기대할 수 없기 때문이다. 능동적인 안내자 역할에 가장 적합한 매체는 역시 컴퓨터의 단말기 화면일 것이다.

물론, 이 모든 것에는 비용이 든다. 누가 비용을 지불할 것인가? 심리학적으로 볼 때, 이런 질문을 하면 언제나 충격적으로 받아들이곤 하는데, 이는 준비가 되어 있지 않기 때문이다. 우리는 문서화에 드는 비용이 프로그래밍 비용의 일부라는 생각에 익숙하지 않다. 사실, 관리자들과 그들의 방식으로(즉, 모든 것을 돈으로 환산해서) 대화해 보면, 관리자들도 문서화를 프로그래밍과 별개의 것 또는 그렇게 분리할 수 있는 한 부분으로 생각하고 있음을 알 수 있다. 좋은 문서가 있다면 아주 좋겠지만, 그렇다고 별도로 비용을 지불할 가치가 있다고는 생각하지 않는다.

프로그래밍의 문서화를 자동으로 하겠다는 계획도 심심찮게 등장한다. 문서를 자동으로 만들면 번거롭지 않게 되고 비용도 들지 않을 수 있다고 생각하는 듯하다. 흐름도 추출 프로그램을 예로 들어 보자. 흐름도 추출 프로그램을 이용하면 다른 프로그램의 흐름도를 얻을 수 있다. 그렇게 흐름도라는 문서를 얻으면 편하고 비용도 거의 들지 않는다. 그러나 과연 이것을 정말 문서라 할 수 있을까? 아마도 아닐 것이다. 디버깅을 좀 더 잘 할 수 있게 만들어주는 도구 정도는 되겠지만 말이다(물론 이것도 꽤 큰 가치가 있다).

흐름도가 없으면 그 프로그램을 작성한 장본인도 동작 흐름을 따라가기가 쉽지 않다. 특히, 근접성이 떨어지는 프로그램일수록 더욱 그렇다. 흐름도는(잘 만들어졌다면) 프로그램의 동작 흐름 중에서 멀리 떨어져 있는 지점들을 2차원 형태로 모아 한 눈에 보여 주기 때문에 꽤 유용하다. 흐름도를 통해 무한 반복이나 연결되는 지점이 없는 분기 같은 중요한 오류가 쉽게 드러날 뿐만 아니라, 프로그래머의 의도대로 코드가 작성되었는지도 알 수 있다.

먼저 흐름도를 그리고, 그것을 코드로 변환하는 방식으로 작업을 해온 프로그래머라면 컴퓨터가 그린 흐름도만 봐도 코드 작성 과정에서 실수가 있었는지 바로 알 수 있을 것이다. 그러나 PL/1과 같은 선형적인 언어에서는 흐름도의 2차원적 특성이 별로 소용없다. 레이블 문을 하나도 사용하지 않은 PL/1 프로그램을 흐름도 추출 프로그램에 입력한다고 하자. 단지 코드의 각 부분마다 상자 모양의 윤곽선이 예쁘게 그려져 그 순서 그대로 출력될 뿐이다. 각 상자 안에 흐름도 추출 프로그램이 새로 추가할 내용은 하나도 없다. 물론, 그것만으로도 프로그래머가 놓쳤던 부분이 드러날 수도 있겠다.

그러나 원래의 코드에 문제가 있었다면(어떤 언어로 작성되었든) 이렇게 그려진 흐름도는 문서로 가치가 없다. 주석 내용이 잘못되었다면, 흐름도에서도 여전히 잘못되어 있을 뿐이다(분기에 대한 주석이라면 얘기가 다르겠지만[6]). 별로 잘 짓지 못한 이름도 흐름도에서 그대로 반복된다. 우리는 컴퓨터가 추출한 흐름도가 문서로 얼마나 가치 있는지를 보고자 몇 가지 선행 연구를 했다. 그러나 원작자 외에는 흐름도 덕분에 프로그램을 이해하기가 한층 쉬워진다는 증거를 발견할 수 없었다. 이 문제를 좀 더 심도 있게 연구할 주체는 흐름도 추출 프로그램을 판매하는 회사들일 것이다.

물론, 흐름도는 실제 코드에 들어 있는 정보를 표현하는 여러 방법 중 하나일 뿐이다. 흐름도의 가치가 전반적으로 크지 않다고 판명되더라도, 문서화 기법의 하나로 계속 사용해야 할 이유로는 여러 가지가 있다. 첫째, 흐름도는 컴퓨터가 자동으로 만들어 내므로 컴퓨터가 점점 강력해질수록 그 비용이 줄어든다. 둘째, 흐름도는 코드에서 직접 파생되기 때문에 코드와 문서가 불일치할 가능성이 전혀 없다는 장점이 있다. 코드와 문서의 불일치는 어떤 문서화 체계에서든 치명적인 문제가 된다.

문서는 코드 자체로부터 나와야 한다는 생각의 극단적인 형태는 클래러와 메이의 예에서 찾을 수 있다. 그들은 자신들이 개발한 시스템을 사용자들이 문서로 익히기보다 이것저것 직접 실험하면서 배우길 바란다는 사실을 분명히 밝혔다. 프로그래머 열에 아홉은 평생 쓰지 않을 난해한 기능을 알리기 위해 몇 천 단어로 구성된 설명을 문서에 추가하는 대신 이를 컴퓨터에 맡겨 버린 셈이다. 사실 이는 과거의 방식으로 돌아가는 것에 불과하다. 컴퓨터는 여전히 문서화에 대한 논쟁의 마지막 무대이고, 앞으로도 그럴 것이다.

그러나 과거에는 사람과 컴퓨터의 의사소통이 쉽지 않았기 때문에 컴퓨터가 문서의 역할을 맡기에는 무리가 있었다. 컴퓨터를 문서로 좀 더 많이 활용하려면, 우리는 상상력을 좀 더 발휘하여 컴퓨터가 하는 말을 다양한 방식으로 이해해야 한다. 프로그램을 보는 여러 관점 하나하나가(흐름

---

6 (옮긴이) 흐름도에서는 분기가 그림으로 보이기 때문에 분기에 대한 설명 즉, 주석이 잘못 쓰였다면 쉽게 눈에 띌 것이다.

도 등의) 프로그램의 명확성을 높이는 데 기여하는 정도는 미미할 수 있다. 그러나 전체적으로는 각각을 단순히 합한 것 이상의 효과가 있을 것이다. 프로그램을 이해하고 디버깅하는 데 가장 큰 장애가 실제로 심리적 자세라면, 사고에 유연성을 줄 수 있는 모든 기법을 디버깅과 문서화 도구로 고려해야 한다.

우리는 프로그램을 다양한 관점으로 바라보는 것의 효용성을 주제로 일련의 연구를 진행했고, 갖은 영감을 모두 활용하여 여러 방식을 시도해 봤다. 예컨대, 너무 익숙한 대상을 그리기 때문에 자신이 대상의 실제 색상을 있는 그대로 인식하지 못할 수도 있다는 사실을 깨달은 화가가 있다고 하자. 그는 자신의 심리적 자세를 극복하고자 사물이 거꾸로 보이도록 허리를 굽혀서 다리 사이로 대상을 관찰한다. 비슷한 방법으로, 우리도 코드를 변수 이름 또는 글자 단위로 거꾸로 인쇄하여 어떤 일이 발생하는지를 관찰할 수 있다.

독자들에게도 이미 익숙한 방식이 있을 수 있겠지만, 다른 방식을 착안하는 데 도움이 될지도 모르기에 여기 시도한 목록을 싣는다.

1. 키워드를 굵은 글씨체로 표시하거나 밑줄을 긋는다.
2. 키워드가 아닌 코드를 굵은 글씨체로 표시하거나 밑줄을 긋는다.
3. 키워드를, 혹은 키워드가 아닌 코드를 소문자로 바꾼다.
4. 다용도 기호(의미가 여럿인 등호 등) 또는 괄호를 중첩 단계에 따라 다른 기호로 대체한다.
5. 문제가 잠재되어 있는 코드에 표시를 한다. 예를 들어, 참조가 필요한 곳에서 더미를 사용하거나 반대로 더미가 필요한데 참조를 사용한 곳.
6. 주석의 위치를 바꿔 한 쪽에는 주석이 전혀 없는 코드가, 다음 쪽에는

주석만 나오도록 한다.

7. 리터럴의 위치를 6번과 비슷한 방식으로 변경한다.
8. 모든 변수의 이름을 변경한다.
9. 모든 약어를 원래 단어로 바꾸거나 약어가 있는 단어를 모두 약어로 바꾼다.
10. 옵션을 표준 순서에 맞게 재배열한다. 또는 프로그래머가 사용한 순서를 단지 다른 순서로 바꾸기만 한다.
11. 모든 변수 이름의 목록을 알파벳 순서로 정리한 다음 변수마다 사용되는 곳과 값이 할당되는 곳, 참조로 넘겨지는 곳은 어디인지 기술한다.
12. 변수들을 특정 속성에 따라 분류해서 나열한다. 예를 들어, 외부 변수의 목록이나 부동소수점 형식의 변수 목록을 만들 수 있다. 다양한 속성이 있으므로 목록은 여러 개 나올 것이다.
13. 변수를 가시 범위(scope)에 따라 분류한다.
14. 모호할 가능성이 있는 것들을 목록으로 만든다.
15. 중첩된 DO, BEGIN, PROCEDURE의 내부 단계를 각각 별도로 출력한다.
16. 조건문을 분해해 정규화된 형식으로 표현한다. 예를 들어, 의사결정표(decision table)가 있겠다.
17. 표현식의 목록을 만들고, 표현식마다 입력값 조합을 달리해서 몇 차례 계산한 결과를 함께 기술한다.
18. 흐름 경로의 일부만을 실행한다.

위에 나열한 방식은 모두 프로그램의 물리적 의미를 바꾸는 방법이 아니다. 심리적 의미를 바꿀 뿐이다. 적응하는 존재라는 인간 본연의 장점을 잘 살릴 수 있도록 프로그래머의 눈(가능하다면 다른 감각 기관에도)과 정신에 다양한 관점을 제공하고 싶었다. 즉, 디버깅과 문서화의 문제를 컴퓨터가 해결하도록 노력하는 것이 아니라, 인간이 심리적 자세를 극복하고 내재된 막대한 심리적 자원을 이용할 수 있도록 컴퓨터가 돕게 만들려는 것이다.

이런 시도로 문서화 문제가 해결된다면, 또는 부분적으로라도 풀린다면 굉장히 좋을 것이다. 프로그래머가 조금 더 수고를 해야겠지만 이와 비슷하게 유용한 방법이 하나 더 있다. 프로그래머가 프로그램 작성을 마친 후에 단말기 앞에 앉아 프로그램에 포함된 여러 요소에(변수, 분기 등등) 대한 컴퓨터의 질문에 답을 하는 것이다. 컴퓨터는 프로그래머의 대답을 기록해 두고 누군가 프로그램을 요청하면 그 대답도 함께 보여 준다. 그렇게 되면 사용자들은 코드를 읽다가 궁금한 부분을 컴퓨터에게 물어볼 수 있다. 즉, 수많은 문서를 뒤지는 수고를 컴퓨터가 덜어주는 셈이다. 엉뚱한 문서를 보며 헤맬 염려도 없다. 존재하는 정보는 모두 언제나 단말기를 통해 얻을 수 있기 때문이다.

이렇게 하면 사용자가 문서의 구조를 이해하지 못해서 발생하는 문제를 해결할 수 있다. 그러나 문서 내용이 제대로 입력되어 있어야 한다는 근본적인 문제가 그대로 남는다. 컴퓨터와 대화하면서 문서를 작성하는 방식은 분명 프로그래머의 의욕을 돋울 테지만, 아무리 의욕이 넘쳐도 문장력이 떨어지는 사람이 갑자기 글을 잘 쓰게 되지는 않는다. 이를 보완하기 위해서, 문서의 내용을 미리 검증하는 방법이 있다. 예를 들어 컴퓨터가 아닌 몇몇 선택된 사용자가 질문을 하고 컴퓨터는 프로그래머의 답변이 질문자들에게 어느 이상의 점수를 받았을 때에만 저장한다. 최종적으로 그렇게 걸러진 질문과 답변만 모아 문서로 활용하는 것이다.

물론 더 훗날에나 가능할 개념이지만, 이보다 더 좋은 방법은 모든 질문과 답변을 단일 저장소에 모으는 것이다. 시스템의 모든 사용자 또는 잠재적 사용자는 원하는 정보를 이 중앙 저장소에서 찾아보면 된다. 컴퓨터가 안내하는 대로 원하는 답변을 얻는다면 그것으로 끝이고(통계적 기법을 활용하면 자주 물어보는 질문에 대한 답변은 더 쉽게 찾도록 만들 수도 있다), 그렇지 않다면 컴퓨터가 해당 프로그래머에게 사용자와 연락하라는 요청을 보낸다. 그리고 프로그래머가 답을 줄 것이다(최악의 경우, 며칠이 걸릴 수도 있지만). 이렇게 나온 새로운 질문과 답변은 중앙 저장소에 추가되어 이후에 다른 사람이 같은 질문을 하면 그 대답을 받게 된다.

문서의 내용을 항상 최신으로 유지시키는 장치만 갖춘다면 이 방식은 프로그래머가 곧 문서이던 시절로 우리를 돌려놓아 줄 것이다. 회사나 시스템의 규모가 작을 때에는 명시적인 문서화에 그렇게 신경 쓸 필요가 없다. 프로그램을 직접 만든 사람에게 물어보는 편이 언제나 더 쉽기 때문이다. 문서를 꼭 봐야겠다고 해도 문서가 어디 있는지 알려면 결국 프로그래머에게 가서 물어봐야 할 가능성이 높다. 그렇다면 아마 이 방식이 가장 좋을 것이다. 어떤 프로그래머든 자신이 알고 있는 걸 모두 문서에 다 써 넣을 수는 없으며, 설령 그럴 수 있다 해도 모든 사용자가 자신이 원하는 정보를 문서에서 스스로 찾아낼 수는 없다. 이 방식에서 문제가 발생하는 경우는 프로그래머가 회사를 떠날 때인데, 비자아적 프로그래밍이 실천되고 있다면 크게 문제될 것은 없다(관리자가 너무 나빠서 모든 프로그래머가 한꺼번에 떠나지 않는 한).

그러나 이렇게 개인에게 의존하는 방법에는 분명히 한계가 있다. 나는 1956년에 샌프란시스코에서 개발한 네트워크 분석 프로그램에 대한 질문을 1961년에 받은 경험이 있다. 그 프로그램은 5년 동안 상당히 널리 퍼졌고, 그동안 여러 곳을 옮겨 다니던 나는 1961년에는 뉴욕에 있었다. 어느 날 스톡홀름에서 장거리 전화가 한 통 걸려 왔는데, 전화를 건 사람은 나를 사흘 동안이나 추적해서 겨우 찾아낸 다급한 프로그래머였다. 그는 프로그램을 만들 때는 미처 생각하지 못했던 어떤 경우를 처리하려고 코드를 수정하는 중이라고 설명한 다음, 나에게 이렇게 물어봤다.

"만약 제가 1003 위치의 부호를 음수로 바꾼다면, 문제가 해결될까요?"

5년이 지난 후에 다른 대륙에서 걸려온 전화를 받은 나는 1003 위치가 무엇인지는커녕 내가 그 프로그램을 작성했는지도 잘 기억나지 않았다. 대서양을 건너는 장거리 전화 요금을 재빨리 셈하여 컴퓨터 사용 비용과 전화 요금 가운데 어느 쪽이 더 비쌀지 비교해 본 다음, 나는 이렇게 대답했다. "맞아요. 아마 그러면 될 거에요. 컴퓨터에 넣고 한번 실험해 보지 그래요. 만약 안 되면 다시 전화해요." 다행스럽게도, 스웨덴에서 전화가 다시 걸려 오지는 않았다.

프로그래머가 회사에 남아 있다고 해도, 사람의 기억은 영원하지 않다. 5년 전 작성한 프로그램의 어떤 위치에 어떤 내용이 들어 있는지를 그동안 그 프로그램을 한 번도 보지 않은 채 기억해 낼 수 있는 프로그래머는 드물다. 그러나 생각해 보면, 한 사람이 작성할 규모의 프로그램을 그렇게 오랫동안 계속 사용하리라고 예상되는 경우도 드물다. 아무리 문서가 잘 되어있더라도, 프로그램을 버리고 새로 시작하는 편이 더 나은 시점은 오게 마련이다.

따라서 프로그램을 어떻게 문서화할지 결정할 때에는 문서의 사용할 사람과 사용될 방식, 장소, 기간을 고려해야 한다. 만약 한정된 장소에서 문서를 사용하고, 프로그래머를 직접 아는 사람들이 애초에 설계한 목적과 같은 종류의 일에만 사용하며, 1년에서 3년 정도 쓸 예정이라면, 문서를 정교하게 작성하는 데 투입할 돈을 다른 프로젝트에 투입하는 편이 나을 것이다. 멀리 떨어진 여러 장소의 사람들이 프로그램을 사용할 것 같으면, 정교한 문서를 만드는 비용을 처음부터 고려해야 하고 프로그래머도 문서화를 가능하게 만드는 작업에 처음부터 참여해야 한다.

문서를 작성하는이 아니라 문서화를 가능하게 만드는이라고 쓴 점에 주목하기 바란다. 어떤 프로그램이 시장에 내놓을 상품으로 준비되는 경우, 그 프로그램의 사용자는 유료든 무료든 상관없이 프로그램뿐 아니라 문서에도 전문가 수준의 품질을 기대할 권리가 있다. 그리고 차분하게 생각해 보자. 프로그래밍에 전문가인 사람이 문서 작성에도 전문일 수 있다고 믿을 만한 근거는 하나도 없다. 따라서 문서를 전문가 수준으로 작성하려면 프로그래머가 직접 하지 않고 문서 전문가가 프로그래머의 도움을 받아 작성해야 한다. 결론적으로, 문서화도 전문성을 필요한 작업으로 인정받아 문서 작성자가 열등감을 느끼지 않고 프로그래머와 대등하게 일할 수 있는 시대가 되어야만 높은 수준의 문서를 기대할 수 있을 것이다.

프로그래밍 세계에서는 어떤 인식이 바뀔 때 일정한 주기(cycle)가 보인다. 예를 들어, 예전의 경영진들은 누구나 프로그램을 작성할 수 있다고 생각했다. 그러나 프로그래머들은 부단한 노력 끝에 자신의 직업을 전문직으로 인정하게 만들었다. 좋은 프로그래밍은 아무나 할 수 있는 것이 아니다. 배경 지식도 갖추고 훈련도 받아야만 할 수 있다. 이 사실을 가장 잘 아는 이는 프로그래머들이다. 그런데 바로 그 프로그래머들이 문서화 작업은 길거리에서 아무나 데려와도 할 수 있다고 생각하는 행태는 무슨 연유일까? 대학원생이 작성한 논문을 한 시간만이라도 읽어 본 사람은 의사소통 능력에 엄연한 차이가 존재한다는 점을 알게 된다. 따라서 문서화에 대해 프로그래밍 심리학적으로 논해야 할 사항은 프로그래머들이 문서화를 누구나 잘할 수 있는 작업 혹은 프로그래머가 될 정도로 똑똑하지는 않은 사람이 하는 업무라고 착각하고 있다는 사실 정도가 유일하다(그 외에는 전혀 심리학적으로 논할 주제가 아니다).

요약

이번 장의 주된 교훈은 간단하다. 시스템은 복잡하다. 컴퓨터 시스템은 단지 하드웨어뿐인 것도 아니고, 소프트웨어뿐인 것도 아니며, 심지어 인간 + 하드웨어 + 소프트웨어인 것도 아니다. 시스템과 함께 발달한 공식/비공식적인 절차도 시스템의 일부다. 다양한 구성 요소에 걸리는 부하도, 사용자의 태도와 경험도 역시 시스템의 일부다. 일반적으로 통용되는 시스템의 구성요소 사이에도 뚜렷한 경계선이 없다. 하드웨어는 운영체제와, 운영체제는 프로그래밍 언어와, 프로그래밍 언어는 디버깅 도구와, 디버깅 도구는 문서와, 문서는 훈련과 융합된다. 그리고 이 모든 것이 한데 섞여 시스템이 사용되는 사회적 풍토를 만든다.

이러한 복잡함 때문에 실험을 통한 증거는 두 배로 중요해진다. 그러나 다른 한편으로는 실험을 통해 증거를 얻거나 해석하는 일이 두 배로 힘들어지는 원인도 된다. 우리 머릿속의 잘못된 믿음들을 깨끗이 쓸어 내고, 가능하다면 실험을 통해 나온 견고한 증거들로 채워 넣을 때가 되었다. 여러 문제 중 일부라도 결국에는 **해결**된다는 뜻이 아니다. 그러기에는 문제가 너무 복잡하다. 그러나 언제나 완벽하게 해결될 수 있는 문제만 풀어볼 만한 가치가 있지는 않다. 사실, 우리에게 필요한 것은 정답이 아니라 그것을 찾는 과정에서 얻는 경험이다.

질문

관리자에게

1. 디버깅 컴파일러 등의 디버깅 도구를 구매하라는 제안을 받아 본 적이 있는가? 구매하거나 거절하는 결정은 어떤 과정으로 내렸는가?

2. 디버깅이 끝난 프로그램에 대해 프로그래머가 스스로 어느 정도의 자신감을 갖는지 물어보는가? 당신은 자신감을 어느 정도 갖게 되는가? 그런 결정을 내릴 때에는 어떤 요소들을 고려하는가?

3. 회사에서 사용하고 있는 시스템 성능의 평가 자료에 대해 설명해 보라. 관리자로 그것을 어떻게 사용하는가? 어떤 정보가 더 필요한가? 쓸모없는 정보는 어떤 것들인가?

4. 배치 시스템에서 이상적인 회송이란 어떤 것이라고 생각하는가? 온라인 시스템에서 이상적인 단말기 접근은 어떤 상황이라고 생각하는가? 이 문제들에 대해 당신의 프로그래머들은 어떻게 생각하는가?

5. 배치 시스템에 대해 특정 프로그래머에게 높은 우선순위를 주는가? 온라인 시스템은? 그 때문에 역효과가 생기지는 않았는가? 사람들의 감정을 상하게 하지 않고 우선순위를 차별하려면 어떻게 해야 한다고 생각하는가? 우선순위를 차별하여 얻는 이득보다 감정 대립 때문에 생기는 손해가 더 클 수도 있다고 생각하는가?

6. 프로그래밍하기에는 배치와 온라인 시스템 중 어느 쪽이 더 좋은가?

7. 당신의 회사에서는 어떤 사람에게 문서 작성 업무를 맡기는가? 문서화 규칙이 프로그램의 종류에 따라 문서의 종류도 달리할 수 있을 정도로 충분히 유연한가? 문서화 작업에 대한 불만은 없는가? 만약 있다면, 원인은 무엇이며 어떻게 해소할 수 있으리라 생각하는가?

프로그래머에게

1. 사소한 실수 하나가 엄청나게 큰 손해를 초래한 경험이 있는가? 어떤 디버깅 도구나 기법이 그 실수를 막을 수 있었을까? 그 실수 때문에 초래된 비용보다 그 디버깅 도구나 기법을 사용하는 비용이 더 컸을까?

2. 프로그램 테스트 중에 너무 **빠른 회송** 때문에 영향을 받은 적이 있다면 좋은 경우였든 나쁜 경우였든 예를 들어 보라. 관리자를 기쁘게 하고 싶은 욕구나 프로그램 구조에 관한 지식, 다른 프로그램 또는 프로그래머들과의 상호작용 등 당신의 디버깅 전략에 영향을 끼쳤던 요소들을 나열해 보라.

3. 배치 시스템에서 이상적인 회송이란 어떤 것이라고 생각하는가? 온라인 시스템에서 이상적인 단말기 접근은 어떤 상황이라고 생각하는가? 이 문제들에 대해 당신의 관리자는 어떻게 생각하는가?

4. 자신의 경험에 비추어, 인간이 시스템의 특징에 적응해 행동을 바꾸는 예를 들어 보라.

5. 프로그래밍하기에는 배치와 온라인 시스템 중 어느 쪽이 더 좋은가?

6. 프로그램을 보는 여러 관점 중에 운영체제나 컴파일러가 제공해 주었으면 하고 바라는 것은 무엇인가? 각각 구체적인 예를 들고, 그 관점이 어떻게 도움이 될지 설명해 보라.

7. 문서화 작업에 대해서 어떻게 생각하는가? 문서화 작업을 잘하는 사람들에 대해서 어떻게 생각하는가? 여러분이 문서화 작업을 잘 하려면 어떤 점들이 바뀌어야 할까?

참고 문헌

- Robert Rosenthal 지음 「On the Social Psychology of the Psychological Experiment」 American Scientist, 1963년 6월.
  로젠탈(Rosenthal)은 실험 결과를 왜곡시키는, 특히 실험자가 특정 결과를 기대하기 때문에 생기는 요인들을 연구하는 분야의 선구자다. 이는 명백히 디버깅과 유사하다. 프로그래머는 이 논문에 제시된 결과들을 그대로 자신의 작업 습관으로 옮길 수 있을 것이다.

- Emanuel Parzen 지음 『Modern Probability Theory and Its Applications』 New York, Wiley, 1960년.
  119~120쪽을 보면, 어떤 실험의 결과를 확신하는 데 선험적인 확률이 미치는 영향을 알 수 있다. 일반적으로 프로그래머가 디버깅을 확률적

인 작업으로 취급하면 이점이 많은데, 파르젠(Parzen)의 책이 그렇게 하는 출발점이 될 것이다.

- G. M. Weinberg 지음 『PL/1 Programming-A Manual of Style』 New York, McGraw-Hill, 1970년.

  4장에서 프로그램 테스트에서 올바른 언어와 올바른 프로그램 구조의 중요성을 논했다.

- Edmund C. Berkeley 지음 「The Personality of the Interactive Programmed Computer」 Computers and Automation, 1965년 12월, 42-46쪽.

  이 논문은 약간 피상적이긴 하지만, 시스템이 사용자에게 드러내는 성격에 대한 흥미로운 질문을 제기한다. 새크만이 밝혔듯이, 사용자가 시스템을 사용하는 능력은 시스템을 대하는 태도에 따라 달라진다. 그리고 사용자가 시스템에 익숙해질수록 점점 더 많이 인정하게 된다. 이렇게 사용자가 시스템을 받아들이는 과정에서 시스템의 성격이 모종의 역할을 한다는 점에는 의심할 여지가 없다. 그렇다면, 여러 다른 시스템의 성격이 사용자에게 어떻게 인식되고 있는지를 조사하면 프로그래머들이 어떤 성격의 동료를 좋아할지도 알 수 있을 것이다.

- Harold Sackman 지음 『Man-Computer Problem Solving: Experimental Evaluation of Time-Sharing and Batch Processing』 Princeton, N.J., Auerbach Publishers, 1970년.

  부제목에서 알 수 있듯이(그리고 우리가 전에 말했듯이) 이 책은 이 분야에서 현재까지 이루어진 연구들을 집대성한 책이며, 운영체제의 비교 연구를 계획하고 있는 사람이라면 누구나 반드시 먼저 읽어야 하는 책이기도 하다.

- G. H. Stange 지음 「The Initial Effects of the Installation of Two Remote Computer Access Systems.」
- R. G. Salsbury 지음 「Ideal Turnaround-An Opinion Survey」
- William J. Heiss, Frederick Schwartz 지음 「Positional versus Keyword Coding」

출판되지 않은 수업 과제 보고서들. 관련된 모든 사람이 이 보고서에서 학습 경험을 얻었고, 굳이 이상하고 어려운 실험을 안 하더라도 이 분야에서 쓸모 있는 연구를 얼마든지 할 수 있음을 보여주었다.

- Robert F. Rosin 지음 「Supervisory and Monitor Systems」 Computing Surveys, 1, 1권 (1969년 3월).

  로진(Rosin)은 운영체제에 대한 일반적인 개괄과 중요한 논점들을 불과 10여 쪽으로 정리해 냈다. 운영체제를 설계한 각 세대는 이전 세대의 문제점들을 해결하려는 의도로 생겨난 경우가 많았다. 따라서 오늘날의 시스템에 있는 심리학적 틈들을 파악하면 미래의 운영체제가 어떤 모습일지 예측할 수도 있을 것이다.

- Ralph L. London 지음 「Bibliography on Proving the Correctness of Computer Programs」 Machine Intelligence, 5, New York, American Elsevier, 1970년.

디버깅을 하는 사람은 모두 컴퓨터가 어떤 프로그램이 맞았는지 틀렸는지 스스로 판단해서 알려줄 날을 꿈꾼다. 이 주제에 대해 상당한 연구가 진행됐지만, 아직까지도 그럴듯한 해결책은 나오지 않아서 실제 디버깅에 적용할 수 있는 방법은 하나도 없다. 그러나 관련 연구 중 몇 가지는 분명 디버깅하는 사람들이 읽어볼 만하다. 이 책은 그런 연구에 관련된 출판물의 목록을 실었다.

- G. M. Weinberg, G. L. Gresset 공저 「An Experiment in Automatic Verification of Programs」 Communications of the ACM, 6, 10 (1963년 10월), 610-613쪽.

  컴파일러의 오류를 검출하는 속성과 사용 환경 사이에 어떤 연관이 있는지를 보이려는 연구를 설명한 글이다. 현실에서 오류 검출의 성능을 향상시키기 위한 몇 가지 아이디어를 제시했다. 그중 주요 컴파일러들에 도입된 것은 거의 없긴 하지만.

- E. T. Irons 지음 「An Error Correcting Parse Algorithm」 Communications of the ACM, 6, 11 (1963년 11월), 669-673쪽.
- Jacques LaFrance 지음 「Optimization of Error Recovery in Syntax-Directed Parsing Algorithms」 ACM SIGPLAN Notices, 5, 12권 (1970년 12월), 2-17쪽.

  아이언스(Irons)의 논문에서는 컴파일러의 문법 오류를 자동 교정하는 기능을 거의 최초로 다뤘다. 라프랑스(LaFrance)의 논문은 가장 최근 것 중 하나다. 자동 교정을 하려면 오류를 발견했을 때 준비된 여러 후보 중 어떤 것으로 대체해야 할지 결정해야 하는데, 이때는 근접성이라는 개념이 반드시 필요하다. 이 분야의 연구자들은 사용자의 심리와는 독립적인 근접성이 존재하기를 바란 듯하지만, 그것은 이루어질 수 없는 희망으로 보인다. 특정 언어와 시스템을 사용하는 프로그래머들을 실제로 조사하여 자주 발생하는 오류를 정리하고 각각을 교정하는 특수 루틴을 만들면 약간의 효과는 볼 수 있다. 예를 들어, 코넬 대학에서 개발한 PL/C 컴파일러는 주석이나 문자열을 펀치 카드 두 장에 걸쳐 쓰지 못하게 제한하여 PL/1 프로그램을 교정하고 성공적으로 컴파일하는 데 큰 효과를 봤다. 이렇게 하면 오류 하나가 미치는 파급 효과 범위를 좁힐 수 있다. 그리고 올바르게 교정될 확률이나 혹은 적어도 좀 더 의미 있는 컴파일을 수행해서 다음번에는 모든 것이 제대로 교정될 확률이 크게 높아진다. 위의 논문들에는 오류를 교정하는 멋진 방법들이 많이 있지만, 오류를 초래하는 심리적인 원인들을 이런 임기응변으로 모두 제거한 뒤에야 사용할 수 있는 것들이다.

- W. Teitelman 지음 「PILOT: A Step Toward Man-Computer Symbiosis」 (Doctoral Dissertation, M.I.T.,) Cambridge, Mass., 1966년 6월.
  PILOT 시스템은 LISP 프로그래머들의 프로그램 수정 작업을 돕기 위해 개발된 도구로, 이 역시 LISP로 작성됐다. PILOT 시스템에는 흥미로운 기능들이 많지만, 이 시스템을 자주 사용하는 프로그래머들에게 정말로 유용한지 또는 단순한 오류 검출 장치와 비교하여 얼마나 더 유용한지는 아직 확실하지 않다. 이쪽 방향으로 연구를 하면 유용할 것이다.

- Thomas G. Stockham Jr. 지음 「Some Methods of Graphical Debugging」 Proceedings of the IBM Scientific Computing Symposium on Man-

Machine Communication, 1966년.

스톡햄(Stockham)은 동적인 디버깅을 위해 CRT 장비가 사용되어온 역사를 고찰했다. 그 역사는 적어도 1958년까지 거슬러 올라간다. 그는 그런 초기 실험들이 후에 널리 채택되지 않은 것을 안타깝게 여기는데, 그 원인이 여러 가지 기술적 그리고 경제적 이유라고 생각한다. 그러나 그런 시스템의 가치를 증명하는 자료가 전혀 없었기 때문에 기술적 그리고 경제적 이유를 극복할 동기가 없었는지도 모른다. 만약 우리가 그런 시스템을 채택해서 얻을 수 있는 이득을 증명할 수만 있다면, 커다란 기술적 투자를 정당화할 수 있는 충분한 명분이 될 것이다. 비효율적인 디버깅 환경의 폐해가 그만큼 크기 때문이다.

- Harlan D. Mills 지음 「Syntax-Directed Documentation for PL360」 Communications of the ACM, 13, 4 (1970년 4월).

  밀스(Mills)는 프로그램을 작성하는 과정에서 문서화를 위한 자료를 축적하고 나중에 컴퓨터로 처리하여 문서를 만들어 내는 꽤 원대한 계획을 제시했다. 이 접근법은 두 가지 측면에서 문제의 핵심에 접근하는 것 같다. 문서화 작업에 대해 의욕을 느끼는 사람이 필요하지도 않고, 사람들이 혼자의 힘으로 헤쳐 나가야 할 문서의 바다를 만들어 내지도 않는다. 그러나 어떤 측면에서 보면 문제가 있을 때 컴퓨터를 소유한 사람이 취하는 전형적인 접근 방식 즉, '컴퓨터가 그 일을 하게 만들 수 있는지 한 번 해볼까'에 불과하다. 그래도 정말 사용할 수 있을 만한 문서가 나오는지 그리고 정말 우리에게 필요했던 종류의 문서인지 시험해 볼 만한 가치는 있다.

- M. Klerer, J. May 공저 『Reference Manual』 개정판, Dobbs Ferry, N.Y., Columbia University Hudson Labs., 1965년 7월.

  이 두 쪽짜리 문서가 Klerer-May 시스템의 사용자가 시스템 탐험을 시작할 때 받는 유일한 지도다. 이 문서와 한 쪽짜리 부록은 사멧의 『Programming Languages』에 다시 실려 있다(12장의 참고 문헌을 참조하기 바란다).

- H. D. Leeds, G. M. Weinberg 공저 『Computer Programming Fundamentals/Based on the IBM System/360』 New York, McGraw-Hill, 1970년.

  이 책은 일반 프로그래밍 책보다 프로그램의 문서화에 대해 훨씬 광범위하게 논했다. 흐름도에 대해 한 장을, 짧은 문서(writeup)들에 대해서도 또 한 장을 할애했고, 문서화의 다른 여러 측면도 책 전체에 걸쳐 다룬다. 그러나 이 책이 이 주제에 대한 완결이라거나 결정판이라고 말하기는 힘들다.

13장에 보태는 글：

그 외의 **프로그래밍 도구들**

만약 내가 이 책을 오늘날에 와서 다시 쓴다면, 프로그래밍 언어에 대한 내용은 두 단락 정도로 줄이고 이 13장의 내용을 5권 아니 10권으로 늘리겠다. 4부에 보태는 글에서 "오늘날의 프로그래밍 도구들을 보며 군침을 흘리지 않을 수 없다."는 언급은 언어를 얘기한 것이 아니었다. 25년 전에는 부차적이라고 경시됐던 여러 도구를 얘기한 것이었다.

테스트 도구를 논한 절에서 보듯이, 언어를 다른 도구들보다 특히 중시하는 편견은 오랫동안 지속됐고 지금도 여전하다. 테스트 도구를 다룬 절은 당시에 개발하기 시작했거나, 개발하고 싶었던 여러 꿈같은 도구로 가득했다. 코드 실행범위 분석기(code coverage analyzer), 정적/동적 구조 분석기, 테스트 데이터베이스, 명세 언어(specification language), 테스트 조건 제약기(harness)와 드라이버(driver) 등등. 이런 도구들은 오늘날 넘칠 정도로 많다. 그리고 당시에는 상상도 하지 못한 도구들도 있다. 그러나 실제로 이런 도구들이 현업에 사용되는 예는 아직도 많지 않다. 따라서 코드의 품질이 저하될 위험은 여전하다. 이기적 프로그래밍이 만연하고 테스트 전문가의 지위가 제대로 인정받지 못하는 상황도 달라지지 않았다. 이를 해결하려면 테스트 도구가 아니라 관리 방법을 개선해야 한다.

PC(개인용 컴퓨터)가 등장하면서 프로그래밍 언어와 운영 환경 사이의 경계가 희미해졌다. 따라서 25년 전에 그 주제에 관련한 원문의 논점들이 이제 더는 심리학적인 문제로 중요하지 않게 됐다. 단지 편리성의 문제가 됐을 뿐이다. 그러나 쓰기 불편한 기능이 잘 쓰이지 않게 되는 것은 마찬가지다. 소프트웨어 업무가 꽤 많이 통합되어 왔지만, 아직도 그중 많은 부분이 PC의 운영체제 역할을 자임하는 각 프로그래머의 손에서 수행되고 있다(스크립트 언어를 통해 메타운영체제의 설계자 역할도 하고 있을 것이다).

1971년에 내가 뭐라고 썼든, 소프트웨어 개발자에게 완전히 통합된 개발/테스트/유지보수 환경을 제공하려면 아직도 멀었다. 이 책의 원문을 지금 다시 읽어 보니, 우리는 더 많은 통합을 이룰 기회가 어디에 있는지조차 모른다는 생각이 든다. 통합이 계속되면서 어떤 새로운 행동 양식이 출현할지는 예측할 수 없다. 현재 핵심이라 생각되는 프로그래밍 작업이 미래에는 그렇게 중요하지는 않게 되리라는 점만 제외하고 말이다. 이렇게 확신하는 이유는 무엇인가? 이는 한때 핵심적이었던 부분이 부차적인 것으로 전환되는 과정을 통해 발전해 온 프로그래밍의 역사가 증명하고 있다.

현재의 프로그래머 대부분이 자기 업무의 근본적인 정의가 바뀌는 것을 탐탁하지 않게 생각하리란 것도 예측할 수 있다. 우리 스스로 그런 경험이 있기 때문이다. 고무줄 두 개로 묶인 천공카드 뭉치를 들고 기계 앞에 가서, 고무줄을 풀고 카드 뭉치를 기계에 넣은 다음, 시작 단추를 누른 후 카드가 트레이에 쌓이는 걸 보고, 파일-끝 버튼을 눌러 마지막 카드까지 처리한 다음, 구멍을 뚫을 때 생긴 부스러기를 털고, 카드를 다시 정렬하여 고무줄로 묶은 후, 그렇게 단단히 묶여진 카드 뭉치를 들고 책상으로 돌아오는 일에는 뭔가 정말로 기분 좋은 느낌이 있었다! 그것은 진짜 통합이었고, 우리 중 일부는 아직도 그렇게 직접 기계를 제어하는 느낌을 그리워한다.

음, 사실 나는 천공카드가 그렇게 그립지는 않다(종이테이프는 훨씬 더 보고 싶지 않다). 그런데 하릴없이 기다려야 했던 시간, 그러나 업무에 대해 숙고할 여유를 줬던 그 시간은 어느 정도 그립다. 나는 프로그래밍이 앞으로 어떻게 변하더라도 아무 생각 없이 있기보다는 끊임없이 고민하고 생각하는 편이 여전히 더 가치가 있으리라고 확신한다. 이런 생각을 하는 내가 구제불능의 구식 인간인 걸까? 아니라면, 숙고할 시간을 원하는 프로그래머를 지원하기 위해 더 많은 일을(숙고할 시간을 원하지 않는 프로그래머를 위해서는 훨씬 더 많은 일을) 해야 할까?

시분할은 기술이 발전함에 따라 더는 의미가 없는, 소멸된 문제가 되었다. 그러나 당시에는 우리에게 인터페이스 설계의 문제를 던져 줬다. 나는 톰 길브(Tom Gilb)와 함께 『Humanized Input』이라는 책에서 이 주제를 다뤘다. 꽤 선구적이었던 그 책은 기술의 빠른 발전 덕분에 금세 시대에 뒤떨어진 내용이 돼버렸지만, 인터페이스 설계라는 주제 자체는 여전히 살아 있다. 오늘날에는 컴퓨터-인간 인터페이스(Human-Computer Interface)에 대한 학술지나 연구 단체도 있다. 그러나 인터페이스와 프로그래밍 또는 프로그래밍 심리학의 관계를 연구하는 곳은 없다.

지금까지의 인터페이스 연구는 프로그래머의 업무에 직접 영향을 주지 못한 것 같다. 일단, 도구나 운영체제의 설계자들은 과학적인 연구 결과가 아니라 직관을 바탕으로 일을 하는 듯하다. 또 어떤 연구 결과에 따르면, 프로그래머들은 적응력이 너무 뛰어나서 어떤 인터페이스에든 금방 적응하여 **사용자 친화적인** 인터페이스로 여길 수 있다고 한다. 마지막으로, 그냥 설계자의 감에 따라 설계된 인터페이스들 사이에 어떤 차이가 있다 해도, 복잡한 프로그래밍 업무에 별다른 영향을 줄 수 없다.

이 장의 마지막 주제는 문서화다. 이 책도 일종의 문서인데, 25년이라는 세월이 지난 지금에 와서는 당시 이 책을 내며 고생했던 기억이 거의 남아 있지 않다. 이 책이 유명해진 덕분에 겪었던 기분 좋은 경험들은 기억하고 있지만, 혹시 그런 경험이 없었다 해도 나는 이 책을 쓴 것을 기쁘게 생각할 것이다. 문서화가 지닌 다른 가치는 모두 차치하더라도, 자신이 미래에 어느 방향으로 가게 될지를 예측하는 데에 과거에 어디 있었는지를 기억하는 것은 도움이 된다.

소프트웨어의 문서화에 대해서는 지난 25년간 별로 발전된 점이 없었다. 코드 포맷터(code formatter)나 온라인 도움말, 하이퍼텍스트 같은 멋진 도구들이 생겨나긴 했지만, 제일 중요한 내용의 수준을 높여 주는 도구는 여전히 존재하지 않는다. 정보에 더 쉽게 접근할 수 있도록 기술이 발전했다 해도, 자신이 원하던 정보가 아니라면 별 의미가 없다. 우리는 인터넷을 통해 가끔씩 그런 경험을 한다.

문서의 내용에 가장 큰 영향을 준 변화는 소프트웨어 산업에서 문서화가 독립된 작업으로 다뤄진 것이다. 대부분의 상용 소프트웨어 회사에서 이제는 더는 개발자에게 문서 작성을 요구하지 않는다. 소프트웨어의 사용자가 직접 볼 문서라면 더욱 그렇다. 이제 문서화는 개발자의 업무가 아니다. 내가 원문에서 쓴 것처럼, "문서화에 대해 프로그래밍 심리학적으로 논해야 할 사항은 프로그래머들이 문서화를 누구나 잘할 수 있는 작업 혹은 프로그래머가 될 정도로 똑똑하지는 않은 사람이 하는 업무라고 착각하고 있다는 사실 정도가 유일하다(그 외에는 전혀 심리학적으로 논할 주제가 아니다)."

5부

에필로그

어떤 책을 끝까지 다 읽은 독자는 그 저자로부터 감사를 받을 자격이 있다. 저자에 대한 가장 큰 찬사를 줬기 때문이다. 그러나 그 상이 꼭 필요하지는 않다. 어떤 책이든 독파했다면 배움이라는 형태로 이미 상을 받았을 테니 말이다. 물론, 이 책을 다 읽었어도 별로 얻은 게 없을 수도 있다. 그러나 원고를 검토해 준 사람들 중 한 명의 소감대로, "이 책을 읽은 사람은 그런대로 괜찮기는 했지만 왠지 쓸데없이 오후를 낭비한 느낌을 받을 수도 있다." 그러나 예전에 유행하던 농담처럼, "얼굴을 베어 보기 전에는 면도날이 얼마나 날카로운지를 깨닫지 못하는 법이다." 비유가 좀 과격하기는 하지만, 이 말에는 내 의도가 고스란히 담겨 있다. 내 학생들의 반응도 똑같았다. 그들이 세미나에 참석한 지 일 년 정도 지나 내게 들려주는 소감은 이런 식이었다. "그런 부분들에 대해 논의해 보는 것은 좋은 경험이었고, 처음엔 그 정도로 끝이라고 생각했죠. 그런데 직장에 돌아가서 보니 업무가 진행되는 과정을 다른 눈으로 보게 되더군요."

이 학생이 배운 가장 중요한 배움은 행동과학의 어떤 연구 결과나 무슨 법칙과 같이 시험 볼 때 외워야 하는 종류의 것들이 아니다. 행동을 관찰하기에 적합한 능력을 갖췄으면서도 그동안에는 그 능력을 썩히고 있었다는 깨달음이다. 누군가가 전산실에 붙여 놓은 다음과 같은 글귀처럼 말이다.

사람의 정신은 일반적으로 가진 능력에서 10%만을 발휘한다. 나머지는 그 정신의 운영체제 때문에 발생한 오버헤드로 소진된다.

따라서 이 책으로부터 큰 영향을 받은 독자는 컴퓨터의 운영체제가 아니라 자신의 CPU 즉, 머리를 감독하는 운영체제에 신경 쓰기 시작할 것이다. 이것이 바로 이 책이 읽은 이에게 주는 상이다.

그러나 우리가 자신의 운영체제를 더 효율적으로 만들고 자신과 주위 환경을 한층 주의 깊게 관찰한 덕분에 좀 더 생산성이 높은 프로그래머가 되었다고 하자. 그 발전을 어디에 써먹을까? 세계의 어느 문화권에나 전해지는 세 가지 소원 이야기처럼 말이다. "가장 원하는 소원을 이뤘다고 하자. 그 다음에는 무엇을 할 것인가?" 심리학적 또는 사회학적, 인류학적 연구를 통해서든 급작스런 깨달음을 얻어서든 우리가 더 좋은 프로그래머가 되었다면, 그 재능을 어디에 써야 할까? 전혀 할 만한 가치가 없는 일이라면, 그 일을 아무리 잘한다 해도 할 가치가 생기지는 않는다.

우리가 컴퓨터를 이용해 하는 일들은 그럴 만한 가치가 있을까? 여러분이 컴퓨터를 이용해 하는 일들은 그럴 만한 가치가 있는 일인가? 컴퓨터는 정말 멋진 존재이고 프로그래밍도 정말 신나고 재미있는 일이다. 그렇기에 우리 프로그래머들은 이 재미있는 장난감을 그다지 재미있지 않은 목적에 사용하려는 사람들의 꼭두각시가 될 위험에 노출되어 있다. 만약 히틀러(Hitler)에게 컴퓨터가 있었다면, 모든 집시와 유대인을 소각로로 보내는 과정을 더 잘 관리하고자 컴퓨터를 사용했을 거란 추측에 의심할 여지가 있을까? 빌라도(Pilate)에게 컴퓨터가 있었다면, 밀고자들에게서 얻은 정보를 저장하는 데 컴퓨터를 사용했으리라는 데에 이의가 있을까? 지금도 세계 어딘가에서 누군가가 다른 사람들을 마음대로 조종하려는 무기로(가장 효율적인) 컴퓨터를 사용하고 있을 것이라는 데 의심할 여지가 있을까?

그리고 지금이나 1939년, 그리고 예수 시대에 그런 사람들이 재미와 이익을 미끼로 하여 자신의 목적을 기꺼이 도와줄 손과 머리를 항상 찾을 수 있었으리라는 점에 의심할 여지가 있을까? 또는 그 손과 머리 중에 자기 주인의 이익을 위해 이 책을 읽는 자도 있지 않을까?

오래 전에, 내가 허브 리즈(Herb Leeds)와 함께 내 첫 책을 완성한 지 얼마 안됐을 때였는데, 나는 원숭이들을 서로 다른 분량의 독가스에 노출시켜 사망에 이르는 시간을 측정하는 실험에 대한 글을 읽은 적이 있다. 화학무기를 개발하는 연구소에서 행한 연구인데, 인간을 대상으로 했을 때의 사망 시간을 추정하려는 의도였음이 분명하다. 내 기억이 옳다면 죄 없는 원숭이가 36마리 희생당했는데, 덕분에 언젠가는 3600만 명의 사람을 더 효율적으로 죽일 수 있는 화학무기가 탄생할지도 모르겠다. 그 글은 이후 몇 달 동안 내 머릿속을 맴돌았고(사실은 지금까지도 잊혀지지 않는다), 어떤 모임에서 만난 청년이 내 책을 통해 많은 걸 배웠다며 찬사를 늘어놓았는데 하필 그 사람이 화학무기를 연구하는 실험실에서 일하고 있었기에 우울한 상상을 하지 않을 수 없었다.

나는 그 청년의 실험실이 원숭이 실험을 한 곳이 아닐 것이고, 혹시 같은 곳이라 해도 원숭이 실험에 그가 직접 참여하지 않았을 거라고 자기 합리화를 시도했다. 아마도 그랬을 가능성이 훨씬 크겠지만, 결국 내가 깨달은 것은 누군가가 내게서 배운 뭔가를 그런 실험이나 혹은 그보다 더한 실험에 이용할 수도 있다는 사실이었다. 그리고 그렇다면 내게도 책임이 있음을, 그리고 책을 쓴다는 건 목적과는 상관없이 수단만을 가르치는 것이 아니라는 사실도 깨달았다. 그 이후에는 상당히 오랫동안 글을 쓸 수가 없었다. 내 자아의 욕구에 못 이겨 결국 다시 글을 쓰기 시작했을 때에는 마음이 순수하지 않은 사람은 아무런 배움도 얻지 못할 책을 만들겠다는 결심을 했다.

이 책은 분명 그 결심에 어느 정도 부합된다. 어떤 사람들은 프로그래머를 한 명의 인간으로 보는 관점에 그다지 끌리지 않을 텐데, 그들은 이 책을 다 읽지도 또는 읽는다 해도 배움을 얻지도 못할 것이다. 그러나 이제야 깨달았는데, 좋은 의도만 지닌 사람들에게서는 절대 나쁜 체제가 나올 수 없다고 믿는 것도 매우 순진한 생각이다. 그렇지 않다면, 어째서 내가 만난 사람들은 대부분 모두 좋은 사람들이었는데 나쁜 체제가 그렇게 많이 존재한단 말인가? 분명히, 다른 뭔가가 있다. 저자가 독자에게 영향을 줄 수 있는 범위 이상의 무언가가 있는 것이다. 말로[1]가 말했듯이, "인간을 만드는 일은 평생이 걸리는 작업이다." 책 한 권이 할 수 있는 일은 그 과정의 아주 작은 일부에 불과하다. 나머지는 책을 읽는 여러분 자신에게 달렸으며, 그 과정에는 결코 완결이 없을 것이다.

그렇다고 이 책을 쓴 내 행위에 대한 개인적인 책임을 피할 생각은 없다. 우리는 새로운 시대, 컴퓨터가 가져온 혁명 덕분에 도래한 이 시대의 가장자리에 서 있다. 이 시점에서 우리의 미래는 자유의 황금시대일 수도, 압제의 암흑시대일 수도 있다. 어느 쪽이든, 과거 황금시대 이상의 황금시대 또는 과거 암흑시대 이상의 암흑시대가 될 것이다. 한 사람이 노력한다고 해서 결과에 전혀 영향을 줄 수 없을지도 모르지만, 그렇다고 노력을 멈출 수는 없다. 아무도 노력하지 않는다면 그 결과가 암흑시대임은 불 보듯 뻔하기 때문이다. 이 책은 압제에 대항하는, 그리고 인간이 타인이나 자신의 무지몽매한 노예가 되는 것에 대항하려는 내 노력의 일환이다. 나는 이 책이 압제자의 세력에게 이용되지 않기를 바라지만, 결국 이용된다는 데는 의심할 여지가 없다. 그렇다면 나는 자유의 편에서 이 책이 더 쓸모 있기를 바랄 뿐이다.

---

[1] (옮긴이) 앙드레 말로(Andre Malraux, 1901~1976) - 프랑스의 소설가이자 정치가. 2차 세계대전 전후의 사회적 혼란과 무질서 속에서 개인의 사회, 정치 활동뿐만 아니라 문학도 혁명적이고 모험적이어야 한다는 사조인 행동주의의 대표자 중 한 명이다.

5부에 보태는 글:

에필로그

이 에필로그는 시간의 시련을 견뎌 냈고, 여기에 더 추가할 말은 없다.

그러나 이 25주년 기념판의 새로운 에필로그로 25년 전에는 제공할 수 없었던 두 가지를 권하고 싶다.

첫째, 다음은 내 홈페이지의 인터넷 주소다.

http://www.geraldmweinberg.com

여기서 내가 지금 무슨 일을 하고 어떤 생각을 하며 무엇을 쓰고 가르치는지에 관한 최신 정보를 얻을 수 있다.

둘째, 나와 나누고 싶은 생각이나 관찰, 경험이 있다면 위의 홈페이지에 게시된 주소로 이메일을 보내기 바란다. 그 이메일을 이용하면 언제나 나와 연락이 닿을 것이다. 적어도 내가 살아있는 동안은 말이다. 나는 그 기간이 이 책의 50주년 기념판을 낼 수 있을 정도로 길기를 바란다.

찾아보기

16진수
  의미덩이 만들기로서 406
1차 관리자 215
25주년 기념판 출판 이유 13-14
8진수
  의미덩이 만들기로서 406

ㄱ

가상 메모리 시스템 63
가상머신 49
가정
  문제 해결에서의 305-306
  심리학 연구에서의 467
가족치료 연구가 193
가치 체계 123
각성 상태 450
간결성
  프로그램의 405-413
갈등
  목표 사이의 160-161
강의 338
강한
  리더의 자질이 179
개념 339-340
개인
  (개인 간의) 차이 471

(개인의) 기술 91
(개인의) 성격 191
(개인의) 행위 연구 89
연구 단위로서의 467
프로그래밍에서의 87
학습 348-350
개인용 컴퓨터
  도구 산업에 미치는 영향 368-369
개인용 컴퓨터
  학습에 미치는 영향 361
개인주의
  (개인주의적인) 그룹 133-134
개인차 101, 471
개편
  팀 조직의 212
객체 지향 언어 391
거꾸로 읽어도 원래와 동일한 프로그램 318
거리 300-301
  참조 거리 452
결과
  (결과에 대한 독촉과) 학습 351-352
결정표 440
  문서화에서 479
겸손함 281-284
경력
  (경력있는) 프로그래머에 대한 욕심 134
  (경력있는) 프로그래머의 채용 319

경로
  통제와 보고 211
경영자 29
  (경영진을 대상으로 한) 강좌 244-245
경직성
  프로그래밍 언어의 380
경험
  (경험과) 훈련 338
  (운영체제를 다뤄 본 경험의) 중요성 337
  (프로그래밍 경험과) 실험 81-83
  (프로그래밍 경험과) 팀 조직 148-151
계속 카드 338
계약직 프로그래머 190
계층적인 구조 211
  팀에서 51
고고학자
  프로그래밍의 42, 90
고립
  프로그래머의 117
고립성 118
고용
  (고용 절차의) 윤리성 286
  방침 118
고정
  특정 시점의 프로그래밍 작업을 특정 단계로 256-258
고착화
  사회 구조의 129
고테러(Gotterer, M.) 324
공감각적 기억력 413-414
공격적인 성격 118
공백 (see also) 빈 칸
  공식적인 리더 165, 193
  공식적인 조직 109-114
공용실
  (공용실의) 사회적 기능 112-114
공유
  목표의 252-254
과도한 설계 246-248

관계 규칙
  적성 검사에서 316
관리
  (프로젝트 관리의) 감정적 측면 231
관리 단말기 시스템 474
관리 지향적 172
관리자
  (관리자로서의) 여성 192-193, 219-220
  (관리자에 대한) 보상 168-172
  (관리자에 대한) 의식 244
  (관리자와) 실무 사이의 거리 215-216
  (관리자의) 능력 163
  (관리자의) 목표 168-172
  (관리자의) 변명 231
  (관리자의) 비자아적 프로그래밍에 대한 이해 130-133
  (관리자의) 프로그래밍에 대한 이해 244-245
  교체 162-163
  지위의 상징 217-219
관여
  업무 계획에 대한 333
관점
  (관점을) 달리하기 311
  변화를 돕는 방법 478-479
관찰 76-79
괄호
  (괄호의) 과잉 사용 403
  중첩 단계에 따라 다른 기호로 478
  중첩된 398
  짝 맞추기 74
교육 336-340
교정 300
구분자
  (구분자로 쓰인) 빈 칸 420-421
구식 관리자 216
구현에 의한 언어의 한계 39
굴복
  사회적 압력에 대한 208
균형성

구조의　309
그룹
　　(그룹 단위로) 연구하는 비용　83
　　(그룹의) 정의　106-107
　　학습에 미치는 영향　342
그릇된 합의　156-157
극단적인 값
　　(극단적인 값에 대한) 회피　206-207
근무 시간
　　엄격한　162
근본원인 분석　98
근접성　413-419
　　(근접성과) 테스트　452-453
금기　398, 441
급료
　　(급료와) 미신적인 통념　229
　　(급료의) 중요성　333
기계
　　(기계의) 한계　36-38
기계어
　　(기계어와) 어셈블리어　365-366
　　(기계어와) 자긍심　384
기술 습득　40
기술주의적인 조직　180
기억
　　공감각적 기억력과 순차적 기억력　413-414
　　기억력　307-309
　　단기 기억력과 장기 기억력　313
　　정보의 내용과　394, 406
기하
　　적성 검사에서　316
기호
깊이
　　문서의　473-474
깔끔함　281
끈기
　　디버깅에서　260-261
끝이 막힌 기술　343-344

ㄴ

낙관
　　프로그램에 대한　449-450
난이도
　　프로그램의　304
납기 지연
　　(납기 지연으로 인한) 손실　56
낮은 차원
　　(낮은 차원의) 연산 결과를 높은 차원으로 해석　409-410
내성　72-75, 76
　　프로그래머의　98
노리에 야수카와 프리드만
(Freedman, Norie Yasukawa)　15
뉴욕 양키스　68
느슨함
　　언어의　423
능력
　　정신의　501
　　컴퓨터의　433
능력 개발　189
능력 차이　258-259
능률
　　(능률과) 동기 부여　331-332
니클라우스 워스 (Wirth, N.)　439

ㄷ

다니엘 와인버그 (Weinberg, Dani)　16
다니엘 프리드만(Freedman, Daniel)　16
다방향 송신　374
다용도 기호　478
다익스트라 (Dijkstra, E. W.)　321
다중프로그램
　　(다중프로그램 환경과) 효율성　62
단계
　　프로그래밍의 단계와 능력　309-311
　　프로그래밍의 단계와 팀 구조　178-180

단기 기억력 313
단말기
  (단말기와) 아마추어 프로그래머 241-242
  두 명 이상이 동시에 작업할 수 있는 467
  사회적 구조 117
  지위의 상징으로서 218-219
  학습에 미치는 영향 343
단순 느낌
  면접에서 291
단순 코더 158
대기실
  (대기실에서의) 정보 교환 115-117
대외관계
  그룹 211
대처 방식 296
대체 가능한
  인력 215
대화
  단말기 앞에서의 403
  사람과 기계 사이의 374-375
대화 주제
  (대화 주제의 한정과) 특수 목적 언어 428-429
데니스 겔러 (Geller, Dennis) 15, 17
데모 218-219
데블스 에드버킷 210-211
데이비드 메이어(Mayer, David B.) 289~290, 293, 323
데이비드 커시(Keirsey, David) 296
데이터 구조
  (데이터 구조화를 통한) 압축 409-410
  특수 목적 언어가 제공하는 432-433
도구
  내용의 수준을 높여주는 497
  테스트를 위한 494
  프로그래밍 367-369, 494-497
도널드 고즈 (Gause, Don) 17
도전
  동기부여 201
  프로그램 설계 246-248

돈
  다른 뭔가를 대신하는 보상책으로서 198-199
  상징으로서의 335
  충성심을 불러일으키기 위한 229
동기 부여 330-336, 360
동력 331
  상부로부터 내려오는 207
동적 구조 분석기 494
동형이의어 302-303
디버깅
  (디버깅 단계에서 필요한) 정신 능력 311, 317-318
  (디버깅 도구의) 적당한 위치 455-456
  (디버깅과) 문서화 475-477
  (디버깅과) 사용량 정보 457
  (디버깅에 대한) 심리적 자세의 영향 303
  기교 304-306
디폴트
  (디폴트 체계를 통한) 압축 410-413

ㄹ

라이브러리
  그룹 211
라이브러리 학습 자료로서의 47
러브레이스 백작부인 (Lovelace, Lady) 372, 407
리더
  외부의 힘에 의해 임명된 165
리더십 161-172
  기술적 리더십 191
  (리더십의) 역설 172
  팀 리더십 192
리터럴
  (리터럴과) 근접성 414-415
  (리터럴만) 다른 위치로 옮기기 479

ㅁ

마법 445

마이클 잭슨 (Jackson, Michael) 360
마이클 조단 (Jordan, Michael) 360
마티 괴츠 (Goetz, Marty) 368
만족감
    특수 목적의 프로그래밍 언어가 주는 430
말썽
    컴퓨터의 258
매릴린 베이츠 (Bates, Marilyn) 296
맥스웰 (Maxwell, J. C.) 85, 101
머레이 레이버 (Laver, Murray) 46
메모리 덤프 390
메시지
    (오류 메시지의) 교육적인 효과 384
    컴퓨터의 374-375
메이 (May, J) 403, 439, 477, 493
메타 언어 367, 378, 445
    (메타 언어와) 적응성 427
면접 291
명령어
    배치와 온라인 79-80
명세 42-43, 52-56
    (명세와) 비자아적 프로그래밍 127-128
    언어 494
    줄이기 61-62
목표 107
    (목표가) 추정에 미치는 영향 252-254
    (목표의) 수립 152-161
    관리자가 행사하는 목표에 대한 압력 167-169
    교육의 354
    불명확한 249-254
무간섭
    관리자의 정책 181
무능력
    (무능력의) 영향 159
    (무능력함을) 알아차림 175-176
문맥적
    (문맥적인) 변수 선언 410
문법
    검사기 469-470

    JCL의 338-340, 421-422
문서화 471-477
    (문서화 작업을) 싫어함 333
    (문서화에 필요한) 능력 255, 311
    프로그램 수정과의 관계 58
문자 집합 제한
    (문자 집합 제한)의 효과 399
문자열
    적성 검사에서 316
문제 정의 16-18
문제 해결 99, 304-306
    (문제 해결에 대한) 기존 연구의 활용 88-89
문제 해결 리더십 워크샵 99, 191
문제 회피 304-305
문화 90, 102
물리적 환경 114-117
물질 문화
    프로그래밍 세계의 90
물질적인 보상 163
미네소타 다면인격검사 (see also) MMPI
미봉책 42
미진한 설계 246
미하일 바쿠닌 (Bakunin, Mikhai) 234
미학
    프로그램의 377
민간지식 86
민주적
    (민주적인) 집단에서의 리더십 166
    (민주적인) 팀 174-176

ㅂ

바넘 (Barnum, P. T.) 31
바이아몬트 (Biamonte, A. J.) 323
반복
    그룹 또는 계층 사이의 214
    (반복을 이용한) 간결성 407
    (반복을 이용한) 순차성 418-419
반사회적 행동 176-178

반항 163
발전 단계
   팀의 178-179
밥 마르쿠스(Marcus, Bob) 14
방언 441
배열 연산
   (배열 연산과) 순차성 419
배움
   (배우는) 방식 107
   아마추어와 프로의 차이 245
   업무의 다양성과 배움의 양 258-259
배치
   (배치 시스템과 연관되어 생겨난) 사회 구조 110-111
   (배치 시스템과) 초보자 343
   (배치와) 시분할 466-471
   온라인 시스템으로 시뮬레이션 된 79-80
   버그 수정 260-262
버지니아 새티어 (Satir, Virginia) 193, 296
버트런드 러셀 (Russell, Bertrand) 90, 364
번들 소프트웨어
   (번들 소프트웨어에 대한) 법적 투쟁 368
범용 언어 428-434
벤 슈나이더만 (Shneiderman, Ben) 14, 237
벤자민 리 워프 (Whorf, Benjamin Lee) 440
변동
   (일정의 변동에) 비자아적 프로그래밍이 미치는 영향 127-128
변수 선언
   (변수를 선언하는) 장소 415-416
   암시적인 또는 문맥적인 410
변하지 않는 성격 275-279
변화
   성격의 272-275
   프로그래밍 언어의 374
변화를 통한 안정 196-202
보너스
   (보너스의) 중요성 333-335
보상

(보상에 의한) 프로그래머의 만족도 163-164
   관리자의 169-172
   일하는 모습에 대한 216
   정확한 보고에 대한 207
   프로그래머에 대한 229
보수적
   (보수적인) 사람에 대한 선호 290
보조 기억장치
   기계의 한계 37-38
보호
   프로그래머를 244
복잡한 과제
   (복잡한 과제에 대한) 동기 부여 331-332
부드러움 173
부분집합
   (부분집합) 언어의 심리적 영향 397-399
   디폴트 체계에 의한 411-412
   효율적인 61
부정행위
   학교에서 358
부조화 (see also) 인지부조화
부족
   프로그래머의 만성적인 163
부하 조절 기능 62
분기 418-419
분석적인 사고력 261
불구덩이 170
불명확성
   물리적 또는 심리적 401-402
불안감 366
불완전성 310
불확정성의 원리 77
브라이언 피오렉 (Pioreck, Brian) 107, 140
브라이언 히그만 (Higman, Bryan) 289, 400
브루너 (Bruner, Jerome) 376, 387
비공식적인 조직 109-114
비교 문화 연구 173
비서
   지위의 상징으로서 219

비엔나 정의 언어 445
비용
  기계를 사용하는 63
  문서화의 475
  심리학 연구에 드는 80-81
  프로그램을 제때에 사용하지 못해서 추가되는 56
비인간화 381
비자아적 프로그래밍 142
  문서화 481
  성격 조건 277
  팀 조직 151
  효율성 128
비트 단위까지 따지는 158
빈 칸 338-339, 419-422
빌 게이츠 (Gates, Bill) 67
빡빡함
  코드의 59

ㅅ

사고
  특수 목적 언어의 영향 432
사람과 기계 사이의 대화 375
사생활 274
사용량 정보 457-458
사전 지식
  문서를 활용하기 위한 473
사회심리학 89
  실험 182-183
사회적 압력 157, 207-211
사회적 조직 114-117
사회적 행위
  프로그래밍의 성격 83-84
사회화
  구성원의 176
  새 구성원의 130
산술 추론
  (산술 추론과) 프로그래밍 적성 316

산업심리학 77
상관 계수 314-315
상징
  지위의 217-219
상호 교환성
  언어의 375
상호 보완적
  업무 전문가와 관리 전문가 172-173
상호작용 470
새크만 (Sackman, Harold) 79, 83, 87, 95, 325, 357, 463, 467, 470, 488
생명 주기
  프로그램의 57
생산성
  (생산성과) 비자아적 프로그래밍 259
  작업 환경의 영향 77
서브루틴
  (서브루틴과) 팀 조직 149-150
  비근접성의 영향 415
서비스 그룹
  목표의 문제 158-160
선택의 폭
  (선택의 폭을) 넓힘 465
선택적인 기억 313
설계자
  언어 설계의 444
설문 333
성격 118, 296-297, 327
성격 이론 296
성격검사 285-291
성과
  관리자를 평가하는 기준으로서의 단기적인 성과 143
  성격 검사를 통한 성과 예측의 실패 290
  측정 202-211
성능
  구문 형식에 의한 차이 424
성차별적 68, 192

성향
  학습자의 348-350
소멸 374
소음
  (소음과) 집중 350
속도
  적성 검사에서 313
속성
  문서에서 변수에 대한 479
속임수
  성격 검사에서 288
수업 336-340
수열
  적성 검사에서 316-318
수정 255
  (수정과) 적응성 57-60
  미봉책으로서 42
  아마추어 프로그램의 242-243
순서
  (순서로) 인자를 구별하는 방식 456-457
순차성 413-419
순차적 기억력 413-414
순향 억제 425-426
스탠지 (Stange, G. H.) 463, 489
스트레스 281
스트롱 검사 286-288
습관
  더 나은 프로그래밍을 위한 301
습관 327
승강기
  (승강기와) 비공식적 사회 조직 115
승진
  (승진의) 중요성 333
  관리 전문가의 173-174
시각 장애인 프로그래머 390
시각 학습 348
시간
  과제의 질을 높일 수 있는 추가 시간 333
  보고서를 검토할 203

시뮬레이션
  온라인 시스템으로 시뮬레이션 된 배치 시스템 79-80
시분할
  (시분할과) 배치 466-471
  (see also) 온라인 시스템 496
시스템 로그
  관찰 도구로서 78-79
시스템 프로그래밍
  목표의 문제 159-161
신뢰
  테스트에 대한 영향 449-450
신화
  프로그래밍 세계의 90
실패
  (실패에 대한) 두려움 342
  (실패의) 이유 221-222
실험 79-84
심리적 자세 299-303
  (심리적 자세를) 극복하는 여러 기법 478-480
심리학 연구
  과장 259

ㅇ

아마추어
  (아마추어를 위한) 언어 382
  (아마추어의) 프로그래밍 240-245
아버지
  업무 전문가로서 173
아인슈타인 (Einstein, Albert) 28
알 피에트라산타 (Pietrasante, Al) 266
암시적인 변수 선언 410
압력
  (압력과) 학습 352
  사회적 압력과 의견 157, 207-211
압축 405-413
  (압축을 이용한) 근접성 414
  순서로 인자를 구별하는 456

애시 (Asch, S. E.) 176, 207~208, 226
약어
   (약어를 통한) 압축 407
   문서화에서 479
   불규칙적인 (약어) 사용 404
약점의 인정 342
어머니
   관리 전문가로서 173
어빙 고프만 (Goffman, Erving) 138
어셈블리어
   JCL에 미친 영향 421
억제
   순향과 역향 425-426
언어
   시스템과의 혼동 470
   (언어의) 감정 표현 기능 376
   (언어의) 명령 기능 376-378
   (언어의) 사교적 기능 376
   (언어의) 선언 기능 376-378
   (언어의) 시적 기능 376-377
   (언어의) 특징 372-378
얽매임
   익숙한 프로그래밍 언어에 381
업무 보고서 256
업무 지향적 172
업무 효율
   (업무 효율과) 목표 공유 153-155
에드 슐만 (Schulman, Ed) 268
엠브로즈 비어스 (Bierce, Ambrose) 90
여과
   보고체계에서 204
여성
   (여성에 대한) 반응 277-279
   (여성에 대한) 편견 219-221
   팀의 대모로서의 173
   프로그래머 지원자로서의 280
   프로그래머로서 192-193, 231
여유 인력 212
역사의 흔적

코드에 포함된 41-42
역향 억제 425-426
연산자
   재정의 427
연상
   잘 지은 변수 이름과 근접성 414-415
열광
   단말기 시스템에 대한 343
영향
   리더십의 정의 164
예비 프로그래머
   피실험자로서의 81-82
예외
   순차성 418-419
예측 가능성
   프로젝트의 101
오디션
   프로그래밍에 대한 320
오류
   (문법 오류의) 자동 교정 490
   (오류와) 자아 117-128
   (오류와) 회송 460-461
   (오류의) 소멸 곡선 468
   찾기 299-303
   테스트를 위해 고의로 오류 생성하기 450
오른쪽에서 왼쪽으로 402
온라인 시스템
   배치 시스템을 시뮬레이션 79-80
   설계 284
올빼미형 인간 349
완료 목표일 334
왜곡
   인간성의 381
   정보의 168
왼쪽에서 오른쪽으로 402
요구 명세 (see also) 명세
우선순위
   (우선순위 결정의) 문제 461
   지위의 상징 218

운영 통계
　공표　461-462
운영체제　67, 455-466
　(운영체제와) 사회적 구조　117
　언어와의 혼동　470
원격 입력장치　464-466
원칙
　프로그래밍 언어 설계의 원칙 찾기　382
위기
　(위기에 대한) 팀의 반응　166
　팀의　172-181
윌리엄 제임스 (James, William)　73, 94
유머감각　284-285
유사성
　언어의 유사함과 학습 억제　426
유지보수　47
윤리　78
　성격 검사의　286
융통성
　(융통성 없는) 성격　285
은밀 관찰　78
음성-청각 통로　373, 390
의견
　(의견과) 사회적 압력　157, 207-211
의미 있는 심벌 또는 단어　302-303, 404
의미덩이 만들기　406
　(의미덩이 만들기로서) 단어　405-406
의미론적인
　시도　399
　차이　424-425
의사소통
　상호 교환성　375
　(의사소통과) 적응력　427
의사소통 능력
　프로그래머의　31
의심
　프로그래머의 성격　276
의욕과 만족　163
이구동성　208

이기적 프로그래밍　494
이력
　프로그래머의　336-337
이론의 적용　88
이름
　(변수 이름의) 선택　403-404
이메일　140
이미지
　그룹과　138
이사벨 브릭스 마이어스
　(Myers, Isabel Briggs)　296
이상적인 프로그래머의 성격　275-277
인간-컴퓨터 인터페이스 설계　16
인력　146
인류학　89
　사회학과의 차이　87
　소프트웨어 인류학　14
　참여 관찰법　78
인상
　급료의　198-199, 333
인수 시험　156
인자
　값 넘김과 참조 넘김　398
인지　304
　버그의 존재에 대한　260
인지부조화　120-122
　목표에 대한 인정　157-158
　보고서에 미치는 영향　207
인터페이스
　(인터페이스와) 팀 조직　150-151
일관성　394-405
　(일관성과) 테스트　453
일방향 수신　374
일정　56-57
　변동의 편차　56-57
　비자아적 프로그래밍의 영향　128
　팀 조직　146-148
일하는 모습
　평가기준으로서　216

읽기
　　프로그램 읽기와 비자아적 프로그래밍 128-129
　　프로그램을 33-46, 47
임명된 리더 165
임시전담반 212

ㅈ

자긍심
　　(자긍심과) 언어 384
자기 검열
　　프로그래머 지원자의 280
자기실현성 202
자료와 정보 79
자료 구조의 선택 75
자부심 230
자세 (see also) 심리적 자세
자신만만한 성격 282-284
자아와 프로그래밍 117-128
자연스러움
　　오른쪽에서 왼쪽으로 규칙의 402
자연어 390
자크 부바르 (Bouvard, Jacques) 46
자판기와 비공식적 조직 112-114
자화상 119-120
작업 환경 77
　　(작업 환경과) 디버깅 방법 309
작업제어언어
　　문법 문제 421
　　학습 81-82, 338-340
장기 기억력 313
장난감 언어 428-434
적성검사 311-321
적응성 57-60
　　(적응성과) 언어 432
　　민주적인 팀의 166
　　비자아적 프로그래밍의 125-128
　　언어의 428
　　운영 환경에 대한 462

전산실
　　(전산실에서의) 비공식 구조 110-113
전산실 출입 허가 218
전역 변수 415
전전하는 프로그래머 126
전통
　　프로그래밍 언어의 419-428
절충안
　　거짓으로 꾸며진 167-168
정밀도
　　규칙 75
　　손실 38-39
정보
　　(정보와) 자료 79
　　(정보의) 내용 394
　　인간 정신의 용량 한계 405
　　활용 350-351
정신의 용량 405
정적 구조 분석기 494
정착화 (see also) 고착화
제럴드 와인버그 (Weinberg, G. M.) 46, 66, 326, 440, 488~490
제약
　　피실험자의 행동에 대한 79
조어력
　　언어의 특징 375-376
조엘 아론 (Aron, Joel) 221, 266
조율
　　팀 사이의 195
조직
　　공식과 비공식 109-114
　　팀 조직과 시스템 구조 148-149
주석
　　(주석문에 대한)실험 303
　　위치 바꿔보기 478-479
　　일관적이지 않은 404
　　제대로 닫지 않은 469
　　JCL에서 422
주제가

프로그래머의　285
주제통각검사 (see also) TAT
중복
　　정보의 중복과 대화　410-411
　　측정　441-442
중첩된 괄호　75-77
지그문트 프로이드 (Freud, Sigmund)　72, 93
지능
　　(지능의) 불변성　280-281
　　프로그래밍의 성공에 영향을 주는 요소로서　327
지능 검사 (see also) IQ 검사
지루함　197
지름길　146-147
지배력　168-169
지역 변수　415-416
지위
　　(지위의) 중요성　334
　　팀원의　152
지프 (Zipf, G. K.)　407, 441
직함　334
진 사멧 (Sammet, Jean E.)　266, 389, 431, 434, 438
진보적
　　(진보적인) 사람에 대한 선호　290
진척도 보고　202-211
짐 매카시 (McCarthy, Jim)　230

ㅊ

차별
　　업무 사이의　212-215
찰리 시쇼어, 에디스 윗필드 시쇼어 (Seashore, Charlie and Edie)　18
참여
　　목표 설정에 대한　158
참여 관찰법　78
참을성
　　(참을성과) 문서화　311

창의력
　　설계 단계에서　310
　　창의적 사고와 문제 해결력　328
창의적 의사소통
　　프로그래밍의 성공에 영향을 주는 요소로서　328
책임
　　원치 않는　198
책임 분석　99
책임 회피　444
천재
　　언어 설계의　380, 391-392
　　컴퓨터의　123
철자　422-423
첨자 규칙
　　배열의　395-396
　　청각 학습　348
초기의 자료
　　테스트에서　453-454
초보 프로그래머
　　또 다른　197-198
　　피실험자로서의　81-82
추적
　　버그의 발생 위치를　260-261
추정
　　(추정과) 우선 순위　462
　　(추정과) 팀 구조　146
　　낙관적인　189
측정　101, 230
　　(측정법의) 선택　84, 88
　　목표에 의한 영향　252-254
　　비자아적 프로그래밍과　128
　　성과의　202-211
　　효율성의　62
칠판
　　(칠판의) 중요성　374

ㅋ

캐논 (Cannon, W. M.) 287, 294
컨설팅 서비스 112-114
컴파일러 51, 62, 75
컴퓨터
  과부하 257
  사용가능 시간 162
  시간 250-253
컴퓨터 개인 연구 컨퍼런스 97
케빈 린치(Lynch, Kevin) 137
켄 아이버슨 (Iverson, Ken) 402, 445
켈빈 경 (Kelvin, Lord) 101
크레치 (Krech, D) 186, 331
클레러 (Klerer, M.) 403, 439, 477, 493
키워드
  (키워드로) 인자를 구별 456
  (키워드를) 변수 이름으로 사용 404
  (키워드에) 특별한 표시 478
키츠 와인버그 (Weinberg, Keats) 361

ㅌ

타일러 (Tyler, L. E.) 267
태도
  상대에 따라 다른 277-279
  여성에 대한 219-220
  프로와 아마추어의 차이 245-248
테스트 (see also) 디버깅 494
테스트 데이터베이스 494
테스트 드라이버 494
테스트 전문가 494
테스트 조건 제약기 494
테스트 케이스 453-454
톰 길브 (Gilb, Tom) 496
톰 디마르코 (DeMarco, Tom) 140
톰 플럼 (Plum, Tom) 15
통계 88
통합

소프트웨어 업무의 495
  작업의 147
트레이드오프 68
특수 목적 언어
  간결성 409
특수 목적 언어 428-434
특징 말하기 언어의 373-378
티모시 리스터 (Lister, Tim) 140
팀 145-188
  (팀의) 대모 173
  수업에서 편의상 짜놓은 83
팀 조직 146, 190-191

ㅍ

파킨슨 (Parkinson, C. Northcote) 147, 186, 254
팔로워십 161
패턴
  (코드에 나타나는 패턴과) 일관성 혹은 간결성 453
패턴 운동 47
페리 (Perry, D. K.) 287~290, 294
페스팅거 (Festinger, L. A.) 120, 139
페이지 크기
  (페이지 크기와) 효율성 63
편차
  개인 간의 471
  일정의 56-57
  중요성 68
  프로그램 실행 시간의 62
평가 그룹 211
평등적
  (평등적인) 팀 조직 151
평판
  (예전의 평판과) 지위 172
포팅 154, 191
폰 노이만 (von Neumann, John) 123
표준
  루틴 466

표준 코딩 규칙과 아마추어 241
프로그래밍 언어의 380-381
표현 공간
　(표현 공간의 한정과) 디폴트 체계 411
품질
　코드의 67-68
프로그래밍
　연구 대상으로서 98
　인간의 행위로서 47
프로그래밍 언어 371-389, 390, 444
　고착화 129
　설계 379-384
　한계 38-40
프로그래밍이 잘 안되는 시기 124-125
프리마돈나 131
피드백
　보고체계에서 205-206
피셔 (Fisher, Ronald A) 58, 66, 432
피셔의 기본정리
　자연 도태에 관한 58, 432
피터 크로포트킨 (Kropotkin, Peter) 104
필기
　(필기와) 학습 효율 349

ㅎ

하드웨어 (see also) 기계
하드웨어 그룹 211
하인츠 제마넥 (Zemanek, H.) 387, 445
한계
　인간 정신 용량의 405
　특수 목적 언어의 429
　프로그래머와 언어의 383
함수
　(함수와) 간결성 407-408
합의
　그릇된 156-157
　목표에 관한 152-157
해고

팀 리더의 169
해소
　갈등의 161
해시 테이블 59
핵가족 173
핵심 인력 196-202
핵심 프로그래머 팀 187
혁신
　프로그래밍 언어의 419-428
협력 189
호불호
　(개인의 호불호와) 적합한 학습 방법 349-350
호손 효과 77, 99
호어 (Hoare, C. P. R.) 222
확률
　(확률과) 테스트 450
확장성
　기술의 343-344
　프로그래밍 언어의 389
환경
　(환경과) 학습 348-350
　프로그램의 58
회송 459-461
효과의 법칙 462-466
효용성
　효용성과 대비하여 63, 68
　(효율성과) 비자아적 프로그래밍 128
　(효율성의) 척도 60-63
효율성 68
효율적
　잘못된 노력 248
　첨자 제한 400
훈련 327, 336-340
　비자아적 프로그래밍의 영향 128
흐름도 475-477
흥미
　검사 289-291
　일이 주는 163-164

찾아보기 519

A

ACM SIG 87
Activity Vector Analysis 290
ADR (see also) Applied Data Research
Algol 445
Allport, F. H. 186
APL 444
(APL의) 성공 429
Appley, M. H. 358
Applied Data Research 367-368

B

Ballachey, E. L. 186
batch (see also) 배치
Berkeley, Edmund C. 488
Bower, G. 358
Brown, J. A. C.
Bucholtz, Werner 45
Burton, N. G. 441
Buxton, J. N. 226

C

chunking
    (see also) 의미덩이 만들기
COBOL 14, 367, 444
    (COBOL의) 설계 목표 431
Cofer, C. H. 358
cognitive dissonance
    (see also) 인지부조화 120-122
Computer Personnel Research Conference
    (see also) 컴퓨터 개인 연구 컨퍼런스 97
coping stance
    (see also) 대처 방식 296
Corbato, F. J. 139
Cronbach, L. J. 96, 294
CRT
    디버깅에서 492
Crutchfield, R. S. 186

D

decision table
    (see also) 결정표 440
devil's advocate
    (see also) 데블스 에드버킷 210-211
Dixon, Paul 440

E

egofull programming
    (see also) 이기적 프로그래밍 494
egoless programming
    (see also) 비자아적 프로그래밍 142

F

Fano, R. M. 139
Fisher's Fundamental Theorem
    (see also) 피셔의 기본정리
FORTRAN 444
Friedan, Betty 227
Fundamental Theorem of Natural Selection
    (see also) 피셔의 기본정리

G

Gagne, Robert 227
Gerard, H. B. 186
Ghiselin, Brewster 325
Gleser, Goldine C. 294
GO TO 구문 418-419
Golde, Peggy 95
Greenberg, Joseph H. 387
Gresset, G. L. 490
Gruenberger, Fred 46

H

Haire, Mason   139
Hall, C. S.   294
Hall, Douglas T.   358
Hall, Edward T.   138
Hammond, K. R.   96
Hammond, Phillip, E.   95
Hawthorne Effect
  (see also) 호손 효과   77, 99
Hilgard, E. R.   358
Hockett, Charles   373
Householder, J. E.   96
Hunt, J. M.   324
Hyman, H. H.   96

I

IBM   361, 368
  (IBM과) 프로그래머에 대한 적성 검사   314
  System/360   444-445
  Vienna 연구소   434, 445
IF 문
  (IF 문과) 순차성   418
incongruent stance
  (see also) 대처 방식   296
introspection
  (see also) 내성   72-75, 76
IQ 검사   312-313
Irons, E. T.   490

J

JCL (see also) 작업제어언어
Job Control Language
  (see also) 작업제어언어
Jones, E. E.   186
Junker, Buford H.   94

K

Kantowitz, Leo   227
Keats, John   377
Kohn, Hans   187
Kuder Preference Test   290

L

Lawler, Edward E.   358
Lecht, Charles P.   266
Leeds, H. D.   493
Licklider, J. C. R.   441
Lindzey, G.   186, 294
Luria, A. R.   324
Lynch, Kevin   137

M

Magic
  (see also) 마법   445
Marcus, Bob   15
MBTI   142, 296, 360
memory dump
  (see also) 메모리 덤프   390
Mendelssohn, Kurt   188
MetaCOBOL   368, 445
Metzger, Phillip W.   366
Meyer, Marshall W.   227
Miller, George A.   388, 442
Mills, Harlan D.   187, 492
Minnesota Multiphasic Personality Inventory
  (see also) MMPI
Minsky, M.   442
MMPI   285-286
Morgenstern, Oskar   96
Morrison, Phillip   386
multiprogrammin
  (see also) 다중프로그램

Myers-Briggs Type Indicator
(see also) MBTI

N

Naur, Peter 226
New York Yankees
(see also) 뉴욕 양키스 68

O

Object-Oriented
(see also) 객체 지향 언어 391
Okimoto, G. H. 303, 324
ON-루틴
(ON-루틴과) 비근접성 417-418
OOP
(see also) 객체 지향 언어 391
OS/360
훈련 337-340

P

palindromic program (see also) 거꾸로 읽어도
원래와 동일한 프로그램 318
Parsons, Henry M. 97
Parzen, Emanuel 487
PAT 313-319
PC
(see also) 개인용 컴퓨터
personal computer
(see also) 개인용 컴퓨터
PL/C 컴파일러 491
Polya, George 325
prima donnas
(see also) 프리마돈나 131
Problem-Solving Leadership Workshop
(see also) 문제 해결 리더십 워크샵 99, 191
Programmer's Aptitude Test (see also) PAT

R

Randell, Brian 226
Reinstedt R. N. 314, 323
root-cause analysis
(see also) 근본원인 분석 98
Rosen, S. 265
Rosenthal, Robert 487
Rosin, Robert F. 489
Rubey, Raymond J. 438
Russell, Bertrand 90, 364

S

Salsbury, R. G. 489
sequential
(see also) 순차적 기억력 413-414
set
(see also) 심리적 자세 299-303
Shannon, C. E. 441
SHARE 368
Shaw, C. J. 440
Simula 391, 444
Smalltalk 445
Smith, B. 442
specification
(see also) 명세 42-43, 52-56
Stalnaker, A. W. 293, 324
Steel, T. B, Jr. 388
Stockham, Thomas G., Jr. 491
Strong Vocational Interest Blank
(see also) 스트롱 검사 286-288
SVIB
(see also) 스트롱 검사 286-288
synesthetic
(see also) 공감각적 기억력 413-414

T

task force
　(see also) 임시전담반　212
TAT　285
Teitelman, W.　491
test driver
　(see also) 테스트 드라이버　494
test harness
　(see also) 테스트 조건 제약기　494
Thematic Apperception Test
　(see also) TAT
Thurstone Temperament Schedule　290
time-sharing
　(see also) 시분할
trade-off
　(see also) 트레이드오프　68
turnaround
　(see also) 회송　459-461

V

VDL
　(see also) 비엔나 정의 언어　445
Vienna Definition Language
　(see also) 비엔나 정의 언어　445
virtual machine
　(see also) 가상 머신　49
Vygotsky Lev Semenovich　388

W

Webb, Eugene J.　95
Wernick, Robert　294
Wertheimer, M.　324
White, R. H.　295
White, R. W.　295
Whorf, Benjamin Lee　440
Williams, R. J.　267
Wright, Frank Lloyd　138

Y

Yates, F. A.　442